GREGOR MAURACH
ENCHIRIDION POETICUM

GREGOR MAURACH

ENCHIRIDION POETICUM

HILFSBUCH ZUR LATEINISCHEN DICHTERSPRACHE

Mit Übungsbeispielen aus Schulautoren

Stellenindex von Wilhelm Metz

1983

WISSENSCHAFTLICHE BUCHGESELLSCHAFT

DARMSTADT

CIP-Kurztitelaufnahme der Deutschen Bibliothek

Maurach, Gregor:
Enchiridion Poeticum: Hilfsbuch zur lat.
Dichtersprache; mit Übungsbeispielen aus
Schulautoren / Gregor Maurach. Stellenindex
von Wilhelm Metz. – Darmstadt: Wissenschaftliche
Buchgesellschaft, 1983.
  ISBN 3-534-09218-X
NE: HST

2345

 Bestellnummer 9218-X

© 1983 by Wissenschaftliche Buchgesellschaft, Darmstadt
Satz: Maschinensetzerei Janß, Pfungstadt
Druck und Einband: Wissenschaftliche Buchgesellschaft, Darmstadt
Printed in Germany
Schrift: Linotype Garamond, 9/11

ISBN 3-534-09218-X

INHALTSVERZEICHNIS

Vorwort XI
1. Abkürzungsverzeichnis XI
2. Vorbemerkung XI
3. Danksagung XI
4. Abgekürzt zitierte Literatur XII

Systematischer Teil

I. Einführung (§§ 1–11) 3

II. Verstärkung (§§ 12–65) 11
  A. Mehr (§§ 12–49) 11
    1. Gewicht durch Vervielfältigung: gleichstämmige
      Wörter (§§ 12–19) 11
      a) Gemination (§ 12) 11
      b) Epanalepse (§ 13) 12
      c) Gruppenwiederholung (§ 14) 13
      d) Anapher (§§ 15–18) 14
      e) Polyptoton (§ 19) 17
    2. Gewicht durch Vervielfältigung: verschiedene Einzel-
      wörter parallel angeordnet (§§ 20–31) 19
      a) Hendiadyoin (§ 20) 19
        aa) Tautologisches Hendiadyoin (§§ 21–22) . . 20
        ab) Erläuterndes Hendiadyoin (Epexegese) (§§ 23
          bis 25) 21
      b) Synonymenreihung (§ 26) 23
      c) Mehrfachbeschreibung (§§ 27–31) 23
    3. Gewicht durch Vervielfältigung: verschiedene Wörter
      unparallel angeordnet (§§ 32–38) 26
      a) Pleonasmus (§§ 32–35) 26
      b) Zerteilung (§§ 36–37) 29
      c) Dehnungsperiphrase (§ 38) 30
        ca) Nomenperiphrase 31
        cb) Verbalperiphrase 32

4. Gewicht durch starke Wörter (§§ 39–49)   33
   a) Hyperbolische Wörter (§§ 39–42)   33
   b) Intensive Wörter (§§ 43–45)   34
   c) Intensive Wortform: der „poetische Plural" (§§ 46 bis 47)   35
   d) Altehrwürdige Wörter („Archaismus") (§§ 48–49)   36
B. Weniger (§§ 50–53)   37
  1. Intensität durch Verknappung (§§ 50–53) . . .   37
   a) Wort- und Kurzsatzreihung (§§ 50–51)   37
   b) Aposiopese (§ 52)   38
   c) Infinitivus Historicus (§ 53)   39
C. Andersartig (§§ 54–65)   40
  1. Intensität durch Anrede (§§ 54–57)   40
   a) Apostrophé (§§ 54–56)   40
   b) Frage (§ 57)   43
  2. Intensität durch Beseelung (§§ 58–64)   44
   a) Prosopopoiie (§ 58)   44
   b) Personifizierung (§§ 59–62)   44
     ba) Vermenschlichung der Natur   44
     bb) Vermenschlichung von Leblosem   45
   c) Personifizierende Enallagé (§ 63)   47
   d) Agens-Vertauschung (§ 64)   48
  3. Intensivierung durch Umgewichtung (§§ 65 a und b)   49
   a) Wortartliche Umgewichtung (§ 65 a)   49
   b) Satzortliche Umgewichtung (§ 65 b)   50
     ba) Inversionen   50
     bb) Hyperbaton (Sperrung)   50

III. Verfeinerung (§§ 66–184)   52
A. Mehr (§§ 66–80)   52
  1. Zerspaltung des Sachbegriffs (§§ 66–68)   52
  2. Raffinierungsperiphrase (§§ 69–73)   54
   a) Zu Grobes (§ 70)   54
   b) Zu Einfaches (§ 71)   55
   c) Bekannte Namen (§ 72)   55
   d) Satz-Periphrasen (§ 73)   56
  3. Formen der Periphrase (§§ 74–80)   56
   a) Vom Attribut her (§ 74)   57
   b) Vom Teil her (§ 75)   57
   c) Vom Uralten her (§ 76)   57
   d) Vom Geburtsort her (§ 77)   58

e)	Von Gottheiten her (§ 78)	58
f)	Vom Nahegelegenen her (§ 79)	58
g)	Mehrstufen-Periphrase (§ 80)	59
B.	Weniger (§§ 81–93)	60
1.	Formen der Aussparung (§§ 81–90)	60
a)	Haplothese (§ 82)	60
aa)	Syllepse	60
ab)	Zeugma	61
b)	Ellipse (§§ 85–90)	62
ba)	Verba dicendi	63
bb)	Formen von *esse*	64
bc)	Verba anderer Art	64
bd)	Substantivellipsen	65
be)	Partizipialellipsen	65
2.	Kontraktionen (§§ 91–92)	67
3.	Substantivierte Neutra (§ 93)	68
C.	Andersartig (§§ 94–184)	69
1.	Wortneubildung (§ 94)	69
2.	Wahl der Wörter (§§ 95–125)	70
a)	Metonymie (Ersetzungen) (§§ 95–113)	72
aa)	Inhärenzvertauschung	73
ab)	Teil und Ganzes (Lausberg § 573,1)	74
ac)	Teilvorgang für Gesamtvorgang	77
ad)	Abstraktes und Konkretes	78
ae)	Qualität und ihr Träger	79
af)	Tun und Täter	80
ag)	Bewirkendes und Bewirktes	81
ah)	Material und Hergestelltes	83
b)	Vergleichungen und Metaphern (§§ 114–121)	85
ba)	Eindruckserweckung	86
bb)	Wesensklärung	86
bc)	Emotivmetapher	87
bd)	Deskriptivmetapher	87
be)	Spielmetapher	88
bf)	Gemischte Metapher	88
c)	Synonymische Vertauschung (§§ 122–125)	89
ca)	Einzelwörter	89
cb)	Phrasenfeinerung durch synonymische Ersetzung	90
cc)	Phrasenfeinerung durch Mischung und Kumulation	92

3. Anordnung der Wörter und Gedanken (§§ 126–144)   93
   a) Variation von Einzelwort-Stellungen (§§ 127–140)   93
      aa) Inversionen (Tmesis; verschobene Negation)   93
      ab) Stellung der Apposition   96
      ac) Enallagé   96
      ad) Reflexiva   98
      ae) Oxymóron   99
   b) Variation von Satzteilstellungen (§§ 141–144) . .   100
      ba) Hysteron Proteron   100
      bb) Verkehrung des Natürlichen   101
      bc) Inkonzinnität der Gedankenfolge   102
4. Grammatikalische Raffinierung (§§ 145–184) . . .   103
   a) Das Adverb (§§ 145–147)   103
      aa) Ersetzungen   103
      ab) Verfeinernde Setzung   105
   b) Präpositionen (§§ 148–152)   105
      ba) Ersetzung   106
      bb) Vertauschung   107
      bc) Verfeinerung   107
   c) Kasussyntaxe (§§ 153–166)   109
      ca) Der Genetiv   109
      cb) Der Dativ   111
      cc) Der Akkusativ   113
      cd) Der Ablativ   116
      ce) Nachbemerkung zur Kasus-Behandlung . .   118
   d) Das Verbum (§§ 167–184)   119
      da) Tempora und Modi   119
      db) Der Infinitiv   121
      dc) Transitivierung, Intransitivierung   123
      dd) Inkongruenzen   125

IV. Sinnzugewinnung (§§ 185–226)   130
   A. Mehr (§§ 186–191)   131
      1. Übernuancierende Nomina (§ 187)   131
      2. Übernuancierende Verben (§§ 188–190)   132
      3. Abschwächung (§ 191)   133
   B. Weniger (§§ 192–219)   135
      1. Prägnanz (§§ 192–219)   135
         a) Prägnante Nomina (§§ 193–213)   135
            aa) Substantiva   135
            ab) Adjektive   137

ac) Verba 140
b) Prägnanz der Kopula (§ 214) 147
c) Prägnanz der Asyndese (§§ 215–216) 148
d) Litotes (§§ 217–218) 150
e) Euphemismus (§ 219) 151
C. Andersartig (§§ 220–226) 151
1. Positivierung (§ 220) 152
2. Nuancenvertauschung (§§ 221–224) 152
3. Mischung der Sinneswahrnehmungen (§§ 225–226) 155

Übungsteil

I. Vergil, Ae. 1,1–7 159
A. Kommentare, Auslegungen
B. Text
C. Fragen
D. Antworten

II. Catull, c. 8 163
A. Kommentare, Auslegungen
B. Text
C. Fragen
D. Antworten

III. Catull, 64, 94–102 168
A. Kommentare, Auslegungen
B. Text
C. Fragen
D. Antworten

IV. Vergil, Ae. 6, 788–800 174
A. Kommentare
B. Text
C. Fragen
D. Antworten

V. Vergil, Ae. 6, 841–853 180
A. Auslegungen
B. Text
C. Fragen
D. Anworten

VI. Horaz, c. 1,17   185
   A. Auslegungen, Kommentare
   B. Text
   C. Fragen
   D. Antworten
   E. Sprechtypologische Auslegung

VII. Ovid, met. 5, 356–379; 420–427   201
   A. Kommentar
   B. Text
   C. Fragen
   D. Antworten
   E. Kurzauslegung, met. 5, 420–427   208

VIII. Statius, Theb. 160–169   212
   A. Kommentar
   B. Text
   C. Erklärungen

Indizes

I. Sachindex   219

II. Stellenindex. Von W. Metz   225

VORWORT

1. Abkürzungsverzeichnis

BG B(eleg-)G(eschichte): historische Anordnung des Belegmaterials
LT L(iteraturangaben)
OR Or(ientierung) über Begriff und Nomenklatur
ZS Z(usatz)

2. Vorbemerkung

Dieses Buch will zeigen, womit man in der lateinischen Dichtersprache zu rechnen hat. Es betrachtet dabei das Gebiet der Figuren und Tropen, nur am Rande das der Klangmittel (diese findet man bei N. J. Herescu, La poésie latine; études des structures phoniques; Paris, «Les Belles Lettres» 1960, und bei L. P. Wilkinson, Golden Latin Artistry, Cambridge UP 1970, ferner bei J. Marouzeau, Traité de stylistique latine, Paris 2. Aufl. 1946, S. 45 ff.). – Nicht behandelt ist auch die noch kaum in Poetisches und Prosaisches getrennte Formenlehre (zu ihr J. Marouzeau, Quelques aspects de la formation du Latin littéraire, Paris 1949, 175 ff.). Auch wird nicht überall darauf aufmerksam gemacht, wieviel von den behandelten dichterischen Mitteln etwa in der damaligen oder auch in der heutigen deutschen Umgangs- oder besser: Imponiersprache vorhanden ist (dazu E. Löfstedt, Syntactica 1, 230; J. Marouzeau, Quelques aspects, usw. 181 f.).

Dieses Buch will lediglich die poetischen Mittel der lateinischen Dichtersprache zum ersten Male systematisch ordnen und (andeutungsweise) in ihrer historischen Abwandlung besprechen, damit der Studierende, und nicht zuletzt auch der Gymnasiallehrer wisse, womit er beim Lesen von lateinischer Dichtung überhaupt rechnen muß.

3. Danksagung

Von Herzen kommenden Dank schulde ich meinem lieben Freunde Peter Haffter, Direktor des Romanistischen Seminars zu Pretoria (University of South Africa), der die erste Fassung dieses Buches mit

großem Zeitaufwand gelesen und mir mit vielen wertvollen Verbesse-
rungsvorschlägen geholfen hat.

Großen Dank schulde ich auch Günter Neumann, Inhaber des
Lehrstuhls für Vergleichende Sprachwissenschaft an der Universität zu
Würzburg, der so freundlich gesinnt war, daß er die vierte und vor-
letzte Fassung durcharbeitete und um mehrere, wertvolle Hinweise be-
reicherte.

Dankbar erwähne ich, daß ich in Herrn J. Bauer (jetzt selbständiger
Verlagsfachmann und freier Mitarbeiter der Wissenschaftlichen Buchgesellschaft) auch dieses Mal wieder einen in allem Technischen überaus
kundigen, im Philologischen bewanderten, ungemein sorgsamen Bearbei-
ter des Buchmanuskripts gefunden habe. Er übernahm auch die Einteilung
in Groß- und Kleindruck.

Den größten Dank schulde ich meiner ehemaligen Schülerin, dann
Kollegin, die mich dazu anregte, aus den Untersuchungen während
unserer gemeinsamen Bemühungen um lateinische Dichtung an der
University of South Africa eine umfassende Arbeit zu machen, und die
mir die Freude und die Kraft des Anfangs schenkte, Sira Onetti (Inf. 15,
86f.).

März 1982   Gregor Maurach

4. Abgekürzt zitierte Literatur

(Es werden keine Druckorte angegeben, da diese Angaben so gut wie
keinen Vorteil bieten.)

ALL   Archiv für latein. Lexikographie und Grammatik;
                Leipzig 1–15 (1884–1908).

Austin   P. Vergili Maronis Aeneidos L. II, 2. Aufl. 1966 =
                1973. L. IV, 2. Aufl. 1963 = 1979, L. VI, 1977, with
                a commentary by R. G. Austin.

Axelson   B. Axelson, Unpoetische Wörter. Ein Beitrag zur
                Kenntnis der lateinischen Dichtersprache, 1945.

Bailey   T. Lucreti Cari De Rerum Natura L. VI, 3 Bde.,
                hrsg. und komm. von C. Bailey, 2. Aufl. 1949 =
                1966.

Barrett   Euripides, Hippolytos, hrsg. und komm. von W. S.
                Barrett, 1964.

Bednara   E. Bednara, De sermone dactylicorum latinorum,
                ALL 14, 1906, 317ff.

Bömer	P. Ovidius Naso, Die Fasten, hrsg. und komm. von F. Bömer, 1957.
–	P. Ovidius Naso, Metamorphosen, Komm. von F. Bömer, B. 1–11, 1969–1980.
–	Beiträge zum Verständnis der augusteischen Dichtersprache, Gymnasium 64,1957, 1–21.
Bornmann	Callimachus, Hymn. in Dianam, hrsg. und komm. von F. Bornmann, 1968.
Breitenbach	W. Breitenbach, Untersuchungen zur Sprache der euripideischen Lyrik, 1934.
Camps	Propertius, Elegies, Komm. von W. A. Camps, B. 1, 1961; B. 2, 1967; B. 3, 1966; B. 4, 1965.
Coleman	Vergil, Eclogues, Komm. von R. Coleman, 1977.
Courtney	E. Courtney, A Commentary on the Satires of Juvenal, 1980.
Devoto	G. Devoto, Geschichte der Sprache Roms (italien. 1940), 1968.
Dubois	J. Dubois u. a., Allgemeine Rhetorik, UTB 128, 1974.
Düring	Th. Düring, De Vergilii sermone epico capita selecta, Diss. Göttingen 1905.
Eisenhut	W. Eisenhut, Einführung in die antike Rhetorik und ihre Geschichte, 3. Aufl. 1982.
Enk	Sex. Propertii Elegiarum L. 1, Komm. von P. J. Enk, 1956.
Fehling	D. Fehling, Die Wiederholungsfiguren und ihr Gebrauch bei den Griechen vor Gorgias, 1969.
Fraenkel	E. Fraenkel, Plautinisches im Plautus, 1922.
Gygli-Wyss	B. Gygli-Wyss, Das nominale Polyptoton im älteren Griechisch, 1966.
Haffter	H. Haffter, Untersuchungen zur altlateinischen Dichtersprache, Problem. 10, 1934.
Herescu	J. N. Herescu, La poésie latine, 1960.
Heusch	H. Heusch, Das Archaische in der Sprache Catulls, 1954.
Heuvel	P. Papinii Statii Thebaidos L. I, Komm. von H. Heuvel, Diss. Groningen 1932.
Hofmann, LU	J. B. Hofmann, Lateinische Umgangssprache, 3. Aufl. 1951.
Housman	M. Manilii Astronomicon, hrsg. von A. E. Housman (1903–1930), 2. Aufl. 1937.

Housman	M. Annaei Lucani L. X, hrsg. von A. E. Housman (1926), 2. Aufl. 1927 = 1950.
Jackson	J. Jackson, Marginalia Scaenica, 1955.
Jakobson	R. Jakobson, Linguistics and Poetics, in: Th. A. Sebeok, Style and Language, 2. Aufl. 1964.
Janssen	H. H. Janssen, De kenmerken der Romeinsche dichtertaal, 1941.
Jocelyn	The Tragedies of Ennius, hrsg. und komm. von H. D. Jocelyn, 1967.
Kiefner	G. Kiefner, Die Versparung, 1964.
Klingner	F. Klingner, Virgil 1967.
Kloepfer	R. Kloepfer, Poetik und Linguistik, UTB 366, 1975.
Kroll	W. Kroll, Studien zum Verständnis der römischen Literatur (1924), 1964 (= Lunelli 2 ff.).
Kronasser	H. Kronasser, Handbuch der Semasiologie, 2. Aufl. 1968.
Kü.-St.	R. Kühner–C. Stegmann, Grammatik der lateinischen Sprache, Bd. 2, 4. Aufl. 1962.
Küper	Linguistische Poetik, Urban-Buch 243, 1978.
Kugler	W. Kugler, Des Persius Wille zu sprachlicher Gestaltung in seiner Wirkung auf Ausdruck und Komposition, Diss. Berlin 1940.
Langen	C. Valerii Flacci Setini Balbi Argonauticon L. VIII, hrsg. und komm. von P. Langen (1896), 1964.
Lapp	F. Lapp, De Callimachi tropis et figuris, Diss. Bonn 1965.
Lausberg	Handbuch der literarischen Rhetorik, 2. Aufl. 1973.
Leo, Obs. Crit.	L. Annaei Senecae Tragoediae, Ausg. von F. Leo, Bd. 1 (1878), 1963.
Leumann	M. Leumann, Die lateinische Dichtersprache, Mus. Helv. 1, 1946/7 (= Kl. Schriften 1959).
Lew.-Sh.	A Latin Dictionary by C. T. Lewis and C. Short (1879), 1958.
LHS	Lateinische Laut- und Formenlehre, von M. Leumann, 1977; Lateinische Syntax und Stilistik, von J. B. Hofmann, neubearb. von A. Szantyr, 2. Aufl. 1972.
Link	J. Link, Literaturwissenschaftliche Grundbegriffe, UTB 305, 2. Aufl. 1979.
Löfstedt, Synt.	E. Löfstedt, Syntactica. Studien und Beiträge zur

	historischen Syntax des Lateins, 2 Bände, 2. Aufl. 1956.
LSJ	A Greek Lexicon by H. G. Liddell, R. Scott, Sir H. S. Jones (9. Aufl. 1940), 1958.
Lunderstedt	R. Lunderstedt, De synecdoches apud P. Papinium Statium usu, Diss.-Druck Weida 1913.
Lunelli	La lingua poetica latina (Aufsatzsammlung), hrsg. von A. Lunelli 1974, 2. Aufl. 1980.
Marouzeau, Traité	J. Marouzeau, Traité de stylistique latine, 2. Aufl. 1946.
Martin	J. Martin, Antike Rhetorik. Technik und Methode, 1974.
Maurach	G. Maurach, Germanicus und sein Arat (Komm. zu v. 1–327) 1978.
	Plauti Poenulus, hrsg. und komm., 1975.
	Der Bau von Senecas Epistulae Morales, 1970.
Merguet	Lexicon Vergilianum von H. Merguet (1912), 1969.
Mulder	P. Papinii Statii Thebaidos L. II, Komm. von H. M. Mulder, Diss. Groningen 1954.
Norden	P. Vergilius Maro, Aeneis B. VI, Komm. von E. Norden (2. Aufl. 1916), 4. Aufl. 1957.
OLD	Oxford Latin Dictionary, fasc. I–VII, 1968–1980.
Otto	L. Otto, De anaphora, Diss. Marburg 1907.
Regula	M. Regula, Besonderheiten der lateinischen Syntax und Stilistik als Vorspiele romanischer Ausdrucksweisen, Glotta 31, 1948/51, 158–198.
Rothstein	Sextus Propertius, Elegien, erkl. von M. Rothstein (2. Aufl. 1920), 1966.
Schamberger	M. Schamberger, De Papinio Statio verborum novatore, Diss. Halle 1907.
Scherer	A. Scherer, Handbuch der lateinischen Syntax, 1975.
Schwyzer	Griechische Grammatik: Syntax und syntaktische Stilistik, von E. Schwyzer, vervollst. von A. Debrunner, 4. Aufl. 1975.
Smith	The Elegies of Albius Tibullus, Komm. von K. F. Smith (1913, 2. Aufl. 1941), 1971.
Svennung	J. Svennung, Catulls Bildersprache, 1945.
Tarrant	Seneca, Agamemnon, hrsg. und komm. von R. J. Tarrant, 1976.
TLL	Thesaurus Linguae Latinae, 1900 ff.

Tränkle   H. Tränkle, Die Sprachkunst des Properz, Hermes
                   Einzelschr. 15, 1960.
Ullmann   S. Ullmann, Grundzüge der Semantik, 1967.
Walde-Hofmann   Lateinisches etymologisches Wörterbuch, 4. Aufl.
                   1965.
Wöbbeking   R. Wöbbeking, De anaphorae apud poetas Latinos usu,
                   Diss. Marburg 1910.

SYSTEMATISCHER TEIL

*„Wer schriftlich Überliefertes zu lesen weiß, bezeugt und
vollbringt die reine Gegenwart der Vergangenheit."*
(GADAMER)

I. EINFÜHRUNG

§ 1

Das Beste wäre, ein Buch zu schreiben, das sämtliche Kunstmittel der Dichtersprache so systematisierte, daß die allgemeinsten wie die besondersten Mittel in möglichst allen einsichtige, weil natürliche Gegebenheiten der Sprache spiegelnde Ordnungen zusammengefaßt wären; und dies so, daß innerhalb der besonderen Gruppen die Verfeinerungen und die Überspitzungen in ihrer inneren, historischen Notwendigkeit deutlich würden; in der Notwendigkeit nämlich des Stilwillens,[1] der das Vorbild übertrumpfen möchte (ein gutes Beispiel bietet Th. Berres, Rh. Mus. 120, 1977, 255–68). Ein solches Buch kann noch nicht geschrieben werden. Dennoch muß das eben Skizzierte das Ideal sein, zumindest ist es für das hier vorgelegte Buch maßgebend gewesen. Doch die Schwierigkeiten sind groß:

§ 2

Es ist noch nicht genau bestimmbar, was spezifisch dichterisch ist, was bloß geläufige Rhetorik und was jedem gepflegt Sprechenden an Schmuckmitteln glatt von der Zunge geht. Cicero (de or. 1, 70; Varro L. L. 9, 5, s.

---

[1] Die Autoren der Texte, auf denen die vorliegende Untersuchung beruht, schrieben, um zu wirken; mögen sie auch zuweilen sich die Worte zu eigen gemacht haben: *satis sunt mihi pauci, satis est unus* (Sen. ep. 7, 11), die Fortsetzung *(satis est nullus)* war und ist wohl nie von einem Schriftsteller wörtlich *gemeint* gewesen. Dieser – vermutlich beabsichtigten – Wirkung geht also die vorgelegte Arbeit nach. Darin hat sie, anderes war nicht zu erwarten, ihre Vorgänger; H. F. Plett (Rhetorik der Affekte: Englische Wirkungsästhetik im Zeitalter der Renaissance, Tübingen 1975) hat darüber ausführlich belehrt, z. B. über Joannes Susenbrotus, in dessen „Epitome Troporum et Schematum (1540 und 1566) längst das hier vertretene Prinzip befolgt ist, daß nämlich Listen nichts sagen, wenn nicht die beabsichtigte „Effektivität rhetorischer Diktion" (Plett 76) erschlossen wird, was mutatis immutandis auch für das vorliegende Thema zu gelten hat. Allerdings bleiben derlei wirkungsästhetische Bemerkungen bei Susenbrot sporadisch, seine Generalübersicht über Tropen und Schemata (S. 4 der Ausgaben 1563 und 1568, die in Wolfenbüttel eingesehen wurden) ist geradezu oberflächlich. Immerhin steht auf S. 55 zu lesen, die Formen des Wiederholens „sunt venustati, acrimoniae ac vehementiae perquam accommoda", oder auf S. 72 f., der Gebrauch der amplificatio sei ein dreifacher: Übertreibung im Einzelwort, in der Sache und drittens einfach „pro peculiari huius ordinis Schemate ele-

Haffter 16) verstand die Dichtersprache als eine Art Überhöhung oder auch
Übersteigerung des Rhetorischen, doch auch das bleibt ungenau: *Steigerung* bedeutet keine scharfe Grenzziehung. Doch derselbe Cicero sagte
auch (de or. 2,61), daß Redner und Dichter sich, aufs Ganze gesehen, *prinzipiell* unterscheiden: der Redner mußte ja bei allem Schmuck voll verstanden werden, der Dichter aber will die Formulierung genossen wissen, er
will Empfindungen wecken, Entzücken am Schönen, und dabei tritt das
Thema nicht selten zurück, ja gerade das Dunkle an einem Dichter kann
reizvoll sein (V. Sklovskij bei J. Striedter, Russischer Formalismus, 1971,
15); „der undeutliche, allgemeine Begriff gilt als edler und poetischer gegenüber dem gerade Herausgesagten, das Konkrete ist das Unvollkomme-
ne" (F. Dornseiff, Pindars Stil, 1921, 19; Jakobson, Linguistics and Po-
etics, 369). Aber auch diese Grenzziehung kann nur vorläufig sein, vgl.
C. Küper 10 ff.

§ 3

Ferner sind auch die Methoden, die Dichtersprache zu beschreiben,
nicht einheitlich. Von der philologischen Sprachgeschichtsforschung kamen [2] Devoto, Janssen, Kroll und Leumann her: die lateinische Dichtersprache sei aus zunächst zwei Wurzeln entsprungen: der Nachahmung
griechischer Vorbilder (Devoto 126, Leumann 117, 119 f.) und der älteren
lateinischen Sprache Roms, etwa des Gebetes (Devoto 127, Leumann
119 f.): es wird hier früh, etwa bei Terenz, ein Zug zur Verhaltenheit spürbar (Devoto 128, Leumann 123), die Dichtersprache enthielt sich der Übertreibung, die sie leicht einigen hellenistischen Gattungen hätte absehen
können; doch mußte diese Zurückhaltung aufgegeben werden, als das vor-
handene Sprachgut sich verbrauchte (Devoto 151, Leumann 125): Fehlendes
mußte erfunden, Unmetrisches mußte dem Vers angepaßt werden (Devoto
188, Leumann 125). Doch auch hier herrschte Mäßigung (Devoto 185 f.,
Leumann 131). Inzwischen hatte sich nun aber die „verregelte" ciceroni-
sche Prosa herausgebildet, und gegen diese hatte sich (insbes. Devoto 196)
die Dichtersprache aufgelehnt. Sie hatte von den Griechen gelernt [3], wie

ganti ac splendido". Susenbrot hatte also ein Empfinden dafür, daß derlei Kunstmittel durchaus auch zweckfrei der Raffinierung und damit der Freude am schönen
Formulieren dienten.

 [2] Aus älterer Zeit: R. A. H. Stern, Grundriß einer Grammatik für römische Dichter zum Gebrauch für Schulen, Arnsberg 1851; hier wird nicht zwischen älteren und
jüngeren Dichtern geschieden, das Ganze ist mechanisch gehandhabt; gut ist das
Kapitel über prägnantes *et*, über den Dativ der Richtung 94 ff. und die Infinitiv-
raffinierungen 113 f. Der überall angelegte Maßstab ist fälschlicherweise die Schul-
grammatik.

 [3] Die griechischen Vor- und Gegenbilder berücksichtigte Leumann kaum. Die

man die erstarrenden, in Langatmigkeit unförmig werdenden Ausdrucksweisen umgehen könnte. Hieraus ergaben sich, so Devoto 202, die drei Impulse der (späteren) Dichtersprache: Wetteifern mit dem griechischen Vorbild, Ehrwürdigkeit altlateinischer Formen, Gegnerschaft zur zeitgenössischen Prosa; und das Ganze hatte man dann überzogen mit einer Patina von schöner Hoheit (Devoto a. O.).

§ 4

Diese Forscher sind Sprachhistoriker, sie fragen daher, auf welchen allgemeinen sprachlichen Gegebenheiten die lateinische Ausdrucksweise überhaupt und die Dichtersprache insbesondere beruht. Diese allgemeinen Gegebenheiten werden dann in ihrer geschichtlichen Wandlung dargestellt, um die Dichtersprache als abhängig von genau angebbaren Faktoren hinzustellen. Das mag Wesentliches treffen, doch kann das nur Perspektiven eröffnen, für die einzelne Stelle gibt dies alles wenig aus; und doch verlangt auch diese Betrachtungsweise das, was in § 1 gefordert wurde: daß nämlich innerhalb der systematischen Gruppierungen die Wandlung aufgezeigt und in ihrer Bedingtheit dargestellt werde.

§ 5

Ganz anders die heutige Linguistik: hier entdeckte R. Jakobson (357 ff.), daß in Dichtungen nicht, oder nicht nur, wie in der Alltagssprache das Auswählen aus der Menge der verwandten Wörter, aus dem Paradigma also, und das Verbinden der ausgewählten Wörter zur „Mitteilung" geleitet ist vom „Thema", vom Informieren, sondern daß Dichtersprache vielmehr auch Klang, Rhythmus, Verteilung der Längen und Kürzen, kurz: das sinnliche Material in den Vordergrund stellt (erläutert von Küper 35 f.): der poetische Reiz überwiegt das Thema (s. § 2 Ende). Hieraus ergibt sich die Verständniserschwerung, die „Deautomatisierung des Wahrnehmungsprozesses" (R. Jakobson in: Literaturwissenschaft und Linguistik 2, 1; 1971, 170).

§ 6

Die beiden Grundoperationen des Auswählens und Verbindens ordnete Jakobson dann in seiner Arbeit „Vom Doppelcharakter der Sprache" den

Römer haben auch nicht die im Griechischen reinliche Scheidung zwischen Dichtung und Prosa nachgeahmt, weswegen B. Snell (Entdeckung des Geistes, 3. Aufl. 1955, 376) pointiert sagen konnte, die Römer hätten nie eine Dichtersprache besessen, s. auch Marouzeau, Traité 190. Wenn man nun aber nach Gräzismen fahndet, sollte man nie außer acht lassen, daß sie oft zwei Wurzeln haben: die eine ist die griechische Ausdrucksweise, die andere sind altlateinische Gegebenheiten: *fuge quaerere* bei Horaz (c. 1, 9, 13) hat gewiß seine Parallele im Griechischen (Kühner-Gerth 2, 6; LSJ s. v. I, 4), aber auch im Altlatein (Nisbet-Hubbard zu c. 1, 38, 3).

beiden Grundarten des Mitteilens zu, der metaphorischen und der metonymischen: die Metapher „Ein feste Burg ist unser Gott" (Küper 113) zieht einen „eigentlich" nicht zur Verwandtschaft des Gemeinten gehörenden Ausdruck in diese Verwandtschaft herein („Burg" und „Gott" sind eigentlich unverwandt, das Verbindende ist „Schutz"), um der Mitteilung denjenigen Sinn oder Intensitätsgrad zu geben, der ohne dieses Hereinziehen bzw. Übertragen nicht erreichbar gewesen wäre. Die Metonymie „Sterbliche" für „Menschen" dagegen (Küper 118) „prädiziere" etwas, lege also nach Küper a. O. dem Gemeinten etwas bei. Besser: diese Metonymie trennt etwas aus dem Gesamt „Mensch" (bzw. aus dem Gesamt möglicher Prädizierungen zu „Mensch") heraus und setzt das Herausgetrennte für sein Gesamt. Möglicherweise käme man mit Kants Unterscheidung der synthetischen Urteile von den analytischen zu einsichtigeren Schemata. Immerhin bleibt diese Unterscheidung grundlegend: die Beilegung von hereingezogenen Bestimmungen, die nicht „eigentlich" zu dem Gemeinten gehören, und die Herauslösung *einer* Bestimmung aus dem Gesamt der Bestimmungen eines Dinges, um sie an die Stelle des *verbum proprium* für das Ding zu setzen („Substitution").[4]

§ 7

Diese linguistischen Überlegungen sind vornehmlich synchron gedacht, sie wollen Sprache, insbesondere Dichtersprache, als Ganzes erfassen. Die Überlegungen jener Philologen dagegen waren historisch, und aus Diachronie und Synchronie wird ein System, wie es § 1 angedeutet hatte. „Jedes Faktum der zeitgenössischen poetischen Sprache apperzipieren wir notwendig in Konfrontation mit drei Momenten – der vorhandenen poetischen Tradition, der praktischen Sprache der Gegenwart und der poetischen Tendenz, die der betreffenden Äußerung vorgezeichnet ist" (R. Jakobson bei R. Kloepfer, 50).

§ 8

Jetzt sind einige der Kategorien, unter denen das Material in diesem Buche geordnet werden soll, gefunden: die historische Sehweise werden wir uns in der Art zunutze machen, daß überall gefragt werden wird, wie frühe

---

[4] Die beiden Grundoperationen der Sprache, Selektion und Kombination, erläuterte Jakobson dann in: R. Jakobson – M. Halle, Grundlagen der Sprache, 1960, 51 ff., 65 ff. = Der Doppelcharakter der Sprache, in: Literaturwissenschaft und Linguistik 1, 1971, 323 ff. – Von „analytisch" und „synthetisch" spricht u. a. auch J. Link, Literaturwissenschaftliche Grundbegriffe, UTB 305, 2. Aufl. 1979, 141 ff., doch so anders (die Synekdoche „Sterblicher" sei „relativ analytisch"; vgl. unten § 95 ff.), daß eine gemeinsame Bemühung von Alt- und Neuphilologen um so erforderlicher scheint.

und anfänglich einfache Formen durch den Zwang, Bekanntes zu verfeinern, raffinierter werden bis zur Überspitzung; die Jakobsonschen Grundtendenzen zum anreichernden Hereinziehen von Unverwandtem und zum Substituieren des Teilaspektes fürs Gesamt müssen die Ordnung fundamental bestimmen;[5] die Frontstellung zur „vorhandenen poetischen Tradition" muß überall berücksichtigt werden *(aemulatio)* – aber über die „poetische Tendenz" muß noch nachgedacht werden: offenbar ist hiermit nach der „Funktion" (Küper 11) eines poetischen Ausdrucks gefragt; welches ist aber die „Funktion" der Dichtersprache im allgemeinen?

§ 9

Ein Thema soll sowohl eindringlich als auch reizvoll dargestellt werden, es soll haftenbleiben, zum Verweilen führen, und es soll entzücken. Da wäre zunächst an die Emotion zu denken (R. Jakobson, Linguistik und Poetik, in: Literaturwissenschaft und Linguistik 2,1; 147 ff.; so schon Quint. inst. 9,1,2). Reizen soll die Darstellung durch ein Verfahren, das Gesagte ungewöhnlich zu machen, um den Leser zu fesseln, seine Wahrnehmung vom bloß Informatorischen zur Darstellung hinzuziehen, im Extremfall das „Thema" vergessen zu lassen über dem ästhetischen Entzücken (Sklovskij [§ 2] 15). Um dieses zu erreichen, „verfremden" die Dichter die Sprache, ihre Kunst beruht auf „dem Prinzip der Durchbrechung von Erwartungsnormen" (Kloepfer 49). Und jetzt ist begriffen, wieso der Weg der Dichtung „prinzipiell" von dem der Redner abweicht (s. § 2). Diese Durchbrechung der Lesererwartung hat nun aber zumindest zwei Hauptziele: die Emotion anzusprechen und einen Reiz auszuüben. Die poetischen Mittel[6] sind ja bei guten Dichtern nicht Selbstzweck, sondern „Zei-

---

[5] Vielfach wird für eine poetische Erscheinung der „Verszwang" verantwortlich gemacht (Leumann 159 f., Janssen 11 f., extrem J. D. Minyard, Mode and Value in Lucretius, De Rerum Natura, Hermes Einzelschr. 39, 1978). Es versteht sich von selbst, daß z. B. kretische Wörter ohne Synaloephenmöglichkeit umgangen oder abgewandelt werden mußten; doch wenn man sieht, daß die Regeln solchen Abwandelns und Umgehens den Regeln zwang-loser Raffinierung genau entsprechen, wird man skeptisch gegenüber der These von der weiten Geltung des „Verszwangs". Von dieser These wird in diesem Buch ein geringer Gebrauch gemacht.

[6] Das bloße Tropen- und Figurenmaterial findet sich ohne Erklärung und ohne nach Funktionen geordnet zu sein, bei H. Lausberg, kurz bei W. Eisenhut, Einführung in die antike Rhetorik und ihre Geschichte, 1977; ausführlich bei J. Martin, und hier vor allem verbunden mit der antiken Theorie, die erschöpfend ausgebreitet wird. Vor allen anderen Arbeiten ist aber die „Stilistik" in LHS zu nennen, die reich dokumentiert ist und das Durchdachteste darstellt, was auf diesem Gebiet erschienen ist. Die Anordnung dagegen bleibt nicht ohne Bedenken.

chen des Inhalts" (J. Lotman, Vorlesungen zu einer strukturalen Poetik 1972, 174). Die Emotion wäre die des Mitleidens, des Mitfreuens, der Angst und des Triumphes usw.; der Reiz aber meint das intellektuelle und zugleich ästhetische Entzücken beim Aufsuchen des verborgenen Sinnes und beim Finden des Gemeinten im Gewande der Verfremdung.

§ 10

Neben dem intellektuellen Reiz und der Weckung von Emotion besitzt ein Gedicht noch eine dritte Grundqualität: es verbirgt nicht nur reizvoll das „Gemeinte" und „deautomatisiert" dadurch das Verständnis (Küper 36, 44) um des Spiels mit Suchen und Finden willen, es erregt nicht nur Emotionen, es erregt auch Bilder. Neben dem intellektuellen Spiel und der Emotion läuft durch das Gedicht die Reihe der Bilder, die der Leser sehen soll, durch die er das Gemeinte er-innern soll (H.-G. Gadamer, Wahrheit und Methode, 4. Aufl. 1975, 128 ff.). Das Bild aber ist mehr als nur ein Zeichen *für* etwas, es hat vielmehr einen eigenen Wert und macht einen großen Teil dessen aus, was wir die Schönheit eines Textes nennen (Gadamer 133 f.). Gewiß lenken solche Bilder den Leser (bis hin zur werbenden Lenkung: O. W. Haseloff, Kommunikation, Transformation und Interaktion, in: Neue Anthropologie 5, DTV 1973, 98), sie stehen jedoch *auch* als autarke, für sich allein Aufmerksamkeit und Gefallen heischende Gebilde da, und zwar bis hin zu den kleinsten Einheiten (ein Substantiv, ein Verb oder ein Epitheton).

Zuweilen können wir nicht „sehen", was ein Wort meint, welches Bild es wecken soll; dann „kennen" wir das Gemeinte nicht, weil wir nichts damit „verbinden", d. h., weil wir den Teil des Lebens, aus dem das Bild genommen ist, nicht kennengelernt haben (Jägersprache, die Mystik Meister Ekkarts o. dgl.). Das bedeutet, daß die Bilder auf etwas uns Bekanntes treffen müssen, um zum Leben erweckt zu werden. Da sie nun nicht bloße Zeichen sind, sondern zuweilen ganze „Welten" in die Erinnerung rufen („Superzeichen", Küper 44, Haseloff 108), bieten sie uns die Möglichkeit, mehr als der Dichter an dem jeweiligen Ort strikt meinte, zu sehen und zu empfinden, weil wir in es hineinsehen, was wir kennen, lieben und vielleicht möchten: das Bild hat sein Sein im Verinnerlichen, im Nach-erleben, das etwas uns Gehörendes mit dem vom Dichter Gesagten verschmelzt (Hegel bei Gadamer 160 f.). Hier liegt dann der systematische Ort dessen, was wir die „Tiefe" eines Textes nennen: er läßt mehr sehen, als es zunächst scheint, als das dürre Wort versprechen kann, weil wir Eigenes hinzutun, und diese Rezeption „wird verlängert und ergibt auch bei mehrfacher Wiederholung ein Mehr an Information" (Küper 44).

Das Mittel, solches zu bewirken, sind einmal die poetischen Bilder selbst

(Sturm, Kampf, Bäume usw.), dann die Vergleiche; doch neben diesen spektakulären κατ' ἐξοχήν-Formen stehen die zahllosen Kleinbilder: eine Woge kann an den Strand „rollen", „schlagen", „laufen", „klatschen", und immer sehen oder hören wir eine andere Art der Bewegung. Das Mittel ist also die *Nuancierung:* die Woge kommt nicht nur, sie kann „klatschen" oder „gischten" usw.

Und nun geschieht das Seltsame, daß manche Nuancen „stimmen", ein in sich stimmiges Bild ergeben, manche dagegen nicht; zuweilen wird über-nuanciert, zuweilen wird zu wenig nuanciert. Wir nennen das letztere seit langem „Prägnanz", d. h. (entgegen der gedankenlosen Verfälschung zu „Genauigkeit"): beschwert mit nur erahnbarem Gehalt wie die Schwangere, deren Frucht nur durch die Form ihres Leibes angedeutet ist: *prae-gnas* – „vor der Geburt stehend" (Walde-Hofmann 2, 354); zuweilen aber wird auch anders nuanciert, als zu erwarten stünde, so daß sich hier die Dreiteilung in „Mehr – Weniger – Anders" ergibt. Von „Über- und Unterstrukturierung" ist auch bei Küper 47, 82 (nach Kloepfer 48) die Rede, dazu von Permutation und Anomalie.[7]

Nachdrücklich sei hier auf das erhellende Buch von J. Dubois und anderen Autoren hingewiesen, insbes. auf S. 177, und sein Modell von S. 159, das die Satz-Erwartung berücksichtigt.

Auch hier also bemerkt man das Bestreben des gedichteten Textes, von dem bloß Erwartbaren, der simplen Ankettung gemäß dem „Normalen", fort zu reizvollen Strukturen zu gelangen, bis hin zu der Überfülle des Bildhaften, die jeden anders anspricht. „Denn das Poetische behält immer eine eigentümliche Unfixiertheit, indem es in der geistigen Allgemeinheit der Sprache etwas zur Darstellung bringt, was sich beliebiger Phantasieausfüllung noch offenhält" (Gadamer 136).

§ 11

Wie aber ist die Normalerwartung[8] herauszufinden? Im Lateinischen gilt ebenfalls, was Jakobson mit der Frontstellung gegen die praktische Sprache meinte: es gibt keinen anderen Weg als festzustellen, welches z. B. die Normalkonstruktion von *licet* ist (anhand des TLL): man wird finden (LHS 349 f.), daß nach *mihi licet* der sog. AcI stehen kann oder aber der Infinitiv

---

[7] Es ist für die Überzeugungskraft der hier getroffenen Einteilungen nicht unerheblich festzustellen, daß sie 1974/5 vom Verf. rein aus dem Material abgeleitet und nicht etwa mit Kenntnis der modernen Linguistik erfunden wurde: von zwei Seiten her ist in einigen Dingen Übereinstimmung erreicht worden.

[8] Zum Problem der Norm s. B. M. Riffaterre, Strukturale Stilistik, List-Tb. 1422, 1973, 31; U. Oomen, Linguistische Grundlagen poetischer Texte, 1973, 3 ff. – Zur Lesererwartung K. D. Bünting, Einführung in die Linguistik, Fischer-Tb., 2. Aufl. 1972, 50 f.; Riffaterre 32 ff.; J. Fonagy, Problèmes du langage, Paris 1966, 94.

allein; doch *licet* allein und ohne Dativergänzung hat nur bei raffinierenden Dichtern den AcI (Manil. 1,25). Derlei hat angesichts der Unvollständigkeit des überlieferten sowie des ausgewerteten Materials nur approximativen Wert; doch dieser Weg ist nicht zu umgehen. Vollends approximativ, wenn nicht gar arbiträr wird es zugehen, wenn im folgenden „Verfeinerungen" nachgewiesen werden sollen: derlei muß im Subjektiven bleiben. Doch auch hier mußten solche Versuche angestellt werden.

Doch noch eins muß deutlich gesehen werden: der Leser von Dichtung vergleicht die Sprache des gedichteten Textes nicht allein mit der Gemeinsprache oder Gewohnheitsprosa, sondern auch mit dem, was man die „poetische Koiné" nennen kann: wer ein Buch mit Versen aufrollte, wußte, daß er hier eine verschönte und erschwerte Sprache antreffen wird; er besaß ein ungefähres Vorwissen von dem, was in Gedichtetem möglich war. Und auch dieses ist die Vergleichsmasse, an der Abweichungen zu messen sind (vgl. Dubois 177).

Das Gesagte dient der Erklärung der in diesem Buch getroffenen Materialanordnung: *Verstärkung* meint die Weckung von Emotion, *Raffinierung* bedeutet die „Deautomatisierung des Verständnisses" durch reizvolle Verhüllung des Gemeinten um des intellektuellen Dekodierungsspiels willen, *Sinnzugewinnung* kennzeichnet die Mittel, im Hörenden einen „Sinn" entstehen zu lassen, indem er zu den dürren Worten ein Eigenes hinzutut; *wie* solches geschieht, gehört ins Gebiet der Sprachpsychologie, doch vgl. Gadamer 361 ff. und die ausgezeichneten Bemerkungen von Burke (in der Übersetzung: Philosophische Untersuchungen über den Ursprung unserer Begriffe vom Erhabenen und Schönen, Riga 1773, 280 ff.).

Zum Schluß sei, gleichsam als siegelndes Motto, das Wort eines großen Kenners antiker Dichtung genannt: *est enim grata in eloquendo novitas et emutatio, et magis inopinata delectant* (Quint. inst. 8,6,51).

II. VERSTÄRKUNG

A. *Mehr*

1. Gewicht durch Vervielfältigung: gleichstämmige Wörter

§ 12

a) Gemination

OR   Wiederholung eines Wortes in Kontakt- *(iam iam)* oder Nahstellung *(heu, nefas, heu:* Hor. c. 4,6,17; Val. Flacc. 7,533); Wort*gruppen*-Wiederholungen: s. § 14. Wird eine Wortgruppe oder ein Einzelwort nach Satzschluß erst im nächsten Satz wiederholt, spricht man von Epanalepse *(timidis... supervenit Aegle; Aegle, Naiadum pulcherrima:* Verg. buc. 6.20; Lausberg § 619).

LT   Lausberg § 616/8; Martin 302; LHS 808 f.; Küper 89; F. F. Abbott, Stud. in Class. Philol. 3, 1902, 67 ff.; Griechisches: Barrett zu Eur. Hipp. 58 ff.; ferner Wilkins zu Cic. de or. 3,206,2.[9]

BG   Frühe und einfache Typen: *age, age!* („Los! Los!"), Pl. As. 327 (Ungeduld); Ter. Eun. 91: *o Thais, Thais!* (Trauer); s. Hofmann LU S. 59; Enn. frg. scaen. incert. 330 Joc.: *eloquere, eloquere!* Ein *iam iam* kann auch pathosgeladen sein, so in der Trauerklage: *iam iam non domus accipiet te laeta:* „nicht mehr", Lucr. 3,894 (so gegen Bailey, vgl. R. Lattimore, Themes in Greek and Latin Epitaphs, 1962, 176; B. P. Wallach, Lucretius and the Diatribe against the Fear of Death, 1976, 47, 52 f.). Vgl. Verg. Ae. 4,371 f.: *iam iam nec maxima Juno | nec Saturnius haec oculis pater aspicit aequis* (Austin: 'urgency').

Verfeinert wird diese Form durch Beladung mit besonderem Sinn: die Wiederholung des *Teucro* bei Horaz, c. 1,7,27, dort also, wo Teucer seine niedergeschlagenen Fluchtgefährten aufrichtet *(nil desperandum Teucro duce et auspice Teucro)*, bedeutet: Teucer ist der Garant der Rettung, die Gefährten sollen bei diesem Namen, der die Rettung verheißt, verweilen – und darum spricht der Held auch in der 3. Pers. Sing., er vertraut ganz auf sich selber; gut Nisbet-Hubbard am Ende des Kommentars zu diesem Vers.

[9] Vgl. E. Huttner, Kunstformen der emphatischen Gemination; Bayreuth, Gymnasium Christian-Ernestinum, Jahresbericht 1965.

Es ist also an jeder Stelle zu untersuchen, welche von den Grund-Emotionen erregt bzw. geschildert werden soll, wenn der Autor bei einem Worte wiederholend verweilt (Angst, Freude, Trauer oder Hast usw.). Es ist jedoch auch nach verfeinernden Verwendungsweisen zu fahnden. Ein Beispiel hierfür: dort, wo Pluto die Tisiphone hinaufsendet, um durch Furcht und Schrecken Rache zu nehmen für die Entehrung des Hades durch das Eindringen des Sehers, befiehlt er: *atque adeo fratres – nostrique haec omnia sunto /prima odii! – fratres alterna in vulnera laeto / Marte ruant:* Polyneikes und Eteokles sollen einander töten, und die Entsetzlichkeit, daß es Brüder sind, die da sich gegenseitig den Tod bringen sollen, wird durch die Wiederholung betont; wobei die Nahstellung fast schon zur Fernstellung wird durch die raffinierende Zwischenstellung der Parenthese (Stat. Theb. 8, 69 ff.).[10]

§ 13

b) Epanalepse

OR   S. § 12 OR: Wiederholung nach Satzteil- oder Satzschluß im nächsten Vers.

LT   LHS 811: „in erster Linie dichterisch"; W. B. Ingalhes, Phoenix 25, 1971, 227 ff.

Die Terminologie ist nicht einheitlich (LHS 811: „Epanalepse"; Lausberg § 619: „Anadiplose"), auch in der Antike nicht (Martin 301 f.); belegbar seit Homer, vgl. Il. 20, 371 f.; 22, 127 und 157.

BG   Dort, wo das Strömen der alles mit sich reißenden Großen Flut erzählt wird, schrieb Ovid (met. 1, 304 f.: *fulvos vehit unda leones, / unda vehit tigres.* Das Dahinströmen wird durch die Wiederholung sinnlich wahrnehmbar gemacht (Börner zu met. 3, 98 spricht von „Spielerischem", „Verniedlichung", was gewiß auf viele derartige Iterationen bei Ovid zutrifft: aus dem Heroischen wird bei ihm gern Sentimentales. Prop. 1, 20, 32).[11] Dagegen ist in *omnes / procubuere, omnes* (Stat. Theb. 3, 62 f.) die alte Kraft der Intensivierung gewahrt.

Die frühesten Belege für die Wiederholung eines Wortes oder einer Wortgruppe zu Beginn des nächsten Satzes sind (nach LHS 811) Cic. Arat. 948; Lucr. 5, 950 f.: dort, wo in der Schilderung der Vorzeit die schöne Natur beschrieben wird, heißt es vom Bache, die „Fluten waschen *umida*

---

[10] J. N. Herescu, La poésie latine 1960, 193 wertet Verg. Georg. 1, 10 f. *et vos, agrestum praesentia numina, Fauni, / ferte simul Faunique pedem Dryadesque puellae* als «insistence de l'appel», was hier die getroffene Einteilung und Auslegung dieser Figur bestätigen mag.

[11] Rothstein zu Prop. 1, 3, 25: „Properz liebt es, ein in der zweiten Hälfte des Hexameters vorkommendes Wort am Anfang des Pentameters zu wiederholen." Derlei ist homerisches Erbe: Kroll zu Cat. 64, 61.

saxa,/umida saxa super viridi stillantia musco. Lukrez liebt Wortwiederholungen (Bailey Bd. 1, Proleg. VII, § 21); hier legt die Wiederholung besonderes Gewicht auf die feuchten Felsen, wie ja in vv. 949/51 acht Wörter enthalten sind, welche die Feuchte malen. – Mit den Augusteern wird die Epanalepse bzw.

Anadiplose immer häufiger; besonders in der Bukolik malt sie Sentimentalisches: sie läßt den Leser bei einem *Namen* durch Wiederholung verweilen (Beispiel: § 12 OR) oder bei einem *pathosbeschwerten Wort*, wie das schon bei Homer vorkam (Il. 6, 395 f.; vgl. auch Kroll zu Cat. 64, 61, wo Ps.-Plut. de Hom. 32 zitiert wird, eine Stelle, die unsere Einordnung bestätigt: σχῆμα... κινοῦν τὸν ἀκροατήν).

ZS   Die Triplikation (LHS 810) ist erst in Spätzeiten häufiger, im lateinischen Bereich ebenso wie im griechischen (s. W. v. d. Brelie, Dictione trimembri quomodo poetae Graeci ... usi sint, Diss. Göttingen 1911, 32 f., wo die zunehmende Häufigkeit bei Sophokles gezeigt ist); sie war zunächst wohl rein sakral (O. Weinreich, Trigemination als sakrale Stilform, in: Studi e materiali di storia delle religioni, Roma 4, 1928, 198 ff.), wird dann aber naturgemäß auch säkular verwendet.

Verfeinert wird die Wortwiederholung in der Form der Epanalepse (analog zur Gemination: § 12 BG, Abs. 2) durch *Sinnbeladung*: in der Beschreibung des Seesturms berichtet der Bote bei Seneca (Ag. 526), wie die ertrinkenden Griechen den Wahnsinn der Elemente anklagen: die Flotte trage doch nicht nur Griechen, *vehit ista Danaos classis? et Troas vehit:* die Gleichheit des Geschicks der vielleicht zu Recht bestraften Danaer und der ungerechtfertigt umkommenden Gefangenen wird durch die „Anadiplosis" (Tarrant z. St., der auf J. Jackson, Marginalia Scaenica, 1955, 198 f. verweist) hervorgehoben.

§ 14

c) Gruppenwiederholung

OR   Die Wiederholung von Wort*gruppen* hat ebenso wie die von Einzelwörtern sakralen Ursprung (Norden 136 zu Ae. 6, 46; Aesch. Ag. 1073, 1077). Später wird das säkularisiert, bei Kallimachos z. B. (hym. Dian. 3, 33 f.) wird das Versprechen, das Vater Zeus gab, durch die Wiederholung des τρὶς δέκα „unterstrichen" (Bornmann z. St.).

BG   Naturgegeben ist die Wiederholung aus Erschrecken oder Entsetzen, wenn man das Gehörte noch nicht glauben kann, entstanden: *pro deum immortalium! Negat Phanium esse hanc sibi cognatam Demipho! hanc Demipho negat esse cognatam?* bei Ter. Pho. 351 f. Lucr. 1, 835: um des Nachdrucks willen ('emphatic repetition', Bailey) wird ein Versteil wiederholt: *principio, rerum quam dicit* (d. h. Anaxagoras) *homoeomerian, / ossa videlicet e pauxillis atque minutis / ossibus hic et de pauxillis atque minutis / visceribus viscus gigni* usw. Derartiges dürfte in feinerer Dichtung wegen der gewissen Rustizität schwer zu belegen sein, hier dient es der Betonung, und zwar der der Gleichartigkeit.

ZS   Eine Fülle von Beispielen, auch griechischen, bietet Wöbbeking 48 ff. (s. § 15 LT). Er zeigt u. a., daß Catull nie mehr als zwei Wörter wiederholt, seit Tibull und Properz zuweilen drei iteriert werden, allerdings nie mehr als drei.[12]

§ 15

d) Anapher

OR   Die Anapher wiederholt ein Wort zu Beginn von Sätzen oder Satzteilen, naturgemäß des Nachdrucks (Hofmann LU § 63), späterhin auch der übersichtlichen Ordnung halber (s. § 17), cf. Auct. ad Her. 4,20 *(concinnior oratio)*.

LT   Lausberg § 629 f.; Küper 90; Martin 303; LHS 694/6; L. Otto; R. Wöbbeking (s. § 18).

BG   Frühe und einfache Formen wie die parataktische Anreihung aus Mangel an Unterordnungswillen oder -vermögen (Pl. Ep. 372; Hofmann LU S. 62) bleiben hier außer acht, weil sie keinen Stilwillen verraten; vgl. aber *vos scelesti, vos rapaces, vos praedones*, Pl. Men. 1015: in einer Prügelei versetzt Messenio den *lorarii* Hiebe, genau verteilend und mit zunehmender Präzisierung kommentierend: vom allgemeinen zum besonderen Beiwort, dann zum genau treffenden Substantiv – ein Stilspiel in einer wilden Prügelei (vgl. Maurach zu Pl. Poen. 431 ff.).

Besonders häufig ist die Anapher bei Götteranrufungen (E. Norden, Agnostos Theos 149 ff.) und selbstverständlich bei nachdrücklichem Sprechen, in dem die menschliche Erregung sich auslebt. Doch gute Dichter streuen sie nicht einfach ein[13]: in der Abschiedsszene, wo der „Schmerz des Scheidens" (F. Klingner, Virgil 537) ganz in den Vordergrund tritt, wo aber auch die Angst des uralten Vaters laut wird, ob er den Sohn noch einmal sehen werde, setzte Vergil (Ae. 8,574/6) dreimal das zweifelhaltige *si;* oder aber dort, wo der Jubel ausbricht (Luc. 7,254 ff.), dreimaliges *haec*, „dies ist der Tag...!". Oder aber zum genauen Treffen: als Tydeus allein zurückkommt – alle anderen gefallen –, verfluchen ihn die Mütter: die fünfzig Totengeister der Gefallenen sollen ihn heimsuchen und die Klagen von fünfzig verwaisten Häusern: *te... te... adsilient* (Stat. Theb. 3,74 f.: die Anapher

---

[12] Die Raffinierungen wären noch zu sammeln, z. B. Prop. 2,24,36: *eheu! – tu mihi certus eras – certus eras. – eheu!*

[13] Z. B. Ed. Fraenkel, Horaz 244: „Horaz ist nicht der Mann, der ohne Grund Anaphern verwendet" (Syndikus 1,195 nennt dieselbe Anapher, Hor. c. 1,17,13, „außerordentlich betont").

begleitet gleichsam die Bewegung des auf ihn zeigenden Fingers). Wie bedachtsam Horaz mit der bei ihm seltenen Anapher umgeht, ist bekannt:
dort z. B., wo er sich neben die *di superi* und über das Volk stellt (c. 1,
1, 29 ff.), betont er diese scheinbare Blasphemie durch das doppelte *me: me
doctarum hederae praemia frontium | dis miscent superis, me gelidum nemus
| . . . secernunt populo.* Dagegen äfft die Wiederholung des *Telephi* in c. 1,
13, 1 f. das ständige Reden der Lydia über ihren Telephus spottend nach
(so auch Cat. 39, 2/6 und 78: *Gallus*). Mit der erstgenannten Horazstelle ist
Prop. 1, 10, 15 ff. vergleichbar: dort, wo er berichtet, was er alles vermag,
sagt er das mit dreifacher Anapher des *possum* als Ausdruck seines Kraft-
bewußtseins; hier liegt ersichtlich der Stilhöhepunkt; danach eine leichte
Anapher (19 f.), im „hypothekarischen" Schlußteil fällt der Stil offenkundig
ab.[14]

§ 16

Es wäre zu untersuchen, ob sich nicht bei einer Unterscheidung der
Wort-*Arten* Differenzierungen treffen ließen. So scheint die Iteration einer
Präposition seltener als die von Relativa und Substantiva u. dgl. (s. aber
Stat. Theb. 3, 115: dort, wo er beschreibt, wie die Menge hinauseilt, um die
Toten zu bergen, wiederholt er ein *per: effusi per plana, per avia passim . . .
currunt.* Hier malt das *per – per* das „überallhin" eindrücklich); s. LHS 695
oben. Verfeinerungen der Anapher liegen z. B. da vor, wo das iterierte
Wort mit einer Kopula verbunden wird (Ov. met. 14, 832); das ist nach
LHS 695 „ausgesprochen dichterisch". Zu Properz vgl. Tränkle 16, Roth-
stein zu 1, 3, 21.

§ 17

Wünschenswert wäre eine Abgrenzung der Satz-, Satzteil- und versein-
leitenden „echten" Anapher von solchen Doppelungen, die irgendeine Art
von Gleichartigkeit wiedergeben sollen, z. B. Tib. 1, 10, 27 f., wo auf *myrto
canistra | vincta geram* ein *myrto vinctus et ipse caput* folgt, um anzudeuten,
daß der Hausherr nicht nur sein Opferkörbchen mit Myrten schmücken
will, sondern *auch* sein Haupt. Ähnlich, nur noch um Erhebliches verfeinert, ist Ov. am. 2, 16, 41 f. *ulmus amat vitem, vitis non deserit ulmum:* vers-
rahmende Wiederholung mit Anapher von *vitis,* doch in verschiedener Flexionsform, das Ganze im Chiasmus angeordnet; die Anapher mit verschiedener Flexionsform hat einen eigenen Namen: Polyptoton (s. § 19).[15]

---

[14] So („hypothekarisch") kann man die paränetische Partie 21 ff. nennen (Acta
Class. 11, 1968, 88 f.; Der Bau von Senecas Epist. Morales 194, A. 100).
[15] Zur Versrahmung durch Wortiteration vgl. U. Knoche, Rh. Mus. 85, 1936,
13 ff. Eine überaus raffinierte Variante: Prop. 2, 16, 45 f.: „alles, was ich dir schenkte,
haec videam rapidas in vanum ferre procellas, quae tibi terra – velim! – quae tibi fiat

§ 18

ZS   Sowohl L. Otto als auch R. Wöbbeking gingen von der Auffassung Th. Birts aus, daß die echte Anapher die rein technische Zielsetzung hat, zwei Satzteile oder Sätze zu verbinden: „summum anaphorae munus coniungendi sententias", Otto 45. Sie ersetzt die Kopula: „in locum coniunctionis succedit", Otto 83. Die echte Anapher sei dadurch gekennzeichnet, daß sie am Satzanfang stehe, das gleiche Wort (wenn auch zuweilen in verschiedener Flexionsform) wiederhole. Alles andere seien keine Anaphern. Daher untersucht Otto die Anapher auch nach dem *Ort* im Vers und Satz, an dem sie auftritt, und nach ihrer *Art* bezüglich der Zahl von wiederholten Wörtern, nicht aber nach den Weisen ihrer Wirkung (über diese sagt Otto 43, sie sei die des *movere,* weshalb die Anapher bei Historikern und Philosophen gemieden sei). Wenn er jedoch weiter den Grad der „Notwendigkeit" einer Anapher untersuchen will (es dann aber kaum tut; S. 39 f.), zeigt er, daß er gespürt hat, daß man nach dem *Grunde* fragen müßte, der den Autor veranlaßt hat, statt einer Kopula die Anapher zu suchen. Wöbbeking stellt sich auf eben diese Grundlage und untersucht von ihr aus materialreich die Gebräuche von Ennius bis Martial (vgl. die zwölfmalige Anapher bei Mart. 9, 97).

Beide Autoren unterscheiden gut von der *geläufigen* Anapher die durch Kopula *variierte* (Otto 80 f., Wöbbeking 82 und 89 ff.). Man ersieht aus ihrem Material die bei Properz einsetzende und durch Ovid übersteigerte Raffinierung der Anapherformen.

Erkennt man die fortschreitende Raffinierung, dann wird deutlich, wie hier aus einem Mittel des *movere* ein Mittel *auch* des *delectare* (d. h. des Reizens des dichttechnischen Kennertums) wird.

Beiläufig mag erwähnt sein, daß Wöbbeking 3 f. die Wiederholungsform von Ov. am. 1, 9, 1 f. *(militat omnis amans … / … militat omnis amans)* mit „Versus serpentinus" bezeichnet, vielleicht eine Über-Einteilung, aber doch die Bezeichnung für einen eigenen Typus. Es handelt sich um Bekräftigung, keineswegs um eine „echte" Anaphora: ein genaues Unterscheiden nach Art, Stellung, Bau und insbes. psychagogischer Funktion ist im Falle der Wortwiederholung dringend vonnöten.

aqua!. Das Raffinierte liegt hier einmal in der Fortsetzung des *haec* durch *quae,* dann im durchbrechenden Einschub *velim* (s. auch A. 80 b). – Beachtenswert sind in diesem Zusammenhang auch die „Scheinanaphern" (Knoche a. O. 16, A. 3; Fehling 59).

Die Anapher als Mittel des Nachdrucks oder als Ausdruck der Erregung ist gewiß aus der Umgangssprache erwachsen (Beispiele bei Hofmann, LU 61); zum bewußt verwendeten Mittel zur Stilbildung wird sie spätestens bei Plautus: in den Senaren allerdings beschränkt er dieses Mittel auf Pronomina und pronominale Adverbien, zudem auf bestimmte Personentypen; doch in den Langversen dient die anaphorische Reihe, nunmehr auf andere Wortarten ausgeweitet, der Schaffung pathetischen Schmuckes dieser Versgattung, hierin der Tragödie deutlich verwandt (Haffter 83 ff.).

§ 19

e) Polyptoton

OR　Man kann das Polyptoton („Viel-Fall") beschreiben als Wiederholung ein
und desselben Wortes in verschiedenen „Fällen" (gr. *ptosis*), d. h. als Anapher mit
verschiedener Flexion („flexionsvariierte Anapher"). Es steht gern am Satz- bzw.
Satzteilbeginn. Man unterscheide (gemäß § 17):
1. die „flexionsvariierte echte Anapher" *(tu – te – tibi)*, die in Götteranrufungen auftritt (E. Norden, Agnostos Theos 149 ff.; Nisbet-Hubbard zu Hor. c. 1, 10, 9;
Maurach zu Germ. 2) mit Satzanfang beginnend;
2. die Wortparataxe oder Wortgegensetzung *(omnes omnia, pes pedem)*, in der
ebenfalls ein Wort mit Flexionsvariation wiederholt wird, jedoch an beliebiger
Stelle.

LT　Zu 1. Lausberg § 643; Martin 305; B. Gygli-Wyss 61 ff. – Zu 2. LHS 707 f.;
G. Landgraf, ALL 5, 1888, 161 ff.; Küper 93.

BG
1. *Flexionsvariierte Anapher:* in der Anrufung der *alma Venus* sagt Lukrez
(1, 6/8) *te, dea, te fugiunt venti, te nubila caeli adventumque tuum, tibi
suavis daedala tellus summittit flores, tibi rident aequora ponti;* wenn
Bailey das rhetorisch nennt, so wird man mit Norden (s. OR 1) auf die
sakrale Herkunft weisen. Zu den Stilelementen der Anrufung D. Page,
Sappho and Alcaeus, 1955, 16, A. 1. Nisbet-Hubbard zu Hor. c. 1, 10, 9
(Altlateinisches bei Jocelyn zu Enn. fr. scaen. 4, S. 170).
2. *Wortparataxe:* ein frühes Beispiel ist Enn. ann. 572 (nach Bell. Hisp.
31, 7, s. Vahlen 2. Aufl., S. 105): *pes premitur pede:* hier ist die Kontra-
position durch ein alliterierendes Verb getrennt. Das Vorbild mag Homer gewesen sein (Il. 13, 130 f., s. Macr. sat. 6, 3, 5). Furius Bibaculus
(fr. 10 Mor.²) schrieb *pressatur pede pes,* Vergil (Ae. 10, 361) *haeret pede
pes densusque viro vir* ¹⁶ und ersetzte *pressare* (das er nur in Verbindung

---

¹⁶ Den vergilischen Vers Ae. 10, 361 imitierte Statius (Theb. 8, 398 ff.): *iam clipeus
clipeis, umbone repellitur umbo, ense minax ensis, pede pes et cuspide cuspis.* Hier
wird ein Anprall zweier Schlachtreihen geschildert; bei Vergil das Ringen zweier
Reihen ohne Vorrücken bzw. Weichen: erst *concurrunt,* dann das Wühlen im Stand,
ausgedrückt durch das eine *haeret* (ungemein raffiniert, die Masse formal im Singular
auszudrücken, mit *densus* aber die Vielzahl spürbar zu machen). Das kann man sich
vorstellen; bei Statius dann die Spielerei mit unrealistischen Kunstgriffen: *ein* Schild
gegen *viele* ist einfach Kasusvariation gegenüber den Singularen der Umgebung,
und daß die Schwerter die drohenden Schwerter „zurückdrängen", ist nur ein *Detail*
aus all den möglichen Bewegungen eines *ensis:* raffiniert, zerspielt und überladen
(fünf Kontrapositionen gegenüber zweien bei Vergil). Man beachte auch, wie Statius
das einfache *concurrunt* in den Versen 395/7 ausweitet: *primus virum concurrere pul-
vis / incipit et spatiis utrimque aequalibus acti / adventant mediumque vident decres-*

mit *ubera* verwendet [buc. 3, 99; Ae. 3, 642; Fehler bei Merguet], das also wohl zu terminologisch klang) durch ein Wort, das ein ganz anderes Bild zeichnet. Ob diese Kontrapositionen „künstlichen Charakter" (LHS 708 a) von Anfang an besaßen, ist angesichts des natürlichen *alius alium monet* usw. unwahrscheinlich. Wohl aber werden die in dieser Weise gegeneinandergestellten Wörter anfangs gering an Zahl gewesen sein, so daß die Ausweitung dann in der Tat „speziell dichterisch" (LHS 708, b) wurde. Wichtig scheint es, jedesmal nach der Funktion einer solchen Gegensetzung zu fragen (Pl. Rud. 434: „sogar", Am. 726: Unterstreichung der Gleichheit, Mo. 1075: Höflichkeit usw.).

Hospes in hospitium (venit) bei Prop. 2, 34, 7 wird gemeinhin unter die Polyptota gerechnet (LHS 708: „Wortparataxe"; Lausberg 329, § 648, 4; Martin 305); doch „Polyptoton" hat einen zu weiten Geltungsbereich, ist auch viel zu äußerlich, als daß man sich mit diesem Wort zufriedengeben könnte; zudem deutet schon die Benennung bei LHS („Wortparataxe") an, daß hier ein besserer Name gesucht werden müßte. Hier wird die zusätzliche Benennung von LHS übernommen, man könnte allerdings auch an „Antiklisis" o. ä. denken (Material bei Landgraf, ALL 5, 1888, 161 ff.; griechische Belege seit Homer, vgl. Il. 13, 130 f.).

ZS	Der Forderung, die Funktion solcher Polyptota zu bestimmen, könnte man z. B. im Falle von Verg. Ae. 4, 628 f. nachkommen: dort, wo Dido den ewigen Gegensatz Karthagos zu Rom darlegt, beschwört sie die Zukunft: *litora litoribus contraria, fluctibus undas, imprecor, arma armis: pugnent ipsique nepotesque.* 'Nothing could better express the interlocked struggle of Rome and Carthage than these two lines, with their juxtaposition of repeated nouns in different cases' (Austin). Hier stehen zwei einfache Kontrapositionen (gleichstämmige Wörter) zusammen mit einem unechten Polyptoton *fluctibus undas* in angenehmer Variation (zum Hypermeter, dessen schließendes -*que* verschliffen werden muß, vgl. Norden zu Ae. 6, 286 f. (S. 218): diese engste aller Versverbindungen malt das engste Zusammengebundensein durch den gemeinsamen Haß gegeneinander so wie der horazische Versübergang das ununterbrechbare Dahinströmen „malt": c. 3, 29, 35 f.).

cere campum: da rennen die Reihen, und schon treffen die Staubwolken aufeinander (statt der Reihen: die Staubwolken laufen also schneller als die Männer?); dazu die Paradoxie, daß die Rennenden sehen, wie der Zwischenraum zwischen den Linien sich verringert: winzige Details werden bemüht (Staubwolken, sich vermindernder Zwischenraum, alles scheinbar ganz konkret, anschaulich; und doch ein Ausweichen ins Kleine, ja sogar ins Abseitige, denn die Tatsache, daß der *campus* zwischen den Reihen sich verringert, ist nebensächlich im Verhältnis zum Eigentlichen , daß die *Feinde* näher kommen).

2. Gewicht durch Vervielfältigung:
verschiedene Einzelwörter parallel angeordnet

§ 20

a) Hendiadyoin

OR *Eines* wird durch einen parallel (Nomen plus Nomen, ohne Kopula oder mit Kopula) gebauten *Doppel*-Ausdruck wiedergegeben („Was für ein Witzbold und Spaßvogel!").

Der Name ist nicht klassisch (LHS 782: zuerst bei Porphyrio, 3. Jhdt. nach Chr.; Lausberg § 673: zuerst bei Servius zu Vergil), jedenfalls ist an die Auseinanderlegung *eines* Gemeinten in *zwei* Ausdrücke um der Verstärkung willen gedacht.[17]

LT LHS 782 ff., 786 ff.; E. Wölfflin, ALL 4, 1887, 143 ff.; Hofmann LU 93, § 87; Kroll 260 (Lunelli 30 f.); Plautus: E. Fraenkel, Plautinisches im Plautus 363; Haffter 75 f.: Doppelungen kennzeichnen den nachdrücklich-gewählten Stil der Langverse und Monologeröffnungen. Friedländer zu Juv. 1, 72; Th. Düring, bes. 2–19.

BG Einfache Formen wären *mens animusque* (Caes. b. g. 1, 39, 1; Meusel zu 3, 19, 6) oder *(quibus pro bene factis fateor deberi tibi et libertatem et multas) grates, gratias* Plaut. Poen. 134 (Text nach Leo; nachdrücklich-feierlich, s. Komm.; „höchster Affekt", Hofmann LU 93); *fixum immotumque* (Verg. Ae. 4, 15; gut Austin dazu), doch das ist schon eine Sonderform: Positiv plus Negativ. Vgl. weiter *sanus et salvus* (LHS 786 B).

Wenn hier das „Eins durch Zwei" von der Synonymenreihung (LHS a. O.), also von „Eins durch Vieles" geschieden wird, dann hat das einen sprechpsychologischen Grund: *salvos et sanus* (vgl. Plaut. Ep. 563) hat etwas Abschließendes, das Gemeinte ist von beiden Seiten gesagt. Eine Synonymenreihung *strepitus, crepitus, sonitus, tonitrus* (Plaut. Am. 1062) dagegen hat eher den Charakter der Offenheit, die Reihung ließe sich noch verlängern (Kumulation). – Es lassen sich folgende Formen unterscheiden:

---

[17] Diese Auseinanderfaltung muß klar von der „nachgelieferten Erklärung" (Epexegese, vgl. § 23) geschieden werden (wie in *pretio inductus pulchroque iuvenco*, Verg. Ae. 5, 399; vgl. 1, 258: das *et* ist ein „das heißt", s. LHS 782 f.) und auch von der Aufzählung aufeinanderfolgender Schritte („Enumeration", LHS 783: *ibo et cognoscam*, Plaut. Am. 1075).

§ 21
aa) Tautologisches Hendiadyoin

Tautologisch sind etwa „Er sprach das Wort und sagte" (Hom. Od. 4,369 bzw. 370, vgl. hym. hom. Dem. 53, derlei war Vorbild für Arat 374), oder aber „daraufhin später" (asyndetisches Hendiadyoin: Hes. Theog. 210). So das schöne Wort (κόσμος) ἡ σιγή τε καὶ παῦρ' ἔπη (Soph. frg. 64,4). Das Gemeinte soll „ganz und gar" deutlich und eingängig werden, daher die „Über-Genauigkeit" (Hofmann LU § 85 ff.); auf Affekterregung berechnet ist dagegen „leeres Haus, menschenlos" (Soph. Phil. 31). Im Lateinischen finden sich einfache Formen früh etwa bei Plaut. Am. 646 *(animo forti atque offirmato)* oder (verbal) bei Enn. Achill. fr. VIII (9) Joc.: *pugnant, proeliant;* derlei war auch in Ciceros früheren Reden beliebt, Lukrez verwendet es häufig (Bailey Bd. 1, 156 ff.), doch schon Catull beginnt, solches zu scheuen, bei Vergil und Horaz ist das tautologische Hendiadyoin offenbar selten geworden (LHS 788). – Vgl. Lucr. 2, 934: dort, wo er sich dagegen verwahrt, daß Empfindung entweder Veränderung (an etwas) oder Geburt (von etwas Neuem) sei, sagt er in zwei chiastisch gebauten Sätzen, immer müsse *concilium* und *conciliatus* (von Atomen) der ermöglichende Grund sein, das wolle er *planum facere atque probare:* tautologisches Hendiadyoin zur Verstärkung des Anspruches. Vgl. das raffiniertere *aditus centum, ostia centum* bei Verg. Ae. 6, 43: Hendiadyoin *(aditus, ostia,* doch variiert: *aditus* – „herein", *ostia* – „hinaus"), verbunden mit Wiederholung desselben (Zahl-)Wortes *(centum),* „effective and poetical tautology" (Conington zu Ae. 6, 165; vgl. zur emphatischen Zahlwortanapher Ae. 4,199 f.). Besonders lehrreich die doppelte Bitte Verg. Ae. 4,317.

§ 22
Eine Verfeinerung des tautologischen Hendiadyoin liegt vor, wenn die beiden Ausdrücke, welche das Hendiadyoin bilden, im Verhältnis fortschreitender Raffinierung stehen; Enn. Iph. frg. 207 Joc.: *viduae et vastae virgines;* hier ist *vastus* für „alleingeblieben" ein altes Wort (Serv. Daniel. zu Ae. 1,52; s. Vahlen, 2. Aufl., S. 159) und raffinierter, anscheinend später kaum noch gebraucht (vgl. Tac. ann. 3,4,2), es steht als das raffiniertere nach dem einfachen, von dem her es wohl nur verständlich wurde (Jocelyn spricht 342 nur von 'tautology'). Luc. 1,452: *(nosse) deos et caeli numina* (die *dei* und *caeli numina* sind dasselbe, nur ist „Götter" das direkt, *caeli numina* das umschreibend Ausgedrückte; vgl. Bömer zu Ov. met. 1,367 f.). Dasselbe doppelt bei Val. Flacc. 2,41 f. Ehl.: die Stille schreckt die Dahinsegelnden, *ipsa quies rerum* (abstrakt gesagt) *mundique silentia terrent (mundus* hyperbolisch: „Ausweitung ins Kosmische", vgl. unten

§ 42); dann *astraque* (das direkt Ausgedrückte) *et effusis stellatus crinibus aether* (tautologisch wegen *stellatus;* überladen, und doch um einen weiteren Schritt präzisiert: die Sternschnuppen, s. Langen). Diese Darstellung nähert sich bereits der „Doppelbeschreibung" (§ 27). Gesetz ist diese Abfolge nicht: Verg. Ae. 6, 152 *sedibus hunc refer ante suis et conde sepulcro,* wo *sedes suae* für „Grab" wohl anspruchsvoller ist, weil verrätselt: *sedes sua* könnte ja auch das „Heim" meinen, das Folgende klärt die Ambiguität (zu *suae* s. A. 106).

Man muß also jederzeit nachsehen, *welche Art* des Hendiadyoins vorliegt, und im Falle des tautologischen, ob die Glieder gleich sind oder in einem besonderen Verhältnis zueinander stehen, z. B. „direkt-verrätselt" oder „abstrakt-konkret", vgl. Lucr. 1, 920 *ora genasque,* wo *ora* das Weitere, *genae* das Genauere ist: hier zeigt sich in der Doppelung, wie das *ganze* Gesicht von Lachtränen überströmt wird.

§ 23
ab) Erläuterndes Hendiadyoin (Epexegese)
Wenn Sophokles den Neoptolemos (Phil. 3 f.) zuerst „von einem Vater erzeugt, der der Stärkste war unter den Griechen" nennt, dann aber gleich den Namen des Vaters nachliefert, so mag das eher eine Epexegese (LHS 796) sein; doch wenn in v. 2 die Küste ἄστιπτος heißt und gleich darauf „unbewohnt", dann liegt eine emphatische Tautologie vor, doch eine solche, in der dem ersten das sich aus ihm ergebende („dementsprechend auch unbe*wohnt*") hinzugefügt wird: man hat also jedesmal, statt simpel mit „Hendiadyoin" zu etikettieren, das Verhältnis der Doppelungsglieder zueinander zu prüfen.

Deutlich erläuternd ist z. B. Cic. sen. 15: Alter hindere Cato nicht daran, tätig zu sein, denn soll das Alter *a rebus gerundis* trennen? *an iis, quae iuventute geruntur et viribus?* („In der Jugend, d. h.: wenn man bei Kräften ist") – hier wird deutlich ein zu allgemeiner Ausdruck erläuternd präzisiert. So Verg. Ae. 6, 387: der Unterweltsfährmann *adgreditur dictis atque increpat ultro* die sich nähernden Sterblichen: zunächst das Allgemeine, Unbestimmte, dann die Präzisierung; kürzer das gleiche in *verba minasque* (Stat. Theb. 1, 410). Selbstverständlich kommt derlei auch in der Prosa häufig vor (Meusel zu Caes. b. g. 7, 26, 3; b. g. 2, 23, 1: *cursu ac lassitudine exanimati* sind die Atrebaten und darum können die Routiniers dort sie zurückschlagen). Man wird wohl mit Cicero den Unterschied zwischen Prosa und Dichtung in der Verrätselung sehen, wenn man *cursu ac lassitudine* mit Verg. Ae. 6, 325 *inops inhumataque turba* vergleicht, wo *inops* ohne das Folgende ganz unverständlich bliebe (Ov. met. 1, 352: *commune genus – patruelis origo,* wo auch Bömer mit Explikation, „und zwar", rechnet; Juv.

3,55: *harena Tagi* durch *aurum* erklärt: „Hendiadyoin", Friedländer; 'epexegesis', Courtney).

Doch bliebe die Bezeichnung „erläuterndes Hendiadyoin" bloße Etikette, würde man nicht jedesmal nachsehen, *warum* diese Ausdrucksweise gewählt wurde: Luc. 1, 143 heißt es von Caesar *sed non in Caesare tantum | nomen erat nec fama ducis, sed nescia virtus | stare loco;* zunächst das farblosere *nomen,* dann „d. h. Führerruhm", wodurch dies zweite, *fama ducis,* herausgehoben ist: *nomen* ist offen-unbestimmt, man ist *gespannt* auf die Erklärung, und die ist auch noch durch die Stellung zwischen Semiternaria und Semiquinaria (Drexler, Einführg. in die röm. Metrik, 1967, 89) hervorgehoben. Auf sie kam es an: ein Feldherr, zwar von gewaltigem Ruhm, aber ohne Moral.

§ 24

Eine verfeinerte Spielart wäre es, statt „und das heißt" das Hendiadyoin in der Weise eines „und *dadurch*" zu verwenden: Anchises weist (Verg. Ae. 6,715) dem Sohn die Lethe-Anwohner, welche *securos latices et longa oblivia potant (securos* ist kausativ, s. § 200, *et* bedeutet „und dadurch").

Ähnlich kennzeichnet Lukan (1,482) die aus dem fernen Norden in den Krieg gezwungenen Hilfsvölker Caesars mit *finibus Arctois patriaque a sede revolsos,* worin das *que* ein „und somit" bedeutet (vielleicht nach Ov. met. 11,554 f.: *revulsos | sede).* In dem Lukan-Vers wird erneut das an die zweite Stelle gesetzt, was besonders betont (hier: besonders widernatürlich) ist. So schon Cat. 76,20 *eripite hanc pestem perniciemque mihi:* die *pestis* mögen die Götter fortnehmen, und *damit zugleich* seinen Untergang. „Enumerativ" (LHS 783, § 35) dürfte man derlei nicht nennen.

§ 25

ZS   Neben den verschiedenen emotiven Funktionen dieser Hendiadyoin-Formen sollte man eine rein technische nicht übersehen: die Doppelung mit Kopula erlaubt es, ein hypotaktisches Verhältnis zweier Begriffe, das nur durch ein schwergewichtiges, weil wortreiches Gefüge ausdrückbar wäre, ungenau zwar, aber kurz anzudeuten (zur dichterischen Qualität des Andeutens s. § 2), vgl. Kroll 260; F. Leo, Senecae Tragoediae 1,197; Otto 83, Wöbbeking in der Einltg., s. § 18.

Auch die „Positiv-Negativ-Form" sei noch einmal (§ 20, BG) erwähnt: sie ist im täglichen Sprechen ungemein häufig: neben „ich sage das klar und deutlich" steht „ich sage das klar und ohne Umschweife" usw. Ein Beispiel wurde in § 20 bereits genannt: *fixum immotumque* (Verg. Ae. 4,15), vgl. Ae. 4,588: *vacuos sensit sine remige portus;* s. Scherer 217.

§ 26

b) Synonymenreihung

OR Zu § 20 (letzter Absatz) wurde bemerkt, daß Hendiadyoin von der Synonymenreihung geschieden werden müßte. Sie häuft Synonyma parataktisch, um einen Eindruck kumulativ zu verstärken.

LT LHS 785 ff.; Hofmann LU 93 f. – Selbstverständlich wird im folgenden nicht einer „reinen Synonymität" das Wort geredet, vgl. J. Lyons, Einführung in die moderne Linguistik, 2. Aufl. 1972, 458 ff. mit Kritik an S. Ullmann, Grundzüge der Semantik (1957) 1967, 101 ff.

BG Diese Ausdrucksweise ist vornehmlich altlateinisch, sie soll einen Eindruck durch Reihung von Gleichartigem erschöpfend verdeutlichen und ihn in seiner Wirkung verstärken, vgl. Plaut. Am. 1062 *strepitus, crepitus, sonitus, tonitrus* von dem Donner bei der Geburt des Herakles; das Zielwort am Ende: „Donner"; oder *perii, interii, occidi* Plaut. Aul. 713; s. Bacch. 612 ff. So noch Lucr. 2, 534 *regione locoque alio terrisque remotis* (wo *alio* sich auch auf *regione* bezieht).

§ 27

c) Mehrfachbeschreibung

OR Es handelt sich um die mehrfache Beschreibung einer einzigen Sache (nicht mehr nur um die mehrfache Benennung durch Nomina, sondern um Darstellung durch Satzteile oder ganze Sätze).

Der Sinn ist der von Cicero (de or. 3, 202; ebenso Quint. inst. 9, 1, 27) angegebene: *commoratio una in re permultum movet,* also Affekterregung.

LT Griechisches: Fehling 167/270; Lapp 54/70. Lateinisches: Lausberg § 835: „die sprachliche Änderung in der Wiederholung des gleichen Gedankens hat steigernd-affektischen Zweck". Düring 19 ff. vglt. gut Verg. Ae. 8, 184 mit Quint. 8, 6, 12.

BG Ein Grenzfall zwischen Hendiadyoin und Mehrfachbeschreibung, also zwischen Mehrfachdarstellung durch bloße Nomina und durch ganze Kola und Sätze, wäre Stat. Theb. 3, 42: dort, wo beschrieben wird, wie Maeon, der einzige Überlebende in dem Massaker seiner Kriegskameraden, in der Frühe heimkommt, ein Bote des Unheils, heißt es, daß die Erwartenden den Näherkommenden noch nicht deutlich erkennen konnten: *necdum ora patent, dubiusque notari* gab er von ferne Zeichen. *Necdum ora patent* ist ein ganzer Satz, *dubiusque notari* nur ein verkürztes Kolon (Ellipse von *est,* vgl. § 86 b).

Eindeutig dagegen wäre Arat 45/7: er sagt dort, der Drache winde sich zwischen dem Kleinen und dem Großen Bären wie ein Wasserfall hindurch, und fügt hinzu, die Bärinnen lägen zu beiden Seiten: ersichtlich eine

24 II. Verstärkung

Doppelbeschreibung. Gar dreimal dasselbe sagt Arat v. 20: πάντα ἤματα /
συνεχές / αἰεί, und gleich darauf noch einmal: οὐδ' ὀλίγον μετανίσσεται /
αὔτως / ἀτάλαντον. Das ist der Stil des geruhsamen Spieles, eines feinen
Spiels mit überkommenen Formen und Wörtern. Zuweilen ist derlei auch
notwendig, z. B. dort, wo Arat die schwer einzusehende Position der Bärinnen darstellt: die eine habe ihren Kopf über der Hüfte der anderen, sie
drehen sich Rücken an Rücken, zur Schulter der anderen gewandt (28 ff.,
Martin 15, vgl. Germ. 20 mit meinem Komm.).

§ 28
Vergils Beschreibung einer Bestattung Ae. 6, 212 ff. ist durch ein seltsames, stilistisches Widerspiel gekennzeichnet: einerseits reiht sich fast lapi-
dar Satz an Satz, was den Eindruck der Sachlichkeit erweckt; andererseits
sind die Verse beladen mit gefühlserregenden Nuancen; der Tote wird da
z. B. auf die Kleider gebettet, die er im Leben zu tragen pflegte (*velamina
nota*, d. h. ihm [!] bekannt), eine traurig stimmende Erinnerung an das Leben, das der Tote (umschrieben mit *frigens*, vgl. § 105; Stat. Theb. 3, 127)
verloren hat. Doch zu dieser Gedrängtheit des Satzbaus tritt *calidos latices
et aena undantia flammis / expediunt* (218) in klaren Gegensatz, was seit
langem als Doppelbeschreibung gewertet wird: „heißes Wasser" und „bro-
delnde Kessel" sind sachlich genau das gleiche. Dies Detail so zu betonen,
lag keine Notwendigkeit vor, wir haben es mit einem Stilspiel zu tun, dessen Ursprung die Arat-Verse deutlich machen können.

Ähnlich Lukan (1, 541 f.): *condit ardentes atra caligine currus / invol-
vitque orbem tenebris.* Hier verbirgt *Titan* Wagen und Sonnenscheibe[18],
was sachlich dasselbe ist, doch die zertrennende Doppelbeschreibung erlaubt es dem Dichter, die Vorstellung stark zu befrachten: da ist das Oxymoron (§ 138 ff.) *ardentes atra,* die Betonung des Dunkels in zweifacher
Weise *(caligine, tenebris),* zuletzt das reizvolle Widerspiel des ersten mit
dem letzten *(ardentes* und *tenebris),* man vermeint, das Dunkelwerden
nach der Helligkeit selbst zu erkennen[19].

---

[18] Interessant die logische Seltsamkeit, daß der Sonnen-Titan die Scheibe verbirgt,
die er selber ist: Identitätsspaltung, um ein zu simples *se* zu ersetzen.
[19] Vgl. Hom. Od. 3, 487: „es sank die Sonne und alle Pfade umschatteten sich",
was Vergil variierte (Ae. 3, 508): *sol ruit et montes umbrantur opaci:* wahrscheinlich
sagten die „Pfade" dem Römer, der nicht mehr so viel zu Fuß ging wie ein Grieche
um 800, weniger als die von weitem her sichtbaren Berge. Vgl. die doppelte Doppelbeschreibung bei Sen. Ag. 539/43: *dirimit mare = fluctus rumpit pectore,* und *conlu-
cet Aiax = resplendet mare* (wobei die letztgenannte Doppelung einen Aspektunter-
schied zeigt).

§ 29

Einfache Formen wären Enn. Telam. 278 Joc. *audibo atque aures tibi contra utendas dabo,* was nichts als Füllung zu sein scheint, feierlich und pompös. Sehr viel gesuchter die Doppelbeschreibung der Tageszeit bei Ov. met. 3,144 f.: *iamque dies medius rerum contraxerat umbras | et sol ex aequo meta distabat utraque:* ein stark verrätselter Text, der auch noch ein Hysteron Proteron (§ 141 f.) enthält; denn natürlicher wäre es, zunächst die abstrakte Positionsangabe zu machen und dann erst auf die Wirkungen zu verweisen. Immerhin hatte dem Dichter seine Raffinesse so gut gefallen, daß er sie 3,151 f. gleich noch einmal wiederholte.

§ 30

Bei der Beobachtung von gehäuften Beschreibungen würde es sich lohnen, die Typen zu trennen: im Falle von zweifacher Beschreibung steht, vergleichbar mit dem Hendiadyoin (§ 22), gern das Raffiniertere an zweiter Stelle: Ov. met. 1,41 f. *(flumina) in mare perveniunt partim campoque recepta | liberioris aquae:* das simple *mare* wird durch das raffinierte *liberior aqua* untermalt, oder besser: das, worauf es ankommt (die freie Weite), wird in der Iteration sinnlich spürbar gemacht. Oder Lukan: der Kaiser könne sich seinen Ort am Himmel frei aussuchen, denn *tibi numine ab omni cedetur,* und jetzt dasselbe noch einmal, doch anders phrasiert: *iurisque tui natura relinquet* (als Fermate folgt eine Auffächerung), *quis deus esse velis, ubi regna ponere mundi* (1, 50 ff.). Und ebenso wie beim Hendiadyoin (§ 25 Ende) gibt es auch hier die Positiv-Negativ-Form: Lukan sagt in der Darstellung des Chaos 1,76 f.: *tellus extendere litora nolet | excutietque fretum;* 1,92 f.: *nulla fides regni sociis | omnisque potestas impatiens consortis erit*[20].

§ 31

Tripelbeschreibung: dort, wo Vergil die weite Ausdehnung des *imperium Romanum* verkündet (Ae. 6,795 ff.), betont er das Unerhörte der Ausdehnung über die Grenzen der Oekumene hinaus durch eine dreifache Umschreibung: *iacet extra sidera tellus, | extra anni solisque vias,* also außerhalb der vom Tierkreis bezeichneten Zone – eine starke Übertreibung, die dadurch noch anspruchsvoller wird, daß *sidera* hier für die „*Bahn* der Sterne" synekdochisch (§ 95 a, Ende) gebraucht ist, was Vergil denn auch sogleich verdeutlicht (nicht jedoch ohne noch rasch eine weitere Synekdoché einzuflechten, denn *anni* steht für den *Umlauf* der Sonne durch die Zo-

---

[20] Bemerkenswert hierbei ist, daß eine derartige Auffächerung gern als Fermate benutzt wurde, d. h.: etwas Abschließendes und Definitives an sich hatte (Prop. 1,1,33 f.; 1,4,27 f.; 1,7,19 f.; 1,13,11 f., um nur weniges zu nennen).

diakalzeichen, so daß *anni solisque* an die Epexegese erinnert, s. § 23). Hier gehören die beiden letzten Glieder enger zusammen als sie, beide zusammengenommen, mit dem ersten verbunden sind. – Besonders raffiniert ist Ovid met. 1, 89 f.: dort, wo er beschreibt, wie in der glücklichen Urzeit das Leben ohne Hemmung durch Recht und Gesetz von selbst geordnet ablief, sagt er *vindice nullo / sponte sua sine lege* (negativ – positiv – negativ). – Und Ovid liefert auch ein Beispiel für eine Vierfachbeschreibung met. 1, 101:

ipsa – immunis – rastro intacta – nec ullis saucia vomeribus – per se, eine übervolle Mischung aus Einzelwort-Hendiadyoin und Mehrfachbeschreibung durch Kola.[21]

ZS   Erwähnenswert ist das Ergebnis von H. Haffter (Kap. 3, bes. S. 62 ff.): die altlateinische Dichtersprache kennt nur die Zwiefachbeschreibung; sie wird in den plautinischen Senaren zurückhaltend und nur bei bestimmten Personentypen angewendet, in den Langversen dagegen dient die Doppelung zur Gewinnung von pathetischem Schmuck, der Kennzeichen dieser Versgattung ist.

3. Gewicht durch Vervielfältigung:
verschiedene Wörter unparallel angeordnet

§ 32
a) Pleonasmus

OR   Pleonasmus (oder auch Abundanz) ist ein auf vieles angewendeter Begriff, der dadurch unscharf wurde. Er wird hier eingeengt und bestimmt: hier bezeichnet er die Hypercharakterisierung durch zwei oder drei Nomina, die in syntaktischer Verzahnung (und nicht in Parallelität, etwa der Zuordnung durch „und") stehen. Beispiel: *incipit initium* ist Übercharakterisierung des Begriffs „Anfang", wobei die hypercharakterisierenden Glieder zueinander im Verb/Objekt-Verhältnis stehen.

[21] Um diese nicht immer genügend beachtete Kunst zu verdeutlichen, noch wenige weitere Beispiele: Ovid sagt dort, wo er (met. 1, 288 ff.) die Große Flut beschreibt, wie die Wasser die Häuser bedeckten und am Ende alles nur Wasser war: *siqua domus mansit = potuitque resistere tanto indeiecta malo:* dreimal das gleiche; *culmen tamen altior huius unda tegit ≅ pressaeque latent sub gurgite turres* (sogar die Türme sind bedeckt; zu diesen die Komm. zu Hor. c. 1, 4, 14); und nun *iamque mare et tellus nullum discrimen habebant: omnia pontus erant, deerant quoque litora ponto* – 'a good example of Ovid's skill in saying the same thing in different ways' (Lee zu met. 1, 291). Man könnte auch auf met. 1, 61 f. hinweisen, wo „Osten" viermal in verschiedener Weise gesagt wird (Bömer erklärt das Einzelne gut, vermerkt jedoch nicht die Vierfachbeschreibung).
Zu Horazens Mythenhäufung, die sich hier anschlösse, vgl. E. Fraenkel, Horaz 500 f.; Syndikus, Die Lyrik des Horaz, 1973, Bd. 2, 327, A. 42.

LT   LHS 790 ff., Hofmann LU 94 ff. Zum Altlatein: H. Thomsen, Pleonasmus
bei Plautus und Terenz, Uppsala 1930; Haffter Kap. 3.
     Man könnte als Sonderform die „Figura Etymologica" *(facere facinus)* ausgrenzen
(LHS 790 ff., Hofmann, LU 94 ff., Haffter Kap. 1), nötig ist dies nicht.

§ 33

BG   1. *Gleichstämmige Wörter:* die Typen, die bei LHS 790 ff.
unterschieden sind, sollen hier nicht getrennt werden; es handelt sich um die Typen „Adverb +
Adjektiv": *misere miser,* „Adverb + Verb": *cupide cupere* (LHS 791 B); „Verbum
finitum + Infinitiv": *videre videor* (LHS 791 C; Haffter 39 ff.); „Subjekt + Prädi-
kat": *flumen fluit.* Diesen Typus verwendete Ennius ann. 173: *leni fluit agmine flumen;* Lukrez (5, 271) scheint diesen Vers im Sinn gehabt zu haben, doch er beschränkte sich auf *(materies umoris) fluit agmine dulci* ohne *flumine;* auch Vergil
(Ae. 2, 782) verschmähte die ihm offenbar allzu simple Figur: *leni fluit agmine Thyb-
ris.* Zwar ist dieser Vers des Ennius oft imitiert worden (s. Austin zur Vergil-Stelle),
doch nie mit der Pleonasmus-Figur.
     2. *Ungleichstämmige Wörter:* da gibt es Verstärkungen wie *extrema finis* (Catull
64, 217; s. Kroll [Studien; vgl. Lit.-Verz.] 278), *taciturna silentia* (Lucr. 4, 583)
oder *sermones fabulandi* (Plaut. Poen. 34, s. meinen Komm.). Das „Positiv-Nega-
tiv-Schema": *solus sine comite* usw. (LHS 795) ist auch hier anzutreffen.

     Frühe Formen sind, wenn man die Typen einmal außer acht läßt und auf
das Gemeinsame sieht, Ausdrücke wie *nemo homo* (Plaut. Am. 566; Ter.
Eun. 549). Das mögen umgangssprachliche Erscheinungen sein (Hofmann
LU 98; LHS 205, Zus. α), doch *gradus pedum* (Enn. Iph. 193 Joc.) dient
gewiß der stilistischen Aufhöhung. „Ich sah ihn in der Schlacht mit den Augen" (Hom. Il. 24, 392) ist noch der Deutlichkeit halber gesagt, denn der
Sprecher muß sich vor Priamus legitimieren; doch νεοχμὸς νεαραῖσιν bei
Sophokles (Ant. 156 f.) dürfte sinntragend sein in verborgener Weise:
Kreon wird als „neuer König" gekennzeichnet, und das bedeutet Impul-
sivität, mangelnde Übersicht aus mangelnder Erfahrung (Acta Class. 11,
1968, 20: vgl. OT 219). Man könnte bei Verg. georg. 2, 71 an folgendes
denken *(ornus incanuit albo flore piri):* Vergil beschreibt die Erfolge des
Pfropfens: Platanen tragen Äpfel, Kastanien wachsen auf Buchen und jetzt
wird nicht mehr gefragt, was aufgepfropft wird, sondern auf einmal sehen
wir statt der bloßen Holz- oder Fruchtangabe das herrliche Bild eines strahlend weißblühenden Birnbaums (dessen Pracht ja auch unseren nördlichen
Frühling verschönt). Nach dem mehr Nützlichen, eher Gedanklichen die
sinnlich erlebte Farbenpracht, und die wird mit einem Pleonasmus ganz besonders stark vor Augen gestellt: *incanuit albo (flore).* – Oder Verg. Ae.
6, 310: dort wird der erste Herbstfrost beschrieben, der die Blätter zu Boden fallen läßt: *lapsa cadunt folia; lapsa cadunt* ist eine Tautologie, ein
„Pleonasmus", so scheint es. Austin: 'Both *lapsa* and *cadunt* give their sepa-

rate detail, and there is no true pleonasm': indem die Blätter taumelnd her-
abschweben *(lapsa)*, fallen sie zu Boden *(cadunt);* doch wohl wahrscheinlicher dürfte sein, daß es sich hier um denselben Verstärkungstypus handelt
wie in georg. 2,71. Das Partiz. Perf. steht anstelle eines Part. Praes[22].

§ 34

Derlei Pleonasmen können auch in dreifacher Kumulation auftreten (seit
wann?): Lukan (1,494f.) beschreibt in ungeheurem Stilaufschwung[23] die
Flucht aus Rom und malt da die Angst vor einem stürzenden Hause so: *iam
quatiente ruina | nutantes pendere domos,* worin *quatiente, nutantes* und
pendere ziemlich das gleiche in verstärkendem Pleonasmus ausdrücken
(s. Bömer zu Ov. met. 2,31; 2,477).

Man sollte auch darauf achten, an welcher *Stelle* ein solcher Pleonasmus
auftritt. So bildet die pleonastische Ausdrucksweise bei Ovid (met.
1,272f.) offenbar die Fermate: die Beschreibung von Juppiters Wüten endigt
mit den Regengüssen: das Korn senkt sich, die Gelübde waren also umsonst, die Arbeit vergebens, und da steht *perit... irritus* von der Mühe:
offenbar ein verstärkender Pleonasmus von dem in § 33 vorgeführten
Typ.[24] Hier wird der Abschnittsschluß durch die Doppelung beschwert.

§ 35

Interessant ist der Negations-Pleonasmus: Catull (76,3) sagt von sich, er
habe weder selber die *sancta fides* verletzt, *nec foedere nullo* den Namen der
Götter mißbraucht: *nec* wurde angezweifelt, doch E. Löfstedt (Synt.
2,213) verteidigt es (so auch LHS 804 A, a; s. Tränkle 2 und J. Béranger,
REL 38, 1960, 372); Weiteres dieser Art bei LHS a. O. Von „vulgärem Ein-
schlag" (Hofmann LU 98) wird man nach Tränkle a. O. nicht mehr spre-

---

[22] Vgl. A. 94. – Hinzugenommen muß naturgemäß die entsprechende Homer-
stelle werden: in Il. 6, 147 (χαμάδις χέει) ist der Ausdruck abundant genug, um den
Imitator seinerseits zu einem Pleonasmus geführt zu haben. – Weitere einleuchtende
Beispiele: Lucr. 3,380 *exordia prima;* Verg. Ae. 2,447 *extrema mors* (s. Ov. met.
3,137: *suprema funera*) usw. Immer aber muß nach dem Grunde gefragt werden,
warum gerade an dieser Stelle gerade dies pleonastisch ausgedrückt wurde (s.
Übungsteil Text I, Antw. 2 ZS).

[23] Zu diesem Begriff Maurach, Der Bau von Senecas Ep. Mor. 19; mein Schüler
H. L. F. Drijepondt (Die antike Theorie der stilistischen Spannungsvariation, Diss.
Pretoria 1977; Spudasm. 37, 1979) ist dem weiter nachgegangen.

[24] Eine Spielart des Pleonasmus ist das abundierende *ille: multum ille et terris
iactatus et alto* (Verg. Ae. 1,3): Austin sprach von „emphatischem Archaismus",
doch kann derlei vom gr. ὅ γε herkommen.

chen wollen. Es ist dies ein Mittel pleonastischer Intensivierung, und daß es auch in der altlateinischen Komödie belegt ist, zeigt nur das Alter.

§ 36

b) Zerteilung

OR   Es handelt sich um eine Schein-Hypercharakterisierung, die Eines gewaltsam in Zwei zerreißt. Ein Beispiel: *non ullus* für *nullus* (Rothstein zu Prop. 1, 1, 17). Ein schwierigeres Beispiel für eine Begriffszertrennung: „Gleb ist Junggeselle, Iwanowitsch ist unverheiratet" (russisches Hochzeitslied über Gleb Iwanowitsch, welches ein und dieselbe Person ist: R. Jakobson, Literaturwissenschaft und Linguistik 1, 331).

LT   Housman zu Manil. 1, 539; Camps zu Prop. 3, 1, 31 f. ('to give weight to the language'); Rothstein zu Prop. 3, 4, 17.

BG   Der Chor in Aeschylus' „Agamemnon" beschreibt, wie die Jugend damals gen Troja auszog, um Rache zu üben: „mit dem Speer und der Tathand" (111): eine dehnende und darum ausdrucksverstärkende Auseinanderlegung zweier zusammenhängender Dinge; denn es ist ja die „Tathand", welche u. a. den Speer wirft. Verg. Ae. 6, 56: *Phoebe, ... qui Paridis derexti tela manusque,* wozu Norden (zu 327) anmerkt, daß hier die „Gesamtvorstellung in die sprachlichen Komponenten zerlegt" werde[25], vgl. Ov. met. 5, 365 *arma manusque meae.*

In Ae. 6, 24 beschreibt Vergil ein Bildwerk: *hic crudelis amor tauri suppostaque furto* / *Pasiphae;* Norden verstand das so (S. 128), daß hier die Hypotaxe *amor Tauri Pasiphaes* vermieden werden sollte. Das ist gewiß richtig, doch muß hinzugefügt werden, daß die Auseinanderlegung in „die grause Liebe des Stiers" und „die heimlich untergeschobene Pasiphae" statt „die grause Liebe *zur* untergeschobenen Pasiphae" Breite und Fülle erzeugt hat (zur Deutung dieser Erzählung bei Vergil vgl. K. Büchner, RE 8A, 1381, 51; F. Klingner, Virgil 496). Und genau dieser Eindruck der Fülle wird auch durch das nachfolgende Hendiadyoin erweckt: *mixtum genus prolesque biformis* (v. 25): hier mischt sich die Entschwerung des Verses (§ 173) mit Stilistischem.

---

[25] Die früheste Belegstelle ist schwer festzustellen; recht früh ist immerhin Lucr. 5, 1037: er beschreibt, wie jedes Lebewesen schon bald nach der Geburt lernt, die ihm mitgegebenen Werkzeuge zu nutzen; so wehren sich schon früh die Löwenwelpen *unguibus ac pedibus* (Bailey: 'hendiadys', 'the claws on their feet'; doch es handelt sich genau nicht um Hendiadyoin, sondern um Zertrennung). – Die Aeschylus-Stelle Ag. 111 hatte E. Fraenkel wohl ebenso verstanden wie hier geschehen, wie aus seiner Übersetzung S. 67, Anm. 1 'hand and arm of the general' hervorgeht, auch wenn 'arm' im Singular für „Waffe" veraltet ist (jüngster Beleg in Oxf. Engl. Dict. 1, 449, 2 b: 1877).

§ 37

Zuweilen[26] wird ein schöner Effekt durch derlei Zerlegungen erzielt: Achill überrage alle, schreibt Statius (Ach. 1,368), *cervice comisque,* „an Nacken und Haar". Platt gesprochen, ist das „Gemeinte" der Scheitel, doch durch die seltsame Zertrennung entsteht eine Führung des Blickes vom Nacken hinauf zum Haar und dem Scheitel. Vergleichbar der Effekt von Val. Fl. 1,111: Hylas, der junge Begleiter des Herakles, konnte dessen gewaltige Keule noch nicht tragen, darum sei er *nondum par oneri clavaeque capax,* worin „Last" und „Keule", eigentlich Eines, zertrennt werden, vielleicht um das Gewaltige des Gewichts durch die Zertrennung, d. h. durch das Verweilen besonders deutlich spürbar zu machen, denn *commoratio una in re permultum movet,* hatte Cicero gesagt (de or. 3,202; vgl. § 27 OR).

ZS Derlei Zerteilungen sind zuweilen versteckt angelegt: Manilius preist 1,28 ff. den Begründer der Sternkunde so: wer habe wohl als erster versucht, *sublimis aperire vias imumque sub orbem | et per inane suis parentia finibus astra?* Die Antwort: kein sterbliches Wesen, sondern Hermes: *per te iam caelum interius, iam sidera nota* (31). Die über dem Horizont verlaufenden, sichtbaren Bahnen und die unterhalb des Horizonts verlaufenden unsichtbaren Wege habe er eröffnet, dazu die Sterne, die ihren Gesetzen gehorchen – was aber sind jene Wege? Doch wohl die Wege der Sterne. Da erscheint denn die Zweiheit „Wege" – „Sterne" als Einheit, die zertrennt ist in zwei, aus *via astrorum* wurde (wie in § 36) ein *viae et astra* um der Fülle willen.[27]

Zu der § 36 OR genannten, emphatischen, zudem metrisch bequemen Zerteilung *non ullus* für *nullus* vgl. Kü.-Stegm. 2,1; 822,7; raffinierter ist Prop. 1,1,26 *quaerite non sani* (für *insani*) *pectoris auxilia* als Beispiel für die Analogie *non* + positives Nomen statt eines durch *in-* verneinten, *einzigen* Wortes.

§ 38

c) Dehnungsperiphrase

OR Die Periphrase („Umschreibung") kann als Ausdrucks-*Dehnung* auftreten und als Ausdrucks-*Raffinierung* (§ 69). Die dehnende Periphrase gibt einem Begriff einen stärkeren Ausdruck, als zu erwarten gewesen wäre: statt „die Menschen" heißt es da „das *Geschlecht* der Menschen".

---

[26] Eine einfache Form der Zerlegung ist *quo curram, quo non curram* (Plaut. Aul. 713); griechisch: Pind. Pyth. 8,95 (s. ferner Senecas Tragödien, WdF 310, 307, A. 21a). Vergil (Ae. 6, 92) verfeinert das zu *quas gentes Italas aut quas non ... urbes:* die eigentlich eng zusammengehörenden Wörter *gentes* und *urbes* sind auf die zwei Glieder verteilt.

[27] Um diese schwer zu verstehende Erscheinung deutlicher zu machen, noch einige Beispiele: *pateris libamur et auro* heißt es bei Vergil (georg. 2,192), „mit Gefä-

LT   Lausberg § 589 (ohne genügende Differenzierung); Martin 269; Link 144 ff.
mit wichtigen Bemerkungen sozio-linguistischer Art; Regula 198.

ca) Nomenperiphrase

Seit Homer sagte man statt *Diomedes* öfters „die Kraft des Diomedes",
wodurch mehr gegeben ist, als zu erwarten stand (Il. 5, 781; vgl. die „herku-
lische Kraft" als Adjektivvariante: Il. 2, 658). Dieses wurde auf Wind und
Wasser ausgedehnt (z. B. Il. 15, 383), und am Ende wurden die beiden geläufigen Ausdrücke hierfür (βίη und ἴς) zusammengefügt zu ἴς βίης
Ἡρακληίης (Hes. theog. 332: 'a curious conflation', West; hier ist es ohne
Belang, ob Hesiod solches schrieb oder ein Späterer).
Ennius übernahm das: *Vestina virum vis* (ann. 276); Cicero machte
davon in seiner Dichtung Gebrauch (*equi vis,* Arat. 57 Bu.; s. Lucr. 3, 8).
Die adjektivische Form: Val. Fl. 1, 561 f. Dann die Ausweitungen: *Polynicis
honos* bei Stat. Theb. 1, 165 (zu Griechischem: Kühner-Gerth 2, 1; 280): die
fortschreitende Übertragung auf andere Substantive ließe sich ertragreich
untersuchen.
Die *genus*-Umschreibungen: Enn. scaen. fr. 270 f. Joc.; Plaut. Poen.
1187 (in einem hochstilisierten Gebet). Dagegen wäre *genus pennis conde-
coratum* eine versteckende, verrätselnde Periphrase und darum nach § 69
gehörig. Eine Zwischenstufe wäre aber Ov. fast. 1, 442: *aves,... innocuum
genus.* Lukrez (5, 862, s. Bailey zu 1, 20) versuchte zu variieren: *leonum
saeva saecla,* doch blieb das ohne Nachfolge. Der Typus „schwesterliches
Haupt" (Soph. Ant. 1) ist dann spätestens bei Seneca (Helv. 19, 1) in die

ßen *aus* Gold" (s. Kroll 260), vgl. Bömer zu Ov. met. 3, 32 *(cristis praesignis et auro).*
Verg. Ae. 6, 230: *spargens rore levi et ramo felicis olivae* (falsch Coningtons Deutung: 'hendiadyoin', da „mit leichtem Tau *vermittels* des Zweiges" zu „Tau und
Zweig" zerlegt wurde; hier kann man gewiß von Hypotaxenmeidung reden, s. Conington zu Ae. 4, 423). Doch vor Stat. Ach. 1, 32 *(agnosco monitus et Protea vera lo-
cutum)* versagt diese Hypothese, da hier die verbale Struktur eine Hypotaxe gar nicht
zuließe; vielmehr wird auch hier eines in zwei der Spannung wegen zerlegt *(monitus –
was für welche denn? Daß Proteus recht geweissagt hatte). – Vgl. Verg. Ae. 3, 2 ceci-
ditque superbum Ilium et omnis humo fumat Neptunia Troia* (s. Dante, Div. Com.
Inf. 1, 75); ähnlich Prop. 3, 1, 31. Wenn F. Solmsen, Properz, WdF 237, 1975, 220
ein Nachrechnen mit dem Ergebnis, Ilion und Troia seien eigentlich identisch, als
„Pedanterie" ablehnt, hat er zweifellos recht, nur: es handelt sich um einen ererbten
Kunstgriff, und zwar offenbar um einen bewußt eingesetzten, und da möchte der
Analytiker gern die historische Bedingtheit und die poetische Absicht genau be-
stimmen, zumal das dem Interpreten einen Wink geben könnte: diese Paradoxie
gehört zu den anderen dieser Verse, welche mit dem Kriege abrechnen und seine
Paradoxie bloßstellen wollen.

Prosa aufgenommen. Bei Prop. 2,1,31/4 werden im Triumphzug nicht „Könige", sondern *colla ... regum* mitgeführt (W. Wili in: Properz, WdF 237,208 und 210; vgl. Hor. c.2,12,11, dazu D. Flach, Das literarische Verhältnis von Horaz und Properz, Diss. Marburg 1967, 58 ff.). Zum parallelen Typus δέμας – *corpus* (dies seit Ennius) vgl. Jocelyn zu Enn. Med. 237.

cb) Verbalperiphrase

„Schauen" (θεάομαι) schien Sophokles zu einfach, darum wählte er θέαν λαβεῖν (Phil. 656, s. Websters Komm.; vgl. Aias 1354 usw., ferner den periphrastischen Gebrauch von τίθημι und ποιέω, LSJ 1791 C 4; 1428, II b 5). So bittet Statius (Ach. 1, 8) Apoll um „neue Quellen": *tu modo, si veterem digno deplevimus haustu, da fontes mihi, Phoebe, novos.* Mit dem verpflichtenden *si* (s. Komm. zu Plaut. Poen. 1190 f.) und mit raffiniertem Singular-Plural-Spiel (z. B. unten § 68 zu Prop. 3,7,20) sagt Statius statt *exhaurire* dehnend *deplevimus haustu;* und daß er *dignus* war, hat ja der von Domitian verliehene Dichterpreis von Alba bewiesen.

Die Umschreibung mit *dare* ist schon altlateinisch (TLL 5,1; 1697, 29 ff.): meist mit PPP, auch *obviam dare, praecipitem dare.* Doch solches *dare* mit echtem Adjektiv scheint so gut wie ganz poetisches Gut zu sein: bei Vergil betet Arruns (Ae. 11,785 ff.), es möge ihm gelingen, Camilla zu besiegen, Juppiter schenkt ihm dieses, doch *reducem, ut patria alta videret* (verrätselndes Neutrumsubstantiv für „Soracte" in 797), *non dedit; reducem dare,* ein Ineinander von *dare* = *reddere* und *dare* gleich „zugestehen". Ae. 12,436 f.: *nunc te mea dextera bello / defensum dabit:* es wird sich hier um eine geneuerte Altertümlichkeit gehandelt haben (s. Ladewig-Schaper-Deuticke zu 3,69); Weiteres bei Langen zu Val. Fl. 4,659; Bömer zu Ov. met. 2,165 *(dare saltus).*

Allerdings muß man hier genau unterscheiden: *reddo* mit PPP ist gut altlateinisch (Lodge, Lex. Plaut. 2,539 links, B c), mit *servatum volo* (Pl. Tri. 1076) vergleichbar, entsprechend ἀναστάτους οἴκους τίθεσιν (Soph. Ant. 672 f.); dagegen *saltus dare:* hier ist *dare* „machen" und nicht „machen *zu*", entsprechend μάχας ποιεῖσθαι.

Ähnlich die Dehnungen *silentia agere* für *silere* (Ov. met. 1,349 zuerst). *Bellum agere* und *otium agere, ioca atque seria agere* ist auch in früherer Prosa gut belegt, doch die Dichter wissen diese Form durch Einführung unerhörter Akkusativobjekte zu verfeinern (Ovid: *alta silentia; ortus agere:* Manil. 1,827; Stat. Theb. 2,403: *casus).*

Zwischenbemerkung. Daß die Nominalperiphrase *canum vis* u. dgl. unter der Großüberschrift „Gewicht" und „Verstärkung" richtig eingeordnet ist, scheint auch aus antiken Theoretikern hervorzugehen: Trypho (bei Lausberg § 590 zur „eindringlicher machenden" Periphrase) spricht von αὔξησις.

4. Gewicht durch starke Wörter

§ 39

a) Hyperbolische Wörter

OR   Zuweilen setzt der Dichter an die Stelle des zu erwartenden Wortes einen
Ausdruck, der intensiver ist, als es der zu erwartende Träger bloßer Information ge-
wesen wäre. Er gibt also ein „Mehr" in der Weise höherer Intensität eines einzelnen
Wortes (und nicht mehr gestreckter oder vervielfältigter Syntagmen). Ein solches
Wort kann aus sich stark sein („himmelhoch"), es kann unerhört sein (Neologismus,
s. § 94), es kann uralt und darum besonders ehrwürdig sein (Archaismus, s. § 48 f.).

LT   Quint. 8, 6, 67 (decens veri superiectio als Übersetzung von ὑπερβολή); Martin 264; Lausberg § 909 f.

BG   Der Bote in Euripides' „Helena" prahlt, er habe „dies ganze Barbarenland
durchirrt" auf der Suche nach Menelaos (598, s. Kannichts Komm., wo von absicht-
licher Charakterisierung gesprochen wird: Boten übertreiben gern ihre Laufleis-
tung). Hier „übertreibt" sowohl das Wort „ganz" als auch das „Durchirren".

Vgl. tota, tota occidi, Plaut. Cas. 621; Herodot 7, 45, 1: Xerxes wollte
ein Seemanöver sehen, man veranstaltete ein solches, und „der ganze Helle-
spont war von Schiffen zugedeckt" (das gleiche verbal bei Verg. Ae. 4, 582:
latet sub classibus aequor). Ähnlich Verg. Ae. 4, 231: Juppiter mahnt,
Aeneas müsse der sein, der den ganzen Erdkreis unter das Gesetz bringt
(Hyperbolé im Numerischen: Ps.-Longin, de subl. 38; Quint. 8, 6, 67 ff.).
So erleidet Niobe bei Stat. Theb. 3, 193 innumerae ruinae, dabei war die
höchste Zahl der Niobe-Kinder, welche die Antike je erwähnte, zwanzig
(Ael. var. hist. 12, 36).[28]

§ 40

Leicht läßt sich hier die hyperbolische Maßangabe einordnen: Aeschylus
nennt die Flamme eines Opferaltars „himmelhoch" (Ag. 92, vgl. Hom. Od.
5, 239: eine Tanne ist „hoch wie der Himmel"; vgl. Kroll 270 zu solchen
Übertreibungen, bei Lunelli 48 f.). Ein Berg ist „den Sternen benachbart"
(Aesch. Prom. 721). So nennt Tarrant die Schilderung der unglaublichen

---

[28] Hierher gehört die schmeichelnde Übertreibung: Statius (silv. 4, 8, 43) nennt
die drei Kinder des Julius Menecrates eine turba (vgl. Sen. ad Marc. 16, 6). – Nicht
reizlos ist es zu sehen, wie z. B. Senecas Vater empfindlich auf Übertreibungen rea-
gierte: contr. 10, praef. 9; Tarrant zu Sen. Ag. 701. Aufschlußreich ist ferner die von
Kroll 270 besprochene Tradition (unum erat omnia volnus, Ov. met. 15, 529; totum
in volnere corpus, Stat. Theb. 5, 598): man erkennt die durch Übertrumpfung er-
zwungene Bewegung aufs Überspitzt-Unanschauliche hin, die durch ein pro variiert
wird (totum est pro volnere corpus): Luc. 9, 814.

Weitsicht in Sen. Ag. 562 ff. 'hyperbolic', und Bentley wollte Horazens *saeva paupertas* in *sancta* ändern (c. 1, 12, 43), weil er den Ausdruck übertrieben fand: um wieviel mehr könnte das von Verg. Ae. 3, 567 gelten, wo der Meeresschaum bis an die Sterne spritzt?

§ 41

Von hier aus kommt man zu den später (bei Silius etwa, s. Kroll 271 f.) üblich und abgedroschen gewordenen Ausdrücken wie „das Geschrei stieg zum Himmel" (TLL 3, 91, 10 ff.). In der Odyssee war das Grausige, daß „Wände und Balken des Daches von Blut triefen" (20, 354), noch Sehervision, bei Lukan (1, 95) Schilderung von Geschehenem. So stößt Oedipus dem Laios bei Statius (Theb. 2, 8 f.) das Schwert „tiefer als das Heft" in den Leib, also fährt die Hand mit hinein. Statius (Theb. 11, 341 f.) fordert ja auch den Sohn auf, er solle auf den Brüsten der Mutter „trampeln": *haec sunt calcanda, nefande, ubera:* epigonale Maßlosigkeiten.

§ 42

Hierher gehört auch die „Ausweitung ins Kosmische": Seneca (Med. 45 f.) läßt Medeas Mut Gedanken bewegen, die *effera, ignota, horrida, tremenda caelo pariter ac terris mala* enthalten (Senecas Tragödien, WdF 310, 294, 299). Horaz möchte mit dem Scheitel an die Sterne rühren (c. 1, 1, 36; Nisbet-Hubbard verweisen auf griechische Vorläufer), bei Sen. Thy. 885 heißt es *aequalis astris gradior,* und bei Prop. 1, 8, 43 ist jemand bereits so hoch gestiegen, daß er *auf* den Sternen steht (vgl. Enks gewundene Erklärung, klarer Rothstein, vgl. Kroll 271); vgl. § 22 Mitte.

§ 43

b) Intensive Wörter

OR Neben den übertreibenden Wörtern stehen die besonders starken wie „ungeheuer" (*ingens,* zu seiner allmählichen Abschwächung Norden zu Verg. Ae. 6, 222 f.; Vretska zu Sall. Cat. 7, 6; Kroll 272); Marouzeau, Traité 167.

BG Stärker als *perii* ist ersichtlich *nullus sum* bei Plautus (Cas. 621, 305, Hofmann LU S. 80), das findet sich noch bei Prop. 1, 5, 22 und wird dort zu den vielen umgangssprachlichen Wendungen gehören, die Properz aufnahm (s. Rothstein). Eine Abart des intensiven Worts ist das hochklingende: *pavor* (Jocelyn S. 195), *progenies* (Jocelyn S. 214), *genus* = „Nachkomme" (Nisbet-Hubbard zu Hor. c. 1, 3, 27; Norden, Verg. Ae. 6, S. 324 Mitte mit Horaz-Belegen; Tarrant zu Sen. Ag. 125), *ductor* (Tarrant zu Sen. Ag. 39), *rupes* (Tränkle 13) usw.

§ 44

Schwieriger zu beurteilen sind dagegen solche Wörter, die ein Gemeintes mit zu starkem Bild bezeichnen: Kallimachos nennt die Zuteilung eines schweren Geschickes einmal „Einkneten schweren Zorns": Artemis sandte eine Pest in eine Stadt und „knetete den Bewohnern ihren Zorn ein": ἐμμά-ξεαι (hymn. 3, 124, s. Bornmann), man vermeint, die Kraftanspannung zu spüren, wenn man sich das Bild des Knetens von Hand vorstellt. Horaz will sagen, man soll eine Arbeit lange ruhen lassen: *nonum prematur in annum* (a. p. 388): die Neunzahl ist hyperbolisch, das „niederpressen" ein starkes, unerwartet intensives Bild. Vielleicht besitzt es eine Verwandtschaft zum Beerdigungsritus (epo. 1,33; Ov. am. 3,8,36; Luck zu trist. 5,3,39). So *furere* für *gestire* Hor. c. 1,15,27 (vgl. Sen. Ag. 65; Manil. 5,660); *evomere* vom Münden eines Flusses Enn. ann. 142 (vgl. ann. 241, was Terenz zu *exspuere* änderte: Eun. 406, s. Acta Class. 15, 1972, 53 f.). Statt *solvere crines*, was zu erwarten gewesen wäre (vgl. Properz 2,15,46), sagt Vergil (Ae. 9,478, s. Ov. met. 8,527; Petron. 124,271) *scissa comam*. Vgl. § 188.

§ 45

Ein beeindruckendes „Mehr" an Assoziationsfülle bewirkt auch das steigernde Vergleichsepitheton: Verg. georg. 1,59 lobt Epirus wegen seiner Stuten; sie erhalten überraschend das Beiwort *Eliadae:* sie können also sogar olympische Wettbewerbe gewinnen. So veredelt auch die Beifügung *Tethyos undae vagae* die eilenden Wogen durch die Nennung der hohen Gottheit. Wenn ein Dichter sagen wollte, es herrsche eine Kälte „wie im hohen Norden", konnte er diese steigernde Assoziation durch ein Beiwort *Scythicus* erzielen (Luc. 1,18).

§ 46

c) Intensive Wortform: Der „poetische Plural"

OR Zuweilen wird der Plural dort gesetzt, wo nur der Singular zu erwarten war: Eur. Herakles 455 jammert Megara über ihr Geschick und das der Kinder: „So führt man uns zum Tode, Alte, Junge und Mütter", obschon es sich um nur *einen* Greis und nur die *eine* Mutter handelt (s. Wilamowitz S. 111 z. St.).

LT P. Maas, ALL 12, 1902, 479 ff.; Bednara, ALL 14, 1906, 532 ff.; LHS 16 f.; Kroll 258 (Verszwang); Löfstedt, Syntactica 1,34; J. Campos, Helmantica 10, 1959, 89 ff.; Scherer 36.

BG Manche Gelehrte bezweifeln, ob derlei Plurale irgendeinen „Sinn" außer dem haben, unbequeme Formen aus verstechnischen Gründen zu meiden (Kroll 258: „fast ausschließlich durch metrische Rücksichten bedingt"); LHS 17 dagegen: „ein nicht zu leugnendes Stilfärbungsmittel". Daher wird es schwer sein, stringent zu beweisen, daß irgendwo ein „poetischer Plural" den Ausdruck verstärkt oder vertieft.

Das kann auch nur dort angenommen werden, wo der Singular metrisch genauso bequem ist. Vgl. Properzens Entsetzen über die Reise seiner Cynthia in den Norden (1, 8, 7 f.): *tu pedibus teneris positas fulcire pruinas, / tu potes insolitas, Cynthia, ferre nives?* Hier scheint zumindest *nives* die Schnee-*Massen* zu meinen.

Man wird also sehr genau untersuchen müssen, welcher der fünf Gründe für einen Pluralis Poeticus vorliegt, die Norden (Komm. zu Verg. Ae. 6, S. 408 f.) aufgezeigt hat, oder ob man eine nicht-technische Absicht erkennen kann (Verstärkung des sinnlichen Eindrucks etwa).

§ 47

Eine Abart dieses Plurals ist derjenige, den auch wir in nachdrücklicher Umgangssprache gebrauchen können: „Seltsame Lehrer hast du", und dabei ist nur *einer* gemeint: Sen. HF 1284 spricht von *matres* (vgl. oben OR), und doch handelt es sich um die *eine* Megara (Tarrant zu Sen. Ag. 194; Leo 150, A. 3; LHS 16, § 26; Kroll zu Cat. 68, 115). Der Sinn dieser Unlogik war wohl, aus der Verallgemeinerung Kraft zu gewinnen; zum soziativen Plural s. § 60, letzter Abs.

§ 48

d) Altehrwürdige Wörter („Archaismus")

OR   Der Archaismus – im Deutschen: „Hain", „Born" (Küper 88) – ist die Nutzung von zwar noch verständlichen, doch mit der Patina des Alt-Seltenen überzogenen Ausdrücken, deren Klang somit beeindrucken soll.

LT   W. D. Lebek, Verba Prisca, Hypomnem. 25, 1970 (behandelt vorwiegend die Historiographie); LHS 768 ff.; Kroll 253 ff. (Lunelli 15 ff.); H. Heusch, Das Archaische in der Sprache Catulls, 1954; H. Tränkle 30 ff.; A. Pennacini, La funzione dell'archaismo e del neologismo nelle teorie della prosa, 1974.

BG   Die frühesten Belege dürften die von E. Fraenkel, RE Sup. 5, 604 nachgewiesenen Archaismen bei Livius Andronicus sein (s. S. Mariotti, Livio Andronico, 1952, 22, A. 2). Auch Plautus kennt derlei (*danunt, fuam,* s. H. Haffter 151 f.); gern verwendet Altertümliches naturgemäß Ennius (Jocelyn zu 84, 151 usw.).

Wenn z. B. Verg. Ae. 6, 57 die synkopierte Form *direxti* verwendet, „erhöht er durch sie... die Feierlichkeit des Gebets" (Norden 141). Die Worte, mit denen Aeneas seinen Kummer über Didos Geschick zu erkennen gibt (Ae. 6, 461 ff.), sind besonders gefühlsbeladen (Norden zu 464), der Archaismus *quivi* erhöht dann noch (463) den Eindruck. Der Archaismus war gewiß vornehmlich ein Mittel der Pathos-Verstärkung, wird dann jedoch allmählich zu einem Mittel, einen poetischen Reiz zu erzielen, der darin liegt, daß Archaismen ohne besonderen „Sinn" verwendet werden, wo man sie kaum erwarten würde (etwa in der Liebeselegie, Tränkle 34, 49:

die gewisse Inkommensurabilität von hochpoetischer, feierlicher Diktion und intimem Gehalt dürfte kein kleiner Reiz gewesen sein).

§ 49

Es ist jedoch zu unterscheiden zwischen einem *tradierten* Archaismus, der als Poetizismus einfach zitiert wird, und dem *echten* Archaismus, der um seiner selbst willen gewählt ist. Ein zitierter Archaismus wäre z. B. Vergils *propter aquae rivom*, buc. 8, 87: *propter* in diesem Sinne des „nahe bei" scheint archaisch: R. Coleman im Komm. „archaic sense", da er aus Lukrez erborgt ist (5, 1392 f. = 2, 29 f.); vgl. LHS 769, a. Ein echter, um seiner selbst und der erhabenen Feierlichkeit willen gewählter Archaismus liegt bei Properz 2, 7, 13 vor *(gnatos)*: da spricht er seine Freude über das abgeschaffte Gesetz gegen die Ehelosigkeit aus und „äfft" geradezu das hohe Pathos derer nach, die da erwarten, daß Söhne für die Kriege des Imperiums gezeugt werden: *unde mihi patriis gnatos praebere triumphis?* (Tränkle 31: „bei Properz ist der Satz mit einer dramatischen Geste gesprochen", was man wohl noch präzisieren könnte, wie eben geschehen).

B. Weniger

1. Intensität durch Verknappung

§ 50

a) Wort- und Kurzsatzreihung

OR   Es handelt sich um fortschreitende Wort- oder Kurzsatzreihungen, welche die Spannung usw. erhöhen. Es muß dabei klar die Synonymenhäufung (§ 26) von der *fortschreitenden* Kurzausdruck-Reihung (die an die Stelle einer Satzreihe gestellt ist und die Handlung oder den Gedanken *voranschreiten* läßt) getrennt werden: wenn Antigone (Soph. Ant. 917 f.) klagt, sie werde zum Tode geführt ἄλεκτρον, ἀν-υμέναιον οὔτε τοῦ γάμου μέρος λαχοῦσαν, dann meinen die drei Dinge dasselbe und gehören zur Mehrfachbeschreibung (§ 27), die Euripides besonders gern anwandte (vgl. Or. 1302 f., zum Text: Jackson, Margin. Scaen. 134 f., zum Stil Breitenbach 195). Anders die Reihung „Neid, Aufruhr, Streit, Kampf, Mord" (Soph. OC 1234 f.): hier schreitet der Gedanke folgerichtig voran vom Neid bis hin zum Mord (man erinnert sich an Hor. ep. 1, 19, 48, s. Acta Class. 11, 1968, 81, A. 27). Hier stehen die Substantive, wenn man so will, für Sätze; jedenfalls sind sie keine *Häufung* von Synonyma.

LT   Einiges bei Lausberg § 838, 2 und 3. Zur *natürlichen* Kurzsatzreihung in der Umgangssprache s. Scherer 106, zur Wortreihung 117; Regula 181 f.

§ 51

BG Der Typus der Wortreihung, die voranschreitet und gleichsam für ganze Sätze steht, wurde in § 50 angedeutet; hier einige Belege für die Kurzsätze: gewöhnlich sind dichterische Sätze reich beladen und geschmückt; wenn daher Sätze in Kurzform wie nackt dastehen, dazu mehrere in Reihung, dann ist auf Absicht zu schließen. Verg. Ae. 4, 131 f.: der Morgen der Jagd ist gekommen, man ist erregt und sammelt sich am Tore mit allem nötigen Gerät: *retia rara, plagae, lato venabula ferro, Massylique ruunt equites et odora canum vis* (Austin macht nur die Bemerkung, 'there is no verb to this line', d. h. 131). Ersichtlich soll diese knappe Ausstattung durch Kurzsätze das Eilen – *ruunt!* – malen. Ae. 1, 509 ff.: am Hofe Didos erscheinen plötzlich Antheus, Sergestus und Cloanthes, die Vermißten; Aeneas und seine Begleiter, in verbergenden Nebel gehüllt, stehen voll atemloser Freude da, und doch gezwungen, verborgen zu bleiben; sie schauen aus, *quae fortuna viris, classem quo litore linquant, quid veniant:* die Kurzsätze (der erste wieder ohne Verb) malen die Spannung. Ähnlich die Beschreibung, wie eine Schlange (deren Biß Blutungen hervorruft) den Tullus tötet: *omnia membra | emisere simul rutilum pro sanguine virus; sanguis erant lacrimae; quaecumque foramina novit | umor, ab his largus manat cruor; ora redundant | et patulae nares, sudor rubet; omnia plenis membra fluunt venis* (Wiederaufnahme des erstgenannten Verses), *totum est pro volnere corpus* (Luc. 9, 809/14): die präzise geordnete Reihung malt das „Überall" und „Zugleich" (*simul,* 810). Vgl. Stat. Theb. 10, 25 ff. (Williams: 'staccato effect'), anders dagegen 11, 165 ff.: Ethopoiie durch zerrissene Redeweise: man folge Senecas Rat, *distingue, mi Lucili, ista.*

§ 52

b) Aposiopese

OR Selbstunterbrechung beim Sprechen, um etwas zu verschweigen; vgl. Callim., epigr. 52, 4: der Dichter war, so fingiert er, auf dem Wege, eine Blasphemie auszusprechen: „Auch du, himmlischer Zeus, warst ja einst verliebt...", da unterbricht er sich: „Nicht weiter!", und macht gerade dadurch deutlich, was er sagen wollte.

LT Sehr gut Lausberg § 888 (Unterscheidung der Motive); Martin 290 (ebenfalls mit Unterscheidung der Gründe); LHS 823; H. Bardon, REL 21, 1943/4, 102 ff.; Scherer 224: sie mache „nachdrücklicher"; Belege seit Homer, vgl. Il. 8, 424; 9, 46.

BG Das Material muß geordnet werden nach Affekt-Aposiopese (Lausberg 888, 1), der andeutenden (Lausberg ebd. 2) und der Peinliches vermeidenden (Tabus, Obszönes usw.), besonders interessant ist die vierte Art (Lausberg S. 439 unten), die „emphatische"; sie tritt auf, will der Dichter den „Gegenstand als größer, furchtbarer, eben unaussprechbar hinstellen" (Lausberg).

Jeder kennt die drohende Aposiopese („Ich werd' euch...!"), sie wendet
Vergil (Ae. 1, 135) an, wo Juppiter die Winde bedroht: *quos ego...!* Quint.
inst. 9, 2, 54 sagt richtig, dies deute den Zorn an. Stat. Theb.
3, 280: Venus
spricht zu Mars, der Krieg gegen Theben plant: „Vulcanus, mein Ehemann,
der würde mit Freuden sich für mich unendlich mühen, auch wenn er
gekränkt wurde (Anspielung auf das bekannte Abenteuer der beiden Ge-
sprächspartner), doch du..." *(gaudeat ornatusque novos ipsique laboret |
arma tibi; tu...* sed scopulos et aena precando | flectere corda paro),* eine
Aposiopese, in der sich Wut mit Enttäuschung und Verzweiflung mischt.
Stat. Theb. 3, 87: Maeo will sich töten, steht da mit gezücktem Schwert,
spricht die letzten Worte, und noch während er spricht, stößt er zu – das
malt die Aposiopese, so giert er nach dem Tode (s. auch Williams zu
10, 688).

§ 53

c) Infinitivus Historicus

OR   Er setzt den bloßen Infinitiv an die Stelle eines flektierten Verbums, so
als hätte der Sprecher keine Zeit oder keine Ruhe, die Formen ordnungsgemäß
zu bilden; diese lateinische Eigenart tritt ja immer „im lebhaften Affekt" auf
(LHS 367, c).

LT   LHS 367, c; J. J. Schlicher, Cl. Phil. 10, 1915, 54 ff.; O. Seel, Hirtius, in:
Klio Beih. 35, 1935, 49 ff. Hofmann LU § 55.

BG   Daß diese Erscheinung dort auftritt, wo Eile gemalt werden soll oder Erregung, zeigt sich auch in der Prosa, z. B. bei Caesar: b. g. 1, 16, 1 verwendet Caesar
ihn dort, wo er das Drängen der Zeit malt: *cotidie Caesar Haeduos frumentum...
flagitare;* (§ 4) *diem ex die ducere Haedui* usw. (die Vorkommensbelege bei Meusel
z. St.). „Er dient dazu, eine Schilderung mehrerer... ineinander greifender, rasch
aufeinander folgender Handlungen in möglichster Kürze... zu geben" (Kühner-
Stegmann 2, 1; 135).

Diese Ausdrucksweise ist also immer pathosmalend; sie tritt im Altlatein
auf, wenn auch nicht allzu häufig (LHS 367 unten), sehr oft beim archaisie-
renden Sallust; auch die Dichter verwenden ihn, wiewohl er etwas altväter-
lich geklungen haben mag: dort, wo Sinon berichtet, wie Ulixes ihm überall
und immer unablässig nachstellt, läßt er, anaphorisch (Verg. Ae. 2, 97 f.)
mit *hinc* verbunden, drei gehetzte Sätze dies „überall" malen: *hinc mihi
prima mali labes* ('first slip towards desaster', Austin), *hinc semper Ulixes |
criminibus terrere novis, hinc spargere voces | in vulgum ambiguas et quae-
rere conscius arma.* Verbloser Kurzsatz, dessen Allgemeinheit präzisiert
wird auf Ulixes hin, der offen Vorwürfe erhebt und versteckt Gerüchte in
die Welt setzt und – steigernd formuliert – *arma* sucht, „Intriguen" mit an-
gestrebtem tödlichem Ausgang. In sich fest verklammert, malen diese Sätze

die rastlose Geschäftigkeit des Feindes. Ein Mittel zur „Tempo-Erzeugung". Weiteres bei Austin zu Ae. 4,422.[29] Jedenfalls erzeugt dieser Infinitivgebrauch Spannung und Erregung, und zwar durch Verkürzung, d. h.: er gibt weniger, als zu erwarten stand. Ein Statius-Beispiel kann das noch einmal verdeutlichen: Beschreibung von Segelnden, denen die See Mühe schafft, wobei auch noch Feinde sie beschießen: *illi – quippe simul bello pelagoque laborant – pars clipeis munire ratem, pars aequora fundo egerere; ast alii pugnant* (Theb. 5,381/3), worin die Zerbrechung der Sequenz *pars – pars* durch *ast alii* das Durcheinander noch zu verstärken scheint.

Zwischenbemerkung. Bis hierher wurden die Mittel, den Ausdruck auf *mengenmäßigem* Wege zu verstärken, zusammengestellt. Hierbei konnte der Ausdruck für das Erwartbare durch ein Mehr an Masse im extensiven Sinne verstärkt werden oder durch ein *Mehr* an Intensität (durch ein „starkes Wort" z. B.). Die Verstärkung konnte auch durch ein *Weniger* erreicht werden (Abbrechen der Rede, Kurzsätze usw.).

Anders steht es mit der Personifizierung: wenn statt einer zu erwartenden Information, die den Bericht weiterführt, plötzlich eine *Person* auftritt, etwa eine Göttin, dann überrascht das und erregt Aufsehen, Erstaunen, Intensität des Miterlebens. Personifizierung ist nun nicht mehr ein extensives Mehr, es ist auch nicht ein quantitatives Weniger, sondern anscheinend etwas ganz anderes: eine anders-*artige* Erfüllung des Erwarteten. Natürlich ein Mehr an Intensität, erreicht jedoch nicht durch Quantitatives, sondern durch etwas *qualitativ* Anderes.

C. Andersartig

1. Intensität durch Anrede

§ 54

a) Apostrophé

OR   Die Apostrophé („Abwendung") meint den Fall, daß der Autor sich auf einmal nicht mehr an den Leser wendet, sondern sich „abwendet" zu einer Anrede an die Person, von der er gerade spricht: Properz (3, 12, 23 ff.) beschreibt die Irrfahrten des Odysseus: *castra decem annorum et Ciconum mons Ismara, Calpe, | exustaeque tuae mox, Polypheme, genae* (26); statt Setzung eines einfachen Genetivs (das Auge des Polyphem) wird dieser selber angesprochen.

[29] Der Infinitivus Indignantis (LHS S. 366, a) ist nicht eigentlich ein spezifisch poetisches Mittel; er stammt aus der Umgangssprache, wenn er auch zuweilen bei Dichtern auftaucht (Lucr. 2, 16, vgl. besonders Lachmanns Note; Verg. Ae. 1, 37; zu Properz s. Tränkle 152).

LT Griechisch: H. Kleinknecht, Hermes 74, 1939, 313; Lapp 104 ff. Lateinisch: Lausberg 762/5; Martin 282; LHS 836, g: gehört zum „hohen Stil" (dort auch zitiert: E. Hampel, De apostrophae apud poetas Romanos usu, Diss. Jena 1908); Kroll 257; W. Abel, Die Anredeformen bei den römischen Elegikern, Diss. Berlin 1930; J. Svennung 12.

BG Im Epos war die Apostrophé schon immer beliebt, vgl. nur Hom. Il. 13, 603; gehäuft in der Patroklie 16, 20; 548 ff.; 754; 787; 812; 843 usw., ferner Callim. hym. 5, 41: der Priester Eumedes hat sich ins Eremitendasein zurückgezogen und „auf dem Berg Crius seinen Wohnsitz gewählt, Crius, dem Berg, und zwar auf steil abstürzendem Fels, o Schutzgott (σὲ δέ, δαῖμον), der heute Pallatiden genannt wird": hier wird bei der Nennung des gefährlichen Wohnorts sein Schutzgeist angerufen – so gefährlich war es da! Cat. 4, 13: in der Schiffsbeschreibung, die voller rhetorischen Affekts ist, werden die beiden Städte Amastris und Cytorus nicht nur genannt, sie werden angesprochen, das „hebt den Gedanken in die gemütliche Sphäre" (Kroll z. St., der mit „gemütlich" so etwas wie „seelische Anteilnahme" meint).

Zwar hatten Euryalus und Nisus sich bei ihrer Expedition selber in Gefahr gebracht, ihr Tod war ihre ganz eigene Schuld, dennoch soll ihnen ein Denkmal gesetzt sein, ihrer Freundschaft und ihrem Mut, und darum spricht Vergil (Ae. 9, 446 ff.) sie in einem Enkomion, den Erzählfluß unterbrechend, direkt an: *fortunati ambo!* Zweifellos wird dadurch der Eindruck verstärkt, den diese ohnehin pathetische Erzählung macht (G. Maurach, Gymnas. 75, 1968, 355 ff.). Oder Ae. 3, 119: nach dem Spruch des Apoll, die Danaer sollten „die alte Mutter" suchen, glaubt Anchises, es handele sich um Kreta, und, froh dieser Erleuchtung, opfert er *taurum Neptuno, taurum tibi, pulcher Apollo:* daß gerade Apoll hier so stark in den Vordergrund gerufen wird, ist erklärlich: *er* war es ja, der den (vermeintlich) klärenden Spruch getan hatte.

In der Beschreibung des Caphereus, die wie eine Digression in der langen Botenrede des Eurybates steht (Sen. Ag. 558 ff.), wird die weite Aussicht von diesem Vorgebirge beschrieben: *Pelopis hinc oras tui | et Isthmon* usw. (*conspiceres*, o. ä. zu ergänzen). Warum wird Pelops so stark hervorgehoben? Ersichtlich als Großvater Agamemnons und (mit seinem Vater zusammen) als der Urheber des Geschlechterfluches, der in diesem Drama Senecas dargestellt wird (Tarrant: 'The sudden intrusion of the dramatic circumstances has a jarring effect'; Krolls Erklärung vieler Apostrophen als bequemes Hilfsmittel beim Versbau – „Verszwang" – ist nur mit äußerster Vorsicht anzuwenden).

§ 55

Eine Häufung der Apostrophé[30] liegt in Verg. Ae. 4, 408/12 vor: stumm
muß Aeneas nach Didos Anklage davongehen, die Furcht vor dem Spruche
Juppiters verschließt ihm den Mund, er gibt den Abfahrtsbefehl, und schon
entsteht ein geschäftiges Treiben wie in einem Kornfeld, wenn die Ameisen
Körner davonschleppen – dies Bild gliedert, es schließt ab,[31] und nun die
Darstellung von Didos Verzweiflung. Statt nur zu berichten, folgt eine Anrede: *quis tibi tum, Dido, cernenti talia sensus?* ('The apostrophe is effective, but it is partly due to Virgil's wish to avoid inflecting Dido's name',
Austin; eine Nominativkonstruktion wäre aber ebenso gut möglich gewesen: der „Verszwang" als Erklärungsmittel scheint zweifelhaft). Dann
gleich noch eine Anrede: die an *Amor* (412), 'Certainly a second apostrophe, so soon after 408, is odd', Austin; – warum „seltsam", wo hier die
vernichtende Macht der Liebe (eben jenes Amor) so deutlich wird? Die Apo-
strophenhäufung dient ersichtlich der Gegeneinanderstellung von Opfer
und Vernichter, Dido und Amor.[32]

§ 56

ZS Fast schon witzig ist es, wenn Ovid mit der Form der Anrede in met. 8, 731
spielt: Theseus' Ruhm hatte sich überallhin verbreitet, und so riefen ihn viele, die in
Not geraten waren, zu Hilfe; unter anderen auch Calydons Bewohner, um den
schrecklichen Eber, der ihr Land verwüstete, zu erlegen (8, 270). Nach der Katastrophe dort kehrte Theseus heim, doch der Flußgott Achelous, vom Regen Hochwasser
führend, hemmte den Weg und lud ihn (seltsames Ineinander von Fluß und anthro-
pomorphem Gott) ein in seine Heimstatt (v. 550). Dort erzählt er dem Helden Geschichten, und eine ist die von Mestra. Der Gott erzählt: „Es gibt Wesen, die sich
verändert haben und dann so blieben; andern verwandelt sich ständig ihre Gestalt *ut
tibi, complexi terram maris incola, Proteu* (731). Sonst tritt nur der Autor selbst in
dieser Weise aus der Erzählebene heraus; Ovid läßt also den Erzähler in der Erzählung ein Stilmittel der Epik verwenden: ein Erzähler in einem Epos gleicht sich an die
Technik des Epos an, in dem er selber Erzählstoff ist.

[30] Ob es eine Untersuchung der Stilformen von Interjektionen gibt, entzieht sich
der Kenntnis des Verf., vgl. immerhin E. Fraenkel, Horaz 200 zum *o*. – Zur epischen
Invokation Norden zu Verg. Ae. 6, 46; Bömer zu Ov. met. 1, 2; 2, 176.

[31] Gute Dichter markieren Abschlüsse zwar sehr deutlich, überbrücken Ein-
schnitte jedoch auch: hier überbrückt die Wiederholung des Wortes *fervere* (407 und
409); eine Untersuchung der Einschnitts- und Einschnittüberbrückungstechnik
wäre erwünscht.

[32] Weitere Literatur: Tränkle 143; Camps, Propertius Elegies 3, 88; Robertson,
TAPhA 100, 1969, 378; Mulder zu Stat. Theb. 2, 266; Dilke zu Stat. Ach. 1, 421, wo
allerdings erneut der „Verszwang" bemüht wird; besser wäre es, von „epischer At-
mosphäre" zu sprechen: es ist stets zu untersuchen, ob eine Anrede Pathos erwecken
oder nur episches Stilmittel sein soll. Ovid-Belege bei Bömer zu Ov. met. 8, 239.

Diese „Sonderform" (Bömer zu met. 8, 239) ist Spiel; ersichtlich pathos-
erregend wirkt met. 9, 360: Iole berichtet vom Geschick ihrer Schwester
Dryope. Die war mit ihrem kleinen Söhnchen an einen See gegangen, hatte
Lotos gepflückt, doch die Stengel ließen auf einmal Blut aus sich hervorflie-
ßen, Dryope ging erschrocken davon, doch nicht weit, da hemmten die erstarrenden Beine ihren Gang, sie wird zum Baume. Nun v. 359 f.: *opemque /
non poteram tibi ferre, soror, quantumque valebam;* hier vergegenwärtigt
sich die Berichtende das Geschehene, sieht die Schwester noch vor sich und
spricht sie an. Das Entsetzen wird durch die Rückversetzung in den Augenblick des Geschehens besonders deutlich.[33]

§ 57

b) Frage

OR   Die Apostrophé unterbricht den Erzählungsgang und erzeugt *pathos;* ebenso
die unerwartete Frage, sei sie eine Selbstanrede oder eine Anrede an eine dritte
Person.

LT   Lausberg § 771/5; Hofmann LU § 98; LHS § 225; Quint. 9, 2, 6 ff. behandelt
die Frage als Verstärkung und unterscheidet feinspürig die Funktionen.

BG   Menedemus bei Terenz (Haut. 93 ff.) berichtet von seinem Schicksal: *filium unicum adulescentulum habeo – ah! quid dixi habere me? immo
habui, Chreme!* In seinem Schmerz unterbricht er sich selber und korrigiert
sich – ein starkes Pathosmittel. Quint. 9, 2, 8 führt eine lange Reihe solcher
Selbstfragen an, wozu zweifellos auch die bei Ter. Eun. 56 (*proin tu,* vgl.
Gymnas. 88, 1981, 123 ff.) gehört. Sehr gut unterscheidet Quintilian die
vielen Affekte, die erregt werden können, wenn eine solche Frage formuliert wird (Verg. Ae. 1, 48; 2, 69; Sen. Med. 452 f.): Auflodern der Leidenschaft kann angezeigt werden, Haß, Mitleid, Einschüchterung und Aus-
treibung von Heuchelei, auch Entrüstung, Staunen usw.: ein beherzigens-
werter Rat eines erfahrenen Praktikers.

---

[33] Daß hiermit die „Sonderformen" noch längst nicht alle erfaßt sind, zeigt die ei-
genartige Form von Apostrophé bei Verg. Ae. 2, 283: *quibus, Hector, ab oris exspec-
tate venis?* (s. Scherer 99, LHS 25 d): das auf den Angeredeten bezogene *prädikative*
Partizip ist ebenfalls in den Vokativ gestellt, was gänzlich „unnormal" ist.
Die Sonderform der Selbst-Anrede ist ebenfalls zu nennen; vgl. F. Leo, Der Mo-
nolog im Drama, AKGW Göttingen 10, 5; 1908; W. Schadewaldt, Monolog und
Selbstgespräch (1926) 2. Aufl. 1966 (Cat. 8, 1; Prop. 2, 8, 7; Griech.: vielleicht Eur.
Med. 402 zuerst).

2. Intensität durch Beseelung

§ 58

a) Prosopopoiie

OR Die Prosopopoiie („Zurpersonmachung") macht aus einem Begriff eine lebende Gestalt. Das soll „bewegen": *fictiones personarum ... mire ... excitant,* Quint. inst. 9,2,29.

LT C. Hense, Poetische Personifikation in griechischen Dichtern, Halle 1868; W. Schetter, Klass.-philol. Untersuchungen 70, 1960, 27; Tränkle 77 ff.; Lausberg § 826 ff.

BG Vielleicht ist die Prosopopoiie die Profanierung der Epiphanie und darum vergleichsweise spät anzutreffen. Sie tritt bei Epicharm und Aristophanes auf (*Penia* im Plutus: G. Hertel, Die Allegorie von Reichtum und Armut, Erlanger Beitr. 33, 1969), dann in Platos „Kriton" 50; seither gehört sie zu den Requisiten nicht nur der Philosophie (Prodikos, vgl. Xen. mem. 2,1,21 ff.), sondern auch der Rhetorik und Epik (Cic. Cat. 1,27 ff., Verg. Ae. 4,174: Austin S. 71). Ein spätes Beispiel: Symmachus, Rel. 3,9 ff.

Witzig gespielt wird mit ihr in Horazens Liebessatire 1,2,68 ff., wie ein komischer Effekt schon bei Soph. Ant. 227 mit ihr erzielt wurde (E.-R. Schwinge, Gymn. 78, 1971, 468 mit A. 1). Einen letzten, imponierenden Ausdruck findet die Prosopopoiie dann in der Trostschrift des Boethius, wo sie das ganze Werk beherrscht (lehrreich J. Gruber, Komm. zu Boethius, De Cons. Phil., 1978, 32 ff.).

§ 59

b) Personifizierung

OR Die Prosopopoiie macht etwas *zur* Person, die Personifizierung behandelt etwas *als* Person, *wie* ein lebendes Wesen.

LT LHS 752 f.; U. Hübner, Hermes 100, 1972, 581; U. Grosse, Sympathie der Natur, Schriften zur roman. Philol. 14, 1968; C. Hense, Poetische Personifikation in griechischen Dichtungen, Halle 1868 (Beispiele für den Typus „der Schmerz nagt"); R. Engelhard, De personificationibus, quae in poesi atque arte Romanorum inveniuntur, Diss. Göttingen 1868 (personifizierte Abstrakta); Svennung 11.

BG   ba) Vermenschlichung der Natur
Bei Aeschylus „lacht" die Natur (Prom. 88, s. Richardson zu hym. hom. Demet. 13). Anrede an Venus bei Lucr. 1,8 *tibi rident aequora ponti.*

§ 60

bb) Vermenschlichung von Leblosem

Wohl noch auffälliger als die Vermenschlichung der Natur ist die Vermenschlichung von Leblosem wie bei Aesch. Cho. 35: die Angst „schreit aus dem Innern des Hauses" (zur Personifizierung von Abstracta LHS 752 a), vgl. die Vermenschlichung des Wundschmerzes bei Soph. Phil. 650 (s. Webster z. St.). Bei Euripides wird derlei (neben schönen Personifikationen, Breitenbach 171 f.) zur Manier (Ar. Ran. 100, 311 über den „Fuß der Zeit", Bacch. 889); auch wässerte bei Euripides „die Scham eine Wiese" (Hipp. 78). – Dann Cat. 64, 284 (und 46: *gaudet* von einem Hause): *domus iocundo risit odore* (Kroll, Komm. S. 181 zur Mischung der Sinneswahrnehmungen). Ferner Nisbet-Hubbard zu Hor. c. 2, 6, 13 f.; Hor. c. 4, 11, 6: *ridet argento domus*, (wozu Heinze Hom. Il. 19, 362 zitiert: „Poetische Personifikation", s. Syndikus 2, 392, A. 11).

Vergil macht aus den Lastern Personen (Ae. 6, 274 ff.)[34] am Schlunde des Orcus; die Trauer wird zur Person wie bei Verg. a. O. so bei Stat. Theb. 3, 125 f.; Sil. 13, 581. Lehrreich ist das Personifikationen-Nest Ae. 12, 335 ff.: Entsetzen, List, Groll als Begleiter des Mars; das führt dann bis zur Personifizierung des Geldes (Prop. 3, 7, 1).

ZS   Bei der Vermenschlichung muß man unterscheiden zwischen solchen Personifizierungen, die menschliche Charakteristika auf Dinge übertragen, weil es für die Wirkung dieses Dinges kein eigenes Wort gibt (der Weg „führt" irgendwohin, eine Masche „läuft", vgl. Il. 6, 320; Verg. Ae. 5, 250 f.), und solchen, die in durchaus vermeidbarer, überraschender Weise Menschliches in Dingliches verlegen.

Verg. Ae. 6, 542 f.: nach der Deiphobos-Szene mahnt die Sibylle: *nos flendo ducimus horas* (*sie* tat das nicht: soziativer Plural, vgl. Komm. zu Poen. 193). *Hic locus est, partes ubi se via findit in ambas* (Entwertung von *ambo* zu *duo*): der eine zur Unterwelt, der andre zum Elysium, *at laeva malorum exercet poenas et ad impia Tartara mittit.* Die Mischung von *iudicium exercere* und *poenas sumere*, von der Norden gesprochen hatte (Komm. S. 271), versuchte Austin als nicht vorliegend zu erweisen ('keeps punishment busy'), wahrscheinlich richtig; doch die Personifizierung, die Norden unbesprochen ließ, hebt Austin sicherlich zu Recht hervor: 'The road is vividly personified.'

---

[34] Man muß hierbei an die Bereitschaft der Römer denken, Abstracta (in unserer modernen Sprache) zu Gottheiten zu machen: *Fides* erhielt schon 254 v. Chr. einen Tempel auf dem Kapitol, s. Wissowa, Rel. und Kultus der Römer 133. Juv. 1, 113: *etsi funesta Pecunia templo nondum habitas,* dazu Hor. epi. 1, 6, 38; Prop. 3, 7, 1, s. § 60. E. Norden Ant. Kunstprosa 1, 129, A. 1 dachte an die Diatribe als den Ursprungsort solcher Personifizierungen.

§ 61

Frühe lateinische Belege wären etwa Enn. ann. 183 f. Vahl.: *proletarius publicitus scutisque feroque | ornatur ferro,* worin noch der Wortanklang (Paronomasie, LHS 709) bemerkenswert ist. Das „wilde Eisen" entspricht der „raffenden Woge" (ann. 302) oder dem *sonitus saevus* aus dem „Achill" (v. 4. Joc.). Wenn Äcker „dürsten" (LHS 780 nach Cic. or. 81:*sitire agros*), dann ist das eher eine „Armutspersonifizierung": es gab kein anderes Wort; so auch *leges vetant* bzw. *iubent* (Meusel 2,318 zu Caes. b. g. 7,33,3). Doch wenn Ovid (fast. 4, 940) *tosta sitit tellus* schreibt, so ist das nicht mehr „Bauernrede" (Cicero a. O.), sondern hochpoetisch, wie der Poetizismus *tellus* (nur Verg., Hor., Ov., Tib. nach Lew.-Short) beweist und die Übertragung von *torreri* von Früchten usw. auf die Krume. – Raffinierter scheint dann Enn. scaen. frg. 53 Joc.: *curae suspirantes* ('bold heightening of the personification', Joc.); Weiteres bei Jocelyn zu frg. 33.

Doch eine Sorge, die seufzt, stellt sich als Personifizierung verhältnismäßig zwanglos ein (auch wir sprechen von „bohrendem Schmerz", „verzehrender Sorge", „heulendem Elend" usw.); eine Stufe gewagter scheint *lectus caelebs* (Cat. 68,6; Ov. her. 13,107; Sen. Ag. 185) oder das Bild, daß ein Schiff selber die Segel hißt (Sen. Ag. 171; immerhin können auch wir sagen: „da setzte die ‚Godewind' die Segel"); *trepidantia castra* bei Verg. Ae. 9,147), Türme werden vom Regen „geprügelt" (*vapulat,* Sen. Ag. 92 f.).

Ob es hier sichere Gradmesser gibt oder geben kann, ist schwer zu sagen. Betrachten wir die Reihe, die von leichten zu gesuchten Vermenschlichungen fortschreitet (eine Frage „erhebt sich"; eine Sorge „beschleicht" uns; das Gerücht „ertastet seinen Weg durch die Gassen"), dann scheint es so, als läge der Grund für den intensiver werdenden Eindruck des Poetischen in einem Fortschreiten von simplen Tätigkeiten ohne viel Nuancierung (erheben kann sich vieles) zu besondersten (einen Weg sich ertasten ist etwas Selteneres).

Eine vergleichbare Steigerung der Intensität bzw. im Graduellen erkennt H. Haffter (Kap. 4) im Gebrauch der Fügung „Abstraktum als Subjekt mit transitiven Verben": in den Senaren des Plautus herrscht Zurückhaltung, wohingegen in den Langversen und gar in der Tragödie (a. O. 90) der Gebrauch breit ausgeweitet ist.

§ 62

ZS   Seit Homer wird die Waffe vermenschlicht (Il. 11, 574; 15, 542 usw.); auch wir sagen, daß ein Schwert Wunden „schlage". Doch bei Vergil (Ae. 11, 804) „trinkt" gar die Lanze das Blut der Amazone. Bei Statius (Ach. 1, 433) trinkt „Eisen die tiefe Wunde": hier ist „Eisen" als *materia pro re* eine leichte Verfremdung, doch „Wunde" für „Blut", d. h. das Hervorbringende für das Hervorgebrachte, bedeutet eine hochpoetische Ersetzung – und schon ist der vergilische Mustervers überboten; bei Prop. 3, 12, 11 freuen *Pfeile* sich, einen Feind zu erlegen, falls hier *sagittae* nicht = *sagittarii* (so Camps), vgl. 4, 6, 81.

Sehr auffällig ist die gedoppelte Personifizierung bei Sen. Phaedr. 107: Phaedra beschreibt ihr Leid, ihre Lustlosigkeit, all das zu tun, was sie sonst getan, u. a. *inter aras*... *iactare tacitis conscias sacris faces:* die Riten sind „verschwiegen" und die Fackeln „mitwissend".

Erwähnenswert ist hier einer der gewagtesten Ausdrücke Vergils: in Ae. 6, 493 wird beschrieben, wie Aeneas durch die Reihen der Schatten schreitet, die einst die Kämpfer der Griechen gewesen: manche erschrecken und wollen schreien, doch *clamor frustratur hiantes,* „der Schrei enttäuscht die mit aufgerissenem Munde Dastehenden", der *clamor* wird personifiziert, der so leise Laut wird zwar gehört, doch was da gehört wird, ist ja nicht die gewohnte Stimme, der Hauch der Schatten entsetzt sie so, daß er ihnen fremd vorkommt, wie etwas, das ihnen einen Tort antun will: daher die Personifizierung.[35]

§ 63

c) Personifizierende Enallagé

OR   Die Enallagé („Vertauschung") zieht ein Adjektiv von dem Substantiv, zu dem es sinngemäß gehört, fort zu einem anderen (W. Eisenhut 87 f. zitiert Liv. 1, 1, 4: *ad maiora rerum initia* führt das Geschick, zu erwarten wäre: *ad initia maiorum rerum*). Diese Enallagé hat mehrere Funktionen.

LT   LHS 159 f.; Norden 112; Vollmer zu Stat. Silv. 1, 1, 102; E. Fraenkel zu Aesch. Ag. 504; Löfstedt 2, 110 ff.; bes. V. Bers, Enallage and Greek Style, Mnemos. Suppl. 29, 1974.

BG   Hier wird naturgemäß nur die Enallagé untersucht, die einer Sache ein menschliches Adjektiv gibt. „Für uns ist sie wohl zuerst belegbar bei Lukrez 1, 475" (Norden a. O. 112); dort sagt (474) der Dichter, daß niemals „das Feuer in der phrygischen Brust Alexanders (d. i.: des Paris) aufgeflammt wäre", wenn es nicht Materie, Ort und Raum gegeben hätte: hier würde „phrygisch" sinngemäß „eigentlich" zu Alexander gehört haben: 'transference of the epithet' (Bailey). Dann Cat. 51, 11: in der Sappho-

---

[35] Vgl. C. F. Meyers „keusche Lampe" (Werke, Salzburg/Stuttgart 2, 201) oder seine „schüchterne Entfernung" (1, 452). Man muß daran denken, daß ursprünglich solche Verschiebungen den Sinn hatten, die ganze Kraft der Aussage auf das Gerät zu lenken, in dem Wirkkraft vermutet oder gespürt war: Pindar (Nem. 6, 52 f. Sn.) sagte, Achilleus habe den „Sohn der strahlenden Morgenröte (Memnon) mit der Schärfe des wütenden Speeres getötet". Wieweit sich hier noch animistische Vorstellungen äußerten, entzieht sich der Kenntnis des Verf. Die Beseelung der Waffe ist homerisch, vgl. u. a. Venini zu Stat. Theb. 11, 510.

Übersetzung heißt es *gemina teguntur lumina nocte,* worin *gemina* (Länge des *-a*) Ablativ ist und auf *nocte* bezogen, und zwar ganz „widernatürlich"; doch in einem evident „griechischen" Gedicht ahmte Catull die (bei ihm sonst seltene: Kroll z. St.) Enallagé nach, die im Griechischen überaus beliebt war (Norden nennt die Enallagé „besonders häufig in der griechischen Tragödie" S. 112; vgl. z. B. Kannicht zu Eur. Hel. 187; S. 73, Abs. 2). Vergil „steigert die Kühnheit in den letzten Büchern" (Norden a. O.), und das bringt dann später Erscheinungen hervor wie Stat. Theb. 1, 16 ff.: der Dichter will nicht römische Geschichte besingen, z. B. *coniurato deiectos vertice Dacos* (v. 20): „die Daker, von dem sich verschworen habenden Berge geworfen" statt „die sich verschworen habenden Daker".

§ 64

d) Agens-Vertauschung

OR   Unter „Agens-Vertauschung" wird hier verstanden die Verschiebung eines Tuns vom „eigentlich" Tuenden auf eine Sache: Properz (2, 16, 52) sagt, „der Zorn des Blitzes fällt" *(fulminis ira cadit)* statt „der Blitz fährt herab" (wobei der „zornige Blitz" eine einfachere Form der Personifizierung gewesen wäre).

LT   LHS 160 („Verschiebung des Subjekts").

BG   Catull (64, 115) läßt den *error* des *inobservabilis tecti* jemanden täuschen; Kroll paraphrasiert mit „die Irrwege des Hauses", doch gewollt ist die Figur der „Agens-Vertauschung". Vergil (Ae. 6, 4) ließ den Anker die Schiffe „festlegen" *(ancora fundabat naves),* Norden sprach von „Personifikation", Austin verwendet den unscharfen Ausdruck 'variety of construction'; beide Termini reichen nicht hin. – Properz (3, 17, 37) ließ einen Mischkrug selber den Wein entnehmen, was ersichtlich eine Überspitzung dieser poetischen Form darstellt: *ante fores templi crater antistitis auro / libatum fundens in tua sacra merum;* „als Subjekt der Handlung des Ausgießens wird nicht der Priester gedacht, der sie vornimmt, sondern das Gefäß, das den Wein hergibt", Rothstein z. St. Dies ist schon eine Spielform, „kühne Personifikationen" (LHS 160, Abschn. 2 Ende), doch ist „kühn" noch nicht genau genug: es sind dies Überspitzungen einer ursprünglich schönen, ausdrucksvollen Möglichkeit;[36] vgl. § 61 Mitte.

---

[36] Nur erwähnt sei, daß dieses Mittel es dem Dichter erlaubt, einen langweiligen (oder metrisch unpassenden: *-tium* ist nicht ganz leicht im Hexameter unterzubringen) Genetiv zu vermeiden: *errantis domos* (Luc. 1, 253) erspart *errantium* usw. (vgl. LHS 756).

§ 65

3. Intensivierung durch Umgewichtung

OR   Wenn Euripides (Hipp. 52) statt „Hippolytus hat die mühevolle Jagd verlassen" sagt, er habe „die Mühe der Jagd" verlassen, dann erhält das Wort μόχθον („Mühe") – auf das es hier ja ankommt, will Hippolytus sich doch erholen – besonderes Gewicht. Stünde das wichtige Wort „Mühe" nur im Epitheton („mühe*voll*"), stünde es sicherlich an weniger prominenter Stelle und ohne die Betonung, die es durch die Umgewichtung erhalten hat. Der umgewichtende Tausch findet hier unter Nomina verschiedener Wortart statt.

ZS   Anders verhält es sich mit Verg. Ae. 1, 1 *Troiae qui primus* usw.: hier tritt das schwachtonige Relativ vom Satzteil-Anfang zurück, um den ersten, d. h. betonten Platz dem Wichtigeren zu überlassen: Inversion (zur bloß spielenden s. § 127). Noch anders Ae. 1, 7: *altae moenia Romae*, denn hier steht das Attribut getrennt von seinem Substantiv, Sperrstellung zur Hervorhebung (Hyperbaton). – Man hat also zwei Formen umgewichtender Wortanordnung zu unterscheiden: die *wortartliche* und die *satzortliche*, wenn eine solche Neubildung um der Konzinnität willen erlaubt ist.

§ 65a

a) Wortartliche Umgewichtung

LT   Klärend und informativ ist H. Helander, On the function of Abstract Nouns in Latin, Acta Univ. Uppsal. 11, 1977, 118 ff. ('inversion'), 122 ('to emphasize the notion that was thus realized as a noun'); seine Untersuchung stützt die hier getroffene Einteilung; Regula 177 f.; Belege seit Homer, vgl. Il. 8, 485; 16, 726 usw.

BG   1. Der früheste Beleg ist, für uns, vielleicht Enn. ann. 119 V.: *olli respondit suavis sonus Egeriai*. Wir kennen den Kontext nicht mehr, es mag darum sein, daß Ennius hier lediglich den griechischen Text wortgetreu überträgt. Vgl. auch ann. 186: *balantum pecudes*.

Die verstärkende Umponderierung wird sehr deutlich bei Stat. Theb. 1, 562: ein gewaltiger Drache hat sich um Delphi gelegt: *postquam caerulei sinuosa volumina monstri | ... deus... perculit* („nachdem Apoll den Drachen getötet hatte"); hier ist *volumina*, eigentlich ein Abstractum, in den Subjektrang, also an prominente Stelle gerückt (zu erwarten war allenfalls: das riesige Untier, und nicht: die Riesenhaftigkeit des Untiers). Dadurch fällt aller Nachdruck auf *volumina*: das Riesenhafte tritt in den Vordergrund. Zudem konnte der Dichter nunmehr dem einen Substantiv *(monstrum)* zwei Epitheta beilegen: *caeruleum* und, in verschobener Stellung, *sinuosum*. Vgl. *venerabile donum | fatalis virgae* (Verg. Ae. 6, 408 f.), wo in gleicher Weise ausgelegt werden sollte (kein Komm. bei Norden; 'defined', Austin: das Geschenk werde durch *fatalis virga* erklärt).

2. Eine Abart der Umponderierung ist die Form „Substantiviertes Neutrumadjektiv + Substantiv im Genetiv": *truculenta maris*. Die früheste dem Verf. bekannte Stelle ist Enn. ann. 89 V., cf. Lucr. 1,315 *strata viarum: strataque iam vulgi pedibus detrita viarum / saxea conspicimus;* „das bedeckend Daraufgelegte sehen wir, obschon es steinern ist, abgetreten", so könnte man verstehen; doch wahrscheinlich handelt es sich einfach um Griechennachahmung (Bailey Bd. 1, 91 f. bringt zwar Lukrez-Parallelen in Fülle, doch keine griechische Stelle, vgl. aber Kühner-Gerth 2, 1; 278). Catulls (63, 16) *truculenta pelagi* ist nicht *nur* technische Griechenimitation, sondern hebt das Drohende durch Umgewichtung heraus: jetzt ist *truculenta* in die Substantivstellung gerückt, d. h. in die Hauptposition, und das eigentlich aus dem Sinn Selbstverständliche tritt zurück in die Genetivposition. Vielfach aber bleibt diese Redeweise Technik (Hor. sat. 2, 8, 83; vielleicht sinngefüllter sat. 2, 2, 25), zumeist liegt Manier vor: *cuncta rerum* bei Stat. Theb. 3, 548; *summa pedum* (nach Soph. OT 718, 1032) für „Knöchel", der ja in der Tat „über der Sohle, über dem Fuße" liegt: ἄρθρα ποδῶν.

War *strata viarum* ('the paved roads', Bailey) noch gut verständlich, so sind die späten Formen dieser Konstruktion bereits maniert, und so kann für den römischen Dichter überhaupt gelten, was Bailey 92 von Lukrez sagte: er 'takes a legitimate construction and extends it beyond its normal use'.

§ 65 b

b) Satzortliche Umgewichtung

ba) Inversionen

Nach § 65 ZS sollte man zwischen einer Umgewichtung unterscheiden, welche Substantiv gegen Attribut tauscht, also eine eher wortartgebundene, und eine Art des Invertierens, welche die zu betonenden Wörter an Tonstellen des Verses stellt (z. B. an die erste Stelle); man kann sie – sit venia verbo! – die „satzortliche" nennen.

LT   Norden zu Verg. Ae. 6, S. 402 ff.; LHS 216; 399 nach Mitte; 484 n und 488 f.

BG   Es genügt, auf Hor. c. 1, 2, 17 f. hinzuweisen: Tiber ergießt sich übers linke Ufer, dem Rachegelüst seiner Gattin Ilia zuliebe, *Iliae dum se… iactat ultorem, vagus et sinistra labitur ripa.* Hier ist sowohl der wichtige, weil grund-angebende Name an die Spitze des Nebensatzes unter Inversion von *dum* gestellt als auch seine Ungezügeltheit betont, und zwar durch Herausstellung von *vagus* (unter Einrückung von *et*: Klingner[3], Index S. 337; vgl. Schusters Properz-Ausg. S. 189, um die fortschreitende Raffinierung zu ermessen; dazu § 127).

bb) Hyperbaton (Sperrung)

LT   LHS 690 f.; Martin 308; Lausberg § 716.

BG   Ein Beispiel dieser wohlbekannten Erscheinung möge genügen: deutlich hervorhebend und nicht nur raffinierend sind gewiß jene Hyperbata, die emotionstragende Attribute vom Bezugswort trennen, z. B. Enn. scaen. 302 Joc.: *Eheu, mea fortuna! Ut omnia in me conglomeras mala!* Hierbei steigert die Zahl der dazwischengestellten Wörter die Emphase (LHS 690 II C).

III. VERFEINERUNG

„In jeder Dichtung steckt ein Element des Spielens."
(ETIENNE GILSON)

VORBEMERKUNG. Entsprechend § 9 wird hier nach der Verstärkung (§§ 12–65) die Raffinierung des Ausdrucks behandelt. Gemäß dem in § 6 Ausgeführten soll unterschieden werden zwischen der Ausdrucks-*Wahl* und der Ausdrucks-*Kombination*, also zwischen den *Gegenständen* einer Kombination und der *Kombination* von Gegenständen. Das erste betrifft etwas Inhaltliches, das zweite geht den Formen der Ausdrucksverknüpfung im Satz nach.

A. Mehr

§ 66

1. Zerspaltung des Sachbegriffs

OR Man könnte die Zerspaltung der Begriffe auffassen als eine Zerteilung im Sinne von § 36: dort waren Zerteilungen wie *amor Tauri suppostaque Pasiphae* aufgefaßt als Mittel der Intensitätssteigerung. Gewiß sank dieses Mittel allmählich zur bloßen Raffinesse ab. *Im Grunde* aber scheint ein Unterschied zwischen der Dehnung und Füllung eines Ausdrucks und der Spielerei zu sein, die da ein Identisches in scheinbar zwei Begriffe zerstückt: *commota vadis unda* („aufgerührt war dem Meere die Flut"), wo *vada* und *unda* sachlich identisch sind (Sen. Ag. 66f.). Es sei jedoch sofort und betont zugegeben, daß die Grenzen unscharf bleiben.

LT Housman zu Manil. 1,539.

§ 67

BG Enn. Med. frg. 243 Jocel. *sol... sublimat facem* hat etwas vom Charakter der Identitätsspaltung (§ 36 f.), da die Fackel der Sonne eben die Sonne ist, doch wird man eher noch an Personifizierung denken (Jocelyn 381); die früheste dem Verf. bekannte Belegstelle ist Verg. Ae. 1,246, wo es heißt, *it mare proruptum et pelago premit arva sonanti: mare* und *pelagus* sind sachlich identisch. Ähnlich dann Prop. 1, 11, 11 f.: *teneat (te) clausam tenui... in unda... lympha* (ein Gewässer, *lympha*, möge dich mit kleinem Wasser festhalten); Manil. 4,643 f.: *litora plura impulit Oceano Phorcys*, der selber das Meer ist (Housman z. St.). Zum Schluß Lukan: *huc abeunt* *fluctus, illo mare* (3,550) zerteilt das Meer in Fluten und See, um für „hierher" und „dorthin" gleiche Subjekte zu bekommen, mit dem raffinierten Spiel der Identitätsspaltung.[37] Der Sinn solcher Doppelungen könnte zuweilen in der Betonung des Wichtigen liegen (womit die Grenzen zu § 36 in der Tat ins Verfließen gerieten): Sen. Ag. 568/70 hebt der Vater des Palamedes *clarum lumen* in seiner *manus nefanda* empor und läßt die verhaßte Flotte *perfida face* stranden: auf diese Weise gelingt es, dem verbrecherischen Lichtzeichen zwei Adjektive zu geben und die schlimme Tatsache doppelt, d. h. nachdrücklich, auszusprechen.

ZWISCHENBEMERKUNG. Nach diesen Darlegungen wird deutlich geworden sein, worin sich die dehnende Zerteilung (§ 36) von der raffinierenden unterscheidet: die dehnende streckte den Ausdruck zu größerer Fülle, zu größerem Gewicht; die raffinierende zerteilte ein Identisches und stellte damit dem Intellekt die Aufgabe, dieses Spiel zu durchschauen: die Dehnung dient der Eindrucksintensität, die raffinierende Zerspaltung spielt ihr Spiel mit dem Intellekt und scheint darum richtig unter der Rubrik „Raffinierung" eingeordnet zu sein.

§ 68

Diese Erscheinung ist jedoch zu schwierig, als daß man sie mit wenigen Worten abtun könnte; darum noch zwei Beispiele: Properz beschreibt in 3,7,20, wie der Schiffbruch des blutjungen Paetus zustande kam: zwar hatte das Schiff im Hafen festgelegen, doch die schwojende Bewegung ließ ein Haltetau durchgerieben werden, und *omnia detrito vincula fune cadunt*. Also „alle Haltetrossen fielen zerrissen ins Wasser, nachdem ein Tau durchgerieben war". Wie soll das wohl gehen? „In *fune* wird der Subjektsbegriff *vincula* wiederaufgenommen", so erklärt Rothstein. Das sagt über das Sachliche nichts aus; auch sonst finden sich m. W. keine überzeugenden Erklärungen. Man wird an ein Stil-Spiel denken: gemeint war, daß alle Taue rissen, und zwar durch ein Durchscheuern am Felsen. Das hätte mit *omnia vincula detrita cadunt* ausgedrückt werden können, doch dann trüge das eine Substantiv zwei Attribute (vgl. A. 79). Hier half das Stilmittel der Zerspaltung: raffiniert wird „Tau" in *vinculum* und *funis* zerteilt, dazu ein Spiel mit Singular und Plural eingeführt, und schon ergab sich ein Gebilde, das den bisher angeführten Zerspaltungen an intellektualer Verspieltheit in nichts nachsteht. Man vergleiche Tib. 2,5,33f., ein ähnliches Spiel mit der Identitätsspaltung.

---

[37] Eine Not-Spaltung ist die Zertrennung einer Zahl in ihre Faktoren, wenn die Zehnerzahl etwa metrisch nicht unterzubringen ist (*ter quattuor*, Enn. ann. 93 V.; *bis sex*, ann. 323 V.).

§ 69

2. Raffinierungsperiphrase

OR   Wie in § 38 OR angedeutet, sollte zwischen der dehnenden und der raffinierenden Periphrase deutlich unterschieden werden; die raffinierende nennt das Wort,
das zu erwarten ist, nicht, während die dehnende es sehr wohl nennt, und zwar mit
einem Zusatz, etwa *fida canum vis.* Wo das *verbum proprium* nicht genannt wird,
muß es erschlossen werden, das ist ein intellektuelles Spiel und daher eine Raffinierung.

LT   Lausberg § 591 ff., besonders gut § 598 Ende: „Die Verhüllung gibt dem Leser ein Rätsel auf, dessen Lösung... ihm intellektuelle Genugtuung verschafft";
treffend E. J. Bernbeck, Beobachtungen zur Darstellungsart in Ovids Metam.,
Zetem. 43, 1967, 44 und ff.

BG   Anstatt nun Beispiele zu häufen, sollen hier die Typen aufgeführt werden,
d. h. die Funktionstypen von Periphrasen, die bestimmte Aufgaben erfüllen. Da-
nach werden dann Formungstypen aufgezählt, d. h. die Arten, auf welche eine
Periphrase gebildet werden kann. Auf diese Weise soll in die Masse der Beispiele für
Periphrase überhaupt die Ordnung gebracht werden, die man in Kommentaren und
Lehrbüchern häufig vermißt.

§ 70

a) Zu Grobes

Catull (63, 5) hatte die Hoden zu nennen, und zwar in feinststilisierter
Umgebung; das war zu grob, daher *ilei... pondera.* Hier ist bereits der Genetiv von *ile* (so nur Stat.) auffällig genug; und gewiß waren *ilia* etwas feiner
als Horazens *lumbos et infregi latus* („absichtlich grob", Heinze) in epod.
11, 22. Warum Vergil (buc. 7, 26) in *invidia rumpantur... ilia Codro* unbedingt 'adds a coarse note' (R. Coleman im Komm. unter Verweis auf Cat.
11, 20), ist nicht einzusehen: eine sexuelle Nuance wird man kaum herausspüren (K. Büchner, RE 8A, Sonderdr. 205, 61: „damit Codrus vor Neid
platze"). Catull (63, 5) verfeinerte den Ausdruck durch die Wahl des seltenen Genetivs im Singular und durch die Synekdoché (s. § 96: Umgebung
eines Dinges statt des Dinges) *ilia = testes.* Ähnlich dann Petr. 92, 9 *ingui-
num pondus* in einem Abschnitt voller ironischer Periphrasen.

Die Steinigung, ein unbeschreiblich gräßlicher Anblick, wird schon in
der Ilias mit „Anziehen des steinernen Gewandes" euphemistisch umschrieben (J. Waern, Γῆς 'Οστέα, 1951, 14), Ovid (met. 1, 227) wagt die
euphemistische Periphrase *iugulum resolvere* fürs Durchschneiden der
Kehle.

§ 71

b) Zu Einfaches

Eine wahre Fundgrube ist πεύκη: bei Aesch. Ag. 288 wird sie zur Fackel, bei Eur. IA 39 gar zur Schreibtafel. Diese Art *Kenning* (G. Kreutzer, Die Dichtungslehre der Skalden, 1974, 125) tritt auch bei Enn. Med. 209 Joc. auf: *abiegna trabes* für „Tannenschiff" (bei Eur. Med. 4 war es eine „Fichte", Ennius variiert spielend, Jocelyn S. 352 f.), die „Fichte" war ihm wohl schon zu bekannt, die wörtliche Übersetzung zu simpel. Bei Catull 63, 77 ist der Wolf der „Feind der Herde" und (schon raffinierter) die Trommel *terga tauri cava* (63, 10). Das sind wohl kaum mehr als spielerische Verrätselungen, Horazens Ersetzung des simplen *unguenta* durch *liquidi odores* (c. 1, 5, 2) wählt genau das Wort, welches der eigentliche Sinnträger ist in diesem Zusammenhang, d. h. der Träger des Sinneseindrucks: Duft. Eine schöne Bestätigung des hier Vorgetragenen gibt E. Norden im Komm. zu Ae. 6, 5 ff. (S. 115 mit A. 1): „Je trivialer... diese ersten Verrichtungen der Trojaner sind, um so mehr bemüht sich der Dichter, sie durch die Kunst des Ausdrucks über die alltägliche Sphäre... emporzuheben", er nennt dann auch eine ganze Reihe von solchen Periphrasen, welche die *humilitas sermonis* (so die Scholien) heben. Vgl. die raffinierende Beschreibung des Kochens und Bratens bei Ov. met. 1, 228 f. Horaz umschreibt das simple *mel* in c. 1, 13, 16 mit *quinta pars nectaris* in einer Weise, die auch antike Leser wohl zum Nachforschen (über *nectar* = Unsterblichkeit und Honig als etwas, das nur fünfmal weniger süß ist, als diese) hat bringen müssen (s. Nisbet-Hubbard, wo ebenso wie bei Heinze erklärt wird). Ovid beschreibt, wie mitten auf dem Meer ein Signalhorn geblasen wird (met. 1, 337): *concepit aera*, da *sonare* zu simpel war. Hier werden die realen Verhältnisse arg strapaziert, weil doch „eigentlich" die Luft hineingeblasen wird und nicht vom Horn selber aufgenommen.

§ 72

c) Bekannte Namen

Hier mag es sich lediglich um eine Sonderform des „Zu Simplen" handeln: der „bronceschildige Mann" wird für Herakles gesetzt (Soph. Phil. 727). Man sollte hier genauer scheiden, als Lausberg § 580 es tut: man wird die Ersetzung eines Begriffs oder Namens durch ein einziges Wort (als Substitution) trennen von der Ersetzung durch einen mehrgliedrigen Ausdruck (Periphrase): *satus Iapeto* ist eine derartige mehrgliedrige Periphrase (für Prometheus, Ov. met. 1, 82) oder *Olenium astrum* für *Capra* (Stat. Theb. 3, 25). Der „Pelide" für Achill dagegen scheint eine simple „Wort für

Wort"-Ersetzung. Man beachte, wie Horaz in c. 4, 15, 21/4 die Periphrase einsetzt: da leitet sie eine Reihe von drei verbo proprio genannten Völkern ein und rundet den ganzen Abschnitt wieder ab: *non qui profundum Danuvium bibunt* (Umschreibung für die Daker), *non Getae, non Seres infidique Persae, non Tanain prope flumen orti* (Periphrase für die Skythen) werden das Gesetz des Augustus brechen: das Stilmittel ist als Kompositionsmittel eingesetzt.

ZS   In der antiken Rhetorik war die Terminologie für die „Wort für Wort"-Ersetzungen, „Phrase für Wort"-Vertauschung und die Umschreibung für Namen oder Sachen durch Wort oder Phrase nicht einheitlich (Lausberg § 580, Martin 263 usw.). Man sollte „Peri-*phrase*" nur für Ersetzungen (gleich welcher Sache) mittels einer mehrgliedrigen *Phrase* verwenden.

Es kann auch ein Kompositum hierunter fallen: „Augensaft" für „Tränen" nennt Link 145. – „Wort für Wort"-Vertauschungen dagegen sollte man, dem griechischen Wort entsprechend, „Antonomasie" nennen, doch nur dann, wenn sie (einer Definition entfernt vergleichbar) das Gemeinte an ein Anderes *annähern*, um es zu bezeichnen (so kann man den Sohn dem Vatersnamen annähern wie in „Pelide" für „Achill", s. § 72, 2 c). „Wort für Wort"-Ersetzungen aber, die (wie in „Fichte" fürs „Schiff" oder „Lob" fürs Lobenswerte, s. § 104) etwas *am* Gemeinten für das Gemeinte *selbst* setzen, sollten weiterhin Metonymie genannt werden.

§ 73

d) Satz-Periphrasen

Man könnte der Genauigkeit halber noch diejenigen Periphrasen absondern, die durch einen ganzen Satz umschreiben, vgl. Callim. iamb. 4, 71 ff.: „Wer ehrt den Ölbaum, wer den Lorbeer? Den Lorbeer Apoll, Pallas das, was sie gefunden", d. h. den Ölbaum, wie sich allein aus der Frage ergibt. „Die, welche das Öl erfand" steht im selben Iambus (v. 45) für die Göttin Athene. Vgl. dann die überlange Umschreibung für den Delphin bei Sen. Ag. 449 ff. und für den Affen bei Juv. sat. 5, 153 ff.

3. Formen der Periphrase

Wie oben (§ 69 BG) angekündigt, sollen jetzt die Topoi der Periphrasen aufgezählt werden, also die Grund*formen* der Umschreibung (vgl. Lapp 25/31), d. h., woher sie genommen werden.

§ 74

a) Vom Attribut her

Ein sehr einfacher Fall liegt bei Ovid (fast. 1,228) vor: der Gott Janus spricht dort, und nach einer Pause redet der Dichter ihn erneut an: *placidis ita rursus ut ante clavigerum verbis adloquor ipse deum*. Der „schlüsseltragende Gott" ist der Türgott Janus. Viel verrätselter war der „einsam rudernde Mann", der am Kaphareus-Vorgebirge den Griechen Schiffbruch bereitete (Eur. Hel. 1128, s. Kannicht dazu): allein verantwortlich für die Katastrophe der heimsegelnden Griechen war Nauplios, der Rache nahm. *Heros ... claviger* für „Herakles" ist viel einfacher (Ov. fast. 1,543 f.).[38]

§ 75

b) Vom Teil her

Wenn Epirus durch *Stymphaiis* ersetzt wird, eine ganze Landschaft also durch einen Berg (Call. hym. 3, Dian. 178), dann muß man wissen, wo dieser Berg liegt, und weiterhin darauf schließen, daß seine ganze Umgebung gemeint ist. So steht *Munychius* für jemanden aus Attika oder etwas in Attika (Ov. met. 2,709 mit Bömers Komm.; Stat. Theb. 2,252). *Emathius* steht für „makedonisch" bei Ovid und Lukan (met. 5,313 mit Bömers Komm.; Luc. 1,1).

§ 76

c) Vom Uralten her

Troja ist bei Sophokles (Phil. 69) die „Ebene des Dardanus", des Ahnherrn des troischen Königsgeschlechtes also, dessen Enkel Tros war. Athen ist bei Euripides (Hipp. 34) die „Erde des Kekrops", des ältesten athenischen Königs also, des Erbauers der ersten Burg. Catull 64,79 sagte daher *Cecropia dapes* für den Tribut aus Jungen und Mädchen, den Athen nach Kreta geliefert haben soll (Kroll z. St. bringt Weiteres bei). *Aeacides* steht für Achill bei Verg. Ae. 1,99, weil Aiakos, der Zeus-Sohn, Vater des Peleus war und damit der Begründer des Geschlechts; raffinierter dann „Aeakide" für Neoptolemos, den *Sohn* des Achill, bei Sen. Tro. 46 (*daß* vom Aeakiden die Rede war, ist unbezweifelbar, nur die Namens*form* steht nicht fest). „*Hyantius*" ist seit Ap. Rhod. III 1242 eine sehr seltene Bezeichnung für

---

[38] Hierher gehört die Kennzeichnung einer Gottheit durch ihren (liebsten) Sitz: Cat. 64,96; E. Norden Agnostos Theos 4. Aufl. 1956, 152 ff. (Hor. c. 1,35), Belege sind leicht zu finden und zu interpretieren, so z. B. noch *Taenarius* für Poseidon (Prop. 1,13,22) usw.

‚boiotisch', abgeleitet von Hyas, dem sagenhaften Stammvater eines angeb-
lich ursprünglich in Boiotien lebenden Volksstammes, der *Hyantes*",
Bömer zu Ov. met. 3,147.

§ 77

d) *Vom Geburtsort her*

In Therapnae soll Helena geboren sein (Mela 2,3,4; Stat. Silv. 4,8,53),
daher wird sie mit *rure Therapnaeo nata* bei Ov. her. 16,198 umschrieben.
Aus demselben Grunde heißen auch die Dioskuren so (Stat. Silv. 4,2,48),
doch der „therapneische Kampf" ist hier schon eine raffinierende Weiterbildung der „therapneischen Brüder" aus Stat. Theb. 7,793. „Therap-
neisch" wird dann gemäß dem in § 75 Gesagten zu „spartanisch", weil die
Stadt in Lakonien lag (Mart. 9,103,5), ja zu „tarentinisch", nur weil Tarent
spartanische Gründer hatte (Stat. Silv. 2,2,111).

§ 78

e) *Von Gottheiten her*

Lukrez tadelte diesen Topos und nannte ihn „Mißbrauch"; also war er zu
seiner Zeit bereits gängige Münze (2,656, wo Baileys Komm. zu eng
bleibt). Seit Homer wird in der Tat das Feuer „Hephaestus" genannt (Il.
2,426; vgl. Archil. fr. 10 Diehl); *Mars* für „Krieg" ist altehrwürdiges Gut
(Enn. ann. 17), doch wenn Statius (Theb. 1,7 f.) König Kadmos einen *Mar-
tis operti agricola* nennt, einen „Anbauer verborgenen Krieges", und damit
auf die Aussaat der Drachenzähne anspielt, aus der jener Kampf der
drachenzahnentsprossenen Krieger wurde, dann ist das eine späte Verrätselung.

§ 79

f) *Vom Nahegelegenen her*

Diese Umschreibung ist darum so interessant, weil hier die Dinge nicht
genau getroffen werden sollen, sondern gleichsam nur angezielt (vgl. oben
§ 2): man muß aus der Nennung eines Ortes auf das Nächstgelegene schließen: Dulichion war ein Inselchen bei Ithaka (Mela 2,7,10); daher wird
Odysseus mit *Dulichius dux* umschrieben (Ov. met. 14,226), *Dulichius
iuvenis* ist er bei Properz 2,21,13 (s. Enk zu 2,2,7), und dies alles scheint
Vergil (buc. 6,76) für den lateinischen Bereich inauguriert zu haben: *quid
loquar... Scyllam... Dulichias vexasse rates*, stark bestimmt noch von der
Manier eines Cinna. Ovid verwendet dann *Dulichii* normal für „Männer
aus Dulichion" (her. 1,87), Stat. Silv. 5,1,58 dagegen setzt *Dulichii proci*
für die Freier der Penelope, die „Werber aus Dulichion", wobei man dann

wissen muß, daß Dulichion eine Nachbarinsel war, oder man hatte die poetische Koiné zu kennen.

§ 80

g) Mehrstufen-Periphrase

Lukan (10, 58) beschreibt, wie Kleopatra zu Caesar kam, wie sie *se . . . intulit Emathiis ignaro Caesare tectis:* Alexander war in Pella geboren, der Hauptstadt Makedoniens; Emathia war ein Landesteil Makedoniens, westlich von Pella; nach der Periphrase „vom Nahegelegenen her" (§ 79) wird *Emathius* dann zu „makedonisch" (s. § 75), und da Alexandria eine Gründung des Makedonen Alexander war, konnte Alexandria *Emathia* genannt werden. Oder die „amphrysische Seherin" Vergils (Ae. 6, 398): Apoll, der Patron der Sibylle, weidete einst Admets Rinder am Amphrysus. Daher war Apoll eine „amphrysische Gottheit", und sein Schützling, die Sibylle, wurde zur amphrysischen Seherin (Servius zögerte denn auch nicht, diese Periphrase *longe petitum* zu nennen).

Ein früherer und darum auch leichterer Fall ist der Vers Catulls (36, 7), in dem die *electissima pessimi poetae scripta* dem *tardipedi deo* übergeben werden sollen: *tardipes deus* ist spätestens seit Call. fr. 228, 63 Pfeiff. für Hephäst gesetzt, Hephästus aber ist Metonymie für „Feuer" (s. § 78), also auch hier eine Verrätselung über zwei Stufen.

Schwierig, aber lehrreich ist der Vergleich von Vergil, Ae. 4, 585 mit Statius, Theb. 2, 134: Aurora verläßt bei Vergil das Gemach des Tithonus; bei Statius verläßt sie das „mygdonische" Gemach: Mygdonia war ein Teil Phrygiens (Plin. n. h. 5, 145), Tithonus war ein Sohn des Phrygerkönigs Laomedon: so wird Vergil raffinierend durch Mehrstufen-Periphrase überboten.[39]

---

[39] Da diese Erscheinung nicht leicht einzusehen ist, einige weitere Hinweise: vgl. Cat. 66, 5 (Trivia – Hekate – Luna); Stat. Theb. 1, 554 f. *pudica frons:* der Laubkranz ist „keusch", weil der keuschen Artemis heilig; Stat. Ach. 1, 372 f.: *Idaliae volucres* für die Tauben, da diese der Venus heilig waren, Venus aber in Idalium einen Lieblingsaufenthalt hatte (s. F. Leo, Hermes 37, 1902, 36). Eine überspitzte Mehrstufenperiphrase findet sich bei Statius, Silv. 3, 1, 41: Pollius Felix hat einen neuen Herakles-Tempel errichten lassen; nun bittet der Dichter, der Gott selber möge erscheinen, mit freundlichem Sinne, so wie er zu Auge kam, die ihn *multo fratre madentem* bei sich behielt: Herakles' Bruder war Bacchus deswegen, weil beide Zeus-Söhne waren; Bacchus war der Gott des Weins, also *multo vino* ersetzt durch *multo fratre (Herculis).* Vgl. Tarrant zu Sen. Ag. 176.

B. Weniger

§ 81

1. Formen der Aussparung

VORBEMERKUNG. Die Terminologie auf diesem Gebiet scheint noch nicht fest geworden. Von der Sache her ist zu unterscheiden:
1. werden Wörter ausgelassen, deren Setzung erwartbar war, die aber nur *aus dem Sinn* der Umgebung zu erschließen sind;
2. werden Wörter ausgelassen, die aus einem (stammgleichen oder bedeutungsverwandten) *Wort* der Umgebung zu erschließen sind.
Beispiel für 1.: *nati filii, alia cura* (Ter. Ad. 867 f.) für *nati filii (sunt), alia cura (oritur, orta est).*
Beispiel für 2.: *vicit pudorem libido, timorem audacia, rationem amentia,* wo das eigentlich dreimal zu setzende *vicit* nur einmal gesetzt wurde (Quint. 9,3,62).
Die erste Aussparungsweise ist eine *Auslassung* von zu Erschließendem, die zweite ist *Einmalsetzung* (oder Ersparung einer Mehrfachsetzung). Die erste Form verlangt Erschließung, die zweite Fortsetzung (ein gesetztes Wort müßte „eigentlich" wiederholt werden). Hier wird mit der zweiten Form begonnen, der Einmal-Setzung ("Haplothese").

§ 82

a) Haplothese

OR   Die „Haplothese" setzt ein Wort, das eigentlich in selbiger Gestalt mehrfach gesetzt werden müßte, nur *ein* Mal. Z. B. Prop. 1,3,16: der Liebhaber nähert sich dem schlafenden Mädchen und will sich daranmachen, *oscula admota sumere et arma manu,* worin *sumere* zweimal „konstruiert" werden muß: es gehört zu *oscula* wie zu *arma* (Butler-Barber und Camps sprechen von Zeugma, doch s. § 84).

ZS   Ferner soll unterschieden werden: 1. wenn ein Wort, das nicht gesetzt ist, aber zu erwarten war, aus einem formähnlichen Wort, das in der Umgebung vorkommt, erschlossen werden kann, so heiße diese Form SYLLEPSE (LHS S. 832 oben). 2. Wenn ein Wort aus einem anderen erschlossen werden muß, das nicht form-gleich oder form-ähnlich ist, sondern nur *sinn-verwandt*, dann heiße diese schwierigere Form ZEUGMA (LHS a. O.).

§ 83

aa) Syllepse

OR   Es sei wiederholt: Syllepse bezeichnet hier den Aussparungsfall, bei dem ein Wort aus einem im Kontext <u>vorkommenden</u> formähnlichen erschlossen werden muß.

LT   Lausberg § 692; LHS 824; Norden zu Ae. 6,256; Clausen in seiner Persius-Ausg. zu 1,131; Dubois 127 f.

BG   Ein sehr einfacher Fall ist Cic. de or. 1, 72: „wenn wir auch die Gelehrsamkeit nicht in unseren Reden offen zur Schau tragen, so wird doch überall deutlich, *utrum simus earum rudes an didicerimus*, d. h. *(eas) didicerimus*, zu ergänzen aus dem formähnlichen *earum*, was erleichtert wird dadurch, daß das *earum*, aus dem erschlossen werden soll, voraufgeht. Anders die Haplothese: Vergil, Ae. 5, 512 (nach E. Norden): *illa Notos atque atra volans in nubila fugit*, nämlich die Taube, die als Preis an einen Pfahl gebunden war, aber durch einen nicht ganz glücklichen Schuß, der das Band zerschnitt, frei wurde: hier muß das *in* von *in nubila* „eigentlich" schon vor *Notos* gesetzt werden. Vgl. Hor. c. 3, 25, 2 mit Heinzes Komm., Langen zu Val. Fl. 1, 716. Es entsteht dadurch eine Spannung, die erst in der zweiten Vershälfte gelöst wird, wenn es sich um Fälle wie die Aeneisstelle handelt.[40]

In dem eben erwähnten Haplothesenfall stand dasjenige Wort, aus welchem das Fehlende zu erschließen ist, *nach* der auszufüllenden Leerstelle. Diese zweite, erschwerte Form hat in der Literatur den Namen ἀπὸ κοινοῦ erhalten (Heinze zur genannten Horaz-Stelle, Lausberg § 701 usw.); gut ausgewähltes Material bei Düring Kap. IV.

Handelt es sich um Form-*Ähnlichkeit* des zu Erschließenden und des Erschließungsermöglichenden, so war das Syllepse genannt: *heu quotiens fidem [mutatam] mutatosque deos flebit*, sieht Horaz c. 1, 5, 5 f. voraus. Noch schwieriger ist Verg. Ae. 6, 283 f.: im Inferno steht eine Ulme, dunkel und groß, *quam sedem somnia vulgo vana tenere ferunt, foliisque sub omnibus [somnia] haerent*: hier ist das erste, erschließungsermöglichende Wort *somnia* Akkusativ, das zweite, zu erschließende, muß Nominativ sein. Noch schwieriger ist Lukans (1, 292) *tantum:* aus einem substantivischen muß ein *tantum* als Adverb erschlossen werden (s. Housman z. St.).[41]

§ 84
ab) Zeugma
OR   Es sei wiederholt: Zeugma bezeichnet hier den Aussparungsfall, in dem ein ausgespartes Wort zu erschließen ist aus einem im Kontext vorkommenden, das

---

[40] Gut Martin 300: „In der Syllepsis wird ein einziges Verb, das nur zu *einem* Substantiv paßt, auch noch mit einem anderen Substantiv verbunden, zu dem es nicht paßt, so daß man für dieses ein anderes passendes Verb ergänzen muß" (Cic. Sull. 33).

[41] Es scheint bemerkenswert, daß nicht selten hierbei *callidae iuncturae* entstehen können: Lukan (1, 357) schreibt über den aufhetzenden Laelius, er habe die *emeriti insignia doni* getragen und er sei Primipil gewesen: *summi tum munera pili Laelius emeritique gerens insignia doni: gerens* ist gemäß Typ a b bei *munera* ausgelassen, aus dem ins ἀπὸ κοινοῦ (§ 83 BG, Abs. 2) gestellten *gerens* ist es zu ergänzen, so daß man zur Junktur *munera gerere* käme, was eine Rarität ist. Gut Vergleichbares bringt Kroll zu Cat. 14, 21.

jedoch weder form-gleich noch form-ähnlich, sondern lediglich sinn-verwandt ist
(s. § 82 Ende).[42]

LT   Lausberg § 701 ff.; LHS 831 ff.; Martin 300 f.; Eisenhut 88 (es ist nötig, die
Terminologie zu vereinheitlichen).

BG   Bei Val. Fl. 1, 566 erinnert Aegaea an die Heimkehr des Bacchus *orbe
peracto* (d. h. *peragrato*) und die Apolls, um ein gutes Omen zu schaffen: *sic
orbe peracto / Liber et expertus terras remeavit Apollo,* wozu Langen anmerkt: *„remeavit* ad solum spectat Apollinem, et ad subiectum (quod est
Liber) subaudiendum ex zeugmatis figura *venit.* " So auch Stat. Theb.
1, 573 f.: nachdem Apoll den Drachen Pytho getötet hatte, kam er zu König
Crotopus; der hatte eine schöne Tochter in noch jungen Jahren: *felix, si De-
lia / numquam furta [commisisset] nec occultum Phoebo sociasset amorem!*
Hierzu Mulders Kommentar: aus dem *Begriff sociare amorem* muß zu *furta*
ein Verb ergänzt werden. Nicht minder schwierig ist Prop. 1, 2, 30, wo aus
nec desit (v. 29) ein *adsunt* zu ergänzen ist (Weiteres Enk z. St.).

Ein einfacheres Beispiel nannte J. Vahlen (Kl. philol. Schriften 2, 733):
„Wen die Musen erhöht haben, der wird fortleben, *dum robora tellus
[feret], dum caelum stellas [feret* oder *vehet], dum vehet amnis aquas.*[43]

§ 85

b) Ellipse

OR   Noch einmal der Unterschied zur Haplothese (s. § 81 f.): die Haplothese
setzt nur *ein* Mal ein Wort, das mehrere Male gesetzt werden müßte. Die Ellipse läßt
ein Wort überhaupt aus, das allein aus dem Sinn der Umgebung erschlossen werden
muß (LHS 824 D: „Ergänzung aus dem Zusammenhang"); wohingegen Syllepse und
Zeugma ein Wort aus einem ähnlichen bzw. sinnverwandten der Umgebung ent-
nommenen, erschließen lassen.

LT   LHS 419 ff.: „Wesentlich und belangreicher als die bloße Feststellung des
Fehlens eines erwarteten Satzteils ist die Erklärung der zur elliptischen Ausdrucksweise führenden Umstände"; Lausberg § 690 ff.; wichtigst E. Löfstedt, Syntactica 2,
233/74.

[42] Eine ungemein schwierige Art der Ersparung ist die „verteilte Aussparung"
(Kiefner 43 ff.): *Callimachi manes et Coi sacra Philitae* bei Properz (3, 1, 1), womit
man Schiller, Der Taucher: „Den Gürtel wirft er, den Mantel weg", vergleichen
kann.

[43] Vgl. die instruktive Diskussion um Prop. 2, 32, 6: die prachtvolle Konjektur
Jortins *(cur tua te Herculeum deportant esseda Tibur? Appia cur totiens te via Lanu-
vium?* für *te via ducit anum)* führt ein Zeugma ein: aus *deportant* ist ein *ducit* (Verg.
buc. 9, 1) zu erschließen.

BG Selbstverständlich gibt es auch in der Umgangssprache Ellipsen, und zwar in großer Zahl und vielen Formen: „Du auch?", fragt man und will wissen, ob „Du auch ein Stück Kuchen möchtest" usw. (Hofmann LU § 156; zu fachsprachlichen Ellipsen z. B. Rolfe, ALL 10, 1898, 231 ff.; LHS 223). Derlei findet sich naturgemäß auch in der Dichtersprache (Langen zu Val. Fl. 2, 51: Liste von ausgelassenen Formen von *esse;* Housman zu Luc. 1, 441: Liste von ausgelassenen *es*). Wo liegt der Unterschied?

Die umgangssprachlichen Formen der Ellipse dienen naturgemäß der Vereinfachung, sei es des Sprechtempos halber, sei es des Emotionsdrucks wegen. Auch in der Dichtung wird manches leicht Erschließbare um der Entschwerung willen fortgelassen. Die Unterschiede beginnen beim Verrätseln und Raffinieren; d. h.: auf den umgangssprachlich-selbstverständlichen Formen aufbauend, sie voraussetzend, aber überhöhend und überspitzend, beginnt das Poetische dort, wo das Suchen und allmähliche Erschließen beginnt: bei Horaz c. 1, 1, 8 („jemandem macht es Freude, *si mobilium turba Quiritium certat tergeminis [eum] tollere honoribus*) ist die Ergänzung eines *eum* leicht; wenn Statius (Theb. 2, 389 f.) dagegen von jemandem sagt, *ramus manifestat olivae / legatum* und man *eum esse* zu ergänzen hat, ist das schon schwieriger. Oder Ovid (met. 1, 212): Juppiter berichtet vom Lycaon-Frevel, wie er vom Olymp hinabgestiegen sei, um sich zu vergewissern, voller Sorge, die Gerüchte über dessen *infamia* könnten wahr sein: *quam cupiens falsam summo delabor Olympo:* hier ist ein *esse* ausgelassen, Bömer verweist natürlich zu Recht auf altlateinische Erscheinungen wie *te volo servatum,* doch die Ellipse bei einem echten Adjektiv ist ohne „weiteres Beispiel in der augusteischen Dichtung" (Bömer).

§ 86a
ba) Verba dicendi
Sie auszulassen, gehört zum Gewöhnlichen (Löfstedt 2, 264; LHS 424, Abs. 2 Anf.; Lapp 76, vgl. Juv. 2, 65: *quid enim falsi Laronia?* Diese „Dame von schlechtem Ruf" [Knoche] hat das Heucheln ihrer Liebhaber satt und sagt die Wahrheit, und „was hätte sie wohl gelogen?" Doch eben dies „lügen" ist ausgelassen). *Cum fragor hiberni subitus Jovis [intonuit]* ist arg verkürzt (Stat. Theb. 3, 26, ergänzbar aus Verg. Ae. 2, 693, s. Heuvel z. St., der weitere Beispiele beibringt; Langen zu Val. Fl. 1, 174).

Aufschlußreich ist der Vergleich von Verg. Ae. 1, 335 *tum Venus* (scil. *dixit*) mit Stat. Theb. 1, 447 *vix ea* (scil. *fatus erat*): die Auslassung von verba dicendi nach *tum* + Namen sind Legion, nach *vix* sind sie äußerst selten (Heuvel zur St.), der spätere Dichter verstand es, die alte Lizenz zu überspitzen.[44]

---

44 Auch hier zeigt es sich zuweilen, daß verfeinernde Mittel auch sinnträchtig ein-

§ 86 b

bb) Formen von *esse*

Daß *est* gern ausgespart wird, ist geläufig (LHS 420a); doch die Ellipse von Vergangenheitsformen ist seltener (LHS 421c): *num regio diversa viae?*, „War die Richtung (ihres) Weges etwa eine andere (als wir annahmen)?"; hier (Stat. Theb. 3, 9) ist *erat* zu ergänzen: „*eram, fui, ero* werden hauptsächlich in gekünstelter und dichterischer Sprache erspart" (LHS a. O.). Konjunktivische Formen werden auch in der Umgangssprache ausgespart, wenn das Gemeinte sich von selbst versteht (*bene tibi [sit]* z. B., s. LHS 421 d; oder im indirekten Fragesatz, wo der Konjunktiv ohnehin nicht immer ganz fest war), doch *esset* im Konditionalsatz auszulassen (Stat. Ach. 1, 142f.: *si... fateri / ausa [esset]*, s. Dilke), ist härter. Am härtesten dürften dann Doppelellipsen sein wie *si mihi, quae quondam [fuerant], vires [essent]* (Val. Fl. 1, 51, s. Langen zu 1, 489; Friedländer zu Juv. 1, 88, der Luc. 8, 541/3 und Sen. Tro. 339 nennt; dasselbe bei Courtney).[45]

§ 87

bc) Verba anderer Art

Verba dicendi und Formen von *esse* werden häufig ausgelassen, derlei gehört (s. § 86a, b) zur gewohnten Sprache (Überspitzungen hier nicht mit eingerechnet); andere Verba (außer etwa *nasci, oriri:* LHS 424 Abs. 2 Anf.) auszusparen, ist seltener: Verba des Gehens u. dgl. sind nicht schwer zu ergänzen in Ter. Ad. 100 *quorsum istuc?* („Wohin zielt das?", oder „Wo will das hinaus [d. h.: gehen]?"); schwieriger Prop. 4, 3, 51: das Mädchen härmt sich, ihr Liebhaber ist fern bei den Soldaten; könnte sie nur auch dorthin; (aber das ist unmöglich, sie weiß nicht, wo er ist); *nam mihi quo?*, d. h. doch wohl *mihi quo ire licet* nach Rothstein, was LHS a. O. akzeptieren.[46] Eine harte Ellipse: *ilico istic [consistite!]*, Enn. Thy. 293 Joc.

So ist etwa Vergils *libertas, quae sera (venit), tamen respexit inertem*

---

gesetzt werden können: in Prop. 3, 24, 11 f. fehlt nach *haec ego* ein Verbum dicendi, der Sprecher stammelt also vor Erregung (Tränkle 7f., vgl. meinen Poenulus-Komm. zu v. 427).

[45] Vgl. Smith zu Tib. 1, 5, 73; Leo, Obs. Crit. 185; Helm zu Rut. Nam. 1, 23; Th. Winter, De ellipsi verbi *esse*, Diss. Marburg 1907. Wie Dichter das Gewöhnliche überbieten, lehrt u. a. Juvenal (1, 1): *semper ego auditor tantum?* („Immer soll ich nur der Zuhörer sein?", Knoche), wo zumindest ein *sim*, eher *cogar esse* zu ergänzen ist. Zur Emotion als Ellipsengrund s. Heinze zu Hor. sat. 2, 5, 102.

[46] Gänzlich gesichert ist diese Auffassung nicht: es mag sein, daß man ergänzen muß: *nam mihi quo [purpura fulgeat], Poenis tibi purpura fulgeat ostris* (so W. Willige in seiner Übersetzung in der Tusculum-Bücherei), noch anders Butler-Barber.

(buc. 1, 27) zu erklären; härter dagegen ist *iustis miscens tamen aspera coepit* für *quamquam verba erant iusta, tamen eis aspera admiscuit* (Stat. Theb. 2, 392, s. Mulder S. 245), weil bei Vergil ein einfaches Verb zu ergänzen war, hier aber so etwas wie *iustis (his verbis 'essentibus')* herauszuhören wäre, wenn man überhaupt in dieser Weise mittelalterlich ergänzen darf.[47]

§ 88
bd) Substantivellipsen

Daß man bei *summus* ein *amicus* mithören muß, ist seit Terenz geläufig (Ad. 352), schwieriger schon Val. Fl. 1, 97 *spargit [famam]; sedere animo* („entschlossen sein") ist eine geläufige Ausdrucksweise (Verg. Ae. 2, 660), *animo* jedoch fortzulassen und sich auf den „Dativ der betroffenen Person" + *sedet* zu beschränken (d. h.: sich auf die Geläufigkeit des *sedere animo* zu verlassen), ist entschieden eine Raffinesse (Ae. 5, 418; 11, 551).[48]

§ 89
be) Partizipialellipsen

Der Eindruck, daß auch auf dem Gebiet der Ellipse die dichterische Kühnheit immer größer wird, die verrätselnde Dunkelheit zunimmt, läßt sich auch im Falle der Auslassung eines Partizips erhärten: *post pocula* und *post vina* bei Horaz werden zwar von Nisbet-Hubbard als 'abbreviated construction' bezeichnet[49], aber das ist, so will es scheinen, schulmeisterlich, denn wer wollte da schon ein Partizip ergänzen? In dem genannten Kommentar zu Horaz wird nun aber als Parallele aus Seneca (HO 79) *post feras, post bella, post Stygium canem* aufgeführt. Hier mischt sich Einfaches

---

Williges Auffassung ließe sich durch Hor. sat. 1, 6, 24 stützen. Vgl. die Komm. zu Verg. Ae. 4, 98.

[47] Vielleicht genügt auch die Ergänzung eines zweiten *respexit* nach Maßgabe von Camps' Erklärung von Prop. 3, 4, 5, die wohl besser ist als die von Rothstein (der aber zitiert treffend A. P. 7, 349).

[48] Interessant ist es zu sehen, daß Vergil überall *animo sedet* (*id, sententia* o. ä.) schrieb, nur im 5. und 11. Buche nicht: ist dies ein Indiz für späte Abfassung von Buch 5 (s. K. Büchner, RE 8A 1425, 60 ff. = Sonderdr. 405, 60 ff.; Norden, Komm. zu Ae. 6, S. 110)? – Vielleicht läßt sich Verg. Ae. 2, 229 auf diese Weise erklären: es heißt dort *scelus expendisse merentem Laocoonta ferunt; expendisse* wird wohl an *poenas expendere* bzw. *pendere* erinnert haben, so daß die Vollform der Phrase wohl *pro scelere poenas expendisse* gelautet haben könnte (Austins Ausdruck 'experimentating' genügt dieser Stelle kaum). Man könnte aber auch daran denken, daß hier das Bewirkende *(scelus)* für das Bewirkte *(poena)* gesetzt ist.

[49] Zu c. 1, 18, 5 (vgl. LHS 827; Venini zu Stat. Theb. 11, 469).

mit bereits sehr Raffiniertem, denn in dieser *gradatio* (die Höllenfahrt ist
gewiß die schwerste Arbeit des Herakles gewesen) muß man etwa so ergänzen: *post feras* ⟨*occisas*⟩, *post bella* ⟨*confecta*⟩, *post canem* ⟨*captum*⟩. *Post
bella* ist relativ einfach, aber *post Stygium canem* ist es ganz und gar nicht
mehr.

Man vergleiche weiter: Lukan meint mit *post vulnera* in 3, 468 *post vulnera accepta;* Val. Fl. 7, 11 mit *ante tuos voltus* wohl *ante tuos voltus visos* [50]
usw. Eine Untersuchung dieser Brachylogien würde wohl eine fortschreitende Kühnheit nachweisen können. Ihr Sinn war vielleicht neben der bloßen Verfeinerung und Verrätselung die Sammlung des Augenmerks auf den
Hauptbegriff, das Substantiv.

§ 90

Es scheint, als habe man, um eine altbekannte Phrase zu neuern, zuweilen einfach zur Ellipse gegriffen. In diesem Zusammenhang wird eine Stelle
wie Stat. Theb. 1, 410 f. interessant: *in verba . . . cunctatur.* Man wird daran
denken, ein *abire* zu ergänzen (s. Mulder ad loc.). Das mag von Vergil in-
spiriert sein: *audere (prodire) in proelium,* Ae. 2, 347 (falls heil: *audere*
codd., Don.; *ardere* Gronovius, Mynors, cf. Ae. 12, 71). An dieser Stelle
ist allerdings auch die Erklärung möglich, es handele sich um absolutes
audere (TLL 2, 1255, 64 ff.) mit finalem *in* (LHS 274, s. unten § 151, b). Die
Annahme einer Ellipse ist allerdings nicht auszuschließen (Juv. 2, 2 mit
Friedländers Kommentar).

ZS   Um das Gesagte (§§ 81–90) an einem belehrenden Beispiel abschließend noch
einmal zu erläutern, sei auf Prop. 3, 9, 23 f. verwiesen. Maecenas ist dort angesprochen, der zurückgezogen lebt, obschon er höchster Ämter würdig wäre: *cum tibi
Romano dominas in honore secures et liceat medio ponere iura foro . . ., parcis* usw.
„Obschon (es dir freistünde), in einem römischen Ehrenamt (das Amtszeichen der)
Beile (zu führen), und es dir freistünde, mitten auf dem Forum dein Tribunal aufzu-
stellen . . ., hältst du dich zurück" usw. Aus 24 ein *liceat* in 23 zu ergänzen, ist Ergänzung eines gleichen Wortes (Haplothese wie *minantem* in 47/8); die Ergänzung eines
„führen" dagegen geschieht nach Maßgabe des lediglich *sinn*-verwandten *ponere*
(Zeugma also, so auch Camps). Wenn es dagegen im selben Gedicht v. 39 heißt, *non
referam Scaeas* (scil. *portas*), dann handelt es sich um eine (harte) Ellipse (Camps:
'The ellipse is an unusual licence').

---

[50] Ergänzt nach Housman zu Luc. 5, 473. Die Belege bei LHS 243 müßten sorgfältig gesiebt werden, besser 827 Mitte. Vgl. auch Langen zu Val. Fl. 1, 139. Ein
spätes Beispiel: Prud. Psych. 88: *post Mariam.*

§ 91

2. Kontraktionen

OR   Zuweilen wird ein zu erwartender Satz so zusammengezogen, daß ein Verb ein ihm gewöhnlich nicht zukommendes Objekt erhält: Philoktet klagt darüber, daß Menschen zwar auf seine Insel kommen, aber nie daran denken, σῶσαί με ἐς οἴκους (Soph. Phil. 311 statt „retten, *indem sie mich heimbringen*"). Oder Prop. 1, 8, 12: die Abreise der Geliebten steht bevor, und der Dichter wünscht sich, der Wind möge doch ja nicht *meas elevet . . . preces:* „hoch in die Lüfte heben – *und davontragen*" (nach Ov. am. 1, 8, 106 ergänzt).

LT   Tränkle 70 f., 90 ff.

BG   Sophokles (Ant. 973) spricht von einer „Wunde, die hinein-geblendet" ist (τυφλωθὲν ἕλκος), wozu bei LSJ s. v. τυφλόω 1 vermerkt ist: 'inflict a blinding wound', also: ausgelassen wurde „zugefügt" (so auch G. Müller 225). Ähnlich dürfte die schwierige Stelle Ov. met. 3, 70 zu erklären sein: Kadmos hatte die Lanze so tief in den Rücken des Untieres hineingestoßen, daß er sie nur noch mit Mühe herausziehen kann; er muß sie nach allen Seiten hin kippen, wie man einen Pfahl kippen muß, der fest im Erdboden steckt, um ihn locker zu machen: *ubi vi multa partem labefecit in omnem, vix tergo eripuit.* Hier ist wohl *flectens in omnem partem* zu ergänzen (Börner erklärt *partem* mit „größtenteils", doch widerrät 1, 667: „überallhin"). Vergleichbare Auslassungen von Verben sind etwa *fert . . . a puppe notus* (Stat. Theb. 3, 29) für 'carries along (falling in) from *puppis'* (Snijder), vgl. Val. Flacc. 2, 168: *oscula figunt bis vel saepius ingeminando* paraphrasiert P. Langen, wo Valerius nur geschrieben hatte: *oscula ingeminant.* Aus dem ursprünglichen „Verdoppeln" ist ein mehrfaches Tun geworden (Verg. Ge. 1, 411; Ov. met. 3, 369), wobei schon bald der Begriff des Zweifachen zu „mehrfach" verschoben und die Inhaltsleere von „Wiederholen" mit verschiedenen Gehalten gefüllt worden ist. Vielleicht war es Vergil, der aus dem Dichterwort *ingeminare* (aus *geminare*, Ter. Ad. 173; Cic. part. 21) ein „mehrfaches Rufen" gemacht hatte (Ge. 3, 45; Börner zu Ov. met. 3, 369). *Voces ingeminare* war vielleicht die Keimzelle, doch schon in Ae. 1, 747 ließ Vergil *voces* fort (Austin: 'they make repeated shouts in applause'), ähnlich Ae. 2, 770: *Creusam ingeminans iterum iterumque vocavi,* wo aus *vocavi* ein *voces* leicht zu *ingeminare* zu ergänzen ist. Und es war auch Vergil, der dieses *ingeminare* dann auf anderes als aufs Rufen übertrug (Ae. 5, 433 *vulnera,* d. h. *ictus*). Hieraus wurde dann später (Stat. silv. 4, 5, 60) *barbiton ingemina sub antro:* „laß das Instrument ertönen" statt „laß die Stimme zum Instrument erschallen".

§ 92

Bei Vergil (Ae. 6, 370) fleht der noch unbeerdigte Misenus Aeneas an, ihn mitzunehmen: *da dextram misero et tecum me tolle per undas: tollere* heißt „an Bord nehmen" (Conington zu Ae. 3, 601), aber *tolle per undas* ist eine Verkürzung von *tolle me et fer me tecum per undas.* Schwieriger ist die Auslassung ganzer Wortgruppen: Statius (Theb. 1, 301) sagt, der Bruder solle den Bruder vom Palaste fernhalten *alternum regni infitiatus honorem,* worin doch wohl *infitiatus [se ei debere] honorem* zu ergänzen ist (TLL 7, 1; 1452, 1). Aufschlußreich ist der Vergleich von Cat. 2, 4 mit Stat. Ach. 1, 170: *incitare morsus* („Bisse aufreizen" für „zu Bissen aufreizen") ist nicht ungewöhnlich, *incitat [leones, ut monstrent] ungues* ist gewiß gewagter (Dilkes Erklärung ist richtig, anders TLL 7, 1; 931, 4). – Eine auffällige Kurzform ist die von E. Löfstedt, Syntactica 1, 244/8 behandelte Ausdrucksweise *ferocem facis* (Pl. Most. 890), „du spielst den Wilden", eine Ausdrucksweise, die auch in hoher Poesie vorkommt (Verg. Ae. 2, 591 *confessa deam;* Austins 'Virgilian invention' ist kaum richtig); eine Ellipse von *se esse* ist nicht anzunehmen, wohl aber liegt eine Verkürzung bei Stat. Theb. 1, 257 vor *vultu confessus (qui sit),* und zwar eine höchst verdunkelnde.

Hierher wird Val. Fl. 2, 91 gehören: *(Vulcanus) Lemni litore insonuit.* Hephäst wurde von Zeus aus dem Olymp geschleudert, fiel auf Lemnos herab und rief beim Aufprallen ein Geräusch hervor. Langen nannte dies eine „felix brevitas", man wird dem zweiten zustimmen, denn so etwas wie *cadens* oder *delapsus* scheint fortgelassen (vgl. TLL 7, 1; 1939, 27). Vergil hatte (Ae. 11, 595 f.) an einer ähnlichen Stelle ein *delapsa* hinzugesetzt *(leves caeli delapsa per auras insonuit,* nämlich *Opis),* eben dies *delabi* ließ Valerius fort.

Ähnlich schrieb Properz 4, 1, 70 f., wenn er vom Wettrennen sagt: *has meus ad metas sudet oportet equus.* Das „zum Ziel Schwitzen" meint ein „schwitzend zum Ziel rennen"; derlei findet sich allerdings auch in witzelnder Umgangssprache („hinsausen", „die Treppen hinaufkeuchen" usw.).

§ 93
3. Substantivierte Neutra

OR   Wir sagen, daß wir etwas „ins Reine" schreiben oder daß wir etwas „zum Besten" geben wollen. Man substantiviert das Neutrum eines Adjektivs: *caelum serenum* wird zu *serenum* (vgl. *tranquillum* für *mare tranquillum*). Das sind aus den Fachsprachen stammende, bald verfeinerte Kürzungen.

LT   LHS 153 f.; Löfstedt, Syntactica 2, 237 ff.

BG   Bei Aeschylus „gießt" die See die „Sternwege zu" mit τραχεῖ ῥοθίῳ (Prom. 1048 ff.). In *tutum educere* (Plaut. Most. 1048) ist eine Selbstverständlichkeit, *tuta tenere* im Sinne von „sicheres Land unter die Füße bekommen" (Verg. Ae. 6, 358) dürfte gesucht sein. *Serenum* ist für „gutes Wetter" geläufig (LHS 154 vor Mitte), Statius macht daraus etwas höchst Preziöses (Theb. 1, 209): *maiore sereno* heißt „in hellerem Licht" deswegen, weil es bei gutem Wetter heller ist als bei trübem.

Aufschlußreich für die Ausbildung einer „poetischen Koiné" ist z. B. der Gebrauch von *convexa, -orum: caeli convexa* ist eindeutig (so Verg. Ae. 4,451; Sen. Thy. 993), ebenso *supera convexa* (Verg. Ae. 10,251; Stat. Theb. 10,916 u. ö.). Lukan verfeinert die inzwischen gängig gewordene Ausdrucksweise: *superum (convexa)* statt *supera* (5,632; cf. Stat. Theb. 12,76) oder durch andere Possessiva: *Tonantis* 9,4; ähnlich *deorum* Stat. Theb. 1,208, doch hier gehört *deorum maiestate* zusammen: *mixta convexa deorum | maiestate tremunt;* hier steht *deorum* also nur scheinbar als Determinans bei *convexa;* und in 10,501 steht es dann gänzlich allein, und das wurde dann Gemeingut (Avien, Arat. 336 u. ö.): die poetische Sprache wird durch Fortlassen immer esoterischer (nach dem Obigen muß das Durcheinander in P. Barrats Komm. zu Lukans 5. Buch S. 210 korrigiert werden); vgl. Lunderstedt 48.

ZS   Zur Form „Substantiviertes Adjektiv + Substantiv im Genetiv" (*truculenta maris* usw.) vgl. § 65, a2.

C. Andersartig

VORBEMERKUNG. Die Umschreibung enttäuschte die Erwartung des Lesers, doch angenehm deswegen, weil sie mehr bietet, als erwartbar war, die Umschreibung konnte daher rein quantitativ als ein „Mehr als erwartet" beschrieben werden. Dem entsprach die Raffung in der Form von Ellipse oder Kontraktion usw. Setzt man jedoch *Ceres* für „Brot", dann ist quantitativ ebensoviel gesagt wie in „Brot" (nämlich *ein* Substantiv), doch ist eine *Bestimmung* für die *Sache* gesetzt, die Bestimmung nämlich des Ursprungs von Brot, die Brot-spendende Gottheit. Und dies sei 'qualitativ anders' genannt, „andersartig" (s. § 10).

§ 94

1. Wortneubildung

OR   Wird zwar der *Begriff* „Schaf" (wenn er zu erwarten war) auch wirklich genannt, doch nicht mit dem direkten *Wort* „Schaf", sondern durch *laniger* (Ov. fast. 4,715), dann *ist* er genannt, aber *qualitativ anders,* nämlich in der Form eines „periphrastischen" (§ 72 ZS) Adjektivs, das neuartig ist und so noch nie gebildet worden war; ein solch „neues Wort" nennt man einen „Neologismus".

LT   Bömer zu Ov. fast. 1,125 (Liste ovidischer Neuerungen); Devoto 185 f.; Schamberger 247 ff., 265 ff.; E. Fraenkel, Horace 432, A. 3 *(aeternare)*; LHS 766 ff.; Martin 269.

     Griechisches: W. Bühler, Die Europa des Moschos, Hermes Einzelschr. 13, 1960, 94; R. Schmitt, Die Nominalbildungen in den Dichtungen des Kallimachos von Kyrene, Wiesbaden 1970, 160 ff.

BG Zwar ist vielfach der Verszwang für eine Neubildung (mit)verant-
wortlich gewesen (Bednara), manchmal jedoch wird eine Sinn-Nuance
deutlich: Tydeus ist bei Statius (Theb. 2,377 ff.) auf dem Wege nach Theben, er hat den lernäischen Sumpf hinter sich, und der Sumpf flößt Grauen
ein durch des Herakles entsetzlichen Kampf mit der Hydra. Noch liegt sie
dort, die Bauern wissen es und wagen noch nicht wieder, ihre Lieder anzu-
stimmen, noch ist sie warm dort unten. Und dies „noch ist sie warm"
drückt Statius mit einer properzischen Neuerung aus: *intepet*. Am Versanfang steht dies seltene Wort, in exponierter Stellung soll es das hervorheben helfen, worauf alles ankommt: daß sie erst *kürzlich* besiegt wurde [51].

Hieraus ergibt sich die Aufgabe: jedes Mal, wenn ein „Neologismus" no-
tiert wird, nicht nur das Faktum zu akzeptieren, sondern 1. nach den griechischen (bzw. lateinischen) Vorbildern zu fahnden, und 2. danach zu fragen, ob diese Neubildung rein technisch angewendet ist zur Stilaufhöhung
oder ob sie eine Sinn-Nuance vermittelt. Bei Statius betonte das auffällige
Wort das, was auffallen sollte: eine erstaunliche Wortverwendung als
Betonungsmittel.

2. Wahl der Wörter

§ 95

VORBEMERKUNG. Wer einen Begriff nicht durch das ihm gewöhnlich
zukommende oder zugeordnete Wort ausdrücken kann oder will, der „ersetzt" das *verbum proprium* durch ein anderes. Gemäß dem in § 6 verein-
facht Gesagten kann dies auf zwei Grundweisen geschehen: entweder
nimmt man ein (irgendwie) *verwandtes* Wort (Küper 117) oder man nimmt
eine *Bestimmung* des Gemeinten und setzt sie an die Stelle des *verbum proprium*. Das erste Verfahren ist ein vergleichendes *Zuordnen* eines irgendwie
aufs *verbum proprium* bezogenen Worts zum gemeinten Begriff; das zweite
ist ein *Herauslösen* einer Bestimmung aus dem Umkreis von Bestimmungen, der jedes Wort umgibt. Das erste (synthetische) Verfahren wird ge-

---

[51] Properz hatte in 4,1,124 *intepet* benutzt, und zwar dort, wo er seine Heimat
beschreibt, insbesondere den See, der „bei sommerlichem Wetter warm" ist bzw.
wird (s. Butler-Barber z. St.). Bei Statius wird hieraus „*noch* warm sein"; das Wort
wurde nur noch von Persius 6,7 benutzt. – Zu Catull s. Heusch 14; zu Lukrez s. Bailey Bd. 1, 132 ff.; zu Vergil s. Norden zu Ae. 6, S. 218; Pease zu Ae. 4,313. – Einige
zusätzliche Beispiele: *bipatens*, Enn. ann. 61 Vahl. (aufgenommen von Verg. Ae.
10,5); *di genitales*, Enn. ann. 115 Vahl. (dazu Cic. de or. 3,145); Norden zu Verg.
Ae. 6, S. 243; Bömer zu Ov. met. 10,567; Tarrant zu Sen. Ag. 314. Die Technik der
Neubildungen behandeln ausführlich LHS 1,257 ff.

meinhin Metapher genannt, das zweite (analytische) Metonymie (bzw. Synekdoché). Es scheint, als wäre diese Erklärung genauer als die von S. Ullmann
214 f.: „Hier werden Namen aufgrund von Sinnverbindungen übertragen;
es handelt sich jedoch nicht um Ähnlichkeitsbeziehungen, sondern entweder um ein räumliches, zeitliches oder kausales Verhältnis" usw. Vgl. auch
206: „Der Sinn s_1 berührt sich . . . mit einem anderen Sinn s_2, der innerhalb
eines Assoziationsfeldes liegt. Zu einem bestimmten Zeitpunkt werden nur
die Gemeinsamkeiten, nur die Überschneidungen der beiden Bedeutungs-
bereiche herausgestellt, und der zu s_1 gehörige Name n_1 wird jetzt als an-
gemessene Bezeichnung für s_2 empfunden, ohne Rücksicht darauf, ob s_2
bereits über ein n_2 verfügt oder nicht." Am Ausdruck „Überschneidung"
wäre weiterzudenken.

Wahrscheinlich bleibt auch Links Erklärungsversuch nicht überzeugen-
der (147–154, bes. 6.3.1 und 6.3.2): soll ein Signifikant durch einen anderen
ersetzt werden, wobei die beiden Signifikanten „ein oder mehrere Seme"
(oder „Merkmale", S. 53, Nr. 2.4.2) gemeinsam haben, so sprechen wir
von „Metapher"; (d. h.: wenn zwei „Wörter" ein oder mehrere „Merkmale" gemeinsam haben, „überschneiden" sie sich – wenn man ans Modell von
Kreisen und ihren Segmenten denkt (Dubois 178 f.) – mit diesem Teil oder
Segment). Wenn das *nicht* der Fall ist (wenn der „Mengendurchschnitt leer
ist", wie Link 153 sagt), „so sprechen wir von Metonymie" (6.3.2). Diese
letzte Bestimmung bleibt eine Verneinung, eine „negative Definition" und
somit unbefriedigend, daher Link ebd.: „Diese Trope (gemeint ist die Metonymie) scheint schwer erklärlich zu sein; sie ist auch linguistisch nicht zu
erklären", wie denn auch die weitere Erklärung S. 154 oben nicht zufrie-
denstellen kann: im Falle der Metonymie werde das, was in einem parallelen Satz als „adverbiale Bestimmung" auftreten könne, in dem Satze, der
das Gemeinte durch die Metonymie ersetzt, zum Subjekt gemacht („Bonn"
für „die Regierung *in Bonn*"). Diese Erklärung weist jedoch in die in diesem
Buche vorgeschlagene Erklärungsrichtung.

Tiefer in die Sache scheinen die Ausführungen von J. Dubois 157/87 hin-
einzugehen, da hier die aus dem Kontext entstehende Erwartung mit einbe-
zogen wird. Sein Modell stimmt mit dem hier erarbeiteten weitgehend
überein.

§ 95a

a) Metonymie (Ersetzungen)

OR   Die Metonymie wird in diesem Buche (s. § 6 und kurz zuvor § 95 „Vorbemerkung") als die Setzung einer *Bestimmung* des gemeinten Begriffs statt des *nomen proprium* des Gemeinten bezeichnet.[52]

LT   Martin 268 f.; LHS 779; Kroll 263, A. 42; Lausberg § 565 ff.; E. Wistrand, Miscellanea Propertiana, Göteborg 1977, 15 f. Sehr klar und erhellend Kronasser 98 ff. und Dubois 177/80.

VORBEMERKUNG. Man könnte vielleicht sagen, daß jedes Wort in einen Umkreis verwandter Wörter gehört: „Ruderboot" gehört zweifellos in den Umkreis von „Segelschiff", „Dampfer" usw. Man müßte dann aber auch hinzufügen, daß Wörter sich nicht nur horizontal in Verwandtschaftsfelder einordnen lassen, sondern daß sich vertikal über ihnen Abstraktionsstufen erheben. Hiermit ist lediglich gemeint, daß sich über „Segelboot" und „Ruderboot" das abstrakte „Boot" lagert, so daß „Segelboot" und „Ruderboot" die „Spezies" des Genus „Boot" sind, wie jedermann weiß. Dieses sehr simple Schema macht den Kunstgriff anschaulich, für *gladius* das abstrakte *arma* zu setzen, macht aber auch den anderen klarer, der „Flußufer" für „Küste" setzt: hier werden Spezies gegeneinander ausgetauscht.

In dieser letztgenannten Weise hat Sophokles den Speerschleuderriemen (ἀγκύλη) für die Bogensehne eingesetzt (OT 204, vgl. L. Kugler, De Sophoclis quae vocantur abusionibus, Diss. Göttingen 1905), hat Ovid (met. 10, 89, s. Sen. Ag. 360; Bömer macht noch auf eine weitere Raffinesse des Ovidverses aufmerksam) *filum* für „Saite" verwendet (engl. 'string' ist zu vgln.). Zur Vertauschung von *litus* und *ripa* vgl. Hor. c. 2, 18, 22; 3, 27, 24; Val. Flacc. 1, 2. Zu dem eben Ausgeführten vgl. unten § 221 f. Vergleichbar scheinen die „simultanen Sinnstreckungen" bei Kronasser S. 97 f.

Alle vom Verf. eingesehenen Autoren nennen *Ceres = Früchte* „Metonymie" (Eisenhut 84; Quintilian 8, 6, 23; Martin 268, 14a; LHS 779

---

[52] In Quintilians Definition (inst. 8, 6, 23: *nominis pro nomine positio*), die unerheblich ist (wichtig ist nur die Liste der Metonymie-Formen), wird der eindeutig überlieferte Satz *cuius vis est, pro eo, quod dicitur, causam, propter quam dicitur, ponere* seit Spalding als 'barely intelligible' und 'clumsily worded' (H. E. Butler in der Loeb-Ausgabe S. 312) getilgt. Daß er schlecht formuliert scheint, ist zuzugeben (s. H. Rahns Übersetzung in der Ausgabe der Wissensch. Buchges. 1975, 227: „deren Bedeutung darin liegt, statt dessen, wovon man spricht, den Grund einzusetzen, weswegen man davon spricht"); er könnte – gegen das Überlieferte – dahingehend verbessert werden: „statt des Gemeinten den Grund anzudeuten, warum man so spricht, wie man spricht", denn: die Art der Ersetzung, also das Ersetzende, gibt ja bei bedachtem Tun sehr wohl den Grund an, warum man gerade diese Metonymie (Synekdoche) gewählt hat.

usw.),[53] und zwar nach Verg. Ae. 1,177: nach dem Sturm ist alles Brot durchs Wasser (Seewasser zumal) verdorben. *Cererem corruptam undis* müssen die Seeleute trocknen. Das Verhältnis von Ceres zur Frucht (Getreide) ist das des Schenkenden, Bewirkenden zur Gabe; das Verhältnis von *unda* zu Seewasser ist das eines Teils zum Ganzen. In *Ceres* liegt kaum tieferer Sinn verborgen; daß aber *unda* fürs Seewasser gesetzt ist, hat guten Grund: waren es doch gerade die Brecher, die hereinschwappenden Wogen, welche die Brotfrucht verdarben. In *sine Cerere et Libero friget Venus*) (Ter. Eun. 732, s. Lausberg § 568b) haben die Gottheiten „Sinn": man sieht die Gestalten beieinander, das Ganze ist eine Vermenschlichung.

Im folgenden sollen sämtliche Formen solcher Ersetzungen, um eine leichte Terminologie zu gewinnen, stets „Metonymie" genannt werden (der Terminus „Synekdoché", s. Eisenhut 85, wird nicht vorwiegend verwendet).

§ 96
aa) Inhärenzvertauschung
Den Ort, an dem sich Menschen oder Dinge befinden, für eben diese Menschen oder Dinge zu setzen, ist uralter Brauch: wenn „Hellas schreit" (Eur. Hel. 370), ist das ebensowenig auffallend wie unser umgangssprachliches „Deutschland schlägt Brasilien 1:0".

Zahlreiche Beispiele aus dem deutschen und englischen Sprachbereich bringt Ullmann 214 (b) bei.

So konnte auch Caesar *ad initium Remorum* (b. g. 5,3,4: Umkehrung der Inhärenzvertauschung „Land für Mensch") sagen. Etwas schwieriger wäre dann schon, *Graecia* nicht für *Graeci,* sondern für *classis Graeca* zu setzen (Prop. 3,7,40). Noch schwieriger ist *cornu* für den Schlaf, der aus dem Horn *fließt,* das Somnus hält: Stat. Theb. 2, 144f. *Thalamus, torus, lectus* für Beischlaf und Ehe sind geläufige Vertauschungen; doch *deprensus lectus* für den „erwischten" *Mann* im Bette ist eine Überspitzung, die Vollmer dann auch durch die Konjektur *furto* (Phillimore folgte ihm) beseitigen

---

[53] Ein frühes Beispiel ist Enn. ann. 17 Vahl.: Mars für „Gewalt", so auch Hor. c. 3,5,24 (wenn Heinze sich gegen die Annahme einer „blassen Metonymie" *Mars* = *bellum* ausspricht, dann muß man einwenden, daß *Mars noster* wegen des Possessivs kaum mehr personal aufgefaßt ist). Ovid überspitzt durch die Zusammenstellung von sich Ausschließendem: *Marte femineo* in met. 12,610. In der Prosa ist *aequo Marte* seit langem geläufig, es leitet sich vom anthropomorphen Götterdenken her. Ein später Beleg: *grammatica* für „Latein", Dante und andere (Dante über das Dichten in der Muttersprache, übers. von Dornseiff-Balogh, ²1966, S. 81, A. 9) setzten eine Bestimmung des Lateinischen statt des *verbum proprium.*

wollte (vgl. auch Goethe, Iph. 1, 3: „Neidisch sahen sie des Vaters Liebe zu dem ersten Sohn aus einem andern Bette wachsend an"): Stat. Silv. 1, 2, 60.

§ 97

Derlei läßt sich (das Caesar-Beispiel zeigte es) leicht umkehren: *Britanni* für *Britannia* ist leicht zu verstehen, aber Vergils *ianua regis* für *ianua regni* (Ae. 6, 106) scheint gesuchter, dem Gebrauch von *ignis* und *castra* für die *Menschen* an Feuern und im Lager vergleichbar (Hor. c. 1, 10, 15 f.). *Funus* stand in alten Zeiten für alles, was zum Begräbnis gehört, auch für die Leiche (Varro, r. r. 1, 4, 5); doch Statius raffinierte das zu *exsequiae* für „Leiche" (Theb. 5, 651; vgl. *bustum* in diesem Sinn in Theb. 3, 144); vgl. „Lebewesen für Ort" in *Nereus* für Meer (Callim. hym. 1, 40; Ov. met. 1, 187), was Ovid überspitzt, wenn er die Gattin des Nereus, Doris, für „Meer" setzt (fast. 4, 678). *Aurora* für den Osten ist geläufig, ungeläufig war aber *Aurora* für den *ganzen Himmel* im Osten (Ov. met. 3, 600, vgl. *sidera* für Himmelsstrich bei Vergil, Ae. 4, 322; für „Bahn" cf. § 31).

§ 98
ab) Teil und Ganzes (Lausberg § 573, 1)

Als Demeters Tochter geraubt wurde, schrie sie auf, doch hörte sie weder ein Gott noch ein Mensch, noch die Ölbäume (hym. hom. Dem. 23), wozu Richardson bemerkt: 'a typical feature of the Mediterranean landscape', so als wäre der Baum für das Land eingetreten. Wenn aber der Ölbaum für die Landschaft „typisch" ist, dann wählte der Dichter das Signifikante, Konkrete an Stelle des blassen „Land" (denn „Natur" in unserem Sinne war damals unausdrückbar). So tritt γυῖον für „Körper" ein (Pind. Nem. 7, 73 Sn.), und auch dies ist gut verständlich und noch kein „Trick", denn der Körper wurde damals wohl noch als ein Ganzes aus Gliedern gesehen und dargestellt (B. Snell, Entdeckung des Geistes, 3. Aufl. 1955, 23). Hier wird in der Tat das Signifikante und Nächstliegende gesetzt, denn es sind die Extremitäten, mit denen man kämpfte. Wenn dann aber Kallimachos (hym. 3 in Dian. 25) die Gottheit aus den γυῖα der Mutter geboren sein läßt, dann ist dies ein verspielter Archaismus.

Diese kurze Überlegung lehrt, auf die Signifikanz des Ersetzenden zu achten[54]: Euripides (Tro. 159 f.) sagte, „der Argeier ruderbewehrte Hand

---

[54] Um diesen wichtigen Grundsatz abzustützen, weitere Belege: die Wahl des signifikanten Teiles bestimmte die Griechen, das Haupt für den Menschen zu setzen (Soph. Ant. 1; Cat. 15, 16; Butler-Barber zu Prop. 3, 7, 4; TLL 3, 404, 4 ff.). Vergil (Ae. 6, 291) streckt im Inferno den furchterregenden Schatten die *acies* entgegen, und

bewegt sich schon zu den Schiffen" (um mit der troischen Beute abzufah-
ren); hier steht die Hand für den Mann, und in der Tat ist es die Hand, auf
die es ankommt: *sie* wird die Schiffe davonrudern. Wenn derselbe Dichter
jedoch den Radreifen fürs Rad setzt (Hipp. 1231), dann scheint das nur
noch literarisch-technische Raffinesse.

§ 99

Vergleichsweise frühe Ersetzungen dieser Art im Lateinischen sind z. B.:
templum ... cardine saeptum (Enn. Androm. 88 Joc.), worin *cardo* für
„Tür" gesetzt ist; *oleum* für „Palästra" (Cat. 63,64; verfeinert durch *olivum*
bei Hor. c. 1,8,8); *alga* für „Strand" (Cat. 64,60, nach Thcr. 11,14, vgl.
dagegen Luc. 5,521); *poples* für Knie bei Lucr. 4,952; Cat. 64,370. Der
Kiel trat schon bei Enn. ann. 386 Vahl. für das ganze Schiff ein, was auch im
Griechischen geläufig war, vgl. Enk zu Prop. 1,3,1.[55]

§ 100

Interessant ist die Beobachtung, daß geläufig gewordene Metonymien
durch Umdeutung wieder neuen Glanz erhielten: der Begriff „Speer"
wurde spätestens seit Vergil (Ae. 10,733; Hor. c. 4,6,8) durch „Spitze"
(cuspis) ersetzt, und das wurde gängig. In späterer Zeit versuchten die Dichter dieser Metonymie Neues abzugewinnen, indem sie *cuspis* nicht mehr für
die *Speer*-Spitze setzten, sondern für die *Pfeil*-Spitze (Stat. Silv. 1,2,75:
hunc egomet tota ... pharetra | ... et densa ... cuspide fixi; so auch ist Luc.
3,620 zu erklären). *Axis* war in der poetischen Koiné längst zu Himmels-

---

in der Tat ist sie der signifikante Teil, ist sie es doch, die im eigentlichen Sinne verletzt. Euripides (Or. 242) läßt Elektra ihrem Bruder ankündigen, Menelaos habe die
σέλματα νεῶν in Bewegung gesetzt, sei also abgefahren: es sind ja auch wirklich die
Ruderbänke, welche der wichtigste Teil des Schiffskörpers sind beim Anfahren
(Biehl begnügt sich mit dem Hinweis aufs Pars pro toto, doch ist zu ergänzen, daß es
sich hier um einen Grenzfall handelt, nur ein kleiner Schritt weiter würde zur Manie-
riertheit führen). Daß ein Landes-*Teil* für das *ganze* Land gesetzt wird, scheint ge-
läufig (die Edonen treten für Thrakien insgesamt ein: Verg. Ae. 12,365; *Emathia* für
Macedonia, ders. Georg. 4,390); daß jedoch ein ganz unbedeutender Teil so fürs
Landesganze gebraucht wird, scheint epigonale Überspitzung: *Memphis* für das
Ägypten, das Pompeius ermordete (der Mord geschah jedoch keineswegs in
Memphis): Prop. 3,11,34 (gut Camps hierzu).

[55] Properz wagt es auch, in 3,3,13 *arbor* fürs ganze Gehölz zu setzen (Camps
richtig gegen Rothstein, dessen sämtliche Belege für ein „an einem Baum gelehnt" ein
nixus o. ä. bei sich führen; auch bei Properz findet sich ein *nixus*, doch lehnt sich hier
Apoll auf die Lyra. Kurz: *speculans ex arbore* steht für: „er lugte aus einem Gehölz
hervor."

achse und Himmel überhaupt geworden (spätestens seit Verg. Ae. 2,512; vgl. 4,482 mit Enn. ann. 159, wo *caelum* steht, das Vergil durch *axis* ersetzte); diese geläufige Metonymie verfeinerte Ovid (TLL 2, 1638, 39) und Statius (Theb. 3,109; vielleicht nach Vorgang von Vitr. 6,1,4 u. a.) zu „Himmels-*Strich*".[56] *Arva* für „Land" überhaupt war geläufig geworden, auch für „Festland" (Lucr. 3,785); Statius (Theb. 6,522) versucht dann eine Rück-Konkretisierung zu „Rennplatz".

§ 101
Umkehrung: Das Ganze für den Teil

Euripides (HF 909) läßt den Boten einen Chor von Greisen mit „O Körper, weiß durchs Alter" anreden und meint ersichtlich nur die Häupter? „ein seltsamer Ausdruck für die grauen Häupter", gewählt, um die „Fremdartigkeit der Situation... zu versinnlichen", meinte Wilamowitz im Komm. (s. Breitenbach 174), doch wahrscheinlich handelt es sich nur um den literarischen Kunstgriff des „Ganzen für den Teil". *Silva* für den einzelnen Baum steht, erleichtert vielleicht durch gr. ὕλη (cf. LSJ ὕλη I zu Thuc. 4,69,2), wahrscheinlich schon bei Lucr. 1,284, sicher bei Cat. 4,11; Luc. 1,142; Stat. Theb. 4,455 verfeinerte zu *nemora*, dann dadurch, daß er es für den einzelnen *Zweig* setzte (Theb. 2,248; vgl. Arist. hist. an. 559 a 2).[57]

„Wangen" für „Auge" (Enn. ann. 532 Vahl.; Verg. Ae. 6,686; Prop. 3, 12, 26 usw.) mag geläufig geworden sein, so daß Statius dann *frons opaca* fürs erblindete Auge setzte (Theb. 4,512); geradezu skurril wirkt „leerer Tiger" fürs Tigerfell (*tigrin inanem*, Theb. 6,722).[58]

---

[56] Bei Verg. Ae. 2,512 ist *aetheris axis* das Himmels-*Gewölbe* (cf. 6,790 mit erklärendem *caeli*). Ohne klärendes Beiwort ist *axis* erst bei Varro, Men. 271 Buech. für „Himmel" verwendet. Ovid raffiniert das dann zu *axis* = Himmels-*Teil* (a. a. 2,94). Der Plural ist dann eine noch weitergehende Verfeinerung (Manil. 3,324; Sen. HO 1108).

[57] Der ganze Fluß *Apidanus* steht für sein Ufer bei Prop. 1,3,6 (Enk erklärt richtig; Camps verweist auf Verg. buc. 7,65f.); s. § 151 a. Daß *mare* das Wasser bezeichnet, mit dem man Wein mischt, ist kaum weniger erstaunlich (Hor. sat. 2,8,15) als der Gebrauch von *aequor* für „Leckwasser" (Ov. am. 2,10,33f. Mun.). *Terga* für „Fell" (Verg. Ae. 5,351) kann hingehen, aber den ganzen Ochsen für eine einzige Lage Leder auf dem Schild zu setzen, ist schon recht überspitzt (10,784). Und Lukan (4,132) gewinnt dieser Metonymie dann noch eine geradezu skurril wirkende Nuance ab, indem er *iuvencus* für einen einzigen Lederriemen setzt.

[58] Es sei hier eine kurze Diskussion einer ganz besonders dunklen Stelle der Thebaide angeschlossen (2,128f.). *Qualis ubi audito venantum murmure tigris horruit in*

§ 102
ac) Teilvorgang für Gesamtvorgang

Wenn Arat (v. 9) sagen will, Zeus zeige an, wann die rechte Zeit sei, das schon Wachsende zu pflegen und Neues zu säen, und dafür setzt: „wann die rechte Zeit ist, Pflanzen zu umhäufeln und aller Art Samen zu werfen", dann ist dies Umhäufeln (Erren, Die Phainomena des Aratos, 1967, 51) lediglich ein geringer Teil der Gesamtarbeit, die nötig ist. Derselbe Arat sagt (268 f.) für das Verfertigen einer Leier „Löcher in die χέλυς bohren", womit erneut nur ein Teilvorgang für den gesamten gesetzt ist.

Catull will sagen, Herakles habe seine Taten verrichtet, um in den Olymp aufgenommen zu werden, drückt das aber 68,115 so aus: *pluribus ut caeli tereretur ianua divis;* die Schwelle soll durch zahlreichere Gottheiten abgewetzt werden: das Ganze soll eben „ins Scherzhaft-Gemütliche" herabgezogen werden (Kroll im Komm. S. 235).

Aufschlußreich ist der Vergleich von Hor. c. 1,12,29 mit Stat. Theb. 9,525: wenn die Dioskuren die See beruhigen, dann *defluit saxis agitatus umor,* die Brandung läßt ihre Wellen nicht mehr so hoch an den Felsen hinaufspritzen und -lecken: der Teilvorgang des Herabfließens *nach* dem Anschlagen gegen den Felsen steht fürs Ganze, das vielleicht zu abstrakt gewesen wäre. Statius überhöht die Konkretisierung noch durch *ab infestis descendunt aequora saxis:* die Felsen erhalten das Beiwort „feindlich", weil sie den Schiffen gefährlich werden können, wodurch dem Gesagten noch die Nuance der Menschenbezogenheit hinzugefügt wurde.[59]

---

maculas somnosque excussit inertes. Es kann heute als nachgewiesen gelten (Anderson, Cl. Qu. 18, 1924, 205, dem sich Mulder anschließt), daß es sich hier um die Fellstreifen des Tigers handelt. Ferner, so will es scheinen, bedeutet der Ausdruck *horreo* hier soviel wie *iratum esse* (s. Theb. 2,30; TLL 6,3; 2979,84). Dann ist Andersons Beobachtung abgesichert, daß hier Vergils *irascor in cornua* (Ge. 3,232; Ae. 12,104) nachgeahmt wurde. *Irascor in cornua* bedeutet nun, daß da ein Wesen wütend wird, und zwar so, daß es sich darauf vorbereitet, die Hörner zu gebrauchen; es liegt also eine Verbalellipse vor oder, wenn man so will (Norden zu Verg., Ae. 6,51; S. 138), eine Prägnanz (vgl. Leos Komm. zum Culex, Berlin 1891, S. 86 oben). *Horreo in maculas* bedeutet dann analog, daß der Tiger Wut ansammelte; aber was bedeutet *in maculas?* Vielleicht, daß der Tiger, wütend geworden, sich erhob, *so daß* die *maculae* sichtbar wurden. Wie dem auch sei – der Ausdruck scheint bis zur Unverständlichkeit verrätselt, ein alter Kunstgriff bis zur Sinnlosigkeit zerspielt.

[59] Wie alt dieser „Kunstgriff" ist, zeigt. Hom. Od. 5,53: Hermes schwingt sich über die See wie eine Möwe auf dem Fischzug, die „über die gefahrvollen Wellentäler dahin ihr dichtgeschlossenes Gefieder mit der Salzflut benetzt" (das letzte steht für das platte „fliegt").

Flectere (habenas) für „lenken" ist geläufig (Caes. b. g. 4,33,3). Wenn dieser Aus-

ad) Abstraktes und Konkretes

VORBEMERKUNG. Wenn die Metonymie eine Bestimmung einer Sache für die Sache selber setzt (s. oben § 95, § 95 a OR), dann trifft das nur dann auch auf die Ersetzungen eines Abstrakten durch ein Konkretes (und umgekehrt) zu, wenn man „Bestimmung" auf die Klassenzugehörigkeit ausdehnt: es ist die „Bestimmung" von *arma*, daß dieses Wort zum Bereich „Krieg" gehört, also zur „Klasse" der auf Krieg bezogenen Wörter.

§ 103
Konkretes und Abstraktes

LT   LHS 751; Lausberg § 569,4; Marouzeau, Traité 144 ff.

BG   Das Bett ersetzt „Ehe" und „Liebe" überall in späterer Zeit (Breitenbach 179; Eur. HF 345; Ion 819 mit den Komment.), s. § 96. Der Speer ersetzt „Krieg" (Wilamowitz, Herakles 3, 42 zu v. 158), auffälliger ist „Eisen" für „Krieg", worin das Material aus ihm gefertigte Waffe, diese dann für den Krieg eingesetzt ist: Eur. Phoen. 350) und „Braue" (wenn sie hochgezogen: Men. fr. 34 K.-Th.) für „Stolz" (Antipater, AP 7, 409 und andere).[60]

Seit Catull ist *messis* für „Sommer" im Lateinischen bekannt (95,1), ebenso *taedae* für „Hochzeit" (64,25; Stat. Theb. 2,341 verfeinert das zu *flammea*, s. Mulder z. St.). Überspitzt scheint *tituli* für das ruhmvolle Angedenken einer *Frau* (Stat. Theb. 3,156).

druck dann fürs Fahren überhaupt gesetzt wird (Verg. Ae. 6,804), dann ergibt sich die gleiche Ersetzung des Gesamtvorganges durch einen Teilvorgang wie in *tendere lintea* fürs Segeln überhaupt (Prop. 3,7,5). Ovid setzt für das Sprechen überhaupt allein das Öffnen des Mundes (met. 1,181), und wenn Lukan sagen will, Caesar werde jeden Soldaten beobachten und jeden erkennen, dies aber so ausdrückt, daß es heißt: *cuius non militis ensem agnoscam* und *quo sit vibrata lacerto* (d. h. die Lanze), dann entsteht so etwas wie eine Manier, den Teilvorgang fürs Ganze (Kämpfen) zu setzen, denn realiter ist das Angekündigte ganz und gar unmöglich: Spezialisierung um des Effektes willen (7,287; 289). So sagt denn Statius für das Schleifen der Leiche Hektors (Ach. 1,88): Achill „verlangsamt seine Fahrt vermittels der Leiche Hektors": Fahrtbremsung statt Hinterdreinschleifen. Und Valerius will ausdrücken, daß da jemand die Schiffe, ihre Zahl, ihre Größe usw. bestaunt (1,382), sagt aber, der Mann bestaune die ruderantreibenden Kapitäne, also nur einen Teil statt des Ganzen; ebenso setzt er das Ausatmen der Pferde für das, was dabei bewirkt wird: das Wiehern (2,130; s. Langen).

[60] Wer ein wahres Nest von Abstrakt/Konkret-Vertauschungen studieren möchte, lese Prop. 1,19: viermal ist das Wort *mors* umgangen, bis endlich – und genau in der Schlußzeile des Hauptteiles (das Gedicht hat den Bau 3 : 7 : 3) im v. 20 das omenhafte Wort *mors* dann doch fällt, laut und vernehmlich.

§ 104
Abstraktes für Konkretes (LHS 745 ff.)

Frühe lateinische Belege wären etwa Enn. ann. 286 Vahl.: bei Cannae schlug *iniqua superbia Poeni* die Römer von hinten in die Beine; *volat super impetus undas* für den Kiel, das Schiff ann. 386 Vahl. Die List wird schon im hym. hom. Dem. 8 für den Köder gesetzt (s. Richardson), ἄμβασις für ἀναβάται ist sophokleisch (OC 1070) und μένος steht für den Samen bei Diosk. AP 5,55,7; Archil., Pap. Col. 7511,35.[61] Ganz genauso steht *proelia* bei Statius (Theb. 1,8) für die Krieger, *bellum* für den Kämpfer bei Ovid (met. 12,25). *Amor* und *amores* für „Geliebter" und „Geliebte" ist bereits plautinisch (Mil. 1377, Poen. 207; Mulder zu Stat. Theb. 2,270; Bömer zu Ov. met. 1,452; 2,719 mit einer Fülle von weiteren Belegen für diesen Kunstgriff). Schwieriger ist *pax* für die befriedeten Völker (Verg. Ae. 6,852), und vollends verspielt wirkt die *cura sinuosa* fürs Bogenfahren mit einem Wagen (Rut. Nam. 1,322), *laus* für ein lobenswert schönes Halsband (Stat. Theb. 2,295).[62]

Aufschlußreich ein Vergleich von Verg. Ae. 9,431 mit Stat. Theb. 2,8f.: Vergil hatte geschrieben *ensis... transabiit costas,* aus den *costae* machte Statius *transabiit animam... ensis:* er setzte das „Leben" für den „Leib", für den Vergil einen Teil gesetzt hatte.

§ 105
ae) Qualität und ihr Träger

Schon Hom. Od. 4,418 steht ἑρπετόν für das kriechende Tier; sehr viel verrätselter ist dagegen οὐλαχύς, ὁ πτερόεις für die Zikade bei Call. Aet. 1, fr. 1,32 Pfeiff.: „dem Tiere, dem beohrten, ganz gleich mag ein anderer Lärm machen, ich dagegen möchte das kleine sein, das geflügelte". Einfa-

---

[61] Es wäre keine reizlose Aufgabe, die ursprünglichen Typen festzustellen und dann ihre Ausweitung zu beobachten. Da wären 1. die lobenden bzw. herabsetzenden Benennungen wie „*columen* des Senats" oder *nostri fundi calamitas* im Altlatein (Plaut. Cas. 536, Ep. 188; Ter. Eun. 79); derlei taucht dann mit Possessivpronomina auf: *ecce odium meum* (Enk zu Truc. 210), vgl. das Nest in Poe. 365 ff. Dann 2. *iuventus* für „die jungen Leute" (Plaut. Capt. 69, LHS 747 b). Typ 1 kehrte dann in Überspitzungen wie *regnum* für *rex* wieder (Stat. Theb. 11,257; 12,380), Typ 2 (*cognatio* als „Verwandtschaft" schon bei Enn. Euh., frg. var. III 81, S. 224 Vahl.) wird dann von Tertullian stark ausgedehnt (LHS 747 f.).

[62] *Laus* kann schon bei Cicero (de or. 3, 170) für die „Lob verdienende *virtus*" stehen (so auch Cat. 64,102; Verg. Ae. 1,461); verspielt dann Ov. met. 10,563, wo Füße solche *laus* besitzen. *Laus* für die Dignität eines Menschen oder einer Sache ist spätaugusteische Feinheit (TLL 7,2; 1064,33 ff.).

cher ist *frigens* für den (erkalteten) Toten bei Vergil (Ae. 6,219;[63] Stat. Theb. 3,127); *summus honor* für den „höchsten Beamten" bei Juv. 1,117 (Courtney zu 1,110). *Tenebrae* für *latebrae*, die Qualität des Dunklen für das finstere Versteck, setzte schon Catull (55,2), ebenso *canities* für den weißen Bart (64,224; dann Stat. Theb. 2,98 usw.).[64]

§ 106
Umkehrung: Träger für seine Qualität

Sehr viel seltener scheint das Umgekehrte zu sein: Statius (Ach. 1,144) schrieb *deos infringe precatu;* verglichen mit Vergils *ira... infracta* (Ae. 5,781/4) ist hier *dei* für *deorum ira* gesetzt. *Dux* tritt für die Befehlsgewalt ein (Stat. Theb. 1,173; TLL 5,1; 2324,69 ff.). Ein aufschlußreiches Beispiel bietet *induere: induo personam* dürfte das Ursprüngliche sein, davon abgeleitet war wohl dann *induo vultus aliquos* (TLL 7,1; 1263,50 ff.: zuerst Vergil) und *induo animum.* Doch *induo* mit *inhospitalem Caucasum mente* (Sen. Med. 43) dürfte eine äußerst seltene Überspitzung gewesen sein: Medea spricht so zu sich selber, als sie sich dazu ermahnt, in ihrem Sinne zu werden wie die Heniochoi (s. Thy. 1046 ff.), welche ihre *hospites* töteten (Arist. Pol. 9,4; 1338 b 20 ff.); diese Kühnheit fand dann in die Prosa des Tacitus ihren Weg (TLL l. c. 75 ff.).

§ 107
af) Tun und Täter

Bei Aeschylus (Sept. 558) steht der „Biß" für das „beißende Tier": der Kundschafter berichtet von den feindlichen Helden, die sich vor Thebens Mauern versammelt haben, und nennt Parthenopaios mit der Sphinx als Schildzeichen; Eteokles antwortet, Aktor, sein Bruder, werde dafür sorgen, daß „des verhaßtesten Tieres Biß nicht in die Stadt hereindringt": hier fließt die Identifizierung des Mannes mit seinem Wappentier offenbar mit der Konzentration auf das Sinnfälligste – seinen Angriff, der (in der Personifizierung bleibend) „Biß" genannt wird – in eins zusammen. Kallimachos

---

[63] Vgl. dagegen Luc. 1,131 *dedicit ducem,* jemand verlernt seine Führerqualitäten: von hier aus wäre dann 1,276 erklärlich (*dubios in te transferre Quirites,* d. h. *animos Quiritium*): Träger für Qualität, s. § 106.

[64] *Acies* heißt zunächst das Vermögen (und dessen Sitz), etwas zu treffen und zu trennen, insbes. im Bereich des Sehens das Vermögen, etwas aus „der Erscheinungen Flucht" herauszutrennen, um es zu betrachten; vgl. Plaut. Mil. 4: dort wird die *acies* geblendet, also das Seh-Vermögen abgestumpft. Der Sitz war die Pupille, die dann auch *acies* genannt wurde (Cic. n. d. 2,142). Danach wird *acies* zu „Auge" überhaupt (Lucr. 3,362; Verg. Ae. 6,788; Stat. Theb. 5,95 usw.): es wurde also die Eigenschaft (Trennschärfe) für das gesetzt, was sie (als ihr „Organ") ausübt.

(hym. 3 in Dian. 84) dagegen schrieb: Artemis bat die Kyklopen um einen
Bogen, und: „habe ich mit ihm dann einen einzeln gehenden (und darum
um so gefährlicheren) 'Biß' oder ein Untier erlegt", sei es das ihre: hier wird
gewiß der „Biß" verständlich gemacht durch das nachfolgende „Tier", doch
bleibt es eine Metonymie für „beißendes Tier".

Properz (3, 7, 52) beschreibt das Ertrinken des Paetus: *miser invisam tra-
xit hiatus aquam: hiatus,* das sinnfälligste Tun in diesem Augenblick, für
den Mann. So stand schon seit langem *flamen* („Hauch") für das Tun und
für den Tuenden (G. Wissowa, Religion und Kultus der Römer ²1910 =
³1971, 482; K. Latte, Römische Religionsgeschichte 36, A. 3)⁶⁵.

§ 108
ag) Bewirkendes und Bewirktes
OR Ähnlich der Vertauschung von Tun und Täter kann Wirkung und Ursache
miteinander ausgetauscht werden: *ignis* für Sternenglanz setzt dasjenige, was die
Sternhelligkeit bewirkt (das Feuer der Äthersubstanz aller Sterne), für die Wirkung
(TLL 7, 1; 294, 41 ff.; Maurach, Komm. zu Germ. 44; Bömer zu Ov. met. 1, 81;
Heuvel zu Stat. Theb. 1, 371; Lausberg § 568, 3).

§ 109
Bewirkendes für Bewirktes
„Licht" für den Tag ist altehrwürdiges Gut (Aesch. Pers. 261; Call. hym.
3 in Dian. 182; Soph. OC 1247: „Tag" ersetzt durch „mittäglicher Strahl").
Das nahm die römische Tragödie auf, Ps.-Enn. scaen. 264 V.² (der Vers aus
Cic. pro Rab. Post. 28 f. wird von Jocelyn S. 349 Ennius wohl mit guten
Gründen abgesprochen): *si te secundo lumine hic offendero, moriere;* so
auch Catull (66, 79, s. Kroll zu 66, 90). Das mag für den Römer durch ambi-
valente Wörter wie *crimen* verständlicher geworden sein; viele indogerma-
nische Völker setzen „Arbeit" für „Werk" (vgl. Verg. Ae. 7, 248; *artes* für
Artefakte bei Hor. epi. 1, 6, 17; c. 4, 8, 5); *caedes* für „Blut" seit Cat. 64, 360
(Ov. met. 3, 143).

Aufschlußreich scheint ein Vergleich von Verg. Ae. 1, 455 und 6, 683:
Aeneas erwartet die Königin und betrachtet inzwischen Bildwerke mit den
trojanischen Kämpfen: *artificum manus inter se operumque laborem | mira-*

---

⁶⁵ Hierher gehören die Metonymien, die bei Properz häufig auftreten, vom Typus
meus amor für *ego amans* („Tun für Täter"), vgl. 1, 16, 19 und Enk zu 1, 17, 11: *mea
fata = me mortuum* usw. So ist bei Seneca (Ag. 17) im Hades nicht Sisyphus zu sehen, sondern ein *irritus... labor* (Tarrant: 'lifeless destillation', vgl. B. Seidenstik-
ker, Die Gesprächsverdichtung in den Tragödien Senecas, 1969, 156 zu den „mehr
oder weniger deutlichen Umschreibungen" Senecas).

tur, ein schwieriger Ausdruck, der offenbar die „Hände der Arbeiter, miteinander verbunden" erklärt durch *operum labor* in der Art des erläuternden Hendiadyoins (s. § 23): *labor* als „Werk der Mühen", „Ergebnis der Arbeiten"; dann Ae. 6: Anchises mustert diejenigen, die da ans Licht der Erde aufsteigen sollen, *fata fortunasque virum moresque manusque:* 'their ways and works' Austin (*'manus* here of deeds in general'). Im späteren, sechsten Buche stützt der Dichter das Unerhörte nicht mehr helfend ab. Verwirrender noch *ira* für *verba irata* (TLL 7,2; 364,58), so auch *sors* für *locus sorte datus* bei Manil. 2,461; und dann vollends *acu ardere* für „durch ein herrliches *Werk* der Nadel glänzen" (Val. Fl. 6,526). „Mund" für „Rede": Ov. fa. 1,130; Sen. Ag. 166.

§ 110
Bewirktes für Bewirkendes

„Spuren" für die Schritte setzte schon Euripides (Bacch. 1134); „Blut" für den Mord Aesch. Cho. 520; raffinierter schon „Nahrung" für den Bogen, der sie verschafft, bei Soph. Phil. 1126; vollends überspitzt ist „Gesang" für die Saite bei Tim. Pers. 238 oder für „Kehle" bei Eur. Ion 169 (Breitenbach 180, VIII).

Entsprechend setzte Catull (64,162) *vestigia* nach dem Vorgang des Euripides (s. § 110 Anf.) für die Füße. „Tag" steht, in Umkehrung von „Licht" für „Tag" (s. § 109 Anf.), für „Licht" und „Sonne" (Ov. fast. 5,548; Dilke zu Stat. Ach. 2,1 ff.), ja für „Zeit" (Bömer zu Ov. met. 1,346). Das sind vergleichsweise leichte Fälle; doch *metus* z. B. nicht nur für den Furcht-*erregenden* Menschen (Val. Fl. 2,16, Langen zu 1,23), sondern für furchterregende *Bilder* zu setzen, dürfte eine Überspitzung sein (Val. Fl. 1,402, S. 15 Ehlers; TLL 8,911,18; vgl. Ov. met. 4,111 = *periculum*); nicht minder *timor* für den Angst-einjagenden Erdrutsch (TLL 5,1; 722,44 f.).[66]

[66] Properz setzt die Ruhe für die Nacht, welche die Ruhe *schafft* (Enk zu 1,14,9), und die Wunde für den verwundenden Schlag (1,1,13 nach Verg. Ae. 5,433 und 436). Und schon Lukrez hatte *vapor,* den Dunst also, für die Hitze gesetzt, welche den Dunst *hervorruft* (1,663; Ov. met. 3,152). So kann auch *sidus* für das stehen, was Sterne bewirken: für „Nacht" Prop. 1,3,38; Stat. Theb. 8,219; „Jahreszeit": Verg. Georg. 1,1; „Wetter": Ov. met. 5,281; „Glanz": Val. Flacc. 2,67 (s. Langen: zunächst „Sternenglanz", dann jedweder Glanz). Wie hier gespielt wurde, zeigt nicht nur eine Entwicklungslinie wie die von *„Sternen*-Glanz" zu „Glanz überhaupt", sondern auch eine doppelte Verrätselung wie die bei Prop. 3,10,11: jemand ist da *felicibus pinnis* geboren, d. h. *pinnae* (*„Federn"*) stehen für *ales* („Vogel"), und *bona alite* steht dann für „gutes Vorzeichen" (Cat. 61,20): Properz überspitzt die gewöhnlich gewordene Metonymie zu einer „Zwei-Stufen-Verrätselung" (§ 80).

Der Sinn solcher Ersetzungen war wohl, den Leser die Emotion fühlen zu lassen, welche das ersetzende, emotionsbezeichnende Wort bedeutete; es handelte sich also nicht ausschließlich um „Tricks", sondern um Psychagogie.

§ 111
ah) Material und Hergestelltes

OR Zwar scheint das Verhältnis von *materia* und *materiatum* (wenn man diesen späten Ausdruck hier für das Hergestellte nehmen darf) von Bewirkendem zu Bewirktem zu gleichen, doch dürfte die stoffliche Ursache mit einigem Recht eine Unterart des Ursache-Wirkung-Verhältnisses sein; denn die *causa efficiens* ist ja nicht das Material.

BG Χέλυς wird seit hym. hom. in Merc. 25 für „Lyra" eingesetzt (die früheste lateinische Stelle: Ov. [?] her. 15, 181, cf. Sen. Ag. 331). „Eisen" wird bei Homer für Schwert und Pfeilspitze verwendet (Il. 4, 123 bzw. 18, 34), so auch Enn. ann. 184 V.[2] und im „Achill" fr. 2 Joc.: *prolato aere* statt *clipeo ante se protento*, wie Festus erklärt, s. Jocelyn S. 168. Laut Theophr. HP 4, 3, 4 wurden aus Lotos gute Flöten hergestellt, also steht bei Eur. Bacch. 160 und Hel. 171 (Kannicht S. 68 oben) Lotos für Flöte usw.

Manierierter noch als diese leicht verständlichen Beispiele ist *ramus* für die hölzerne Waffe (Prop. 1, 1, 13; 4, 9, 15), und das Material bei Lunderstedt 59 ff. zeigt auch hier, wie die Dichter sich ämulierend immer weiter wagen. Schon Quintilian 8, 6, 20 verwies *abies* für *tabella* in die Dichtersprache (wahrscheinlich ist Plaut. Pers. 248 Tragödienparodie). Ganz so wird *aes* für die Statue gesetzt: Verg. Ae. 6, 847 *excudent alii spirantia mollius aera,* wo zum Topos des lebensecht atmenden Kunstwerks Acta Class. 15, 1972, 66, A. 71 zu vergleichen ist.[67]

§ 112
Umkehrung: Hergestelltes für sein Material

Diese Erscheinung ist ungleich seltener als die umgekehrte: doch setzt Kallimachos in dieser Weise zum Beispiel „Nahrung" für das eßbare Tier (hym. 3 in Dian. 148), und in den Silven sagt Statius (1, 2, 128), daß Glaucus, Proteus und alle Nereiden für die römische Schöne *Inda monilia* suchten, was gewiß nicht 'necklaces' bedeutet (Loeb-Übersetzung), sondern Edelsteine *für* ein solches (richtig Lunderstedt 74), was noch raffinierter scheint als die Kallimachos-Stelle.

Leichter zu verstehen ist das vergilische *vita* für *anima* („Leben" für das „Leben-Spendende"): Ae. 12, 952; Prop. 2, 34, 15 (G. Williams, Cl. Rev. NS 8, 1958, 7).

[67] Verg. Georg. 2, 193 nennt eine elfenbeinerne, also „wertvolle, beim Opfern verwendete Flöte einfach *ebur*", setzt also das Material, dessen Wert auffallen mußte, fürs *materiatum* (W. Eisenhut, Properz, WdF 237, 311, A. 21).

§ 113

ZS Bisher wurden die Typen gezeigt; es wurden Beispiele angeführt und die fortschreitende Verrätselung und ämulierende Überspitzung spürbar gemacht. Doch
genügt dies nicht, denn es bleibt im Handwerklich-Technischen und sagt nichts aus
über die beabsichtigte Wirkung auf den Leser oder Hörer.

Es ist daher folgende Bemerkung nötig: setzt man *Britanni* oder gar *Bri-
tannus* für das (intendierte) *Britannia,* dann ist die Wirkung offenbar Ver-
einzelung: man sieht die einzelnen Britannier, die Phantasie wird auf sinnlich Sichtbares gelenkt. Setzt man dagegen *Britannia* für die einzelnen Britannier, kommt Gedanklich-Emotionales ins Spiel: die Heimat, die Ehre
des Landes vielleicht, bis hin zur immer möglichen Personifizierung
(Athen/Athene).

Setze ich für *adulterium* den *adulter,* sehe ich den Mann, die Einzelper-
son sinnlich spürbar vor mir; sage ich *lectus* (Ort für Mensch), will ich den
Vorgang ins Bewußtsein bringen und alle Folgerungen: Entehrung der Ehe,
Beschimpfung des *lectus genialis,* oder was immer es sei, jedenfalls wird
sehr viel mehr der Gedanke angeregt als das sinnliche Sehvermögen, das
sich auf den einen Menschen versammelte.

Wer den Teil fürs (intendierte) Ganze setzt, will vereinzeln, will das Einzelne sinnlich wahrnehmbar machen; wer dagegen *silva* für den Einzel-
baum setzt, will den Gedanken anregen: „ganze Wälder" werden bei Stat.
Theb. 4, 455 herbeigewälzt, die Metonymie wendet sich deutlich an den Intellekt, wenn ein Umfassendes, Allgemeines für das Enge und Besondere
gesetzt ist.

Ebenso das Spiel mit Abstraktem und Konkretem: sprechen wir von einem Konkreten, meinen aber ein Allgemeines, sammeln wir die sinnliche
Phantasie des Lesers oder Hörers auf ein Einzelnes, das wir sichtbar werden
lassen. Setzen wir dagegen das Allgemeine für das Einzelne (*odium* u. ä.),
werten wir, d. h., wir wenden uns ans Gedankliche.

Und zuletzt die Vertauschungen von Bewirkendem und Bewirktem;
auch hier gilt es, genau zu unterscheiden: verwende ich den Typ „*manus* für
Werk", will ich die sich mühenden Hände sichtbar machen; sage ich aber
artes und meine „Kunstprodukt", wende ich mich ans Gedankliche, das ein
Abstraktum zu fassen weiß. Nehme ich *metus* als das Bewirkte für Medea
als das Bewirkende, wende ich mich an die *Wertungs*fähigkeit, nicht an das
sinnliche Vorstellungsvermögen. Stelle ich aber *vestigia* an die Stelle von
„Fuß", sammle ich wieder die Aufmerksamkeit auf etwas sinnlich Wahr-
nehmbares, auf Einzelnes.

Aus allem Gesagten ergibt sich die Aufgabe: über das Feststellen eines
Kunstgriffes und seine Einordnung in das hier vorgetragene System hinaus
muß die poetische Intention gespürt werden, und diese ist ein Spiel zwi-

schen Sinnlichkeit und Gedanklichkeit. Nur wenn man diese Absichten unterscheidet, kommt Leben und damit Nutzen in die Systematik.

b) Vergleichungen und Metaphern

§ 114

Vorbemerkung. In den *Ersetzungen* der Metonymien werden Sachen miteinander
vertauscht, die zueinander in einem logischen (abstrakt – konkret) oder irgendwie
ursächlichen (Tun – Täter usw.) Zusammenhang stehen (spätere und spielende Formen, die nur noch Stil-Spiele sind, ausgegrenzt). Die Setzung einer Sache für die andere bzw. eines Vorgangs für einen anderen kann aber noch einen anderen Charakter
haben: man kann etwas an etwas verdeutlichen oder begreifbar machen, indem man
etwas mit etwas *vergleicht.* Das Verglichene hat nicht jenen engen Konnex, es ist
„nur" ähnlich. Und zwar ähnlich in verschiedener Weise: etwas kann „sein wie...",
es kann „tun wie...", etwas kann den *Eindruck* machen wie ein Anderes, oder es
kann „*funktionieren*" („arbeiten") wie ein Anderes, etwas kann aber auch den *Wert*
haben wie ein Anderes.

Das Vergleichen nun aber kann entweder die Form eines voll *durchgeführten* Ver-
gleichs (kennzeichnend ist die Verwendung eines Ausdrucks für „wie" hierbei) besitzen, oder es kann sich um einen *verkürzten* Vergleich handeln (Apposition) bis hin
zur Beilegung eines vergleichsenthaltenden Adjektivs oder bis hin zur Prädikation
mittels eines vergleichsenthaltenden Verbums. In diesen letztgenannten Fällen sei
hier von *Metaphern* die Rede.

§ 115

LT   Die nachfolgenden Ausführungen verdanken sich B. Snell, Die Entdeckung
des Geistes, 3. Aufl. 1955, 258 ff.; s. ferner H. Kubzack, Die Metapher, 1978;
K. Baumgärtner in: Jahrb. für internationale Germanistik 1, 1; 1969, 15/43; J. Nie-
raad, Bildgesegnet und bildverflucht, Forschungen zur sprachlichen Metaphorik,
EdF 537, 1977; Svennung 10 f.; Lausberg § 554/560; Martin 266; LHS 779 ff.; Marouzeau, Traité 147 (zu Quint. 8, 6 und seiner „Metaphorologie"), 153 (zum Wesen
der Metapher); zum Deutschen: Küper 112; Ullmann 206; Link 149 ff. (vgl. auch
§ 95).

BG   Im folgenden soll unterschieden werden nach *Aufgaben* der Metapher: „Die
Metapher geht also entweder auf die Funktion oder auf die Ähnlichkeit des Eindrucks", Snell 261. Doch scheint es noch andere Funktionen zu geben.[68]

---

[68] Beachtenswert ist, daß Quintilian (inst. 8, 6, 6) die Aufgabe der Metapher einmal als *significantius*, einmal als *decentius* bezeichnet; die Metapher kann also verstärken (*ira „incensus"*), sie kann auch verschönen. Die hiesige Einordnung wurde
deswegen so getroffen, weil der Ursprung der Metapher die Sach-Erklärung, d. h.
die Vergenauerung und Ausfeilung einer Fachsprache gewesen zu sein scheint; doch
kaum viel später folgte wohl die Metapher der Imponiersprache. Die Metapher zum
Verstärkungsmittel zu machen, dürfte eine späte Entwicklungsstufe sein (fürs Verstärken stand zunächst Deutlicheres zur Verfügung), s. LHS 780 C. Je „weiter her-

§ 116
ba) Eindruckserweckung

Wenn Ennius (ann. 292 Vahl.[2]) von Feinden sagt, sie seien still geworden *somno sepulti,* dann legt das „begraben" ihrer Ruhe eine Qualität bei, die Eigenart „tödlicher" oder todesgleicher Ruhe, wie sie der Tote im Grabe hat: ihre Stille „ist wie" die der Toten. Bei Plautus (Am. 1053) liegen Hoffnungen *sepultae,* „wie tot"; der Eindruck soll sein: „fort", „zerstört" auf immer wie das Leben fort und zerstört ist im Falle des Todes.

Bei Ennius (ann. 384 Vahl.[2]) „fegen" die Winde das Meer: ein schönes, treffendes Bild, denn der Vergleich mit dem Reisigbesen „trifft" den Eindruck, der entsteht, wenn der Wind die Oberfläche rauht. Oder etwas Martialisches: *horrescit telis exercitus asper* (ann. 393 Vahl.[2], wozu Macr. sat. [6, 4, 6] Hom. Il. 13, 339 und Verg. Ae. 11, 601 f. anführt): der Eindruck des borstig Starrenden, spitzig-gefährlich Gesträubten, oder wie immer man das umschreiben will, dem *ferreus imber* (ann. 284 Vahl.[2], s. Verg. Ae. 12, 284: so dicht fallen die Geschosse) vergleichbar.

So gibt es den „Bart (πώγων) des Feuers" (Aesch. Ag. 306; Cat. 61, 78; Val. Fl. 1, 205 usw., wozu Langen nachzulesen ist). Die See ließ schon Cato von Segeln „blühen" (s. 34, 5 Jord., s. Devoto 154). *Signare lumina* vom Schließen der Augen im Tode bei Stat. Theb. 3, 129 macht das Endgültige geradezu sinnlich wahrnehmbar, angeregt vielleicht durch Verg. Ae. 4, 244: *resignare* (das hier keineswegs „aufbrechen" bedeutet, s. Pease).

§ 117
bb) Wesensklärung

Küper 114 führt den schönen Vers des Angelus Silesius an: „Gott ist in mir das Feuer, ich bin in Ihm der Schein." Küper kommt es hier auf die „textuelle Beziehung" an, doch in Wirklichkeit meint diese Metapher eine gegenseitige Wesenserhellung: Gott ist, in mir anwesend, die Ursache und das in höherem Grade Seiende (E. Gilson, Der Geist der mittelalterlichen Philosophie, 1950, 58 ff.), ich bin Widerschein, das „Bewirkte", von ihm

geholt", desto raffinierter – so die Faustregel Quintilians (8, 6, 17; Marouzeau, Traité 149 f.).

Wie unklar die Begriffe auf dem Gebiet der Metaphorik sind, zeigt Kroll 263 f., wiewohl, wenn einer, dann er die lateinische Dichtersprache kannte: er setzt ungeschieden als „übertragene Ausdrücke" nebeneinander sehr verschiedne Wörter für „Meer" (S. 264): *aequor* (Eindrucksmetapher: die Weite wird betont); *altum* (keine Metapher oder „Übertragung", sondern substantiviertes Neutrum als Verkürzung von *mare altum*); *fretum* (Poetizismus, Rubrik: „hohes Wort", keine Übertragung); *sal* (Qualität für Qualitätsträger) usw.

Erleuchtete usw.: das *Wesen* des in mir seienden Gottes und meiner als des von Gott seienden wird auf diese Weise erhellt. Wenn Terenz (Hec. 214) einen Menschen als „Stein" hinstellt, dann will er dessen *Wesen* darlegen, das so hart ist wie ein Fels. Hier muß auf eine der ältesten Vergleichungen von Fels und Mensch hingewiesen werden, auf Hom. Il. 15,618, wozu Snell 268 f. sagte: „Hektor wollte die Reihen der Mannen zerbrechen,... (aber) sie hielten aus wie ein Turm,... so wie ein Fels im Meer... Daß der Fels ein menschliches Verhalten deutlich macht,... beruht darauf, daß dieser tote Gegenstand anthropomorph gesehen wird: das unbewegliche Stehen der Klippe in der Brandung wird gedeutet als Ausharren", eine Metaphorik verändert also beides, Verglichenes und durch das Verglichene Gedeutete. Genau dies liegt der Terenz-Stelle zugrunde.

§ 118
bc) Emotivmetapher

Ennius nennt M. Cethegus (ann. 308 Vahl.[2]) *flos delibatus populi,* dem gr. ἄωτος vergleichbar. Es ist dies keine Wesenserhellung im strengen Sinne, sondern eher Lob, Bewertung als des Besten seiner Zeit (Cic. Brut. 58 in der Erläuterung zu diesem dort aufbewahrten Ausdruck des Ennius). „Erlesene Blume des Volkes", das Volk der Nährboden, Cethegus dessen Frucht, das Lob kann kaum schöner ausgedrückt werden als durch diese Wertungsmetapher. Ennius nennt ihn in demselben Passus *suadae medulla,* das „Innerste" der Πειθώ; das Innerste zugleich, das wie das Mark im Knochen der Suada Leben und Blut gibt. Diese Metapher neigt eher einer „funktionserhellenden" zu. Vgl. auch *regni columna* (Enn. ann. 348 Vahl.; *columen familiae* bei Ter. Pho. 287: *sustentatio vel decus,* Donat, was den Nagel auf den Kopf trifft: Funktionsangabe und Lob in eins; Hor. c. 1,35,14), die „Stütze der Gesellschaft". Anzumerken scheint, daß eine rein funktionserhellende Metapher zu den „Armutsmetaphern" bzw. Notmetaphern gehören würde, die keine poetische Intention bergen.

Wenn bei Ovid (met. 11,618 f.) die Augen „darniederliegen" *(iacere),* dann trägt auch diese Metapher emotiven Sinn, man spürt ein Mitleiden (s. Bömer z. St., eine Raffinierung bei Tarrant zu Sen. Ag. 238).

§ 119
bd) Deskriptivmetapher

Es mag sein, daß man von der Eindruck-erweckenden Metapher, die ein „Wie" darstellen will, diejenige scheiden müßte, welche nur ein „Was" beschreibt, um es anders als mit einem verbum proprium zu benennen: man vergleiche das verbum proprium *navigare* mit den folgenden Ersetzungen: *secare* bei Sen. Ag. 430; *sulcare* bei Verg. Ae. 5,158; *arare* bei Verg. Ae.

2,780; *findere* bei Prop. 3,4,2. Man hat die Vermutung, daß es sich hier bereits um die *spielende* Metapher handeln könnte.

Die deskriptive Metapher muß von der Eindruck-erweckenden deutlich dadurch unterschieden werden, daß sie keinerlei emotive Reize enthält, während die Eindruck-weckende eben dieses will: einen sinnlichen oder emotionalen Eindruck schaffen.

§ 120
be) Spielmetapher

Viele Metaphern bergen keinen anderen Sinn als die spielende Verrätselung, um dem poetischen Postulat, „hohe Sprache" zu produzieren, genügen zu können: zu Theokrit vgl. J. Stern, GRBS 16, 1975, 56; zu Persius W. Kugler, Des Persius Wille zu sprachlicher Gestaltung, Diss. Berlin 1940, 29 ff. Da will er sat. 5,104 sagen, die Philosophie *(ars vitae)* verleihe die Fähigkeit, „aufrecht" zu leben. Persius kennt die Metapher des *erectum vivere* (OLD *erectus* 2 b) und zugleich Horazens *recto stet fabula talo* (ep. 2,1,176) und verbindet beides zu *recto vivere talo,* zu einer rein literarischen Konstruktion, nicht ohne Anschaulichkeit allerdings (so ähnlich Kugler S. 6, wo aber die Komponente des *rectus animus* übersehen ist; Geschmacklosigkeiten des Persius in dieser Hinsicht: S. 33). Eine „Lampe des Himmels" u. dgl. (Kroll 264) hat keinen anderen Sinn, als die Diktion zu erhöhen, so (mit dem Servius-Kommentar zur Stelle) *nare* für *volare* schon Enn. ann. 21 Vahl.[2] usw.[69]

§ 121
bf) Gemischte Metapher

Vergil sagt (Ae. 4,1f.) von der zutiefst getroffenen Dido: *saucia cura / vulnus alit venis et caeco carpitur igni.* Sie ist verwundet vom Schmerz (dies die erste Metapher: „Emotivmetapher"); die Wunde „nährt" sie in ihren (oder: durch ihre) Adern (dies die zweite Metapher: „Deskriptivmetapher"), d. h., die Wunde kann sich nicht schließen, denn sie wird „von innen" offengehalten, der Schmerz wird genährt (wir sagen: „das *Gerücht* erhielt neue Nahrung", und „ihr Kummer wurde genährt von etwas"); und dann *carpitur igni:* Teile von ihr werden „abgerissen" vom Feuer, dem Feuer, das brennt, von ihrem Schmerz, der sie „verzehrt": mindestens drei Metaphern mischen sich. Austins Homogenisierung vermittels eines „Fiebers" ist nicht recht verständlich, s. Pease z. St., Kugler zu Pers. 5,63f. (§ 140 sollte verglichen werden); Svennung 20.[70]

[69] Mit spielender Metapher wird man auch bei Verg. Ae. 4,274 *Ascanius surgens* rechnen: Norden zu 6,363 ff. bemerkt, daß die Metapher aus der Landwirtschaft komme (Colum. 2,8: *semen surgit*), doch weder er noch Austin zu 4,274 definieren die Funktion der Metapher.

[70] 'An odd mixture of metaphors, to our ears' liegt nach Camps in Prop. 3,9,5

c) Synonymische Vertauschung

§ 122

ca) Einzelwörter

OR   Der spielenden Metapher vergleichbar ist die Raffinierung eines Erwartbaren durch Wahl nicht des *verbum proprium,* sondern eines (selteneren) Äquivalents. „Synonymische Vertauschung" wurde dieses hier genannt, weil für das κύριον ὄνομα ein Äquivalent gesetzt ist, sein „Synonym" (zur Begriffsbestimmung s. § 26: selbstverständlich gilt auch hier, daß es „reine" Synonyma überaus selten gibt; doch gerade die Feststellung, worin sich das Ersetzende vom zu-Ersetzenden unterscheidet, ist heuristisch wichtig, weist es doch auf den *Grund* zur Ersetzung).

BG   Ein Allerweltswort war χρῆμα; darum häufen sich die synonymen Ersetzungen, vgl. χρέος bei Aesch., Soph., Eur. und Kallimachos (LSJ s. v. II, 2 f.). Hierbei kann sehr wohl zuweilen eine neue Nuance gewonnen werden, und hierauf gilt es zu achten: *uvidus* und *umidus* sind synonym und hierauf durch ihre Häufigkeitszahlen nicht zu unterscheiden. Das Lexikon zeigt, daß *umidus* das „gewöhnliche", *uvidus* und auch *umens* das seltenere, darum gesuchtere ist: Vergil (Ae. 3, 588 f.) variierte wohl aus diesem Grunde die Beschreibung des Morgenanbruchs durch *postera iamque dies primo surgebat Eoo umentemque Aurora polo dimoverat umbram. Umens umbra* steht für die „taufeuchte Nacht". Vergil verwendet auch *conclamo* für *convoco* (Ae. 7, 504; Bömer, Gymnas. 64, 1957, 6 oben): *convoco* war geläufig, *conclamo* ersetzt raffinierend, fügt dem Ausdruck jedoch auch die sinnliche Nuance des *lauten* Schreiens hinzu. Und was die Kombination anlangt, ergibt sich eine *callida iunctura: conclamo* mit Objekt des Zusammengerufenen ist unerhört.

Statius beschreibt (Silv. 3, 1, 117 ff.), wie Pollius Felix einen neuen Herakles-Tempel errichten läßt, wie das Material hergestellt wird: *coquitur pars umida terrae / protectura hiemes;* hier steht *protegere* so wie *defendere* („fernhalten"), was (nach Lewis-Short und OLD s. v. 4) singulär und wohl nur als spielende, raffinierende „Synonymische Vertauschung" erklärt werden kann (121).

Da es sich hier um eine der wichtigsten und zuweilen schwierigsten Erscheinungen der Dichtersprache handelt, mögen einige weitere Beispiele die Sache verdeutlichen.

vor: *turpe est, quod nequeas* (scil.: *ferre,* aus dem folgenden *pondus* zu erschließen: hartes Zeugma: § 84) *capiti committere pondus / et* („und dann") *pressum* („zu arg gedrückt") *inflexo mox dare terga* (militärische Metapher) *genu:* Mischung von Last- und Kampf-Metaphern, d. h., die Metaphern waren schon am Abblassen (dazu u. a. W. Eisenhut, Properz, WdF 237, 247/63). Oder anders: man hörte schon nur noch die Abstraktbegriffe („Flucht"), sah nicht mehr die Bilder, sonst ist eine Kombination „mit dem Knie den Rücken kehren" kaum denkbar. Daher konnte Properz auch Bilder mischen: *condita fila colo* (4, 1, 72) mischt das Bild des Zusammenfügens mit dem des Abspinnens (W. Eisenhut a. O. 257).

Daß die Liebe jemanden „brennt", können auch wir sagen („verzehrende Flammen der Liebe"); die Griechen sprachen von ὀπτᾶν (Thcr. 7, 55 u. ö.); Plautus, Tri. 225 verwendet *coquo* von der Empfindung inneren Schmerzes, so auch Enn. ann. 336 Vahl.[2] von der *cura*. Horaz verwendet für das Feuer der Liebe nicht *coquo*, sondern *torreo* (Properz und Ovid folgen, s. Nisbet-Hubbard zur Horazstelle c. 1, 33, 6): er wählt also ein Wort, das ebenfalls für „Sengen" verwendet wurde (Caes. B. G. 5, 43, 4), allerdings bis Horaz nie in dieser übertragenen Weise. Ein seichtes Wasser heißt lateinisch *tenuis* (Liv. 1, 4, 6; Bömer zu Ov. Fa. 2, 250); wenn Vergil (Ae. 7, 157) dafür *humilis* nimmt, dann tut er dasselbe, was Horaz mit *torrere* getan hatte. Plinius d. J. und Sen. trag. folgen.

Wenn ein fester Körper eine Flüssigkeit aufsaugt, nannten die Römer das „trinken" (*bibere*, Belege bei Lewis-Short I, 7: Cato, agr. 91, 100 usw.); Horaz (epi. 1, 10, 27) nimmt dagegen *potare*, und schon ist das Erwartete verfeinert, s. Heinze: „statt dessen ist *bibere* üblich".[71]

§ 123

cb) Phrasenfeinerung durch synonymische Ersetzung

OR	Nicht nur einzelne Wörter können durch ein selteneres Synonym ersetzt werden, sondern auch ganze Phrasen können in dieser Weise geneuert werden: wenn man für ein zu erwartendes *defendere* sein Synonym *protegere* dort einsetzt, wo *defendere* „abwehren" und nicht „jemanden verteidigen" heißt, was *protegere* in der geläufigen Sprache nie bedeutet, dann setzt man das Synonym in die „falsche" Va-

---

[71] Vergil spricht Ae. 6, 772 von der *corona civica*, nennt sie aber *civilis (quercus);* Horaz spricht c. 2, 1, 1 vom Bürgerkrieg; der hieß gewöhnlich *motus civilis*, Horaz nennt ihn *motus civicus*. „Für beide war das Metrum entscheidend", Norden zur Aeneis-Stelle; nein, denn sowohl ist *civicus* im Hexameter als auch *civilis* im alkäischen Elfsilbler unterzubringen. Die Vertauschung, auf die „Servius" aufmerksam macht, hat ihren Grund im Willen zur Raffinierung. So konnte auch Enk sagen: „Vergilius vocabula *ripas* et *litora* promiscue usurpat" (zu Prop. 1, 19, 12). *Magnanimus* ist zu Horazens Zeit geläufiger Ausdruck (U. Knoche, Magnitudo Animi, Gymn. Beih. 2, 1962, 32 ff.), daher Horaz: *animae magnae* (c. 1, 12, 37). *Videre est* ersetzte Vergil (Ae. 6, 596) durch *cernere est*. Seltsamerweise führt Devoto 196 diese Umformung auf griechischen Einfluß zurück und referiert dabei Nordens Komm. falsch; richtig ist, daß Servius zwar von *Graeca figura* spricht, doch das bezieht sich nur auf die Syntaxe „Infinitiv mit *est*", nicht auf die Ersetzung von *videre* durch *cernere;* die erläuterte Norden richtig. *Curarum fluctus volvere* ist lukrezisch (6, 34; vgl. 6, 74 *irarum fluctus volvere*), „Wolken von Sorgen" sagte Ovid (ex pont. 2, 1, 5 nach Hom. Il. 17, 591); ferner konnte man Gedanken „im Herzen wälzen" (Vretska zu Sall. Cat. 32, 1), auch *consilia* (Curt. 10, 8, 7), daher Statius (Theb. 2, 321 f.): *nubem consilii volvens.*

lenzstelle ein (§ 122 Mitte). *Defendere* hat ja zwei „Valenzen": *arcere* und *protegere* beschreiben sie („fernhalten" und „verteidigen").

Vertauscht man sie, erhält man ungewöhnliche Einzelwörter. Eine *Phrase* unterscheidet sich hiervon nun dadurch, daß eine bestimmte Möglichkeit, die Valenz eines Wortes auszufüllen, stereotyp geworden ist: „Freundschaft" kann man „stiften", „gründen", „schaffen" usw.; fest geworden ist jedoch die Phrase „Freundschaft schließen" (wie einen Bund, einen Frieden: man *sieht* das Zusammenführen zu einem „Schloß" gleichsam). Ersetze ich hier „schließen" durch „knüpfen", horcht man heutzutage auf und wird diese Ausdrucksweise gesucht finden, dazu ist das 'Bild' ausgewechselt.

§ 124

BG   Dort, wo Philoktet sich darüber beklagt, daß die Götter das Schlechte behüten (Soph. Phil. 447: περιστέλλουσιν), das Gute aber nicht, sagt er: τὰ δὲ δίκαια καὶ τὰ χρηστὰ ἀποστέλλουσ' ἀεί, was – vielleicht wegen des Anklangs an das voraufgegangene περιστέλλειν gewählt – für ἀποπέμπεσθαι im Sinne des „Hinabsendens in den Hades" gebraucht ist (Jebb z. St.).

Iter facere ist simpelste Prosa; Ovid verfeinerte sie, indem er für *iter* das Synonym *via* setzte (Her. 16,21f.; 18,158; met. 5,423; Lukan folgte: 1,150). *Optimo iure* war das Geläufige, Catull sagte *iure bono* (71,1; s. Kroll), und schon war die Phrase raffiniert (vgl. *omni iure* bei Quint. decl. 308, S. 210,29 Rit.), allerdings der Not gehorchend, denn das kretische *optimo* war schwer in Daktylen zu fassen (Bednara 588). *Rumpe moras* war poetische Koiné geworden, Statius macht durch die kleine Variante *abrumpe moras* etwas Neues aus ihr (Theb. 11,201; Ach. 1,872).

Wie genau man hinsehen muß, lehrt Luc. 1,288f.: Curio warnt Caesar, *livor edax tibi cuncta negat, gentesque subactas / vix impune feres.* Man soll sich nicht darauf kaprizieren, daß *vix* statt des gewöhnlichen *non* bereits eine Variation sei; doch ist die Zufügung eines Substantivobjekts zur Phrase *non impune feres* sehr wohl eine Verfeinerung (TLL 7,1; 720,20ff.), welche die geläufige Phrase neuert. Darum durfte ein neuerer Lukankommentator nie schreiben, es handele sich um «tour de la langue familière». – *Somnum* bzw. *quietem capere* war wohl geläufigste Prosa (*somnum:* Plaut. Mil. 709 „Schlaf finden", so Cic. Att. 8,1,4; Tu. 4,44; verfeinert bei Ov. fast. 3,185: *munera somni; quietem:* Sisen. hist. 45; Ps.-Caes. 6,27,3; Cic. Att. 9,11,4; Val. Max. 8,1,13; Bömer zu Ov. fast. 1,205), aber *quietem trahere* dürfte gesucht gewesen sein (Prop. 1,14,9, wo Rothstein besser erklärt als Enk und Camps; Stat. Theb. 2,145f.).

ZS   Beim genauen Kommentieren eines Dichters sollte man unterscheiden zwischen der Feinerung einer umgangssprachlichen Phrase und der Raffinierung einer poetischen Prägung, d. h. zwischen der Aufhöhung von Gewöhnlichem und dem variierten Zitat. *Fines exigere* (Stat. Theb. 2,41f.) für *fines extendere* ist eine uner-

hörte Variation (TLL 5,2; 1452,52) eines Fachausdruckes der Politik, also Aufhöhung eines Ausdrucks der gewöhnlichen Sprache; jenes *abrumpe moras* dagegen variiert ein Zitat, da *rumpere moras* als vergilischer Ausdruck (Ae. 4,569, Pease dazu)
gegolten haben wird (s. § 11).[72]

Eine Variation kann nun synonyme Wörter vertauschen, sie kann auch
synonyme Syntagmen austauschen: *nec mora quin* oder *quominus* war geläufig (TLL 8,1470,13), *nec mora cum* (Stat. Theb. 1,533) war neu (fehlt im
Thesaurus).

§ 125
cc) Phrasenfeinerung durch Mischung und Kumulation
BG   1. Statius schreibt in der Thebais 2,244 *superos in vota fatigant:* der Freuden-
tag war gekommen, König Adrast vermählt seine Töchter mit Tydeus und Polyni-
kes, die Menschen freuen sich und *superos in vota fatigant. In vota vocare* heißt bei
Vergil (Ae. 5,234) herbeirufen, um Gelübde als ausgesprochen zu hören und zu be-
zeugen. Man kann für „Götter anrufen" nun auch *deos fatigare* belegen im Sinne von
„so oft rufen, daß man die Götter belästigt" (Mulder zu Stat. a. O.; TLL 6, 1;
348,70 ff.). Beides ist hier kombiniert: *in vota vocare* + *deos fatigare* zu *in vota fatigare.* Vgl. auch LHS 110, Zus. a Ende, wo ein gutes Beispiel zitiert ist.[73] – 2. Lukan
(7,270) schrieb in der Rede Caesars (zu ihrer Quelle s. Acta Class. 15, 1972, 56,
A. 13) *nec sanguine multo spem mundi petitis.* Ein *spem capere* ist wohl erst spät belegt (Quint. 1,1,1; *concipere:* Plin. ep. 1,10,3 nach Ov. met. 6,554: Erstbeleg nach
Bömer), *spem peto* scheint (nach Lew.-Sh.) überhaupt unbelegt: man konnte über
eine *spes* nicht *verfügen,* man konnte sie nur „haben". Darum ist *spem mundi petere*
aus *spem habere* (geläufig) und *mundum petere* („Herrschaft über die Welt") kombiniert.

In der Heldenschau erblickt Aeneas den jungen Marcellus (Ae. 6,862):
frons laeta parum (scil. *erat) et deiecto lumina vultu.* Man kann *vultum
deicere* (Verg. Ae. 3,320; mit gräzisierender Variante Stat. Theb. 3,367) als
Totum-pro-parte-Variation zu *oculos (lumina) deicere* (Cic. Verr. 5,181;
Stat. Theb. 10,689: *deiectae genae!)* konstruieren. Hier scheint konstruiert
zu sein: *frons parum laeta erat et deiecto vultu* (abl. qual., kein Komm. bei
Norden, Austin), wozu dann kumulierend der acc. graec. *lumina* trat, was
die Kombination von *vultum deicere* und *lumina deicere* ergab.

---

[72] Derlei ist oben § 122 „Synonymische Vertauschung" genannt worden, vgl.
Prop. 3,9,58: *immittere rotas* nach *immito habenas* läßt eine solche Raffinierung
„unnatürlich" werden, d.h.: das evozierte Bild stimmt nicht mehr, die Sphären
„Zügel verhängen" und „Räder sausen lassen" mischen sich in bildlich nicht mehr
nachvollziehbarer Weise, vgl. Tränkle 11.

[73] Die Grenzen zwischen „Synonymischer Vertauschung" und „Phrasenvaria-
tion" sind fließend, denn wenn man in einer mehrgliedrigen Phrase ein Glied gegen
sein Synonymon vertauscht, ist das im kleinen eine synonymische Vertauschung,
aufs Ganze gesehen Phrasenfeinerung.

§ 126

3. Anordnung der Wörter und Gedanken

VORBEMERKUNG. Im folgenden werden Wortstellungen behandelt, danach grammatische Finessen; unter „Anordnung" sind also lediglich die Stellungen von Satzelementen zueinander zu verstehen, nicht aber deren syntaktische Verknüpfung durch Sinn-spiegelnde Flexionsformen-Bezüge. Hierbei werden jedoch nicht alle Stellungsfiguren besprochen (s. zu ihnen Martin 308 ff., Lausberg § 712 ff.), sondern nur solche, bei denen die Abweichung der Dichter vom rhetorisch Geläufigen besonders deutlich wird. Dabei wird unterschieden zwischen bloß raffinierenden *Überraschungs*stellungen und *sinnträchtigen* Anordnungen, wobei getrennt wird die Anordnung von *Einzelwörtern* zueinander und die Anordnung ganzer *Gedanken*.

a) Variation von Einzelwort-Stellungen

§ 127

aa) Inversionen (Tmesis; verschobene Negation)

OR Wenn zwei Wörter, deren Abfolge gewöhnlich „A B" ist, zu „B A" umgedreht werden, wird das hier *Anastrophé* genannt (Martin 309; Lausberg § 713 ff.). Wenn ein Wort, das von Haus aus einen Satz in Kopfstellung *einleitet,* erst an zweiter oder noch späterer Stelle seines Satzes auftaucht, so heiße das *Inversion.* Diese Terminologie ist jedoch nicht fest geworden.

LT Quint. 1, 5, 39 f. (unergiebig); LHS 484 n (zu *et*); 488 f (zu *sed*); 399 β (zu *qui*); E. Löfstedt, Syntact. 2, 396 ff.; D. O. Ross jr., Style and Tradition in Catullus 1969, 67 ff.

BG *Arma virumque cano* (Verg. Ae. 1, 1) wird durch *Troiae qui primus ab oris* ausgeführt; hier tritt *qui,* das vor *Troiae* zu erwarten war, hinter *Troiae.* Dadurch wird zweierlei erreicht: zum einen ein Überraschungseffekt durch die Spätstellung des Relativs, zum anderen ein Hervorheben des gewichtigen *Troiae,* das so und durch die Position nach der Cäsur gebührend hervortritt (vgl. Acta Class. 14, 1971, 41, 43 mit A. 21, 47 ff.). Den „Verszwang" sollte man hier (im Unterschied zu Kroll 261; Lunelli 32 f.) möglichst aus dem Spiele lassen. Die Inversion des FRAGEPRONOMENS zuerst bei Enn. Hect. Lytra 163 Joc. belegt (*nomen qui usurpat meum?,* Jocelyn 300: 'highly unusual'), die des RELATIVS bei Lukrez (Norden zu Ae. 6, 792 f.), an 4. Stelle steht es bei Verg. buc. 3, 41 f.; Ae. 6, 793 und Ovid (Bömer zu met. 3, 714). An die 5. Stelle setzte es Varro (Menipp. 202), dann Germanicus (Arat. 208, s. J. Vonlaufen, Studien über Stellung und Gebrauch des lateinischen Relativsatzes, Fribourg 1974).

§ 128

Die Anastrophé von Substantiv und PRÄPOSITION (Löfstedt, Synt. 2, 181 f.; Bednara 325, Norden zu Verg. Ae. 6, S. 226; LHS 216; H. Wagenvoort, Acta Class. 1, 1958, 14 ff.) [74] ist eine künstliche Erscheinung, abgeleitet von den „unechten" Präpositionen wie *clam, penes,* inauguriert vielleicht von Lukrez (3, 1088; LHS 216 b). „Die Nachstellung einer zu mehreren Subst. gehörenden Praep. des Typus Hor. epist. 1, 4, 12 *timores inter et iras* wurde von Accius und besonders Lucr. in die Dichtung eingeführt", LHS 216. Gekünstelt ist auch die Anastrophé beim Genetiv-Attribut: *magni speciem glomeravit in orbem* ist „selten und kunstvoller als die übliche", Bömer zu Ov. met. 1, 35; Housman zu Man. 1, 245 (s. Bd. 5, S. 123).

§ 129

Die Spätstellung von QUE: an 3. Stelle erst bei Ovid (Bednara 326; an 2. Stelle seit Lucr. 2, 394); Verschiebung des *que* zu einem Wort, zu dem es sinngemäß nicht gehört: *iam propiusque favet,* d. h. der Himmel die Erforschung, weil er nunmehr näher gerückt ist, statt *iamque propius:* Manil. 1, 11; Heinze zu Hor. sat. 2, 2, 84. NAMQUE an 3. Stelle bei Verg. Ae. 6, und 4. Stelle erst Ae. 10: Norden Anhang 3 B; Mulder zu Stat. Theb. 2, 10; Artymowicz, Wien. Stud. 31, 1909, 38 ff. NEC steht bei Horaz höchstens an 2. Stelle, später viel tiefer im Satz (Norden zu Verg. Ae. 6, S. 404; Langen zu Val. Fl. 1, 261) usw. [75]

---

[74] Im Griechischen ist die Anastrophé der Präposition etwas anderes als im Lateinischen, da sie umstellt, was erst allmählich zu einem Usus geworden war: in der älteren Sprache stand das, was später „Präposition" werden sollte, recht frei im Satz (E. Schwyzer, Griechische Grammatik 2, 424 ff.; Blomqvist, Mus. Helv. 28, 1971, 145 ff.). Finessen bei Lapp 45 f. (s. Bornmann zu Call., hy. 3 in Dian. 170 usw.). Lehrreich der Vergleich von Hom. Od. 10, 219 und Call. hy. 3, 51: τοὶ δ' ἔδδεισαν, ἐπεὶ ἴδον αἰνὰ πέλωρα hatte Homer gesagt, Kallimachos machte daraus: αἱ νύμφαι δ' ἔδδεισαν, ὅπως ἴδον αἰνὰ πέλωρα. Er hat nicht nur das gewöhnliche ἐπεί durch das raffiniertere ὅπως ersetzt (Kühner-Gerth 2, 445 a; LSJ s. v. A I, 7), er hat auch das δέ an die 3. Stelle verrückt. So erhielt der alte Vers modernen Klang. – Die Sammlung Breitenbachs (S. 211) erweckt den Eindruck, als habe Euripides zunehmend mehr gewagt in dieser Hinsicht, wie er ja auch z. B. beim Hyperbaton erst Bacch. 421 zehn Zwischenwörter setzte, s. Phoe. 808 (neun). Vgl. Richardson zu hym. hom. Dem. 169 f. – Dieselbe Tendenz im Lateinischen; sie beginnt bei Ennius (vgl. sein albernes *saxo cere- comminuit -brum,* ann. 609 Vahl., milder die Trennung *septem – trioni* bei Verg. ge. 3, 381 mit des Servius Komm. zu Ae. 1, 412; Lausberg § 718). Ein paar Extravaganzen: *quoniam* an 4. Stelle: Verg. Ae. 4, 324; *ut* an 7. Stelle: Hor. c. saec. 22; eingerücktes *an:* Sen. Ag. 579 (s. Tarrant); eingerücktes *atque:* Sen. Thy. 912 (Tarrant zu Ag. 418). Schon Ennius wagte *per... sublimas subices (oro),* scaen. fr. 3 Joc. (vgl. Bömer zu Ov. met. 3, 658); *de me hortatur:* ann. 381 Vahl. (s. Warmingtons Notiz zu diesem von ihm als 137 gezählten Fragment).

[75] *Nec* an 4. Stelle z. B. bei Prop. 2, 6, 3 und bei Späteren. *Cum* steht an 5. Stelle schon bei Lucr. 1, 62; insofern wäre das *cum* an 4. Stelle bei Cat. 8, 6 nicht so uner-

Es kommt hier nicht auf die Materialhäufung an, sondern darauf, daß man erkennt, wie die Raffinierung der Spätstellung zunimmt: sie ist kein Ausdrucksmittel (auch wenn sie zuweilen ihr Bezugswort hervorheben hilft), sondern sich zunehmend verfeinernde Dichtraffinesse.

§ 130

a) Die TMESIS, welche z. B. Präfix vom Grundwort trennt oder ein *ubi-cumque* zerschneidet, sei nur gestreift (s. E. Bernard, Die Tmesis der Präpositionen in lateinischen Verbalkomposita, Winterthur 1960; Tränkle 67; LHS 217 d und 200 oben); vgl. zur Präpositionsabtrennung Ov. Ibis 5 f.: *nec quemquam nostri, nisi me, laesere libelli, artificis periit cum caput arte sua,* wo *caput* von seinem Bezugswort *(artificis)* weit getrennt steht und dazu noch eingeschachtelt zwischen die eigentlich eng zusammengehörende Verbindung *cum arte sua:* so führt der Dichter gleich ein Kabinettstückchen seiner *ars* vor.[76]

b) Wichtiger scheint die „verschobene Negation", d. h. der Versuch, sogar die normale Stellung der Negation *non* unmittelbar vor ihrem Bezugswort zu variieren: Caesar machte sich nach Luc. 1, 145 nur aus *einem* ein Gewissen, nämlich ohne Kampf zu siegen, *non vincere bello,* worin *non* zu *bello* gehört (die früheste Stelle, die Housman in seinem Komm. nennt, ist eine aus Varro von Atax, fr. 20 Morel[2]).[77]

hört, wie E. Fraenkel, JRS 51, 1961, 51, A. 20 meinte (an 6. Stelle: Germ. 351). Ein *-ne* an 4. Stelle: Prop. 3, 6, 12. Ein *per* ist arg verstellt bei Prop. 2, 20, 15: *ossa tibi iuro per matris* (für *per ossa!*); *et* an 2. Stelle ist geläufig, an 3. Stelle: Verg. Ae. 2, 381; Prop. 3, 10, 27; an 4. Stelle: Culex 52; Tib. 1, 2, 96; Prop. 1, 13, 31; an 5. Stelle: Ov. pont. 1, 4, 20. Zum verschobenen *-que* s. Langen zu Val. Flacc. 2, 16; Bömer zu Ov. met. 1, 491, Horaz-Belege in Klingners Ausg. 337; Norden zu Verg. Ae. 6, S. 404, A. 4.

[76] Vgl. Lucr. 3, 10; Housman zu Manil. 1, 245; Camps zu Prop. 3, 1, 18; Enk zu Prop. 2, 34, 14 *(tantum/te/modo).* Man könnte hier auch Spätformen des Hyperbatons betrachten, wie z. B.

postquam omnis caeli species
        redeuntibus astris
percepta
        in proprias sedes (Manil. 1, 58 f.).
Vgl. Housmans Parallelen und Literaturangaben. Vgl. Sen. Ag. 395a Tarrant, dazu die „verschachtelte" Apposition Ag. 459. Vgl. Prop. 2, 3, 14 und 4, 1, 135.

[77] Besonders schwierig ist *neque expertos* für *et inexpertos* durch „Verschiebung der Negation" (Prop. 1, 20, 14; die früheste Stelle ist m. W. Verg. buc. 2, 40).

§ 131

ab) Stellung der Apposition

OR   Es geht hier nicht um Formen von Appositionen, sondern nur um ihre Stellungen: *Romani, gens pugnacissima* und *gens pugnacissima, Romani* unterscheiden sich durch die Hervorhebungen, denn im ersten Fall steht *Romani* in der Vorrangstellung, im zweiten ergibt sich eine Verrätselung leichter Art, da zunächst eine *gens pugnax* genannt wird, die dann erst ihre Erklärung erhält. Etwas anderes wäre *gens, Romani, pugnacissima:* hier handelt es sich nur noch um ein Stil-Spiel. Vgl. zu diesem Beispiel Quint. inst. 9, 3, 8.

LT   Norden zu Ae. 6, S. 116 f.; E. A. Schmidt, Poetische Reflexion, München 1972, 66 f.

§ 132

BG   Eine solche raffinierte Stellung wäre z. B. Hor. c. 4, 8, 31 *clarum, Tyndaridae, sidus,* mehr bei Börner zu Ov. met. 2, 515. Ferner Stat. Theb. 3, 36 f.: *ima flagellatis – signum lugubre malorum! – ponderibus trepidavit humus* usw. Eine weitere Sonderform wäre die Apposition, die durch ein zwischengestelltes Wort von der Bezugsmasse getrennt ist (Luc. 7, 290 f.): *quod si – signa ducem numquam fallentia vestrum! – conspicio faciesque truces oculosque minaces, vicistis:* „Ihr habt schon gesiegt, da ich wilde Gesichter und drohende Augen erblicke – Zeichen, die euren Führer nie trügen" (so die Interpunktion Housmans). Derlei versteckende Verstellungen dürften Kennzeichen des Spätstils sein.

§ 133

ac) Enallagé

OR   Hier ist nicht von der Umstellung eines Adjektivs zu einem Substantiv, zu dem es „eigentlich" nicht gehört, dem es aber um der Personifizierung willen zugeordnet ist (s. oben § 63), die Rede, sondern von versteckenden Verstellungen, die nur der Verrätselung und Verdunkelung dienen: *species verna diei* (Lucr. 1, 10), der „Frühlings-Anblick des Tages" statt *species verni diei* („Anblick des Frühlings-Tages"). Der Sinn der Enallagé ist nach Düring 74: „ut dictionem cottidianam ut nimis siccam evitarent (poetae)".

LT   F. Leo, Ausgew. Kleine Schriften 2, 1960, 174; Kroll 258 f. (Lunelli 28); LHS 159 f.; A. A. R. Henderson, The transferred epithet in Tibullus, etc. Diss. Cambridge 1967/8; Düring 74 ff.; Fraenkel zu Aesch. Ag. 504).[78]

[78] Man sollte jedoch auch bedenken, daß eine Enallagé zuweilen auch den Sinn haben kann, eine altgewohnte Phrase zu verfeinern: *immatura mors* war schon Terminus (E. Griesmair, Das Motiv der immatura mors in griech. metrischen Inschriften, Innsbruck 1966; J. Ter Vrugt-Lenz, Mors Immatura, Diss. Groningen 1960); Properz (3, 7, 2) sagt daher *immaturum mortis iter.* Aufschlußreich ist ein Blick auf das Pendant zu *mors immatura,* auf *mors matura.* Diese Ausdrucksweise scheint ebenso natürlich wie geläufig, vgl. die Bemerkung des Livius (7, 1, 9) vor dem Panegyricus auf M. Furius: *pestilentia ingens orta* (§ 7); *eam... insignem mors quam matura tam acerba M. Furi fecit.* Horaz (c. 3, 15, 4) verfeinerte diese normale und

§ 134

BG Die Masse der Belege könnte man in vier Kategorien aufteilen: die *spielende* Enallagé; diejenige, welche den *Klang* verbessert; die *metrisch* bequemere; diejenige, welche es dem Dichter ermöglicht, einem Substantiv auf diese Weise *zwei statt eines Attributs* zu geben („Kumulierung").

a) *Spielende Enallagé:* als Cicero die Bitte des schmerzdurchwühlten Herakles an Zeus, ihn doch zu töten, ins Lateinische übertrug (Tu. 2,21), schrieb er: *iace ... in me vim coruscam fulminis* statt *vim corusci fulminis.* Die Zahl solcher Verschiebungen ist unübersehbar (zu *vim fulminis* s. § 65 a).

b) *Kalophone Enallagé.* Horaz (c. 1, 2, 25) schrieb *ruentis imperi rebus* statt *ruentibus imperi rebus,* doch wohl um die Iteration *-bus* / *-bus* zu meiden (LHS 756a); ebenso vermeidet Prop. 1, 13, 15 ein *totum vinctum* durch Enallagé *toto,* die „eigentlich" gänzlich sinnlos ist und nur dem Klang dient.

c) *Enallagé metri causa.* Verg. Ae. 6, 57 *Dardana ... Paridis tela* statt *Dardani,* welch kretisches Wort metrisch unbequem war (Norden zu Verg. Ae. 6, S. 112; Bednara 577, Erren, Listy Filol. 97, 1974, 196). Norden a. O. macht darauf aufmerksam, daß Vergil im Verlauf seiner Aeneis-Dichtung immer kühnere Enallagai wagt.

d) *Kumulierende Enallagé.* Statius (Theb. 3, 74) schrieb *series orbarum excisa domorum* („eine lange Reihe verwaister, vernichteter Häuser") und konnte so dem *domus* zwei Attribute geben,[79] eines, das die Endung direkt zu *domorum* ordnete, ein zweites, das sinngemäß zu ihnen gehört *(excisa).* So hat jedes Substantiv sein Attribut, die Gewichtung im Vers ist ausgeglichen; dem Sinne nach allerdings hat *domorum* zwei. Sen. Ag. 98 *in pastus armenta vagos vilia currant* statt *armenta vaga (et vilia).*

erwartbare Ausdrucksweise durch *maturum funus (funus* für „Tod" seit Plaut. Am. 190). Und auch hier bestand die Möglichkeit, die allbekannte Phrase durch Enallagé zu verfeinern: *seu matura dies celerem properat mihi mortem,* Paneg. Messall. 204. Hier ist *matura* als „dies fatalis praematura" aufzufassen (Dissen, Albii Tibulli Carmina, Göttingen 1835, 425), so daß *matura = praematura,* das übliche Beiwort von *mors,* in solchen Fällen verfrühten Dahinscheidens hier zu *dies* gestellt ist; und dies nicht nur der Raffinesse wegen, die ein geläufiges Beiwort dadurch verfeinert, daß sie es einem anderen Substantiv zuteilt, sondern auch deswegen, weil nun eine „similium verborum cumulatio" (Dissen) entsteht, welche den Gegensatz zur folgenden *longa vita* nunmehr aufs deutlichste hervorhebt.

[79] Häufung von Attributen war verpönt, Verse wie Prop. 1, 20, 33 f. *(Pege) grata domus Nymphis umida Thyniasin* sind eine Rarität.

§ 135

Gemeinhin werden Adjektive in Enallagé gestellt; doch hat F. Bömer (Hermes 80, 1952, 117 ff. und 93, 1965, 130 f.) Enallagai von Verben festgestellt, M. Erren (Listy Filol. 97, 1974, 195) die von Substantiven: *cum tibi... Phoebus sua carmina donet / Aoniamque... Calliopea lyram* (Prop. 1, 2, 27 f.), da Apoll doch wohl eher eine *lyra,* Calliope eher Lieder verschenken wird (Errens Ausführungen S. 206/12 mit den Versuchen, weitere Enallagai der Substantive nachzuweisen, scheinen beanstandbar; einen interessanten Sonderfall – Verg. Ae. 9, 455 – bespricht ausführlich Düring 78).

§ 136

e) *Doppelte Enallagai.* Goethes „Und da klang es wie von Flügeln, da bewegt sich's wie Gesang" hat im Lateinischen seine Entsprechungen: *ibant obscuri sola sub nocte* (Verg. Ae. 6, 268) ist so zu erklären: „dunkel" ist die Nacht, „allein" sind die Dahinschreitenden (Weiteres bei F. Bömer, Hermes 80, 1952, 117 ff.; 93, 1965, 130 f.; und bei Bömer zu Ov. met. 1, 39; O. Skutsch, Gymnas. 82, 1975, 339).

§ 137
ad) Reflexiva

OR   Zuweilen wird ein reflexives Possessiv (*suus* usw.) so zum Subjekt gestellt, daß es der Form nach zu diesem, dem Sinn nach zum Objekt gehört; nicht ist dagegen gemeint der Gebrauch des Reflexivs statt des Demonstrativs: die Fluten rissen mit sich fort *cum suis penetralia sacris* (Ov. met. 1, 287), d. h. „die Tempel mit ihren Heiligtümern", wo *eorum* zu erwarten gewesen wäre (wenn nicht „ihre *eigenen*" intendiert war, s. Langen zu Val. Fl. 5, 487).

LT   F. Bömer in seinem Komm. zu Ov. met. 2, 404 mischt zu Trennendes. Gut Langen zu Val. Fl. 2, 71; A. Thierfelder, Rh. Mus. 91, 1942, 212.

BG   Val. Fl. 2, 71 heißt es, daß die Schiffer einschliefen und daß *regunt sua sidera puppem,* „die Sterne lenken ihr Schiff", d. h. statt *regunt suam sidera puppem:* hier ist einmal die mißliebige Form von *is* vermieden, zum anderen ist *sua* der Flexion nach als zu *sidera* gehörig hingestellt, obschon es *dem Sinn nach* zu *puppis* gehört: eine rechte Verrätselung (Langens Komm. korrigiert andeutungsweise G. Luck zu Ov. trist. 3, 1, 65 f.).

ZS   Zum Gebrauch der Pronomina in der Dichtersprache ist (s. LHS 175) anzumerken, daß *is* von Lukrez noch frei gebraucht wird, danach aber zunehmend gemieden worden ist, wenn es sich um *hohe* Stilebenen handelte; in Satiren und kleineren Gedichten (in Catulls Hendekasyllaben z. B.) waren die Beschränkungen geringer (LHS 186); *ille* tritt an seine Stelle (Hélin, REL 5, 1927, 60 ff.; Acta Class. 12, 1969, 33). Die Ersetzung durch *suus* wird in diesem Lichte verständlicher, führt dann im weiteren Verlauf zu dem „Allerweltspossessiv" *sui,* das unflektiert formelhaft gebraucht wird (Wilhelm von Conches, Philosophia, hrsg. von G. Maurach, Pretoria 1980, S. 13, § 12, Abs. 2).

ZWISCHENBEMERKUNG. Um den roten Faden nicht zu verlieren, ist eine rasche Besinnung nötig: es geht hier um die Zusammenordnung von Einheiten (Einzelwörter und auch Kola); und zwar um unerwartete. Dazu gehören Einrückungen, Verstellungen, seltsame Zuordnungen (wie das „falsch" bezogene Reflexiv); dazu gehören nun aber auch unerwartbar gestellte Satzteile (Kola). Zunächst wurden solche Zuordnungen besprochen, die vorwiegend der *raffinierten* Variation dienten, jetzt soll (s. § 126) eine Wortzusammenstellung angeführt werden, die vorwiegend *sinnträchtig* ist, das Oxymoron. Danach folgt die unerwartete Zuordnung von Satzteilen (also Gedanken), entspr. § 126.

§ 138
ae) Oxymóron

OR „Das *Oxymóron* ist die gerafft-enge syntaktische Verbindung widersprechender Begriffe zu einer Einheit, die dadurch eine starke Widerspruchsspannung erhält", Lausberg § 807. Z. B. 'a living death' (Milton, zitiert von Küper 122).

LT Küper 122; Dubois 199 ff.; Lausberg § 807; Schönberger, Gymnas. 64, 1958, 451 f.; Badali, Riv. cult. class. e med. 8, 1966, 249 f.; H. Friedrich, Pascals Paradox, Ztschr. für roman. Philol. 56, 1936, 373. – Es wäre zu untersuchen, inwieweit auch syntaktisch nicht aufeinander bezogene, sich ausschließende Wörter ein (beabsichtigtes) „Oxymóron" bilden; im folgenden wird angenommen, daß die „enge syntaktische Verbindung" keine unabdingbare Voraussetzung darstellt.

§ 139
BG Das erste Stasimon in Sophokles' „Antigone" (vgl. E.-R. Schwinge, Gymnas. 78, 1971, 305 f.) spricht über die Gefährdung des Menschen, der so vieles vermag und eben dadurch so leicht zu Fall kommt. Diese Ambivalenz wird in mehreren Oxymora geballt formuliert, z. B. 339: die Erde ist „unermüdlich", doch müht sich der Mann, sie zu „erschöpfen" (vgl. v. 360 und 370): ἀκαμάταν ἀποτρύεται und παντοπόρος ἄπορος (s. den Komm. von G. Müller 94 unten); s. England zu Eur. Iph. Aul. 305: καλὸν ὄνειδος.

Tallus hat Catull ein Tüchlein entwendet, und nun droht Catull ihm – maßlos übertreibend und darum neckisch-ernst (um ein Oxymoron zu gebrauchen) – mit den schrecklichsten Strafen; er vergleicht seine Rache mit dem tobenden Meer, Tallus mit einer auf ihm treibenden hilflosen Barke: *insolenter aestues velut minuta magno | deprensa navis in mari vesaniente vento* (25, 12 f.). Das Oxymoron ballt das Gemeinte in zwei Wörter: Tallus – ein Nichts vor Catulls Rache. Vgl. Lucr. 1, 98 *casta inceste* und die umgebenden Antithesen: dieses schärfste Oxymoron malt die Paradoxie der Lage, welche eine Jungfrau dazu zwang, sich schlachten zu lassen (Iphigenie).

Hiermit kann man Horazens *fragilem truci* vergleichen: c. 1, 3, 9 ff.: der
ist ein fühlloser Mann, *qui fragilem truci commisit pelago ratem*, hier wiederholt sich die Kontaktstellung des Widersprüchlichen, denn auch „See"
und „Schiff" gehören, so will es diese Strophe, nicht zueinander; oder
Ovids *nondum caesa suis, peregrinum ut viseret orbem, | montibus... pinus
descenderat* (met. 1, 94 f.: *suis* steht scharf gegen *peregrinum: dort* gehört sie
hin, im *Ausland* hat sie nichts zu suchen) und unzählbare andere Fälle.

§ 140

Nur auf eine Spielart sei noch aufmerksam gemacht: Vergil (Ae.
12, 672 f.) schrieb *flammis... undabat vertex*, der „Wirbel der Glut wogte"
in dem Turme: „Feuer" und „Wasser" sind „eigentlich" ausgeschlossen,
hier malt das Wogen die Bewegung der Glut. Vgl. *pinus undans*, die
„wabernde Fackel", bei Val. Fl. 2, 196; vgl. auch § 121.

ZS   Es wird also im Falle des Oxymorons immer darauf zu achten sein, ob es der
bloßen Raffinierung dient oder „sinnträchtig" ist oder ob es vielleicht nur „malt": die
„flutende Lohe" malte, *suis | peregrinum* dagegen „urteilte": es verurteilte, allein
durch die Ballung, jenes Verlassen der heimischen Berge. Vgl. O. Immisch, SB Heidelberg 1933/4, S. 10 zu Cat. 51, 12; Tarrant zu Sen. Ag. 328, 413.

b) Variation von Satzteilstellungen

§ 141
ba) Hysteron Proteron

OR   Zuweilen wird das, was zeitlich-logisch zu folgen hätte, vorweggenommen:
„Siegen wir und strengen uns an!" verkehrt die zeitliche Abfolge: das „psychologisch
Wichtige drängt an die Spitze" (LHS 698, 7 nach J. B. Hofmann LU 124).

LT   LHS 698; Lausberg § 891; Hofmann LU § 112; Düring 23 ff. (vglt. Hom.
Od. 4, 659 mit Verg. Ae. 2, 353 und kommt zu demselben Ergebnis wie Norden
[s. § 142 Anf.]).

BG   LHS S. 699 nennen Lucil. 55 Marx (56 Kr.): *fandam atque auditam iterabi-
mus (famam o. ä.)*: „eine zu erzählende und (schon) gehörte Geschichte werden wir
wiederholen", worin „eine schon bekannte und doch erneut zu berichtende" vielleicht einfacher und natürlicher wäre; doch man betrachte Enn. Cresph. 138 Jocelyn:
„weder Erde auf den Leichnam häufen noch ihn zu kleiden war mir erlaubt" (Jocelyn
281: 'Emotion rather than strict regard for chronology controls the order of events').

§ 142

Der emotive Grund solcher Verstellungen ist zuweilen deutlich genug:
Vergil (Ae. 2, 353) setzt in *moriamur et in media arma ruamus* zunächst das
Ende, dann erst den Weg dorthin, den Kampf. Norden S. 379 meinte, der
„Verzweifelnde kann das Schlimmste nicht früh genug sagen"; Austin da-

gegen wehrt sich gegen die Etikettierung „hysteron proteron": 'Virgil has put the important thing first' – was genau dasselbe sagt wie die Worte Nordens, d. h.: es kommt nichts auf den Namen an, der *Grund* ist aufzusuchen; und der ist hier ein emotionaler (s. Heinze zu Hor. sat. 2, 3, 293).

ZS   Nun gilt es aber, Vorsicht walten zu lassen: der Grund für eine Zeitenvertauschung ist zweifellos zuweilen ein emotionaler, zuzeiten jedoch auch in der Assoziationsfolge zu suchen: in der „Elektra" des Euripides klagt Elektra über den Tod des Vaters, in 158 endet der erste Satz mit „Tod"; an dieses Wort schließt sich nach Ausrufen des Jammers der Gedanke an das Mord*beil* (160), dann erst folgt der Mord-*Plan*: der Grund für diese Verkehrung ist die Assoziation. Ähnlich Eur. Suppl. 917 ff.: auf das „Erzieht eure Kinder gut!" des Theseus folgt die Klage des Chors, der an das „Erzieht!" seinerseits mit dem Gedanken der Aufzucht anknüpft und *dann* erst von der Geburt spricht: assoziative Umstellung.

Doch nicht selten wird man an bloßes Einsetzen von Mitteln der poetischen Koiné denken, so z. B., wenn Ovid (met. 1, 123 f.) zuerst vom Einsäen, dann vom Pflügen redet, obschon man erst Furchen zieht, danach einsät. Es handelt sich um nichts als das Auftretenlassen des uralten (Cic. Att. 1, 16, 1: „homerisch", s. Kühner-Gerth 2, 2, 603) Kunstgriffs.

§ 143
bb) Verkehrung des Natürlichen

OR   Natürlich wäre es zu sagen, daß die Wangen beim Erröten die Röte in sich aufnehmen, was ja auch dem physiologischen Sachverhalt entspricht (Liv. 30, 15, 1: das Blut wird dem Gesicht zugeführt); wenn Statius nun aber (Theb. 1, 538) sagt, die Röte sauge die Wangen auf, dann handelt es sich um spielende Verkehrung des Natürlichen, um einen „falschen Agens".

LT   G. Maurach, Hermes 103, 1975, 479 ff. (anläßlich Ov. met. 1, 48); Düring 78 ff. („Agens-Vertauschung", s. § 64: Verg. Ae. 1, 237 *quae te sententia vertit?*; Tränkle 66 f.).

BG   Soph. OT 998: ὧν οὕνεχ' ἡ Κόρινθος ἐξ ἐμοῦ πάλαι / μακρὰν ἀπῳκεῖτ' etc., wozu Kamerbeek lediglich eine Umkehrung der Aktiv- in die Passivkonstruktion konstatieren zu können glaubt. Im Griechischen vergleichbar: Eur. Androm. 1014 (wo der Text aufgrund von Kamerbeeks Parallelen zu halten ist); Hippol. 136 (s. Barrett dazu); Or. 303 (vgl. hymn. hom. Dem. 50 mit Richardsons Komm.).

Im Lateinischen wäre etwa Verg. Ae. 4, 385 zu nennen: *cum frigida mors anima seduxerit artus*, „wenn der kalte (s. die Komm. zu Hor. c. 1, 4, 13) Tod die Glieder von der Seele löst", obschon gemeinhin die Vorstellung herrscht, daß es die Seele sei, welche die Glieder verlasse (Pease bringt Vergleichbares, Austin schweigt). Vgl. ferner Camps zu Prop. 4, 7, 38.

ZS   Man wird in diesen Erscheinungen kaum mehr als Stil-Spiele sehen wollen, welche eine seltenste griechische Lizenz nachahmen. An der angeführten Sophokles-Stelle mag die Vorstellung zugrunde liegen, daß „Korinth mir fernliegt", d. h., daß den Sprechenden anderes stärker betrifft, ihm nähersteht; an den übrigen Stellen dürfte eine psychische Erklärung fehlgehen. Wenn man auf derlei erst einmal aufmerksam geworden ist, häufen sich in späterer Zeit die Belege (z. B. Stat. Theb. 2, 107; Juv. 8, 59: „Wer hält ein Tier schon für edel, wenn es nicht Leistungen vollbringt? Das windschnelle Pferd z. B. loben wir nur dann, wenn ihm nach leicht gewonnener Siegespalme *brodelt und zujubelt der Sieg im grölenden Stadion"* statt „dem der Zirkus nach gewonnenem Siege zujubelt" (s. Friedlaenders Paraphrase im Komm., Courtneys „VICTORIA The shout of victory" hilft nicht).

Um diese seltsame Erscheinung zu verdeutlichen, sei ein interessantes Beispiel hinzugefügt: als Euander (Verg. Ae. 11, 151) die Nachricht vom Tode des Sohnes erhält, herzuläuft und nun den Sohn tot daliegen sieht, „weitet sich der Weg für die Stimme wegen des Schmerzes nur mühsam": *via vix tandem voci laxata dolore est;* das ahmt Statius (Theb. 5, 606 f.) nach: *tandem laxata dolori* (so Bentley für das evident falsche *dolore* der Hss.) *vox invenit iter (gemitusque in verba soluti:* Erklärung des schwierigen ersten Teiles durch 'Hendiadys'), „endlich weitet sich die Stimme und gibt dem Schmerz den Weg frei", die Stimme findet also für den Schmerz einen Weg: genau besehen, ist sie selber dieser Weg – Statius verdreht also die natürlichen Verhältnisse um eines solchen imitativen Stil-Spieles willen.

§ 144
bc) Inkonzinnität der Gedankenfolge

OR   Hier ist nicht die syntaktische Inkonzinnität (s. § 177 ff.) gemeint, die z. B. auf mehrere Konjunktive unter gleichen Bedingungen plötzlich einen Indikativ um der Abwechslung willen folgen läßt, sondern die gedankliche: wenn Arat 25 f. die Pole beschreibt, sagt er, daß der eine unsichtbar, der andere, nördliche, dagegen sichtbar sei, drückt dies jedoch so aus: „der eine ist nicht sichtbar, der andere liegt oberhalb des Horizonts", wo man sich rasch klarmachen muß, daß dieses ja Sichtbarkeit mitmeint. Es entsteht eine angenehme Unterbrechung der vielleicht zu selbstverständlichen Sequenz.

LT   Weniges bei Lausberg § 257 b (S. 142); zumeist werden grammatikalische Variationen behandelt (zu ihnen LHS S. 813 ff.).

BG   Ein Beispiel für unzählbare: dort, wo Statius es ablehnt, Domitian zu besingen (Theb. 1, 17 ff.), heißt es: der Dichter wage es noch nicht, Feldzeichen und Triumphe im Norden zu besingen, die zweimal befriedeten Flüsse Rhein und Donau, die vertriebenen Daker, die zuvor nur mit Mühe von den Jünglingsjahren (wessen? Die des gleich namentlich genannten Kaisers: Spannungserzeugung) abgewendeten Bürgerkriege, dann: „Dich, o Roms Zier!". Hier herrscht eine scheinbar alles durcheinanderwirbelnde Variation, die Ähnliches (es geht hier nur um Kriege) in verschiedenste Formen kleidet, um dem Überdruß, der Langenweile zu wehren (s. auch § 179).

4. Grammatikalische Raffinierung

VORBEMERKUNG. Entsprechend der Ankündigung aus § 126 werden im folgenden grammatikalische Raffinessen behandelt, welche die Dichtersprache von der gewöhnlichen und gradweise auch von der gehobenen Rhetorik absetzen sollen; vgl. hierzu § 2. Und zwar wird behandelt das *Adverb*, die *Präpositionen*, das *Nomen* und das *Verb*, zuletzt die *Inkonzinnität* grammatikalischer Fügung (§ 177 ff.).

a) Das Adverb

VORBEMERKUNG. Das Adverb scheint vielen Dichtern zu simpel gewesen zu sein; daher *ersetzten* sie es entweder oder sie *verfeinerten* es zu einer ungewöhnlichen Junktur. Diese beiden Möglichkeiten ergeben die Gliederung des Folgenden.

§ 145
aa) Ersetzungen

OR   Das Adverb galt als „eigentlich" unpoetisch (Axelson, Unpoetische Wörter 62). Daher wurde es durch andere Wortarten ersetzt.

LT   LHS 172; B. Löfstedt, IF 72, 1967, 79 ff.; bes. E. Löfstedt, Syntactica 2, 368 ff.; Regula 178, 187.

BG   *Ersatz durch Adjektiva:* diese Möglichkeit ist ererbt (*incedo tristis* usw., wo wir ein Adverb verwenden); doch die Dichter „seit augusteischer Zeit" (LHS 172 Mitte) verfahren freier: Properz (1, 6, 12) verwünscht den, welcher *lentus amare potest* (s. Rothstein dazu, Enk: „adverbia in ē exitum habentia raro apud poetas elegiacos inveniuntur"). Kühner-Gerth 2, 1; 273 ff. zeigen, aus welcher griechischen Lizenz dieser Gebrauch der lateinischen Dichter gespeist sich ausweitete. Nur müßte auch dort zwischen Althergebrachtem, Gewöhnlichem und Raffiniertem geschieden werden (Bornmann zu Call. hym. 3 in Dian. 27).

Bereits Ennius verwendet diese Raffinesse freier als gewöhnlich, z. B. *multa* für „häufig", Vahlen² zu ann. 49 (die von Kühner-Stegm. 2, 1; 237 nach Mitte angeführte Stelle ann. 85 hat nichts Ungewöhnliches an sich). Offenbar sahen die Dichter in dem Bereich der die Art und Weise angebenden Adjektive eine Raffinierungsmöglichkeit: die Qualität *des Tuns* wird in adjektivischer Form als Qualität *des Täters* formuliert, z. B. *rauci sonuerunt postes* (Prop. 4, 8, 49, als Cynthia in sein Rendez-vous mit zwei anderen Mädchen platzt), für *rauce* (so Löfstedt, Syntactica 2, 369).

ZS   Noch raffinierter ist die Ersetzung eines Adverbs, das „eigentlich" ein Partizip qualifiziert: *tarda ... volventia plaustra,* die „langsam ihre Räder drehenden Wagen" (Verg. Georg. 1, 163); Ae. 11, 755 *arduus insurgens* von einem Drachen, statt *ardue* (Kü.-St. 2, 1; 237 vor Anm. 1; LHS 172, nach Mitte; Bömer zu Ov. met. 11, 766). Von Verszwang zu sprechen ist nur dort erlaubt, wo ein Adverb sich nicht in den Vers hätte stellen lassen, insbesondere wegen kretischer Form; anzunehmen, ein Dichter wie Ovid hätte ein *raro* nicht in einen daktylischen Vers stellen können und habe darum *rarus* geschrieben, wäre eine bedenkliche Unterschätzung: es handelt sich um Stil-Spiele.[80]

§ 146

Ebenfalls zu den Ersetzungen zählt die Stilform „Neutrumadjektiv für Adverb".

OR   Ursprünglich bedeutete ein ὀξὺ δέρκεσθαι ein Blicken, das etwas „macht", „erzeugt", „bewirkt" (B. Snell, Entdeckung des Geistes 3. Aufl. 18 ff.). Bald aber wurde hieraus eine Lizenz, die als Adverbersatz durch das Neutrum eines Adjektivs aufgefaßt wurde: *lene spirare* für *leniter,* Ov. met. 9, 661.

LT   F. W. Lenz, Mnemos. 22, 1969, 380ff.; J. Delz, Mus. Helv. 28, 1971, 50f.; H. Priess, Usum adverbii quatenus fugerint poetae latini quidam, Diss. Marburg 1919; LHS 40; Scherer 44; Regula 178.

[80] a) Die Ersetzung eines Adverbs durch das Adjektiv kann dadurch noch verfeinert werden, daß die *enallagé* die Qualität nicht dem *zunächst* in Frage kommenden Substantiv zuschreibt, sondern einem erst in zweiter Linie in Frage kommenden: *subitum obliquo descendit ab aere vulnus* (Stat. Theb. 11, 53): hier ist 1. *subito* durch *subitum* ersetzt, und 2. *oblique* durch ein Adjektiv, das nun aber nicht dem zunächst in Frage kommenden Substantiv beigelegt wird (*vulnus:* ein Schlag [*vulnus = ictus,* vgl. Bewirktes für Bewirkendes, s. § 108], der von schräg kommt, ein „Schräghieb"), sondern der Luft.

b) Die „Verfeinerung des Adverbs" ist nur *ein* Beispiel; man kann Ähnliches auch für das Attribut feststellen: z. B. die Partizipien auf -*tus* können proleptisch (Zukünftiges vorwegnehmend) verwendet werden: Properz 1, 1, 19 f. wendet sich an die Zauberinnen: *vos, deductae quibus est fallacia lunae:* „ihr, die ihr die Zauberkunst beherrscht, den Mond herunterzuholen" wörtlich: „die Kunst des heruntergeholten Mondes" statt des „herunterzuholenden" (Enk z. St.: *deducendae*). Oder sie können modal gefärbt sein: Prop. 1, 4, 9 f., wo *collata* „wenn man sie vergleicht" heißt: *si levibus fuerit collata figuris / inferior duro iudice turpis eat.* Wenn man das Mädchen mit den „armseligen Figuren" (der leichten Mädchen) vergleichen würde, brauchte Cynthia nicht beschämt *(turpis)* davonzugehen *(ire* für *abire),* weil sie hintangesetzt wäre (so Enk nach Lemaire) – ein wahres Nest von Sinnfüllungen.

c) Aufmerksam zu machen ist auch auf die Möglichkeit, in dieser Weise Pronomina zu raffinieren: *tua cura* kann zu *cura mea (erga te),* also zu *cura mea tui* (so Enk zu Prop. 1, 15, 31) werden (vgl. schon Hor. epo. 5, 81).

d) Es ist auch noch darauf aufmerksam zu machen, daß auch das Adjektiv ersetzt werden kann, und zwar durch ein Appellativ: Cat. 68, 46 spricht von *charta anus* statt von *charta vetula* o. dgl., Horaz epi. 1, 19, 19 vom *servum pecus* statt vom „servilen Nachtreterpack", vgl. Rothstein zu Prop. 1, 1, 13.

BG   Die griechische Lizenz ist belegt bei Kühner-Gerth 2, 1; 309 f., vgl. Sapph. fr. 31 LP, v. 3 ff.: γελαίσας ἰμέροεν, was Catull (51, 5) mit *dulce ridentem* übersetzte, nach LHS 40 d die früheste lateinische Stelle. Lukrez (5, 33) ahmt das griechische stilistische Spiel mit *acerba tuens* nach, *torva tuens* ist eine vergilische Variation (Ae. 6, 467). Überspitzt *laetum rubens* für „vor Freude erröten" (Stat. Ach. 1, 323) und vollends *turmale fremere* für „brüllen wie eine ganze Schwadron" (Theb. 4, 10: Schamberger 275, vgl. 310, Anm. 1). Man versteht derlei bereits nur mit Mühe (Heuvel zu Stat. Theb. 1, 604; auch Tarrant zu Sen. Ag. 331).

§ 147
ab) Verfeinernde Setzung

Wird das Adverb nicht ersetzt, dann wird es raffiniert gesetzt: *alte* ist ein Adverb auf -*e,* das ja (§ 145) gern vermieden wird; Statius (Theb. 1, 28) verwendet es doch, aber dann so, daß es gleichsam in der Schwebe bleibt und schwierig einzuordnen ist: in seiner Bitte an den Kaiser, weiterhin als *deus praesens* auf Erden zu bleiben, heißt es, er möge verharren, auch wenn ein Gott *ipse tuis alte radiantem crinibus arcum imprimat.* Hier kann *alte* sich auf zwei Satzglieder beziehen (Heuvel), der Kranz kann „hoch auf dem Haupt sitzen" (TLL 2, 480, 55) oder er kann „dort droben strahlen", also auch „weithin" (s. Mulder zu Theb. 2, 422 f.). Oder *infra:* Lukrez verfeinert es so (5, 1371, s. Williams zu Stat. Theb. 10, 3), daß er es als Determinans zu einem Substantiv stellt: *infra locus* für *inferior locus.*

Weiterhin können derlei Adverbien zwar gesetzt werden, aber in Ersetzung eines Akkusativobjektes oder Prädikatsnomens: Manil. 1, 11 *iam propius favet mundus* steht *propius* sicherlich für *propior* ('Now is heaven the readier' Goolds Loeb-Übers.); Manil. 1, 25 *quem primum ulterius licuit cognoscere* setzt *ulterius* für *ulteriora* (s. Housman z. St.).

§ 148
b) Präpositionen

VORBEMERKUNG. Wie beim Adverb kann man auch bei den Präpositionen unterscheiden zwischen *Er-setzung* und *raffinierter* Setzung, im zweiten Falle einer Setzung, die zwar eine Präposition verwendet, doch ihr ein Nominalkomplement gibt, das unerwartet ist. Diese Erscheinung ist so subtil, daß ihr eine längere Orientierung gewidmet sei:

OR   Es gab Präpositionen, die den Dichtern mißfielen, teils wohl, weil sie umgangssprachlich klangen, teils weil sie metrisch unbequem waren (Axelson, Unpoetische Wörter 77 ff.). So scheint *adversum* in der Dichtersprache ungebräuchlich zu sein, dennoch steht die Präposition bei Horaz, und da ausgerechnet in der durchgefeilten Eingangsepistel zum ersten Buch (1, 1, 74 f.): *quia me vestigia terrent / omnia te adversum spectantia, nulla retrorsum.* Doch wie raffiniert steht sie hier: Horaz hat sie in Korrespondenz zu *retrorsum* gestellt und in Postposition. Er *verwendet* sie also, der Stilhöhe der Episteln entsprechend, aber *verfeinert*.

Ein weiteres Beispiel: Ovid erzählt, wie die Sieger der Pythischen Spiele geehrt wurden; da es noch keinen Lorbeer gab, erhielten sie einen Eichenkranz aus der Hand des Schirmgottes Apoll (met. 1, 450 f.): *nondum laurus erat, longoque decentia crine tempora cingebat de qualibet arbore Phoebus,* und dann wird der nachfolgende Einschnitt durch die Wiederaufnahme eines Worts aus dem Verse vor ihm überbrückt *(Phoebus – Phoebi)*. Dieses *de* ersetzt einen Instrumentalis (LHS S. 125, Zusatz g), und das herrscht dann später vor. An der Ovid-Stelle ist der Grund jedoch nicht in einer Sprachentwicklung, in etwas Allgemeinem zu suchen, sondern in der konkreten Situation: Apolls Schläfen waren „schön", und zwar „durch langes Haar"; hier verwendet Ovid einen Instrumentalis in nicht ungewöhnlicher Weise. Wenn er nun aber im Sinn hatte, die göttlichen Schläfen auch noch „durch jedweden Baum bekränzt" sein zu lassen, d. h. durch dessen *Laub,* dann wäre ein erneuter Instrumentalis unschön gewesen, und flugs nimmt der feinspürige Dichter *de,* er gewinnt eine neue („singuläre", Bömer) Verwendung der Präposition und erreicht damit zugleich, daß der Hörer nun die Bewegung des Herabnehmens, des Abbrechens vor Augen hat (LHS S. 262 Mitte merken gut an, daß „zunächst überall die lokale Bedeutung von *de* noch durchschimmert").

Hier war also weder Verszwang noch Sprachentwicklung von Bedeutung, die seltene Verwendung der Präposition scheint rein poetischen Ursprunges, wenn naturgemäß auch die Ausweitung der Präposition *de* im Allgemeinen diese spezielle Anwendung mit *ermöglicht* hat.

LT   Axelson, Unpoetische Wörter 77 ff.; Tränkle 85 ff.

§ 149
ba) Ersetzung

Wenn irgend etwas von irgendwoher kommt, steht für gewöhnlich *ab*; will man das Erwartete vermeiden, kann man den bloßen Ursprungsablativ nehmen: *canis fluit unda capillis,* Ov. met. 1, 266; Bömer S. 104 Mitte); Prop. 1, 4, 2 *domina cogis abire mea* („selten und dichterisch ist der Abl. von Personen", LHS 103 unten.) – Die Richtung (außer bei Ortsnamen und *domum,* das Feinere bei LHS 49 f.) gibt *in* mit Akk. an; seit Lukrez wird der Leser zuweilen durch das Fehlen von *in,* d. h. durch die Ausweitung der Lizenz *domum = nach* Hause überrascht: *ea loca cum venerunt* u. dgl. (6, 742) wird jetzt geläufig (LHS § 50 a). Einen kleinen Schritt weiter geht *(aethera) tendit* (Luc. 7, 477: „Gräzismus", LHS a. O., zweifelhaft: zumindest liegt eine doppelte Wurzel vor, eine griechische und eine ur-lateini-

sche: *domum* usw.); s. § 159. Zuweilen wurde richtungsangebendes *in* +
Akk. durch den Dativ ersetzt, vgl. § 157 Mitte.

§ 150
bb) Vertauschung

Ein Grenzfall zwischen Ersetzung und Raffinierung ist die Vertauschung, in welcher eine Präposition, die von dem verwendeten Nomen her
zu erwarten wäre, nicht gesetzt wird, wohl aber eine andere Präposition
verwendet ist, dann aber in ungewöhnlicher Weise: Juppiter wirft Aeneas
in Verg. Ae. 4,233 *inertia* vor: „wenn ihn der Ruhm der Rom-Gründung
nicht entflammt und wenn er schon für seinen eigenen Ruhm nicht Mühe
auf sich nehmen will" usw.: *nec super ipse sua molitur laude laborem;* hier
ist *super* nicht einfach „für *de* 'in betreff'" gesetzt (LHS 281 liefert Belege),
sondern für *pro* (Servius, s. Pease) – eine leichte Variation, die den Gebrauch über das Umgangssprachliche hinaushebt. Vgl. Bömer, Gymnas.
64, 1957, 1 ff.

Bei Statius (Theb. 3,179 ff.) tröstet der greise Aletes die Trauernden mit
der Erzählung früherer Verluste: als Niobe ihre Kinder verlor, kamen die
Menschen ebenso aus der Stadt und *bina per ingentes stipabant funera portas* (198); von *portas* her gesehen, wäre *ad, propter* o. ä. angebracht gewesen, doch vertauscht der Dichter das Erwartbare mit *per* = „bei" (was
später geläufig wurde: LHS 240 nach Mitte), 'at each gate', Mozley in der
Loeb-Ausgabe. Eine ähnliche Entwicklung nahm κατά c. acc., s. Schwyzer
2,477 oben, die mögliche Dependenz sei hier nicht untersucht.

§ 151
bc) Verfeinerung

a) Zuweilen werden Präpositionen gesetzt, wo man vom bereits Gesagten her keine erwarten würde; sehr gut hat Tränkle 89 den Vers Prop.
2,16,21 besprochen: „gäbe es in Rom keine Reichen, wären die Mädchen
nicht käuflich", *numquam venales essent* – jetzt erwartet man (etwa nach
Hor. c. 2,16,7 f.) einen Ablativ, doch Properz setzt *ad* mit Akkusativ, etwa
wie *ad nutum* (etwas anders Tränkle nach Rothstein: Pate gestanden habe
praesto ad): *ad munus.*

Derselbe Properz wagte „das poetisch kühne und vor jedem Mißverständnis gesicherte" (Heinze zu Hor. sat. 2,3,293) *in herboso concidit Api-
dano* (1,3,6), wo *in* steht für „im Ufergras von" („die gewöhnliche, abge-
nutzte Konstruktion soll durchbrochen werden" Tränkle 88): *in* c. abl. für
ad c. acc.[81] (s. auch A. 57).

[81] Zu *Apidanus* für *ripa Apidani* s. oben § 101 mit Anm. 57; § 151 a. – Zu einer

b) *Prodeo in funus*, „ich gehe zur Beerdigung aus dem Hause", ist altlateinisch bereits gut belegbar (Ter. Andr. 115 usw.); zugrunde liegt eine
räumliche Vorstellung. Anders dann Cato, agr. 22, 4: *stercus in pratum re-
servato*, „für die Wiese": hier ist ein finales Verhältnis anzusetzen. Diese
Möglichkeit wurde dann von den Dichtern ungemein weit getrieben: *ardere in proelia* (Verg. Ae. 2, 347; TLL 2, 1257, 13; Tränkle 87) z. B. vermeidet eine umständliche *ut*-Konstruktion. *In classem cadit omne nemus* (Luc.
1, 306) mag noch gut verständlich sein („damit eine Flotte daraus werde"),
doch *furentes in tela* (Luc. 7, 295) ist schwer begreifbar: „voller Wut sein
nach Waffen", „wütend nach Waffen verlangen" mit dem Nebensinn „voller Kampfeswut danach verlangen, die Waffen endlich *gebrauchen* zu können". Derlei war im Altlatein nur dann geläufig, wenn zielhaltige Verba
verwendet wurden (*prodire, parare*: LHS 274), das spätere Dichterlatein
verlangte vom Leser, die Finalität zu erschließen. „Gemini, Chelae und
Aquarius sorgen für die Stiftung vieler Freundschaften: *magnus . . . in multos veniet successus amicos*, Manil. 2, 632. Hier muß *successus, qui multos
amicos comparet* (Housman) erschlossen werden.

c) Oder *in* mit Ablativ: im Sinne von „betreffs" konnte *in* im Altlatein
bei Adjektiven gebraucht werden, zu Ovids Zeit konnte man *Penelope iu-
venum vires temptabat in arcu* (Ov. am. 1, 8, 47) sagen, *„am Bogen"* im
Sinne von *„in bezug auf"*. Statius (Theb. 1, 711 f.) schrieb *te . . . Python . . .
ovantem horruit in pharetris*: 'triumphant with thy quiver', Mozley. „Dich
sah mit Schrecken Python, wie du triumphiertest *kraft* deiner Köcher"
(Plural für Singular): ein ganz ausgefallener Gebrauch, s. Heuvel zur
Stelle.[82]

§ 152

ZS   Es lohnt sich, die Haupt-Typen der poetischen Präpositionalsyntax noch
einmal zu formulieren: 1. kann der Dichter einen präpositionalen Ausdruck (Präpos.
+ Substantiv) dort setzen, wo man einen einfachen Kasus ohne Präposition erwarten
würde (*in* mit Akk. für Dativus finalis); 2. kann man umgekehrt einen bloßen Kasus
für einen zu erwartenden präpositionalen Ausdruck einsetzen.[83] Dies die Typen, die

---

Verfeinerung von *ab* s. Camps zu Prop. 3, 2, 25; zu einer Raffinierung von *ad* (= *ad-
versus*) s. ebenfalls Camps zu Prop. 3, 4, 1.

[82] Mit Nachdruck sei hervorgehoben, daß die bloße Konstatierung einer Präposi-
tionsraffinesse nicht ausreicht. Immer ist die Frage zu stellen, ob die Neuerung nicht
über das Raffinierende hinaus eine Nuance gewinnt. Vgl. eine der frühesten Präposi-
tionsverfeinerungen, Enn. Alex., fr. 62 f. Jocel.: *ab ludis nuntium (expectare); nuntium expectare* läßt ein *de* erwarten, nicht ein *ab*: diese Finesse mag Hochstil signali-
sieren (Jocelyn z. St.). Zugleich aber erweckt das *ab* einen räumlichen Eindruck,
plötzlich sieht man den Spielort und den Boten von dort herbeikommen (vgl. A. 91).

[83] Vgl. Sen. Ag. 254 *turba eminere* statt *e turba*, vgl. Tarrants Komm., wo er es

präpositionale *Einheiten* setzen oder vermeiden. Nun die Typen, bei denen die
Kombination von Präposition und Substantiv *in sich* überrascht: 3. Man kann ein
Substantiv verwenden, das zu erwarten war, ihm aber eine überraschende Präposition geben (*ovans* mit abl. ist geläufig: Verg. Georg. 1,423; *ovans* mit *in* ist es nicht,
s. § 151 Ende); oder 4. kann man eine Präposition erwartungsgemäß setzen, dann
aber ein überraschendes Nomen folgen lassen (§ 150, Abs. 1).

c) Die Kasussyntaxe

VORBEMERKUNG. Es scheint, als gelte das Schema aus § 144 „Vorbemerkung"
auch hier: dort wie hier zeigt das Material das Bestreben, Syntagmen geläufiger Art
entweder zu *ersetzen* oder *raffiniert* zu verwenden.

ca) Der Genetiv

LT Grundlegend ist die Arbeit E. Löfstedts in den „Syntactica", Bd. 1, 107 ff.;
vgl. auch LHS S. 50/86.

§ 153
Ersetzungen

BG Es mag sein (J. Wackernagel, s. die Diskussion bei Löfstedt a. O. 107/121),
daß im älteren Griechisch der possessive Genetiv und das „possessive" Adjektiv nebeneinander verwendet wurden, das Adjektiv eher in charakterisierender Weise als
in rein besitzanzeigender; doch es ist deutlich, daß die Verwendung des „possessi-
ven" Adjektivs seit Homer (Belege bei Kühner-Gerth 2,1; 262) in zunehmendem
Maße für den „gehobenen poetischen Stil" (Löfstedt 108) reserviert war (vgl. Eur.
HF 1076: „verwandtes Blut" statt „Blut der Verwandten", s. Breitenbach 205 ff.).
Bei aller Vorsicht wird man davon ausgehen können, daß die griechische Dichtersprache den zu simplen Possessivgenetiv zu ersetzen suchte, z. B. durch Bildungen
mit -θεν (Arat 260; Erren 40, A. 1).

Wenn aber der Possessivgenetiv gesetzt wurde, dann in raffinierter Weise, wie etwa bei Verba Timendi (Arat 290, 766; anderes bei Erren 301 f.). –
Die Aufgabe ist nicht gestellt, die Entwicklung der Syntaxe aufzuzeigen; es
genügt, darauf hinzuweisen, daß bezüglich der Dichtersprache auf *Erset-*
zung und *raffiniert*-Setzung zu achten ist.

Im Lateinischen ist nach Löfstedt 121 „sicher, daß ein ausgedehnter
Gebrauch der possessivischen Adjektiva... zu den charakteristischen
Eigentümlichkeiten der höheren poetischen Sprache und der dichterisch
gefärbten Prosa gehört" (wichtig Löfstedts Beweisstellen in 121, A. 2).
Bereits Ennius ahmt die griechische Manier nach: Med. 208 Jocelyn *in*
nemore Pelio ist so aufzufassen (Jocelyn S. 352), ähnlich *Marsa manus* für

---

zumindest nachdenkenswert macht, ob nicht an den abl. comp. gedacht war, so daß
aus der körperlich-sinnlichen Überlegenheit eine moralische wird.

Marsorum ann. 276 Vahl.[84] Schwieriger mag Cat. 68,97f. erscheinen: er sieht den Bruder liegen fern von *cognati cineres,* der „Asche *der* Verwandten"; die Vorteile liegen auf der Hand: sowohl ist der unbeholfene Genetiv -*orum* vermieden als auch die Möglichkeit gewonnen, auch den *cineres* ein Beiwort zu geben. Gewiß kann man bei Hor. c. 1,3,36 *(perrupit Acheronta Herculeus labor)* sagen, es handele sich um Versbequemlichkeit, doch so fällt das Hauptgewicht, welches das Substantiv doch wohl vor dem Adjektiv voraus hat, auf den *labor,* und in der Tat ist es dieser, welcher immer und überall als dasjenige an Herakles gerühmt wird, was die Unsterblichkeit verdiente: gute Dichter gewinnen den Raffinessen der poetischen Koiné Nuancen ab.

Überspitzt wird derlei dann dadurch, daß nicht ein Genetivus *Possessivus* durch ein Adjektiv ersetzt wird, sondern ein Genetivus *Objectivus: rapinae hostiles* bei Luc. 1,162 sind nicht die Beute *der* Feinde, sondern die *bei* den Feinden gemachte Beute (vgl. *metus hostilis,* die Furcht *vor* den Feinden, bei Sall. Jug. 41,2; s. Köstermanns Komm.), vgl. Verg. Georg. 3,318f.; Ov. met. 3,128.[85]

§ 154
Verfeinerung

Fraglos also wurden simple Genetivsyntagmen eliminiert, um des Ungewöhnlichen willen. *Wenn* aber ein Genetiv gesetzt wurde, dann nicht selten in unüblicher Weise. *Patiens frigoris* kennt jedermann, *metuens poenae* dagegen ist höchst selten (Heuvel zu Stat. Theb. 1,578; Mulder zu Theb. 2,274).

[84] Vielleicht ist der Ursprung der lateinischen Ausdrucksweise *auch* im sehr alten Latein zu suchen, und da in der Verwendung des Namens einer Gattin (*Poublilia, Turpilia Cn. uxor,* CIL 14,4270: die „turpilische Gattin" für die „Gattin des Turpilius", s. Ernst Fraenkel. RE 16,1657,3ff.). Von hier aus gesehen gewönne die alte Streitfrage, ob *filius erilis* einem Plautus bereits zugemutet werden könne (Löfstedt, Syntactica 1,117; LHS 60, Zus. α; mein Komm. zu Poe. 75 und 958), neues Licht (die Erklärung bei Kü.-St. 2,1; 210 von der metrischen Bequemlichkeit her scheint zu einseitig).

[85] Eine Ausweitung des Genetivs geschieht auf dem Gebiet jener Adjektive, die Fülle, Teilhaftigkeit usw. bedeuten (LHS 77; § 59): nach dieser Analogie werden dann auch Adjektive mit der Nuance „leer" mit dem Genetiv konstruiert (*orbus:* Lucr. 5,840; LHS 77 unten; zu Ablativ-Parallelen s. LHS 107 II). Daher dann auch die Ausweitung des Genetivs bei Verben derselben Nuance des Voll- bzw. Leerseins (LHS 120 Mitte zitieren Lucr. 5,39f.:*scateo* mit gen.). Andererseits wird der Genet. Partitivus zurückgedrängt (durch *de:* LHS 126 oben und § 52a, Zus. ι). Zu *consors* mit gen., 'a favourite Ovidian expression', s. Tarrant zu Sen. Ag. 349: so steht Ausweitung und Einengung nebeneinander.

Der Genetivus Qualitatis war ursprünglich auf Maß und Zahl beschränkt; doch Horaz (epist. 1,20,24) und Ovid (met. 3,56) weiten diese Möglichkeit aus (*spatiosi corporis hostem*, Bömer zu met. 2,403 f.). *Miser animi* (Genetiv des Sachbetreffs, Löfstedt a. O. 172 ff.; LHS S.75β) ist eine im Altlatein geläufige Redeweise; Vergil machte daraus *egregius animi* (Ae. 11,417: eine Art von Genetiv des Betreffs), Statius (Theb. 3,99) *egregius fati* sogar: „Die Auffassung von *animi* als einem vagen Genetiv der Determination war der Ausgangspunkt für eine Reihe von Analogiebildungen bei Dichtern", LHS S. 75. Interessant dann auch die Wucherungen: schon Hor. sat. 1,9,11 verwendet *felix* c. gen. nach dem Muster von *miser animi* (s. Heinze z. St.).

§ 155
Genetivus Definitivus

Er entstand aus Ortsangaben (LHS § 54) wie *Fons Bandusiae* (Hor. c. 3,13,1), wo ein Possessivus vorlag. Die Gründe, einen solchen zu verwenden, sind oft schwer zu erraten, doch vgl. Enn. ann. 21 V.: *per teneras caliginis auras* fliegt jemand; hier vermeidet der Genetiv ein zweites Attribut (s. oben A. 79), etwa *caliginosas*. Schwer verständlich sind dagegen Ausdrükke, in denen der Definitivus aus einem attributiven Ausdruck besteht: *Siculae classica bella fugae* (Prop. 2,1,28): „die Seeschlacht, welche jene Flucht bei Sizilien war" (vgl. Camps zu 3,3,48).

Hieran schließt sich ein Ausdruck wie *pugna Phlegrae* statt *pugna apud Phlegram commissa* (Liv. 23,43,4; Stat. Theb. 11,7 f.). So auch Ov. met. 1,408: Teile der Urmaterie sind *versa ... in corporis usum*, „um Körper entstehen zu lassen", worin der Genetiv fast schon nicht mehr als Definitivus erkennbar scheint.

Die in der Prosa ebenfalls geläufige Ausdrucksweise *navis auri* für *navis aurum vehens* (Cic. fin. 4,76) wird zu Gebräuchen wie *saeptorum nefas* an Stelle von *nefas commissum in saeptis* (Luc. 7,306) verfeinert; Lukan wiederholt diesen Kunstgriff gleich noch einmal mit *clausi proelia campi* für ein *proelia in clauso campo commissa* (zum Typus *navis auri* vgl. LHS 63 oben).

ZS Zur Wiederholung von Kunstgriffen auf engem Raum, die eine Raffinesse überdeutlich zu Gehör und in die Aufmerksamkeit bringen will, vgl. Glotta 53, 1975, 244/6.

§ 156
cb) Der Dativ

OR Wenn man so sagen darf, ist der Dativ das Stiefkind der lateinischen Sprache, überall erfuhr er seit früher Zeit Einbußen. Zum Eindringen des Akk. in urspr. Dativstrukturen LHS 32b (auch hier waren Dichter stark mitbeteiligt), zum Eindringen des Genetivs LHS 87 unten; zuletzt wurde er überhaupt aufgegeben. Dagegen haben die Dichter die selteneren Dativsyntagmen weit ausgebreitet, so daß sich hier ein Bild ergibt, das dem vom Genetiv entworfenen nicht unähnlich sieht.

LT R. Laborderie, Pour une histoire du datif latin, REL 12, 1934, 278 ff.; E. Löfstedt, Syntactica 1, 175 ff., 225/237 zum „Sympatheticus".

§ 157
Ersetzungen

BG Lukrez (6, 387 ff.) will mittels der offenbaren Ziellosigkeit des Blitzschlages nachweisen, daß es eine Providenz Juppiters nicht gibt: *cur ipse* (d. h. Juppiter) *sinit neque parcit in hostis?* (399): „Warum läßt Juppiter diese Ziellosigkeit zu und warum spart er die Blitze nicht für die Feinde auf?" Hier war dem Dichter der Dativ nicht scharf genug, er wollte das „gegen" deutlicher aussprechen und verfiel so auf die unerhörte Konstruktion (LHS 33 unten rechnen lediglich mit „Analogien", also mit dem Willen zur Verfeinerung; dennoch ist hier der emotive Grund der Neuerung deutlich genug; Bailey zitiert nur eine Vergilstelle, die den *Dativ* aufweist). Zur Präpositionalersetzung des Dativs Löfstedt 187 ff.[86]

Properz wagt in 4, 7, 23 Unerhörtes: er stellt sich vor, er liege auf dem Totenbett, und niemand kümmere sich um ihn, z. B. *mihi non oculos quisquam inclamavit euntis* (= *morientis*) – nach *mihi* ein Genetiv als Komplement, nach griechischem Vorgang (Tränkle 75), um der Raffinesse willen (vgl. LHS S. 95, Zusatz; Löfstedt 1, 235: der Grund liegt in der inneren Verwandtschaft der Dativstruktur dieser Art mit dem Possessivgenetiv, was hier raffinierend verwendet wurde).

Verfeinerungen

Althergebrachte Dativ-Syntagmen werden ausgeweitet und raffiniert, z. B. der Dativ als *Ersatz eines Genet. Possess.* tritt schon bei Eur. Phoen. 17 auf (Schwyzer 2, 153). Derlei gibt es dann auch bei Seneca (Ag. 8, Tarrant 165 unt. vglt. HF 257 f., Thy. 701 f.).

Der „*Dativ des Zieles*" (LHS 86) *it clamor caelo* ist bereits bei Ennius nachweisbar (ann. 401 Vahl., Telam. 276 Joc. *strata terrae*), s. auch F. Solmsen, KZ 44, 1911, 161 ff. Entstanden dürfte derlei aus personalen Vorstellungen wie *Morti dare aliquem* sein (Material bei Kü.-Stegm. 2, 1; 320; Kroll 250). „Klassisch ist nur *manus tendere alicui*", LHS 100; alles

---

[86] Häufig scheint in gehobenem Stil der Ersatz eines Dativus Finalis durch bloßen Nominativ zu sein, vgl. schon Enn. scaen. 61 Joc. (vgl. dessen Komm. S. 227; Löfstedt, Synt. 1, 194–9). Der Dativ bei *consuevi* und *assuetus* war Dichtern (vgl. allerdings auch Cic. de or. 3, 58 mit Wilkins' Komm.) zu gewöhnlich geworden, daher Ersetzungen (LHS 121 oben). Ersetzung des Dativus Auctoris durch den Ablativ bespricht LHS 122 d.

andere ist poetische Lizenzausweitung (Löfstedt a. O. 181): Verg. Ae.
2,250 *ruit Oceano nox* (nach A. Lohmann, De graecismorum usu Vergilia-
no, Münster 1915, 55; LHS 100 n. Mitte gegen Ladewig-Schaper und Austin: 'Upward motion').

Der *Dativus Auctoris* erfährt ebenfalls eine Ausweitung: bis zu den augusteischen Dichtern war sein Gebrauch deutlich beschränkt (LHS 97), dann
wird er zu Verben passiver Bedeutung gestellt, die an sich intransitiv sind:
Catulo iacuit für *a Catulo prostratus iacuit* (Luc. 2,547; Kü.-St. 2,1; 325,
Anm. 12).[87]

Der *Dativus Commodi* wird in gleicher Weise ausgenutzt (Löfstedt
210 ff.): wahrscheinlich verdankt eine Fülle poetischer Dative ihre Existenz
einer analogischen Ausbreitung des Commodi: *crudelis* mit Dat. statt *in*
und Akk. bei Properz 2,26,45 (Tränkle 65); „Kühneres wagen die Dichter,
vgl. etwa Ov. fast. 6,173 *piscis adhuc illi populo sine fraude natabat*", LHS
93 oben, wo man paraphrasieren könnte: „jenes Volk ließ die Fische, noch
ohne sie mit Netzen zu trügen, ruhig schwimmen". *Levamen aerumnis*
statt *levamen alicuius rei alicui homini* bei Sen. Ag. 491, usw.[88]

cc) Der Akkusativ

§ 158
Ersetzungen

Zwar nahm der Akkusativgebrauch in der lateinischen Gemeinsprache
zu (J. Perret, REL 35, 1957, 152 ff.), doch die Dichter, die sich von dieser
Sprache unterscheiden wollten, ersetzten vielfach gewöhnliche Akkusativ-
strukturen: hierhin gehört die Ersetzung eines Akkusativs der Zeiterstrek-
kung durch einen Ablativ (vgl. LHS 41 vor Mitte: zuerst belegt bei Cat.
109,5 f. mit der Nuance des *in* = „innerhalb", die den Wechsel auch her-
vorrief) oder der Richtungsakkusativ mit *in:* es gibt Fälle, in denen ein Ablativ mit *in* auftaucht (s. unten Anm. 91) usw. Zum Ablativ der Zeit-
erstreckung s. Rothstein zu Prop. 1,1,7.

---

[87] Hierzu auch Scherer 48 („nur dichterisch").

[88] Scherer 48 hebt hervor, daß der Ersatz eines Possessivs durch den Dativus
Sympatheticus (Altlatein und augusteische Dichtung) die *Person* in den Vordergrund
rückt (vgl. Prop. 4,1,79). Vielleicht war es dieser Ort, von dem eine Art „lokativi-
schen Dativs" ausging: *haerens capiti corona*, Hor. sat. 1,10,49; Norden zu Ae.
6,350.

§ 159
Verfeinerungen

Geläufige Typen werden raffinierend ausgedehnt, z. B. der Akkusativ der Richtung: von *domum ire* über *limen sali* (carm. Arval. 3) zu *aethera tendit* bei Luc. 7, 477 führt ein Weg, der sich wohl auch (s. § 149) am Griechischen orientierte (LHS 49 nach Mitte); überspitzt wurde diese Möglichkeit dann in *diversum abire* für „in verschiedene Richtungen fortgehen" (Stat. Theb. 11, 113); raffiniert ist auch die Ausweitung eines *in Africam ire* zu *sitientes ibimus Afros* (Verg. buc. 1, 64): Ersatz des Ländernamens durch die Bewohner (s. § 97), dazu dann präpositionsloser Akkusativ.[89]

§ 160
Accusativus Graecus

An einem Beispiel soll dieses Umsichgreifen einer Lizenz sinnfällig gemacht werden, am Beispiel des sog. accusativus graecus. – Grob gesprochen, gab es urspr. zwei Typen des Acc. Graec.: *indutus pallam* (Plaut. Men. 511 f.) und *saucia pectus* oder *saucius latus* (Tib. 1, 6, 49; Prop. 2, 8, 22 nach Verg. Ae. 12, 5; Kü.-St. 2, 1; 288, 4 a; Kroll 250; LHS 36 ff.). Der erste Typus mag auf die Empfindung zurückgehen, daß ein Part. Perf. Pass. verbalen Charakter besitzt und darum ein Akkusativobjekt erhalten kann. Dieser Typus war urspr. auf Kleidungsstücke beschränkt. Dann wurde diese Lizenz als ein Ausdruck von „Beziehungen" aufgefaßt, und das Tor zu Ausweitungen war offen: *exuta pedem* (Verg. Ae. 4, 518) könnte zur Not noch (so Austin) als mediales Partizip + direktes Akkusativobjekt hingenommen werden, ohne Schwierigkeit aber auch als Lizenzausweitung des Acc. Graec.; *suspensi loculos* für „mit Rechensteinkästchen behängt" (Hor. sat. 1, 6, 74) dagegen ist deutlich ein Acc. Graec., jetzt aber schon recht weit von der urspr. Beschränkung entfernt, wenn auch näherungsweise noch mit „Tragen (von Kleidungsstücken)" verwandt. Noch blieb der Bezug auf Körperteile weitgehend gewahrt (*percussi membra timore:* Lucr. 5, 1223), doch auch diese Beschränkung fiel bald: *picti scuta Labici* („die Leute aus Labicium kamen mit bemalten Schilden", Verg. Ae. 7, 796),

---

[89] Bloßer Akkusativ statt *per* + acc. vielleicht schon bei Enn. ann. 143 Vahl. (doch das *i* ist angezweifelt worden, s. Warmingtons Notiz zu fr. 149 seiner Zählung). Ebenso schlecht ist Acc. Graecus erweiterter Form bei Ennius bezeugt: *perculsi pectora Poeni* ann. 311. Die frühe Abweichung vom Grundtypus allein wird man nur bedingt als Argument für die Unechtheit heranziehen. Eine Ersetzung des gewöhnlichen Akkusativs kann man z. B. beim Akkusativ der Raumerstreckung beobachten: Enn. Alex. fr. 43 f. Jocelyn *mari magno classis cita texitur,* wo Ersatz eines *per* + acc. (LHS 131) plausibler ist als die Ansicht Jocelyns, der von Auslassung von *in* spricht.

was Val. Fl. dann überspitzte zu *caelata gerit arma metus* (1,402: „er trägt Waffen, die in getriebener Arbeit Schrecken-erregende Bilder zeigen", „Waffen, geschmückt bezüglich der Furcht"). Und schon Vergil hatte in seinen jungen Jahren die Beschränkung auf Kleider und Körper verlassen: Blumen sind buc. 3,106 *inscripti nomina*, „beschrieben *mit* Namen".

§ 161

Dieser Grundtypus *indutus pallam* wurde also erweitert durch die Loslösung von der Beschränkung auf Kleider und Körperteile, doch wenigstens blieb noch die Verwendung eines Part. Perf. Pass., welches die urspr. Konstruktion durchschimmern ließ. Dann fiel auch dieses Kennzeichen der urspr. Wendung fort: *nasum nidore supinor*, „bezüglich der Nase werde ich durch den Bratenduft aufgeworfen", d. h., „der Duft läßt mich die Nase hochheben" (Hor. sat. 2,7,38; Heinze: Acc. Graec.); Vergils Verse Ae. 7,73 f. *(virgo) visa . . . longis comprendere crinibus ignem / atque omnem ornatum flamma crepitante cremari* wird man so paraphrasieren: „Sie schien mit ihren langen Haaren die Flamme gleichsam von sich aus zu ergreifen (umgekehrt wäre die Ausdrucksweise „natürlicher", s. Conington; vgl. aber oben § 143) und bezüglich ihres Kleidschmucks von knisternder Flamme verbrannt zu werden", und dann läßt Vergil noch weitere Accusativi Graeci folgen; eine wahre Tour de force, in der *ornatum cremari* nur noch von fern an die urspr. Form erinnert, weil von einem Kleidungsstück die Rede ist.

§ 162

Der zweite Grundtypus *Cressa genus* („hinsichtlich ihrer Abstammung eine Kreterin") ist „ganz unter griechischem Einfluß entwickelt", LHS 37, b. Zunächst sind es auch hier vorwiegend die Wendungen mit *genus* und solche, die Körperteile meinen, welche den Typus ausmachen (LHS 37, b): *flava comas* (Ov. met. 6,118), *os umerosque deo similis* (Verg. Ae. 1,589), bleiben noch nahe beim Grundtypus, doch *Cynthia verba levis* (Prop. 2,5,28) ist dann schon recht frei gebildet[90], so daß für die spätaugusteische Zeit bereits gilt, daß der Acc. Graec. entweder im Verbund mit einem Adjektiv oder mit einem Part. Perf. Pass. ohne Beschränkungen einen Bezug oder Sachbetreff auszudrücken vermag. Ungemein verrätselt ist Val. Fl. 1,582: man kommt zur Insel des Aeolus, die im Vergleich mit dem in der Nähe liegenden Felsen beim *Pelorum*-Vorgebirge *nec scopulos aut antra*

---

[90] Wenn Rothstein zu Prop. 2,5,28 *verba levis* („leichtfertig in bezug auf Versprechungen") davon spricht, daß Properz den Accus. Graec. „sehr frei gebraucht" (so auch zu 2,34,47), dann scheint dieser Gebrauch nicht freier als der an der Horaz-Stelle.

minor ist: „weder in bezug auf die Küstenfelsen noch in bezug auf die Höhlen kleiner", worin *minor* einmal körperlich kleiner bedeutet, andererseits (mit *antra* verbunden) „ärmer".

LT　　Schäfler, Die sog. syntaktischen Gräcismen bei den augusteischen Dichtern, Diss. München 1884, 34 ff.; Ovidbelege bei Bömer zu met. 5, 87; Landgraf, ALL 10, 1898, 209 ff.

§ 163
Akkusativ des Inhalts

Urspr. mag diese Wortanordnung aus dem intensiv formulierenden Sakralstil stammen (LHS 38 unten), dann aber wurde es zum Stilmittel pathetischer Sprache, „im allgemeinen wird die Figur später von den Dichtern bewußt gesucht" (LHS 39 oben), z. B.: *gradum regredere,* Enn. Achill. 6 Jocel. (s. seinen Komm. S. 173, Abs. 2); weit entfernt von der urspr. Form sind dann z. B. Prop. 2, 34, 25 *insanire amorem* für *insanum amorem experiri;* 1, 11, 18 *timere amorem* für *timendo amorem experiri* (E. Wistrand, Miscellanea Propertiana, Göteborg 1977, 44 f. Löfstedt, Syntactica 1, 259 zitiert Enn. ann. 375 Vahl. *vicit Olympia*).

§ 164
cd) Der Ablativ

OR　　Auch hier (s. § 144, Ende und 148) bietet sich die Zweiteilung in Ersetzung und Verfeinerung an: zuweilen wird eine geläufige Ablativkonstruktion durch ein anderes Kasussyntagma raffinierend ersetzt, zuweilen – und dies ist die Mehrzahl der Verfeinerungsfälle – spielt sich die Neuerung zwischen *Fortlassen* von Präpositionen und *Umtausch* geläufig gewordener Präpositionen gegen unerhörte ab.

Ersetzung einer Ablativkonstruktion

Auffällig ist die Ersetzung eines abl. compar. durch den Dativ: *nulli inferior* steht in einem Sallustfragment (hist. fr. 2, 37; LHS 113 f.), was dann von Vergil auf *secundus* übertragen wird (Ae. 11, 441); Ov. am. 1, 8, 25 *nulli tua forma secunda est.* Der Ablat. Qualitatis wird bei den augusteischen Dichtern (aber auch bei Nepos und Livius: LHS 68 nach Mitte) zugunsten des Genetivs zurückgedrängt: *corporis exigui,* so beschreibt Horaz sich (epist. 1, 20, 24), s. § 154 Mitte.

Vertauschung der Präpositionen

Die Verba des Trinkens haben gewöhnlich den bloßen Ablativ des Gefäßes nach sich (TLL 2, 1963, 18 ff.), bald stellen sich bei Dichtern Präpositionen ein (OLD s. v. 2 b; LHS 120 unten), z. B. *ex, de* und *ab.*

Neuverleihung von Präpositionen

Geläufig gewordene Gebräuche des bloßen Ablativs werden geneuert,

indem eine Präposition gesetzt wird: Properz setzt *in* an die Stelle des bloßen Ablativus Causae (Rothstein zu 1, 3, 44); der Abl. Instrumenti wird bei
Germ. 128 durch *per* mit Akk. ersetzt (LHS 127 oben, 240 unten).[91]

§ 165
Ausweitung des bloßen Ablativs

Etwas ausführlicher ist die Erscheinung darzulegen, daß die Dichter den
bloßen Ablativ dort einführten, wo bisher der präpositionale Ablativ in
Geltung war. Es nimmt kaum wunder, daß der bloße Ablativ sich dort in
weiterem Umfange ansiedelt, wo es sich um Verbalkomposita mit separati-
ven Präfixen handelt: *removere* mit bloßem Ablativ ist eine lukrezische
Neuerung (LHS 103: „seit Ov.", vgl. aber Lucr. 3, 404), *„excutere* seit
Verg." (LHS a. O., *somno:* Ae. 2, 302) usw. Bei separativischen Adjekti-
ven, die für gewöhnlich keinen Abl. purus hatten, finden sich seit den
Augusteern bloße Ablative (LHS 104 II: *recens* mit abl. purus Verg. Ae.
9, 455). So gab schon Cicero (Tu. 2, 25) in einem Gedicht *viduus* den bloßen
Ablativ (LHS 107 II). Mehr bei Löfstedt, Synt. 1, 285 f., 291/6.[92]
Der *Dativ des Urhebers* (Dativus Auctoris) wird von Horaz und Ovid
durch einen bloßen Ablativ ersetzt (LHS 122 d, Anf.), ein „resultativer"
Ablativ wird kreiert (LHS 127 h: „etwas wird zu..."): Bömer zu Ov. met.
3, 197; 5, 673; er stammt vielleicht von Vergil her, Georg. 1, 180: „die Tenne
darf nicht *pulvere fatiscere: „zu* Staub zerspringen" (Bömer zu Ov. met.
10, 494 bringt neuere Literatur bei). Wenn man so will, verdankt der Ablativ in *quanto* an Stelle des Gen. Pret. seine Existenz der Widerspruchslaune:
reines Stil-Spiel Ovids (fast. 2, 812).
Das vergleichsweise häufige Vorkommen des *Dativus Comparationis* bei
Vergil, seine auffällige Frequenz bei Horaz und Ovid (vgl. das Nest met.

---

[91] Ovid (met. 1, 451) verwendet *de* statt des hier zu erwartenden Ablativus purus:
tempora cingebat de qualibet arbore Phoebus; man könnte sich bloßes *arbore* synekdochisch für *foliis, corona* vorstellen; so aber gewinnt Ovid die sinnliche Nuance
„gebrochen von jedwedem Baume" (s. A. 82). Ähnlich wird bei Stat. Theb. 3, 129
eine Präposition verfeinert: *hae pressant in tabe comas,* „in dieses Gift tauchen sie
ihre Haare"; hier wird aus dem zu erwartenden Akkusativ ein „Ablativ der Richtung" („eintauchen in *dem* Gifte").
[92] Zum Separativus gehört auch der *Ablat. comparationis;* dessen Raffinierung
kann bei LHS 108 f. nachgelesen werden. Hinzuzufügen ist eine seltene Verfeinerung: da der Komparativ auch die Nuance „zu (klein)" tragen kann, wagte Juvenal
4, 66 (s. 15, 140), vielleicht nach Vorgang von Horaz, ein „zu klein für...": ein
Fischer will Kaiser Domitian einen übergroßen Fisch zum Geschenk machen und
sagt *accipe privati maiora focis,* „nimm, was zu groß für den Herd kleiner Leute"
(s. Kü.-St. 2, 2, 475, A. 17. Oder liegt ein Dativ vor?).

13,789 ff.) läßt sich vielfach durch den Einfluß des nachgeahmten griechischen Textes erklären (eine glänzende Beobachtung Löfstedts, Synt. 1,316,318,320). Hier sei lediglich (Weiteres bei Enk zu Prop. 1,3,5) hingewiesen auf die Ausweitung der Lizenz, *dimidio minus* („um die Hälfte weniger") mit bloßem abl. mens. zu konstruieren, zu einem *me minus* im Sinne von „außer mir": Ov. met. 12,554; Germ. Ar. 626, s. Heuvel zu Stat. Theb. 1,536; Housman zu Manil. 1,778 (vgl. auch LHS 135 f.).

Hierher gehört dann auch die Ausweitung des *Ablativus Loci:* Vergil schrieb (Ae. 4,328) *si quis mihi parvulus aula luderet Aeneas* statt *in aula;* der Poetizismus wird deutlich durch ein Späßchen Ciceros: *natura sic ab iis* (d. h. den Peripatetikern) *investigata est, ut nulla pars caelo, mari, terra – ut poetice loquar – praetermissa sit* (fin. 5,9; s. LHS 146, Zus. af.; Pease zu Verg. Ae. 4,471). Möglicherweise läßt sich dieser Ablativgebrauch bereits bei Ennius nachweisen, Alex. fr. 43 f. Jocel.: *iamque mari magno classis cita texitur* (von den Schiffen von Aulis doch wohl); *texitur* wird man wohl eher als „sammeln" auffassen denn als 'build' (Warmington), so daß ein „auf dem Meere" wahrscheinlicher wird als „über die See hin" (LHS 131).

Kanonisierung des Abl. Materiae. Altererbt ist *lapide calce,* „aus Kalk" (Cato, agr. 14,4); gewöhnlich steht hier ein Verb wie *facere* mit *ex* oder *de.* Die leichtere, wohl auch wegen ihrer Uneindeutigkeit reizvollere Konstruktion des bloßen Ablativs bevorzugte Vergil auffällig (Georg. 2,241; Ae. 1,728 f. usw.; Löfstedt, Synt. 1,301), und das scheint dann in den Hochstil eingegangen zu sein (Rothstein zu Prop. 1,2,2, S. 66; Enk zu derselben Stelle S. 23, akzeptiert von Camps; Goodyear zu Tac. ann. 2,33,1).

§ 166
ce) Nachbemerkung zur Kasus-Behandlung

Allgemein ließe sich wohl sagen, daß die Dichter bei der Verwendung der althergebrachten Kasusstrukturen (1) Geläufiges zu *ersetzen* suchten (woraus sich dann für die ersetzende Struktur ein unerhörter Gebrauch ergab), (2) überlieferte, aber beschränkte Lizenzen *auszuweiten*. Was die Präpositionsstrukturen im besonderen angeht, so müßte man scheiden (3) Präpositions*auslassung* (zugunsten eines Casus purus) von (4) *Austausch* der Präposition (woraus sich ein neuartiger Präpositionsgebrauch für die im Tausch hereingezogene Präposition ergibt) und (5) *Ausweitung des casus purus* auf Gedankenformen, die bisher nicht von ihm erfaßt waren, bzw. auf solche, bei denen man bisher wegen der bestehenden Beschränkungen einer Lizenz gar nicht daran gedacht hatte, diese Lizenz auf den in Frage stehenden Gedanken anzuwenden.

Dabei ist Gruppe 3 mit 5 nicht identisch: es ist etwas anderes, statt *in alto* einfach *alto* zu sagen (Fortlassung der Präposition, so daß sich ein abl. loci ergibt), als den acc. graecus auf Gedankenformen auszuweiten, die bisher so nicht strukturiert worden waren, weil der acc. graecus strengen Beschränkungen unterlag.

Will man also ein poetisches Syntagma auf seine grammatikalische Bauweise hin untersuchen, muß man zwei Dinge tun: 1. muß man die Frage entscheiden, ob es gewöhnlich ist oder geneuert; und wenn es geneuert ist, muß man die Neuerung in der in § 166 Anf. skizzierten Weise beschreiben. 2. aber muß man, nach Maßgabe von § 148, 153/5, 157, nachsehen, *warum* der Dichter hier geneuert hat: ob er eine Nuance (etwa eine sinnlich-anschauliche) hervorlocken wollte oder ob er lediglich zu variieren suchte, oder ob er die Ausdrucksweise seines griechischen Originals nachahmen wollte (wobei dann nach einer altlateinischen Wurzel zu fahnden wäre).

d) Das Verbum

§ 167
da) Tempora und Modi

Tempora. Nur das Auffälligste und für die Dichtersprache Kennzeichnende sei ausgeführt, so z. B. das „registrierende Präsens" (LHS 306 c: Verg. Ae. 9, 266 *cratera, quem dat ... Dido*), wozu das „hymnische Präsens" zu ergänzen ist (Tarrant zu Sen. Ag. 385; Bömer zu Ov. met. 4, 23). Den Sinn geben LHS 307 nach Mitte mit „Vergegenwärtigung" an, rechnen jedoch auch mit einer „gewissen Manier", also mit einem gewissen Ausmaß von » L'art pour l'art «.[93]

Zum „weissagenden Futur" (*Turno tempus erit*, „es wird noch einmal die Zeit kommen...", Verg. Ae. 10, 503 f.) vgl. LHS § 174 β, zum seltenen „einräumenden Futur" LHS S. 311 Mitte, dazu Conington und Norden zu Verg. Ae. 6, 847; Hor. c. 3, 23, 13 und Juv. 10, 318 ff.

Wichtig für die Dichterlektüre ist es festzuhalten, daß die Futur-Partizipien den Charakter des Unumgänglichen tragen (R. Westman, Das Futurpartizip als Ausdrucksmittel bei Seneca, Helsinki 1961 ist hier hilfreich) s. § 199.[94]

Mit griechischem Einfluß rechnen LHS, S. 318 unten, beim „gnomischen Perfekt", das wohl Dichter ins Lateinische einführten (Kroll zu Cat.

---

[93] Ein Fall von Vertauschung eines Perfekt-Konjunktivs gegen einen (metrisch bequemeren?) Imperfekt-Konjunktiv wäre Prop. 3, 1, 25; 3, 7, 43 (s. Camps zu 3, 1, 25).

[94] Bemerkenswert ist, daß Dichter spätestens seit Verg. Ae. 2, 471 ein Perfekt-Partizip von Deponentia als gleichzeitig verwenden, also für ein Präsens-Partizip setzen: *mox aere lapsa quieto radit iter liquidum* von einer Taube Ae. 5, 216 f. (s. auch Tränkle 5 f.), s. § 33 Ende.

62,42; bis Seneca der Dichtersprache zugewiesen von Kühner-Stegmann 2,1; 132,9, vgl. Hor. epi. 1,2,48). Zum „verschobenen Plusquamperfekt" s. LHS S. 321 und Enk zu Prop. 1,3,17.[95]
Modi. Der Indikativ der irrealen Periode findet sich gewöhnlich nur bei *paene (paene cecidi –* „beinahe *wäre* ich hingefallen", LHS S. 327b); Statius raffiniert ihn dadurch, daß er *paene* fortläßt (Heuvel zu Theb. 1,98; Vollmer zu Silv. 1,6,52).
In der irrealen Periode kann statt des Konj. Imperf. auch das Präsens stehen (LHS S. 332 unten zit. Cat. 23,22f., vgl. aber auch Bömer zu Ov. met. 5,344), statt des Konj. Plusq. kann auch der des Imperf. vorkommen (LHS 332 unten zit. Juv. 7,69, doch vgl. auch schon Hor. c. 4,6,16/8), der Grund ist eine „Entschwerung", welche die umständlichen Plusquamperfektformen vermeidet (Heinze zur Horazstelle).
In diesem Zusammenhang ist auch auf den Wechsel der Modi in der indirekten Frage vorauszudeuten (§ 183; LHS S. 539; Norden und Conington zu Verg. Ae. 6,615: griechischer Einfluß und Versbequemlichkeit); bei Properz z. B. (vgl. die Stellen bei Camps zu 2,34,35/6) wird man nicht immer die *ratio* erkennen (nicht immer gelingen so gute Ausdeutungen wie bei Tränkle 154 zu 2,13,19ff.): man wird wohl auch mit einer gewissen Manier rechnen, die sich nicht den caesarisch-ciceronischen Regeln beugen möchte, zumal derlei Wechsel zuweilen den Vers entschwerten und metrisch zudem bequem sein konnten.

ZS   Blickt man noch einmal zurück auf die wenigen Belege, so erkennt man dennoch unschwer, wie komplex, vielfasrig und darum schwer entwirrbar die Motivik der Dichtersprache ist: da wäre zunächst die Versbequemlichkeit (*potuerit* und andere tribrachische Formen sowie daktylische Wörter mußten gemieden werden), dann war die *Entschwerung* (schwere Plusquamperfektformen werden gescheut), es war da aber auch die Lust an der überraschenden *Raffinesse,* die zugleich eine technische Erschwerung bedeutete (Fortlassen des *paene* beim irrealen Indikativ u. a.); dann fand sich aber auch so etwas wie ein *emotiver Appell* (so die Vergegenwärtigung und Hervorhebung vermittels variierter Modi) und nicht zuletzt die *Prägnanz* (verhüllte Nuance der Unabwendbarkeit im Futurpartizip). Es mischen sich also rein technische Gründe mit Gründen der Eleganz (Entschwerung), der Emotion und der Sinngebung – eine breite Auswahl, die für das Folgende bedeutsam sein wird.

[95] Zum poetischen Einsatz des Perfekts als Markierung entscheidender Punkte in der Erzählung vgl. Scherer 111f. Das konnte nur geschehen, weil das Perfekt im römischen Epos (relativ) selten war, seine Setzung also auffiel (M. von Albrecht, Glotta 48, 1970, 219/29).

§ 168
db) Der Infinitiv

OR Man kann die folgenden Beispiele in zwei Gruppen unterteilen: einmal tritt der Infinitiv als *selbständiges* Satzglied auf, einem Vollverb gleichwertig, zum anderen tritt er *abhängig* auf, „regiert" von einem Vollverbum.

Im ersten Fall wäre zu untersuchen, ob die Formen der ersetzenden Infinitive natürlich oder gesucht in die Dichtersprache aufgenommen werden, im zweiten Falle, wie der ergänzende Infinitiv an Verba gefügt wird, die ihn gemeinhin nicht als Ergänzung besitzen.

LT H. Merguet, De usu syntactico latino maxime poetico, Königsberg 1863; G. Kirsten, De infinitivo atque accus. cum infinitivo apud Horatium usu, Diss. Leipzig 1938; LHS 341 ff.

Infinitivus indignantis. Dieser Gebrauch,[96] im Altlatein noch reich belegt, scheint allmählich abgestorben zu sein (Tränkle 152); die augusteischen Dichter erneuerten ihn (bzw. hielten ihn am Leben), z. B. Verg. Ae. 1, 37; Hor. sat. 1, 9, 72 f., s. Heinze zur Stilhöhe ad loc.: „volkstümlich", doch wird man wohl mit einer leichten Anachronie rechnen dürfen.

Infinitivus historicus. Dieser Gebrauch häuft sich in erzählenden Partien der Komödie, dann unter bestimmten Bedingungen in der Historiographie, bes. Sallust, seltener bei Livius, häufiger und überaus raffiniert (Kü.-St. 2, 1; 137 f.) bei Tacitus. Über den dichterischen Gebrauch wurde oben § 53 gesprochen. Seltsam, daß er sowohl bei Horaz als auch bei Vergil auftritt (Austin zu Ae. 2, 98), nicht aber bei Ovid (zu met. 7, 639 s. Bömer); diese Seltsamkeit könnte nur von der Bestimmung der Stil-Höhenlage etwa der *Metamorphosen* her geklärt werden (Material bei Kü.-St. 2, 1; 137 nach Mitte; LHS 367; Scherer 83. Vgl. W. Dressler, Studien zur verbalen Pluralität, Wien 1968).

§ 169

Prohibitive Infinitive. Im alten Latein konnte der verneinte Imperativ die Form *parce, comperce, compesce, mitte,* usw. + Infinitiv annehmen (Kü.-St. 2, 1; 206; LHS 337 oben, 347). Die Dichter weiten diese Möglichkeit auf andere abweisende Verba aus: *remittere* (Hor. c. 2, 11, 3, wo Nisbet-Hubbard eine besondere Nuance herausspüren) gegenüber *mitte* (c. 1, 38, 3); *fuge* (c. 2, 4, 22), *aufer* (Hor. sat. 2, 7, 43: er erneuert ein altlateinisches Syntagma: TLL 2, 1335, 1 ff.); angesichts dieser Stellen darf man in *fuge quaerere* (c. 1, 9, 13) kaum nur einen Gräzismus vermuten (Kroll 251, Nisb.-Hub. z. St.) trotz der griechischen Parallele (Kü.-Gerth 2, 2; 208); diese Infinitive haben ihre altlateinischen Wurzeln, zumindest *auch* solche.

---

[96] „Öfters bei Dichtern seit Vergil, Ae. 1, 37", LHS 366 a. Belege gibt es anscheinend schon bei Plautus und Ennius, s. Scherer 117.

§ 170

Im Zusammenhang mit den *finalen Infinitiven* sind folgende Beobachtungen unerläßlich.

OR   Ursprünglich waren die Infinitive, welche als Ergänzung zu Verben traten, finaler Natur (LHS 344, § 191). Die ältesten Belege weisen daher Verba der Bewegung und des Wollens u. dgl. als regierende auf. Später wurde diese Lizenz so ausgeweitet, daß der finale Charakter kaum mehr zu spüren war und die Infinitive dieser Gruppe nur noch formal als „Ergänzungen" an der Stelle von Objekten beschreibbar sind.

LT   Konjetzny, ALL 15, 1908, 342 ff.; LHS 345/8; Scherer 84: „Archaismus", was nicht befriedigt, denn auch die Entschwerung der Syntaxe war oft willkommen in diesen Infinitiv-Konstruktionen.

BG   Im Griechischen geläufig, wird dieser Infinitiv bei Call. hym. 3 in Dian. 23 so verfeinert, daß er mit einem persönlichen Akkusativobjekt kombiniert wird (zu einer Art finalen A. c. I., s. Bornmann z. St.), wohl in Analogie zu den kausativen Verba. Die gleiche Lizenzausweitung nahmen auch die lateinischen Dichter vor, wenn sie in Analogie zu *dare bibere* (LHS 345 B) und zu *iubere* die Zahl die solche Infinitive regierenden Verba stark vermehren.

Die Möglichkeit, *dare* mit Infinitiv im Sinne von „zu trinken, zu essen geben" zu konstruieren, wurde von den Dichtern ausgeweitet zu *dare* im Sinne von „gewähren" („seit Lucr. 6, 1227", LHS 345 B), ebenso wie sie die Lizenz, einen Infinitiv nach Verba der Gemütsbewegung zu verwenden, breit ausgedehnt haben (LHS 346 unten: im Altlatein konnte man so nur *gaudeo* verwenden, seit Horaz dann *delector, doleo;* c. 4, 4, 62 sogar mit passivem Infinitiv usw.). Als Vergil Aeneas mit seiner Erzählung beginnen läßt (Ae. 2, 12 f.), legt er ihm die Worte in den Mund: *quamquam animus meminisse horret... / incipiam;* Austin bemerkt: 'prose construction brought into epic by Virgil', doch kaum 'prose'. Die einzige vorvergilische (gesicherte) Belegstelle ist Cic. harusp. 37 (leg. agr. 2, 101 ist alles andere als gesichert); vielmehr vgl. Cat. 14 a, 3: diese Konstruktion scheint in der Prosa ungeläufig gewesen zu sein, Cicero mag an der emotionalen Stelle seine Diktion sich zu poetischem Kolorit haben aufschwingen lassen. Auch gegen Devotos Ansicht (195), diese Formulierungen verdankten der Griechennachahmung ihre Existenz, muß eingewendet werden, daß die Meinung nur zur Hälfte zutrifft, gibt es doch altlateinische Keimzellen (s. oben: *gaudeo*). Vielmehr handelt es sich um Ausweitungen ursprünglicher Lizenzen (A. Traina, Lo stile drammatico del filosofo Seneca, 2. Aufl. 1978, 79).

§ 171

Auch der Typus *credere est* war urspr. wohl finaler Natur. Man wird an gräzisierenden Ursprung denken müssen (LHS 349 Mitte). Die frühesten Stellen sind wohl Ter. Haut. 192 und Ad. 828 (allerdings wollte Lachmann die erste zu *crederes* ändern, doch halten Lindsay-Kauer und Marouzeau das Überlieferte): bewußter Gräzismus, gewiß aber gestützt durch Syntagmen wie *fas est, mos est.* Die Augusteer weiteten diese Lizenz dann aus (Verg. Ae. 6, 596: *cernere erat* u. dgl.).

§ 172

Ursprünglich sind *Adjektive mit Infinitiv,* also Wendungen wie *paratus mit Inf.,* worin das *-to-*Partizip die Nuance des „gemacht zu…" enthält, also eine Finalität. Auch diese Möglichkeit wurde dann breit ausgedehnt, vgl. *dignus:* Cat. 68, 131; Lucr. 5, 123; Juv. 8, 67, bis hin zu *ridiculus* (Hor. sat. 2, 8, 24) und *horridus* (Luc. 3, 347: Analogie auch zu *horreo* mit Inf., s. § 170).

§ 173

Bei all diesem muß man sich über die innere Ratio dieser Vorgänge im klaren sein. Gewiß handelt es sich um Raffinierungen, um den Willen, Unerhörtes, Faszinierendes zu schreiben; aber doch *auch* um die Meidung schwerfälliger Nebensatz-Konstruktionen, z. B. um die Vermeidung eines *dignus* mit *qui* + Konj. Einerseits ist also die immer gewagter werdende Ausweitung ursprünglicher Möglichkeiten als Ursache anzusehen, auf der anderen Seite aber auch die Entschwerung des Verses, viel weniger metrische Zwänge (vgl. auch oben § 36 am Ende).

Auch hier gibt es Überspitzungen, eine von LHS 351 als „geradezu unlateinisch" getadelte ist Luc. 1, 164 f.: die Männer seien so verweichlicht und überfeinert, daß sie *cultus gestare decoros / vix nuribus rapuere,* „sie ließen sich die Gelegenheit nicht entgehen, Schmuck zu tragen, den zu tragen eigentlich nur für Mädchen schicklich war", worin der inf. pass. zu erwarten war.

dc) Transitivierung, Intransitivierung

§ 174

OR   Die Dichter waren stark an dem Prozeß beteiligt, den Verben, die bisher kein Akkusativ-Objekt haben konnten, künstlich ein solches oder auch ein Passiv zu geben. So wird ein *triumphatus* aus dem urspr. intransitiven *triumphari* (Verg., Hor., s. LHS 32 a, Ende), und schon Ennius gibt *gemere* ein direktes Objekt, wenn auch ein Neutr.-Pronomen (frg. scaen. 184 Jocel.).

LT   LHS 31 ff.; Löfstedt, Syntactica 1, 238/257; Regula 176.

BG   *Transitivierung* von Verba, die urspr. nicht den Akkusativ nach sich zogen, ist alt und der Sprache überhaupt eingeboren (LHS 31). Diese Möglichkeit nutzten die Dichter bis hin zu seltsamen Rätselhaftigkeiten. Vergil dürfte z. B. als erster *habitare* mit acc. verbunden haben (buc. 2,29; Cic. Verr. 2,4,119 ist von der Korresponsion mit *coli* her zu erklären, TLL 6,3; 2478, 65 ff.). Schon Accius wagte ein *fremere bellum* (fr. 288; 275 Warm.): "roaring 'war!'" (Warmington) ist nur bedingt richtig, denn es handelt sich wohl um eine Analogie zu *clamo* (Pl. Aul. 300; LHS 39 f.: Inhaltsakkusativ). Statius, Theb. 11,7 f. überspitzt das zu *anhelare proelia*. Juppiter brachte den Himmel nach Capaneus' Fall wieder in Ordnung und machte den Eindruck eines Kriegers, der vom Kampf außer Atem sei: *ceu fessus anhelet / proelia*, was eine unerhörte Transitivierung scheint. *Singultare* von vielerlei Arten der Sprechbehinderung (Röcheln im Tode, Schluchzen usw.) ist von Natur aus intransitiv; doch Ovid (met. 5,134) schrieb *singultantem animam* dort, wo er den Tod des Dorylas beschrieb: „Variation für *animam expirare*", Bömer; doch müßte man auch eine Beschreibung der *Art* von Variation versuchen. Vergil Ae. 9,333 hatte *singultantem sanguine* geschrieben: *„mit* Blutspucken verröcheln", Ovid zitiert das mit Transitivierung (met. 5,134 f., s. Schamberger 309 ff.). Stellen wie *oculis liquentibus imbrem*, „die Augen ‚feuchten' Tränenströme", erinnern an modernste Fügungen aus der expressionistischen Phase: Stat. Theb. 5,270; vgl. TLL 7,2; 1492,8 f.).[97]

§ 175
Transitivierung durch Präfigierung

Im Altlatein konnte aus intr. *venire* durch Präfigierung mit *con-* ein Transitivum werden (*convenio eum*, LHS S. 33 c); besonders auffällig ist hier ein Wort aus dem sermo amatorius: *de-pereo* für *amo* (Duckworth zu Pl. Ep. 219); danach *ardere aliquem* bei Ter. Pho. 82, was Vergil aufnahm (buc. 2,1); Horaz verfeinert das dadurch (c. 4,9,13), daß er zu Helenas Liebesobjekt nicht den Paris selber macht, sondern sein Haar.

Eine Überspitzung liegt dann offenbar in späten Gebräuchen wie *nidos absiliunt* („die Vögel verlassen das Nest") bei Stat. Theb. 6,97 f. vor (Schamberger 316 f.), insbes. bei *efferare aurum* („Gold zu wildem Gebrauch verwenden") bei Stat. Ach. 1,425 (TLL 5,2; 138,43).[98]

---

[97] Vgl. Langen zu Val. Fl. 2,212 zu *singultare; erumpere nubem* bei Verg. Ae. 1,580 (nach Analogie von *effugere mortem?*), s. Housman zu Manil. 1,116. Man muß bei diesen Erscheinungen immer mit Verkürzungen (s. § 91) rechnen, z. B. Hor. c. 4,6,21 ff.:*ni... pater adnuisset rebus Aeneae... muros,* „wenn der Vater der Götter und Menschen dem Aeneas nicht Mauern gewährt hätte", wo man ebenso wie bei Hor. sat. 1,10,44 f. *(molle atque facetum Vergilio adnuerunt... Camenae)* an eine Bildung denken kann nach Analogie von ἐπινεύω mit Akk. (Eur. Hel. 681).

[98] Man kann das auch Passivierung nennen; eine Überspitzung liegt wohl bei Sen. Ag. 379 vor, wenn es heißt, „ein Gebet sei erhört worden" und dies mit *compote voto* ausgedrückt wird ('their prayer granted', Tarrant; kein früherer Beleg).

§ 176
Intransitivierung

Miscere wird von Statius (Theb. 4,416) für *se immiscere* gesetzt (Schamberger 318; LHS 295). *Ponere* für „sich legen" vom Wind bei Verg. Ae. 7,27; Luc. 3,523 u. ö. könnte altlateinische Vorbilder haben: *foris aperit*, „die Türe öffnet *sich*", Plaut. Pers. 300, LHS 295 unten. Eine einfache Auslassung des Reflexivs kann eine Erklärung sein, zuweilen reicht sie nicht aus: *turbare* für „unruhig sein" (Verg. Ae. 6,800) scheint damit nicht erklärbar; *turbare* verwendet Varro r. r. 3,17,7 vom Meer, es wird sich um einen Seemannsausdruck handeln, den die Dichter in die hohe Sprache einführten (Lucr. 2,126; 3,492 f. ist unsicher), wahrscheinlich ähnlich wie das oben erwähnte *ponere* für „sich legen" des Windes. Wir sagen: „der Motor dreht hoch", d. h., er dreht *sich*. Vgl. Elter, Rh. Mus. 41, 1886, 538 ff. Vergleichbar scheinen Gebräuche wie *lux appetit*, „der Tag nähert sich": Caes. b. g. 7,82,2; so schon Plaut. Aul. 75; Mo. 651; vgl. Regula 179.

dd) Inkongruenzen

§ 177
Numerus-Spiele

OR   Gemeint ist hier nicht die *constructio ad sensum* (Löfstedt, Synt. 2,134 ff.; z. B. *magna pars* mit Pluralform des Verbs, LHS 436 A, a), sondern die Setzung eines Plurals, wenn es sich nur um *einen* Gegenstand handelt, oder des Singulars, wo es um viele geht. Das erste könnte unter dem Namen „poetischer Plural" gefaßt werden (s. oben § 46 f.), das zweite hat einen solchen Terminus nicht erhalten, es gehört gewiß unter die Rubrik „grammatikalische Raffinierung" (bis zur Unwirklichkeit).

LT   LHS 435 ff.; 592; Tarrant zu Sen. Ag. 194; Jocelyn zu Enn. scaen. S. 216 f. Griechisch: Kü.-Gerth 2,1; 68; Schwyzer 2,608; Maass, Aratscholien S. 98 (σχῆμα Πινδαρικόν).

BG   Die Fälle sind so geläufig,[99] daß zwei für jede der oben unterschiedenen Erscheinungsweisen genügen. „Troja ist gefallen, eilig streben die Griechen hinaus auf

---

[99] Vgl. Camps zu Prop. 1,19,13 (die Annahme eines poetischen Singulars scheint auch 2,20,8 *nec tantum... lacrimae defluit* in Ordnung zu bringen: Konjektur von Heinsius, Hanslik nahm sie auf). – Bekannt ist auch das Spiel zwischen *ego* und *nos*, *meus* und *noster* (Maurach zu Germ. 2, *genitor;* Maguinness, Cl. Qu. 35, 1941, 127 ff.). Der Wechsel scheint willkürlich, und nur selten glaubt man, eine Ratio erkennen zu können: nach der Feststellung, Orpheus habe Tiere und Flüsse, andere Sänger anderes durch ihr Lied bewegt, sagt Properz 3,2,7 f.: *miremur, nobis et Baccho et Apolline dextro, / turba puellarum si mea verba colit?* In der Nähe der ehrwürdigen Gottheiten steht der hohe Plural, in der Nähe der lockeren Mädchen der Singular. Zum Wechsel von *ego* und *nos* auch Enk zu Prop. 1,1,33.

die See" drückt Seneca (Ag. 422) aus mit *maria properantes petunt,* obschon es nur die eine See ist, die dort bei Troja sich befand. Oder der Singular: *quatit ungula terram* bei Enn. ann. 224 Vahl. entspricht seinem Ausdruck, ein Hund suche *nare sagaci* schnüffelnd, als habe ein Hund nur *ein* Nasenloch (ann. 341 Vahl.). Noch übertriebener wieder Ennius (ann. 385): die See werde „geschlagen vom dichtgedrängten Schiff" und *„eine* Träne wäscht Blut ab" (Cresph. 138 f. Jocel.), was auch später gang und gäbe bleibt (Sen. Ag. 541: *navem manu complexus,* wo die anschauliche Wirklichkeit aufgegeben [100] ist).

§ 178

ZS   Man muß jederzeit nach den Nuancen fragen; es mag sein, daß an der Stelle Sen. Ag. 422 die Meere mit gemeint sind, auf denen die Heimkehrenden segeln werden, *nachdem* sie die See vor Troja hinter sich gebracht haben werden. Horazens *non semel dicemus „io triumphe" civitas omnis* (c. 4, 2, 50) verbindet ein „Wir" mit *civitas,* man kann das als σύνεσις etikettieren; doch spricht sich in solchen Kleinigkeiten das bewußte Zurücktreten des Dichters in die Menge aus, das für dieses vierte Odenbuch charakteristisch ist: die grammatikalische Finesse trägt Sinn.

§ 179
Abstrakt – Konkret

Bekannt [101] ist die Zusammenstellung von *triste* („etwas Bedrohliches") und *lupus* in *triste lupus stabulis* (Verg. buc. 3, 80); derlei Strukturen sind in späterer Zeit nicht selten, die Dichter lassen Abstraktes reizvoll mit Konkretem wechseln wie in der Beschreibung des Halsbandes der Harmonia (Stat. Theb. 2, 280 ff.): *germen Hesperidum,* d. h. Äpfel, sind auf ihm abgebildet, dann das Gold des Vlieses, *tum varias pestes* (abstrakt, rein enumerativ) und der *raptus dux Tisiphones de crine,* also die Hauptnatter von Tisiphones Kopf. Oder Val. Fl. 1, 186 f.: die Argo wird vom Stapel gelassen, sie schwimmt, dann: *non clamor anhelis / nauticus aut blandus testudine defuit Orpheus,* das Rufen des Verantwortlichen (s. Langen) mischte sich mit *Orpheus,* d. h. seinem Gesang. Vgl. Sen. Ag. 22: „Jener Büßer Tantalus ist nur ein kleiner Teil der Schuld gegen mich", *ille nostrae pars quota est culpae senex?,* worin ein *senex* zur *pars culpae* wird, ein Lebewesen zu einem Abstraktum (vgl. auch Düring 10).

§ 180

Man wird in dergleichen keinen tieferen Sinn erblicken wollen als den der Überraschung, vgl. etwa die langen Listen von „inhomogenen Attributen"

---

[100] Kroll zu Cat. 63, 75; Luc. 1, 537 schrieb *cornu coacto,* wo der Mond doch zwei *cornua* hat und *cornu* mit *coacto* zusammen ein nicht nachzuvollziehendes Pseudo-Bild ergibt. Ans Komische grenzt auch, daß bei Val. Flacc. 1, 185 alle Helden *einen* einzigen *poples* haben sollen (Langen zu 1, 136).

[101] Vgl. dazu LHS § 238 und Scherer 98.

bei Bömer zu Ov. met. 4,341 und 5,363 (*duri puer oris et audax* usw.). Oder die seltsamen, gemischten Anreden bei Statius: *te, mitis Eleusin* (Theb. 2,382) und *tu tamen, egregius fati... passure* (3,99).

§ 181
Konstruktionsbrüche

OR   Wenn bei Sophokles (Phil. 169 f.) der Chor sein Mitleid mit Philoktet äußert („Ich spüre Mitleid mit dem Armen, wie er da allein dahinsiecht") und dabei formuliert μή του κηδομένου βροτῶν μηδὲ ξύντροφον ὄμμ' ἔχων, dann wechselt die Konstruktion von einer absoluten zu einer konjunkten Partizipialkonstruktion (s. Jebbs Parallelen), und zwar mit der besonderen Nuance, daß der Blick von den „anderen" zur Hauptperson wechselt. Dieses ist mit „Konstruktionsbruch" gemeint: ein Zerbrechen der grammatikalisch erwartbaren Konstruktionssequenz, hier wenigstens um eines psychagogischen Effektes willen. – Zum Subjektswechsel s. Übungsteil, Text II, Antw. 4.

LT   Leo, Observationes criticae 92 f. (zum Umbruch von Indikativ – Konjunktiv); LHS 814 ff. Düring 65 ff. Die „Konstruktionsbrüche" werden in der Literatur zumeist „Anakoluth" genannt (Lausberg S. 459; LHS 729 ff.); Scherer 225 f.; griechische Belege seit Homer, vgl. Il. 13,68 ff. 24,764 usw.

§ 182
BG   In Sophokles' „Philoktetes" (667 ff.) sagt der kranke Held zum jungen Neoptolemos, er möge beruhigt sein, er werde den Bogen betrachten, ja berühren dürfen: παρέσται ταῦτά σοι καὶ... ἐπιψαῦσαι μόνον, und dieses μόνον kommt ganz unerwartet für μόνῳ: doch gerade dadurch wird das ohnehin ans betonte Versende gesetzte Wort doppelt stark herausgehoben, wie Jebb z. St. richtig bemerkt. Vollends verwirrend ist Call. Aet. 1, fr. 1,33 ff.: „eine Zikade möchte ich sein, auf daß ich das Alter, auf daß ich den Tau, diesen besinge, jenes ablege": ἵνα γῆρας –, ἵνα δρόσον –, ἣν μὲν ἀείδω,... τὸ δ' ἐκδύοιμι: der Satz ist doppelt gebrochen, doch kunstvoll ist das Zerrissene zum Chiasmus geordnet: eine kunstvolle, affektische Konstruktion (s. Friedländer im App. Pfeiffers z. St.).

Man vergleiche Verg. Ae. 6,458 ff.: Aeneas ist erschüttert von Didos Geschick und will sich gleichsam entschuldigen: *invitus* habe er sie verlassen, und das beschwört er: *per sidera iuro, per superos* – und nun, so will es der Dichter, reißt ihn der Drang hin zu einem „Konstruktionsbruch" – *et si* („so wahr", s. Norden) *qua fides tellure sub ima est.* Natürlich ist der „Bruch" überbrückt durch die Antithese *superi* – *inferi.* Möglicherweise noch überraschender ist Ae. 4,143 ff.: aus der Relativkonstruktion (*qualis* etc.) geht Vergil in die direkte über (4,147: *ipse graditur*): der Sinn ist nach Austin, das *ipse* stark hervortreten zu lassen: also auch hier genügt es nicht, sich etwa auf den technischen Gebrauch von Subjektswechseln am Gleichnisende zurückzuziehen, sondern stets den tieferen Grund aufsuchen muß, wer wirklich eindringen will (vgl. etwa Tränkle zu properzischen Konstruktionsbrüchen S. 7 f., 16 f. zu Properzens Spiel mit kopulativen und disjunktiven Reihen: *modo – et – etiam* in 1, 1, 11 ff., angezweifelt von K.-W. Weeber, Rh. Mus. 117, 1974, 183 ff., beseitigt durch *non modo*, verteidigt von R. Hanslik, W. St., NF 10, 1976, 191 f.). Unanzweifelbar dagegen 1, 3, 41 ff. *modo – rursus – et – interdum* (s. Tränkle 15 f.).

§ 183

Vergil (Ae. 6, 756 ff.) fängt mit einer Relativkonstruktion an, um mit einer Infinitivkonstruktion fortzufahren (s. Coningtons Komm.): „Welcher Ruhm die Troer erwartet, welche Nachkommen italischen Stammes unvergänglich bleiben werden – edle Seelen, Erben unseres Namens – das werde ich dir deuten", *nunc age Dardaniam prolem quae deinde sequatur / gloria, qui maneant Itala de gente nepotes, / – inlustris animas nostrumque in nomen ituras – / expediam;* die Parenthese mit dem hohen Prophetenlob hebt sich auf diese Weise wirkungsvoll aus der Rede heraus.

Oder Properz (2, 16, 29 f.): *aspice, quid donis Eriphyla invenit amaris / arserit et quantis nupta Creusa malis* (LHS 815 vor Mitte und 539 oben; vgl. oben § 167 b und die Diskussion um Prop. 2, 8, 40; 3, 1, 16 f.).

Wenn Devoto 196 (nach Norden zu Verg. Ae. 6, 615, vgl. Janssen 25, bei Lunelli 109) annimmt, daß dies Wiederauftauchen des Indikativs, etwa in der indirekten Frage, aufgrund „griechischer Prägung" geschah, so ist das zumindest einseitig: Gründe der Finesse und der metrischen Bequemlichkeit spielten ebenfalls eine Rolle, und letztlich war derlei eine noch nie ganz vergessene altlateinische Möglichkeit (LHS 539, Zus. α; Langen in seiner Valerius-Ausgabe S. 58, Enk zu Prop. 2, 16, 29 rechnet mit einem Überleben dieser Ausdrucksweise in der Umgangssprache); s. Luc. 1, 126; 9, 563. Ein Nest solcher Indikative, mit Konjunktiven gemischt, bei Prop. 3, 5, 25 ff., vgl. Langen zu Val. Fl. 1, 281. Als Grundsatz muß gelten: vor der Ansetzung eines „Gräzismus" ist nach altlateinischen Parallelen zu fahnden (vgl. z. B. Bailey zu Lucr. 1, 1041; Bd. 2, S. 781).

§ 184
Wortartliche Inkonzinnität

OR   Nach der gedanklichen (§ 144) Inkonzinnität die wortartliche, die vorliegt, wenn Wörter verschiedener Art um der Variation willen entgegen der Erwartung verbunden werden.

LT   Leo, Observat. Criticae 198.

BG   Dort, wo Arat sagt (v. 8), daß Zeus die Menschen daran erinnere, daß die Mittel zum Lebensunterhalt bereitgestellt werden müssen, da formuliert er dies so: Zeus sagt den Menschen, wann die Scholle am besten zu bearbeiten sei durch „Och-

sen und Hacke", was deutlich eine recht inhomogene Zusammenstellung ist. Eine
Ungleichheit der verwendeten Wortarten auch bei Ov. met. 1, 19 f.: *frigida pugna-
bant calidis, umentia siccis, mollia cum duris, sine pondere habentia pondus*, worin
besonders das *sine pondere habentia pondus* unerhört hart variiert: man muß es zu
eis, quae pondere careant (pugnat) pondus, d. h. *ea, quae pondus habent*, ergänzen;
zu *sine pondere* vgl. meinen Germanicuskomm. zu v. 251.
Vergleichbar ist die Inkonzinnität auch bei Stat. Theb. 3, 47 f.: in einem Vergleich
wird das Bild eines Hirsches gezeichnet, der – vom Regen überrascht – sehen muß,
wie seine Herde in den Wald flieht (*abegit* sicher richtig): *inopinus abegit / imber et* –
und nun folgt nicht das zu erwartende *ventus*, sondern: *hibernae ventosa cacumina
lunae*, also dasjenige, was den Wind *bewirkt* (vgl. Snijders Komm.).

ZS   Es kommt darauf an, die drei in diesem Buche unterschiedenen Inkonzinni-
täten deutlich zu definieren (man vergleiche § 144, 177 ff. und 184): man kann die erwartete *Gedanken*-Abfolge stören („Einer stand *links*, der andre *nördlich*"), man
kann die erwartbare syntaktische Fortsetzung ändern (nach Konjunktiven in einer
indirekten Rede plötzlich ein Indikativ), und man kann auch die *Wortarten* inhomo-
gen gestalten.

IV. SINNZUGEWINNUNG

VORBEMERKUNG. Entsprechend dem in § 10 Ausgeführten folgt auf die Groß-Kategorien der *Verstärkung* und der *Raffinierung* die der *Anfüllung mit Sinn*. Damit ist gemeint, daß der Dichter sich an die Emotion wendet (Verstärkung), an das eher intellektuelle Gefallen an der verfeinernden Sprachbehandlung (Raffinierung) und an die *Vorstellungs-* und *Verspürenskraft* im Rezipienten. Er kann da durch ein *Mehr* dem Text über das Erwarten hinaus Vorstellungs- und Empfindungsfülle geben, er kann dem Aufnehmenden durch *Aussparung* zum eigenen Hinzufügen Freiraum überlassen, und er kann, indem er *anders* spricht, als erwartbar war, eine reizvolle Inkommensurabilität schaffen, die Gedanken und Empfindungen aufregt.

§ 185

EINFÜHRENDES BEISPIEL. Das griechische Wort λάσκω ist eine Erweiterung des Stammes λακ-,[102] der ein Gellen meint (Liddell-Scott-Jones), sei es einen gellenden Jagdschrei (etwa den des Bussards) oder das gellende Zerspellen eines Materials. So verwendet es Aeschylus (Cho. 35), wenn er „den Angstschrei aus einem Winkel des Hauses gellen" läßt (ἀμβόαμα μυχόθεν ἔλακε περὶ φόβῳ). Hier ist das Wort *proprie* gebraucht; wenn Sophokles dasselbe Wort (Phil. 110): πῶς ... τις ταῦτα τολμήσει λακεῖν; für bloßes Sprechen verwendet ohne die Nuance des Gellenden, dann nimmt er gleichsam nur den Kern ohne die Schale, nimmt die Grundbedeutung („einen Laut hörbar machen") ohne ihr inhärentes (§ 95,95 a) Merkmal. Es muß etwas „fort-gedacht" werden, um zum Gemeinten zu kommen, eben die kennzeichnende Nuance, die „eigentlich" zu dem Wort gehört. Oder anders: der Kontext ist überkennzeichnet, überfrachtet um die Nuance des Gellenden, die daher weggedacht werden muß. Hier enthält das Wort ein Mehr an „Information", das „überflüssig" ist, aber den Reiz des Unerwarteten enthält; es ist „an sich" laut und regt dadurch an, es im Verbund mit dem τολμήσει des Kontexts, dem „Wagen von Gräßlichem", negativ zu verstehen.

Anders Homer, Il. 13,616: Menelaos trifft einen Kämpfer, und dessen Stirnknochen „gibt einen Laut von sich" (λάκε): hier muß man sich herzudenken, daß der Knochen krachte, als er *brach* (so auch LSJ s. v. I: 'broke with a crash'). Das Wort verbirgt etwas, es gibt weniger, als zu erwaren

---

[102] Zur Wortbildung vgl. Schwyzer 1,708, Abs. 2.

stand, es ist „prägnant" gebraucht, da man sich etwas „dazu" ausmalen muß.

Und wieder anders Euripides (Alc. 346): hier wird das Wort vom Singen gesagt, doch das melodisch Gezügelte, rhythmisch Geformte, Schönheit Tragende ist ja gerade *nicht* das von Anfang an zu λακεῖν Gehörige, es Kennzeichnende: das Wort wird „anders" als erwartet verwendet, es *erhält* keine Nuance und *verliert* auch keine, seine Nuance, die es von Natur aus besitzt, die ihm „inhäriert" (Küper 111), wird ausgetauscht gegen eine *andere.* A. M. Dales Ausdruck (S. 78 ihres Komm.) 'extended' trifft nicht voll zu, führt aber weiter als Radermachers Bemerkung, es handele sich bei den Belegen in der Komödie (Ran. 97 z. B.) um Anklänge an die tragische Diktion; gewiß richtig ist ihre Auffassung, daß Aristophanes die tragische Redeweise parodiere.

A. Mehr

§ 186

VORBEMERKUNG. Entsprechend § 10 müßte hier der Vergleich und das Bild besprochen werden. Das geschieht jedoch aus folgenden Gründen nicht: zwar trägt das Bildhafte in Vergleich und dichterischem Gemälde weitgehend das Gedicht, doch gehört das Bildnerische nicht in den Bereich des Handwerklich-Technischen, der kategorisiert und darum auch letztlich gelehrt werden kann. Das Bildhafte wäre zudem eher dem Inhaltlichen als dem Formalen zuzurechnen, und nur um das Formale soll es hier gehen.

LT Zum Bild und Vergleich in der lateinischen Literatur vgl. insbesondere die „Bibliographie zur antiken Bildersprache", bearb. von H. Gärtner und W. Heyke, Heidelberg 1964. R. Daut, Imago. Untersuchungen zum Bildbegriff der Römer 1975. Zu Catull im besonderen: J. Svennung, Catulls Bildersprache, 1945; auch ist immer noch wichtig als eine grundlegende, die Germanistik übergreifende Arbeit H. Pongs, Das Bild in der Dichtung, Marburg 2. Aufl. 1960.

§ 187

1. Übernuancierende Nomina

Wenn Sophokles (Phil. 203) von einer Stimme, die den zu sich selber Redenden gleichsam „begleitet", die er hören läßt beim Reden mit sich selbst, sagt, sie sei „mitlebend (El. 1190)", (σύντροφος), dann ist diese Nuance des „Lebenden" ein Zuviel; man muß es fortdenken, um zum gemeinten „begleitend" zu kommen. Der Sinnzugewinn liegt darin, daß man die Empfindung des ständigen, wie angeborenen, Begleitens hat. – Wenn Ovid

132 IV. Sinnzugewinnung

(ars am. 3,398) die Ansicht äußert, ein noch so hübsches Gesicht sei nichts wert, wenn es eines *testis* entbehrt, dann meint er nicht den Zeugen, der etwas bestätigt oder berichtet, sondern zunächst nur den Betrachter wie Luc. 7,286. Eine Sinnzugewinnung ist, daß man zum Vorstellen angeregt wird: wieso Zeuge? Bezeugt man die Schönheit, wenn man beim Betrachten staunt oder dgl.? Trivial ist die Setzung eines über-präzisen *dexter* und *sinister* dort, wo „keine exakte Lokalbeschreibung" beabsichtigt ist (Bömer zu Ov. met. 2,738), d. h. für „die *eine* Seite, die *andere* Seite".[103]

§ 188

2. Übernuancierende Verben

Horaz möchte den Himmel erreichen: *feriam sidera vertice* (c. 1,1,36), doch will er ihn gewiß nicht „treffen", an ihn „anschlagen", sondern eben nur berühren (Ovid sagt an entsprechender Stelle *tangere:* met. 7,61, und zwar nach griechischem Vorbild: ψαύω, s. Bömer z. St.). *Ferire* ist „zu stark", das „anschlagen" muß fortgedacht werden, um zum Gemeinten, zu ψαύω, zu kommen.

Oder Statius (Ach. 1,100): als Thetis den thessalischen Strand betritt, *feriunt vada Thessala plantas;* hier steht nicht nur *plantas* für *pedes,* sondern wieder *ferire* für *tangere, adluere* o. ä.: *ferire* ist zu stark, der Reiz dieses Gebrauchs liegt in seiner quantitativen Unangemessenheit an den Kontext.

Germanicus (Arat. 462) schrieb über den Wendekreis des Krebses *plantam terit Perseida laevam,* er „berühre den linken Fuß des Perseus". Hier ist erneut *planta* für *pes* gesetzt, das Adjektiv für das Namenssubstantiv Perseus, dazu aber auch *terere* für *tangere,* „abschleifen" für „berühren" (Gain übersetzte mit 'touches', Le Bœuffle mit « touche»).

[103] Hierher gehört die Entnuancierung eines Wortes wie *cavus* von „gehöhlt" zu „Öffnung": *cavus* ist das, was ausgehöhlt, also vorn geöffnet, hinten geschlossen ist. Prop. 1,16,27 verwendet das Wort in der Fügung *cava rima,* und hier ist *cavus* von etwas gesagt, das durchlässig, also vorn *und* hinten offen ist. Ovid läßt Kadmos im Kampf gegen den Drachen einen *molaris* gegen das Untier schleudern (met. 3,59). Bömer meinte dazu, daß ein Mühlstein in einsamer Gegend schwer vorzustellen sei: „Schicksal der literarischen Imitatio", Ovid habe Verg. Ae. 8,250 imitiert, offenbar ohne sich die Unmöglichkeit vor Augen zu führen. Doch auch Vergil versetzte ja einen *molaris* in die Wildnis des Cacus, also wäre *Vergil* jenem „Schicksal" erlegen (hierzu Acta Class. 17, 1974, 147). Doch stammt das Bild letztlich von Homer (Il. 12,161). Jedenfalls hat hier schon früh eine Entnuancierung stattgefunden, die den Hörer zwang, im Worte „Mühlstein" den Verwendungszweck („Mahlen") fortzudenken, um zum Stein zu kommen, der „mühlsteingroß" (s. OLD s. v.) war.

§ 189

Das Dargestellte beschreibt eine „Lizenz" bzw. ein Mittel zur Abhebung der Dichtersprache von der möglichst präzise formulierenden Prosa. Man muß sich jedoch auch hier stets die Frage vorlegen, ob vielleicht ein nicht sogleich erkennbarer Sinn in solchen Mitteln verborgen liege, eine Nuance, welche die Anwendung dieser Lizenz erklärt (auch wenn man sich mit dieser Frage ins Gebiet subjektiven Empfindens begibt): Horaz hatte vielleicht das frohe Hochaufstreben im Auge gehabt, eine forsche Bewegung hinan, die zu einem solchen „Anschlagen" an die Sphäre der *sidera* führte (auch wenn die realistische Ausmalung eines solchen Gedankens zu Skurrilitäten führen würde); Statius sah womöglich das Heranlaufen der Wellen, wie sie an den Strand eilen und dabei an den Fuß der Göttin „anschlagen"; und Germanicus, der ein besonders feines Gespür für Bewegungen besaß, mochte das ewige Entlanggleiten als ein „Reiben" gefühlt haben.

§ 190

Furere: dieses Verbum ist seit Vergil auf dem Wege, seine Nuance des Wahnes zu verlieren; Vergil (Ae. 1,491) berichtet von Penthesilea: *Penthesilea furens mediisque in milibus ardet* und meint ein *cupiditate pugnandi agitata* (so Rubenbauer im TLL 6,1; 1627,65); hierbei darf man die Kampfeswut noch deutlich herausspüren: doch wenn Valerius Flaccus (1,14) den Kaiser Titus *furens* nennt (*in omni turre furentem* vom kraftvollen Berennen von Festungstürmen), dann darf niemand mehr ein *insanus*, *vecors* (dies die Synonyma, Rubenbauer a. O. 1626,48) heraushören. *Vetare* wird willkürlich der Nuance des „Verbietens" entkleidet, wenn es im Sinne von „Hindern" verwendet wird (Verg. Ae. 2,84 – 'stop the war', Austin; vgl. Stat. Theb. 2,3), und *contemnere* wird unter den Händen des Properz zu *non curare*, zu einem *nil moror* (1,4,23; der TLL-Artikel unterscheidet nicht genau, s. Rutil. Nam. 1,23).

§ 191

3. Abschwächung

Deutlich abheben muß man von der poetischen Lizenz der willkürlichen „Überzeichnung" die bloße *Abschwächung* eines Wortes durch den abschleifenden Gebrauch im Laufe der Zeit. Die Grenzen dürften nie ganz scharf zu ziehen sein, doch das Prinzip ist einsichtig: Xenophon (anab. 6,3,11 ff.) sagt πολιορκεῖν, meint jedoch nur die „Belagerung" des arkadischen Heeresteils, den die Thraker nach einem verunglückten Raubzug der

Hellenen gestellt haben (s. Nitsche z. St.), also nicht eine Stadt, nur einen Hügel.

So verliert *emicare* seine ursprüngliche Kraft durch Abnützung (Norden zu Ae. 6, 5; S. 115). *Genitor* verliert die Nuance des „Erzeugens" und wird zu „Vater", auch wenn damit nur ein Adoptivvater gemeint ist (L. P. Wilkinson, Cl. Journ. 59, 1964, 358ff.; Petr. 121, 103); hierher gehört die Entwertung des Komparativs (E. Norden, Kl. Schriften, Berlin 1966, 119) oder die von *gemini* zu *duo* (Ov. her. 12, 104 u. oft). Ein Musterbeispiel ist *ingens*, das zu „groß" absinkt. Bei der Erklärung und Bewertung muß man sich danach richten, ob die ersten Belege für den abgeschwächten Gebrauch dichterisch sind, also auf Willkür deuten, oder in anspruchsloserer Prosa auftreten, demnach auf Abschleifung hinweisen; in vielen Fällen wird man Gewißheit nicht mehr erreichen, doch die Unterscheidung muß versucht werden. Man muß (um zum Leitthema zurückzukehren) damit rechnen, daß Dichter die Überzeichnung verwenden, um ihre Sprache von der Prosa, und hier von der inzwischen „poetischer" gewordenen Prosa abzuheben. Nur so wird man etwa *fremere* im Sinne von „in Wallung sein" (statt „mit den Zähnen knirschen" o. dgl.) erklären können (Val. Fl. 5, 524; Stat. Theb. 2, 411; s. TLL 6, 1; 1283, 82ff.) oder *frango* für „beeinflussen" (Ov. her. 1, 85f.; Stat. Theb. 11, 435) usw. Die Dichtersprache mußte nach immer stärkeren Effekten suchen angesichts der Tatsache, daß die Prosa immer mehr poetische Ausdrucksweisen aufnahm (vielleicht besonders stark seit Einführung der Deklamationen), und angesichts des Umstandes, daß die Aemulatio zu einem guten Teil sich des Mittels der Übersteigerung bediente.[104]

---

[104] Interessant und bestätigend zugleich ist, daß es auch den umgekehrten Prozeß, eine Re-Nuancierung, gegeben zu haben scheint. Daß *vadum / vada* bei Dichtern zu „Gewässer allgemein" wurde, ist bekannt; doch wurde das Wort dann zu Meer-*Boden* zurückspezialisiert (Hor. epo. 16, 26; Ov. fa. 4, 300), ferner zu Fluß-*Bett* (Tib. 1, 7, 14) und anscheinend sogar zu *Brunnen*-Boden (Phdr. 4, 9, 12). Soviel über die Nuance „Grund", welche dies Wort besitzt. Doch auch die andere Nuance „Wasser" wurde wieder eingeengt (zu „Teich" bei Stat. Silv. 2, 3, 3). Ein gutes, weiterweisendes Beispiel ist ἄορ. Bei Homer bedeutet es „Schwert" (vgl. Od. 10, 321 mit 294). Später (so berichten bereits die Scholien zu Il. 10, 484) wird das Wort für „Waffe überhaupt" benutzt; also mußte der Hörer sich die spezifische Nuance, die ἄορ von anderen Schlagwaffen unterscheidet, fortdenken; vgl. Call. hy. 4 Del., 31; Oppian, Cyn. 2, 553 macht daraus dann sogar das Horn des Rhinozerus (s. LSJ s. v. und Richardson zu hy. hom. Dem. 4). Das bedeutet: *Ent*nuancierung bei Kallimachos und Re-Nuancierung durch Oppian. Interessant ist in diesem Zusammenhang die Geschichte von *tacitus:* Cicero gab ihm, vielleicht nicht als erster und einziger, die passive Bedeutung von „unhör-*bar*" (Att. 4, 17, 3); Vergil entnuancierte es (Ae.

LT   LHS 496 unten zu *tamen* (mit Bömers Ergänzung zu met. 2,337); Bömer zu
Ov. fast. 3,41 *(interea);* J. Vahlen, Gesam. philol. Schriften 2,152 (zu *cogor:* vgl.
Prop. 1,4,2); Kronasser S. 118 ff. zum Abblassen von Konkret-Bildhaftem.

B. Weniger

§ 192

1. Prägnanz

VORBEMERKUNG. Prägnant soll man den Gebrauch nennen (zur Wortbedeutung vgl. § 10 gegen Ende), welcher weniger *sagt,* als *gemeint* ist; man kann auch von
verhüllendem Gebrauch sprechen, muß dann aber an Beispiele wie das folgende
denken: wenn Sophokles (Phil. 16) einfach „Fels" sagt, aber „Höhle" meint, sagt er
weniger, als zu erwarten wäre, weil er die Nuance „hohl" unterdrückt bzw. vom Leser
hinzudenken läßt (zum Hinzu- und Fort-Denken vgl. § 185). Das Determinans
„hohl" fehlt, der Begriff „Höhle" ist also gleichsam nur durch das Genus ohne die
spezifizierende Nuance ausgedrückt. – Wer demnach ein Wort „prägnant", also
sinnträchtig und sinnbeladen verwendet, sagt quantitativ weniger als der, welcher
unverschlüsselt die Nuancierung voll ausspricht; er sagt lexemquantitativ weniger,
als erwartbar gewesen wäre, gewinnt dadurch jedoch etwas hinzu, welches der unverschlüsselt und voll Ausdrückende nicht gewinnen kann: die Prägnanz erlaubt es
dem Hörer bzw. Leser, frei zu assoziieren, frei hinzuzudenken und frei sich etwas
auszumalen.

a) Prägnante Nomina

§ 193

aa) Substantiva

Griechisches: Sophokles setzte einmal (Phil. 931) βίος für die Lebens-
Möglichkeit („Du hast das Leben mir geraubt, als du mir den Bogen
nahmst", klagt Philoktet, und wer „präzise" sprechen möchte, müßte von
der Lebens-*Möglichkeit* reden); ebenso verwendete Arat einmal βίοτος für
die *Notwendigkeit,* für den Lebensunterhalt zu *sorgen* (v. 7); und bei Kallimachos heißt ἀοιδή einmal (Ait. 1, fr. 1,1) die *Kunst* des Singens, nicht
den Sang (s. Pfeiffer z. St.). „Mann" zu sein, fordert Agamemnon (Il.
5,529) die Seinen auf, d. h. Männer im eigentlichen Sinne.

Man erkennt sogleich, daß diese Prägnanzgebräuche nicht gleich sind:
wer „Leben" sagt und „Lebens-Möglichkeit" meint, spart die Angabe der
Modalität aus, denn Leben und Lebensmöglichkeit bzw. Lebensermög-

4,67) zu „nicht wahrnehmbar überhaupt", Val. Fl. renuancierte es 2,100 (s. Langen)
zu un-*sichtbar* (vgl. 2,60: „nächtlich"). – Der Umnuancierung von *tacitus* zu „unhörbar" entspricht die von *surdus* zu „unhörbar" durch Properz, vgl. Tränkle 82.

lichung unterscheiden sich durch den Modus des Seins, da Leben den Modus der Aktualität hat, Lebensermöglichung den der Potentialität. Wer dagegen die griechischen Kämpfer auffordert, „Männer" zu sein, meint, daß sie Männer im vollen Sinne sein sollen, er spricht „elativ". Es lassen sich anscheinend Prägnanztypen feststellen.

Elation. Ein frühes lateinisches Beispiel: als Phaedria sich aufrafft (natürlich am ganz verkehrten Ort), Thais Widerstand zu leisten, kommentiert der Diener: „Donnerwetter, guckt euch den unseren an (d. h. unseren Jungherrn), gut so: endlich ist's ihm ins Gebein geschossen! Du bist ein Mann!", *vir es* – „du bist ein Kerl" (Ter. Eun. 154). Man könnte diesen Gebrauch „elativ" nennen, er ist ein *vir* gleichsam per excellentiam. Vergil ahmt das nach (*vir* für „Held", Ae. 6,784).[105]

§ 194

Determination. Horaz scheut sich (c. 1,6,12), Augustus' *laudes . . . culpa deterere ingeni,* die Verdienste Augusts durch die Schuld seiner Begabung zu mindern, was doch wohl heißt: seiner *zu geringen* Begabung. Das Determinans von *ingenium* ist ausgelassen. – Klytaimestra wirft Agamemnon vor, er habe Zeit für Liebesaffären, während Griechenland dahinsinkt, habe nichts anderes im Sinn, als „verlorene Liebe wiedergutzumachen" *(raparat amores),* d. h. sich durch neue Liebschaften für die verlorene alte (Briseïs) zu entschädigen. *Amores* entbehrt, auf die Oberfläche gesehen, des Determinans *perditos, amissos* (Sen. Ag. 184; cf. Hor. c. 1,37,24).[106]

§ 195

Modalität. Lukan schrieb, Caesar habe seinen Soldaten bedeutet, nur ein kleiner Zwischenraum (der nämlich zwischen ihrer *acies* und der des Pompeius) trenne sie von der Erfüllung ihrer Wünsche, formuliert aber so: *camporum limite parvo absumus a votis* (7,298f.), worin *votis* in Gedanken zu

---

[105] Prop. 2,34,1 *(Cur quisquam faciem dominae iam credat amico?)* setzt *faciem* für *pulcram faciem,* wobei das Ganze dann noch für *dominam pulcrae faciei* eintritt (Enk).

[106] Hierher gehört auch die Pronominalprägnanz von *suus* = „zugehörig" oder „passend" (Ov. her. 11,20 *non mea tela* = 'not *my* cup of tea'; Scherer 24. Zu *meus* = *faustus* s. LHS § 104 e). So erklärt sich auch Prop. 1,3,37 *mea nox:* „die eigentlich mir gehörige Nacht". Zu *suus* = „günstig für..." vgl. Sen. Ag. 91 (s. Tarrants Komm.). – Ein deutsches Beispiel für ein Possessiv im Sinne von „gehörig zu..." findet in der Gesangbuchübersetzung des Ps. 146 („Lobe den Herrn", Str. 2), S. 198 des Ev. Gesangbuches.

„Erfüllung der *vota*" ergänzt werden muß. Der Modus der *vota* ist der einer Unerfülltheit. Bei Val. Fl. muß man in der gleichen Weise aus *via* (mit Hilfe des nachfolgenden *umbra*) einen „Weg bei Tageslicht" machen (1,283; Weiteres bei Langen, praef. S. 5). Dies mag überspitzt scheinen, doch hatte schon Caesar (b. g. 7,84,4; richtig kommentiert von Meusel) geschrieben: die römischen Soldaten, an den Brustwehren kämpfend, hörten im Rücken das Kampfgeschrei; das hätte sie beunruhigen müssen, daß nämlich *suum periculum in aliena vident virtute constare;* hier bedeutet *periculum* naturgemäß die „Rettung vor der Gefahr". Allerdings handelt es sich hier um die rhetorisch stark aufgehöhte Darstellung der Krisis. So wird *clades* bei Luc. 1,470 zur *Angst vor* der Niederlage und *Caesar* bei demselben Autor 1,466 ff. zur *Furcht vor* Caesar. Wenn Statius, Theb. 10,927 von einem Blitz sagt, er sei *toto Jove* geschleudert, dann hat man zu paraphrasieren durch *tota Jovis vi* ('hurled with the whole might of Jove', Mozley).

§ 196
ab) Adjektive

Eine häufig anzutreffende Prägnanz ist die kausale: Cat. 8,13 sagt, er wolle hart bleiben *nec te rogabit invitam* (scil. *Catullus*): hier ist eine Übersetzung „*weil* du ja nicht willst" (vgl. v. 9) angebracht. Bei Stat. 10,165 heißt es, daß ein von Apoll Besessener *fragili mente* den Gott nicht zu „fassen" vermöge: „*weil* sein Sinn zu schwach ist". Besonders deutlich scheint Ov. met. 4,99: Thisbe flieht vor der Löwin, und dort heißt sie *Babylonia Thisbe:* daß sie aus Babylon kam, weiß jeder, der die Geschichte bis hierher gelesen hat, warum also die Iteration des Selbstverständlichen? „Weil sie ein *Stadtkind* ist." – Als weitere Formen der Adjektiv-Prägnanz gelten:

§ 197

Elation. Eine Steigerung ist deutlich etwa bei Prop. 1,19,8: in der Unterwelt vermochte Protesilaus seine Gattin nicht zu vergessen – *caecis locis: selbst* an jenem dunklen Orte nicht (Rothstein). Wie *aptus* in der Prosa (dem gr. ἄρμενος oder ἁρμοστός entsprechend) nicht nur „passend", sondern auch „*genau* passend" und daher „*gut* passend" bedeuten kann (OLD s. v. 6), so vermag auch *compositus* nicht nur „zusammengefügt" zu heißen, sondern auch „*wohl*-gefügt" (Ter. Eun. 935) usw.

Determination. Von einer Aussparung des Determinans könnte man reden, wenn (nach Langen S. 141) Val. Fl. 2,104 *sidereus* für stern*hell* setzt (gute Parallele ist Stat. Theb. 1,577: 'bright as a star', Mozley): hier ist das klärende Determinans unterdrückt; Ovid (met. 2,349 mit Bömers Komm.) setzt *subitus* für „plötzlich *entstanden*" (s. Langen zu Val. Fl. 2,51); Seneca nennt Aulis *tarda ratibus* (Ag. 567) und meint, die Insel gewähre den

Schiffen nur zögernd die *Abfahrt*. Horaz verwendet *brevis* in c. 2, 14, 24 für kurz-*lebig* ('short-term', Nisbet-Hubbard) usw.

§ 198

Prägnanz des Betreffs. Wenn Vergil (Ae. 10, 781) *alienum vulnus* schreibt, aber eine Wunde meint, die „einem anderen *zugedacht*" ist, dann unterdrückt er die Angabe, wen die Wunde *betrifft.* Ähnlich Ae. 12, 51: *nostrum volnus* steht für *nobis inflictum;* Statius (Theb. 2, 9) setzt *cognatus ictus* für *ictus a cognatis inflictus.* Eine Spielart der verdeckten Bezogenheit („Prägnanz des Betreffs") ist des Ennius Ausdrucksweise *aerato sonitu* (ann. 403 Vahl., 411 Warm.); ein Helm erklingt, von einem Geschoß getroffen, *aerato sonitu;* natürlich nicht „erzbewehrt" o. dgl., sondern „vom Eisen herkommend", „durch das Erz des Helms bewirkt", 'the helmet (jangled) with brassy clang', Warmington. Ist dieses richtig, dann könnte man an der vielbehandelten Stelle Hor. c. 4, 7, 13 *caelestia* mit „vom Himmel bewirkt" übersetzen und hätte damit eine bessere Ausgangsposition gewonnen als viele der bisher versuchten.

§ 199

Modal. Wenn man unter „Modalität" hier die Seinsweise verstehen will, einfacher gesprochen: ob etwas *ist, noch nicht* ist, sein *wird* usw., dann darf man das sog. <u>proleptische</u> (vorwegnehmende) Adjektiv „modal" nennen: W. Richter in seinem Komm. zu Verg. Ge. S. 129 nennt die Stelle 1, 70 den frühesten lateinischen Beleg für die proleptisch-modale Adjektiv-Verwendung: *sterilem exiguus ne deserat umor harenam*, muß man das Land aufpflügen: damit das Land *widrigenfalls* dann nicht austrockne. Vgl. ferner Bömer zu Ov. met. 1, 184. Hierher gehören auch raffiniertere Modalitätsprägnanzen wie Hor. c. 1, 8, 4 *patiens pulveris* für einen, der „sonst doch immer gut den Staub vertrug" (richtig Nisbet-Hubbard, die auch gut c. 1, 13, 9 erklären; s. auch Friedrich zu Cat. 66, 28 *fortior*).[107]

---

[107] Prop. 2, 34, 19 klagt, daß er sogar den eigenen Schatten fürchte, wenn er mit sich allein sei: *ipse meas solus... umbras, solus* steht also für *si solus sum* (so Enk und Camps). Vgl. auch *prima nocte* im Sinn von „nur in der ersten Nacht" (Prop. 2, 5, 15). Hierher gehört auch *invisus* für 'however envied' (M. Hubbard, Propertius, 1974, 107, A. 1 zu 2, 11, 3). Hierher gehört aber auch das prägnante Futurpartizip *moraturis* bei Prop. 1, 3, 32 (die Strahlen wären gern noch verweilt); s. hierzu auch § 167 3. Abs. Was in einem Futur-Partizip verborgen liegen kann, zeigt gut Sen. Ag. 469: *agitata ventis unda venturis;* die See kann ja nicht von Winden aufgeregt werden, die erst noch kommen müssen. Diese Winde sind also *venti*, die *langsam* herankommen, besser: allmählich anschwellen, „auffrischen".

§ 200

Kausativ. Vielfach verbirgt sich in einem Adjektiv seine verursachende Kraft: „Häufig ist es auch bei Dichtern und Rednern, das Bewirkende durch das, was bewirkt wird, zu veranschaulichen; denn so findet es sich bei den Verfassern von Gedichten: *pallida mors aequo pulsat pede pauperum tabernas"* (Quint. 8, 6, 27 in Rahns Übersetzung; das Zitat stammt aus Hor. c. 1, 4, 13; Quintilian zitiert dann weiter Verg. Ae. 6, 275: die Vergilstelle ist ein noch deutlicherer Beleg als die Horazpassage). *Tardus* verwendet Horaz sat. 1, 9, 32 für „langsam-*machend"* (vgl. Verg. Ge. 2, 126: *tardus* von einem langsam *vergehenden* Geschmack).

LT   Norden zu Verg. Ae. 6, S. 138 f. (Warnung vor der Ansetzung eines „Tropus": man solle eher an Personifizierung denken); Jocelyn S. 224 oben zu Ennius; Börner zu Ov. met. 1, 119; Schamberger 284 zu Statius.

§ 201

Gewiß bleibt eine Fülle [108] von verkürzenden Adjektivgebräuchen trotz den eben versuchten Einteilungen unerklärbar: das gr. κακογείτων (Soph. Phil. 692) für einen, der das Leid mit mir *teilt*, dürfte nur schwer zu kategorisieren sein (vgl. Rhesus 290), ebenso Call. hym. 3, 113: κερόεις ὄχος von einem Wagen, der von gehörnten Zugtieren gezogen wird; leichter ist ἔρως ἔκδημος von einer Liebe zu einem *Mann* aus dem Ausland: Eur. Hipp. 32. Vielleicht gehört das zusammen unter eine Rubrik „Aussparung des Substrats" o. dgl. Man betrachte einmal ein einzelnes Wort; *caecus* heißt derjenige, der nicht *sehen kann.* Dann aber auch derjenige, der nicht gesehen *werden* kann (Pease zu Verg. Ae. 4, 2; S. 86 links; TLL 3, 45, 45 ff.): Prägnanz des Betreffs. Kann aber *caecus* auch noch das bezeichnen, *worin* man nichts sehen kann (Manil. 1, 87; TLL 3, 44, 77)? Varros Hinweis auf die Bezeichnung eines Schlafraums ohne Fenster als *caecus* wird man nicht so auffassen, daß hiermit ein Raum gemeint sei, *in dem* man nichts sieht, sondern eher so, daß der Raum ohne Fenster personifizierend blind genannt wird, weil er keinen „Ausguck", keine „Augen" hat: Ling. Lat. 9, 58; gut eingeordnet von OLD s. v. 12, b. Und die Manilius-Stelle könnte man mit „unübersichtlich" übersetzen. Auch diese Stellen ließen sich als „Prägnanz des Betreffs" (Passivierung) verstehen.

Aber die „blinde Nacht" und die „blinde *testudo"*, unter der man nichts

---

[108] Vgl. das Farbadjektiv, das vom Aufenthaltsort abgeleitet ist: Horazens „grüne Schlangen" (c. 1, 17, 8) sind so zu erklären: sie leben im grünen Grase (so K. F. Smith zu Tib. 1, 5, 46 'the colour of the native element', Gow zu Thcr. 7, 59; weiters Hor. c. 3, 28, 10; Ov. met. 2, 12). Schwierig ist z. B. auch Verg. Ae. 4, 399 *frondentes remi:* steht der Ausdruck für *frondentes rami, qui aliquando remi fient?*

sehen kann (OLD s. v. 4 und 5)? Ist hier nicht gemeint, daß man *in* der Nacht nichts sehen kann? Man wird eher an Kausativierung denken: eine Nacht verhindert das Sehen, macht blind (OLD zu 5: 'with spec. active force'). Dann aber die vielen Stellen, an denen *caecus* soviel wie „dunkel" bedeutet: der Mond erleuchtet mit seinen Strahlen bei Lucr. 5, 755 *caecum orbem*, das „dunkle Erdenrund": hier wird man davon sprechen, daß von der kausativen Nuance durch *Ableitung* die Bedeutung „dunkel" entstand, künstlich und gewagt (die Stellen im OLD sind ausschließlich dichterische). Dann die Determinationsprägnanz bei *caecus* für „unsichtbar, *woher etwas kommt*": Verg. Ae. 10, 733 heißt eine Wunde „blind", weil man nicht weiß, wer sie *schlug*.

Diese wenigen und ganz unvollständigen Bemerkungen hatten den Zweck, zwar die Berechtigung und die Nützlichkeit der oben getroffenen Einteilungen deutlich zu machen, aber auch die Vielfalt der Ableitungen und Lizenzausweitungen spüren zu lassen, die sich der Kategorisierung (noch) entziehen; man denke etwa an die Überführung des *caecus* als Mangel des Sehens hinüber auf das Gebiet des Hörens (OLD s. v. 8). Vergleichbar wäre *dubius* (man betrachte nur den Gebrauch *dubius* = „undeutlich zu sehen" in Ov. met. 4, 401; Sen. Ag. 457: Determinationsprägnanz).

LT   Svennung, Catulls Bildersprache 125.

ac) Verba

§ 202

OR   Die große Masse der Verba wird hier in Klassen eingeteilt, in die „Allerweltswörter" wie *dare* (behandelt in § 170 und A. 112), in die Simplicia an der Stelle von Komposita (behandelt in § 206) und in die übrigen Verba prägnanten Gebrauches (§ 203 ff.). Alle diese Klassen können gefüllten Gebrauch aufweisen, aber aus verschiedenen Gründen: daher die Unterscheidung. Bei den Allerweltswörtern muß man sich die *Art*, z. B. des „Gebens", hinzudenken, bei den Simplicia die Nuance dazufinden, welche das vermißte Präfix enthalten hätte, bei den übrigen gewisse verborgene Modalitäten wie etwa die euphemistische usw. Diese „übrigen" sind weder Simplicia noch Allerweltswörter, sie sollen hier Vollverba genannt werden.

§ 203
Voll-Verba

Determination. Auch in der Prosa finden sich zahlreiche Vollverben, zu denen wir beim Übersetzen gern ein Hilfsverb hinzufügen möchten, um die Determination zu verdeutlichen: Caesar (b. g. 7, 85, 3) kennzeichnet die Lage vor der Entscheidung durch *Galli, nisi perfregerint munitiones, de omni salute desperant; Romani, si rem obtinuerint, finem laborum omnium expectant.* Hier würden wir, da dies alles ja gleichsam in der Zukunft liegt,

und *noch* die Gallier nicht verzweifeln, die Römer allererst *hoffen*, gern
Hilfsverben einfügen; die Übersetzung von Ph. L. Haus in der Überarbei-
tung von W. Hess (Rowohlts Klassiker, Lat. Lit. 8, 1965, 186) verwendet
denn auch „mußten" und „konnten". Oder Verg. Ae. 4,430: *ferens* heißt
hier soviel wie *placide ferens* (Serv.); *dolere* a. O. 434 bedeutet „in rechter,
ziemlicher Weise Schmerz – ertragen". *Vidimus* heißt bei Stat. Theb.
11,122 „*tatenlos* zusehen" usw.[109]

§ 204

Prägnanz des Betreffs. Auch bei Verben findet sich die Vertauschung des
Bezuges oder Betreffs: *cingere* heißt für gewöhnlich „umzingeln", doch
Statius (Theb. 2,276 f.) schreibt (Hephäst) *florentes igne smaragdos / cingit*
für „formte ein Rund *aus* ihnen" bzw. 'There forms he a circlet of emeralds'
(Mozley; im TLL 3,1065,61 steht Unzusammengehöriges beieinander).

§ 205

Kausative Verba. Wie es bei den Adjektiva kausative gab, so gibt es solche Gebräuche auch bei Verba: *Caesar pontem fecit* ist ein Schulbeispiel.
Raffinierter sind Dichterstellen wie *rumpere vocem* für „die Stimme her-
vorbrechen *lassen*" (Verg. Ae. 2,129; Austin: Gräzismus); Ov. ars am.
1,539 *rupit novissima verba,* er *ließ* seine letzten Worte hörbar werden
(richtig Brandts Komm.); Luc. 9,255 gibt das Gewöhnliche (*erupere voces:*
die Worte brachen sich Bahn).

§ 206
Simplex pro Composito

OR   Wenn Catull 68,111 *caesis montis fodisse medullis* sagt, meint er nicht, daß
des Berges Innere einfach „geschlagen" sei, sondern er meint *incisis:* man hat ins
Innere *hinein*-geschlagen. Das reduzierte Verb macht den Hörer nachdenken, er muß
etwas hinzutun, um zum Gemeinten zu kommen (§ 192). Von einem dichterischen
Simplex sollte man allerdings nur dort sprechen, wo sich anhand des Thesaurusmate-

---

[109] Schon bei Prop. 2,8,31 heißt *viderat* wegen des *pertulit* „tatenlos mußte er zusehen". So ähnlich auch 1,1,12 *ibat hirsutas videre feras:* „sehen und dabei auch ertragen" ('to brave', Camps). Das mag, wie Camps vermutet, von Verg. Ae. 3,431
kommen. Verg. Ae. 12,329 (vgl. Val. Fl. 1,451): *volvere* für „tötend umstürzen";
Ov. met. 7,22 (vgl. Stat. Theb. 1,315): *concipere* als „sehnend vorstellen"; Stat.
Theb. 5,462 scheint dann schon überspitzt: *clamare* für *clamore replere* (s. Schamberger 319). Leichter ist *respiro* für „*erleichtert* aufatmen" (Stat. Theb. 11,18; Val.
Fl. 7,648) und *mutare* im Sinne von „zum *Schlechten* wenden" (Damsté, Serta Nabe-
riana, Leyden 1908, 79).

rials nachweisen läßt, daß es sich um *gewollte,* also in der zeitgenössischen Prosa unbelegbare Reduktionen handelt.[110]

LT   LHS 298 ff.; Heusch 65/68 (zu Catull); Küper 85 („du lachst Recht" für „verlachst"); Sen. ep. 58,3.

BG   Ilia fühlt sich im Traume *tarda vestigare* (Enn. ann. 42 Vahl., 39 Warm.), was offenbar für das gewöhnliche *in-vestigare* gebraucht ist, vgl. Plaut. Merc. 664. *Servo* für *observo* beginnt mit Verg. buc. 3,75 (vgl. Val. Fl. 1,18). Zu *voco* für *convoco* s. Bömer zu Ov. met. 1,167. Schwieriger ist wegen der Ambivalenz *(magistratu fungor) functus* für *defunctus* im Sinne des Sterbens bei Sen. Med. 999 (s. Costa), dann Gell. 13,20,12. Noch schwieriger ist die *doppelte* Reduktion in *tendit* für *se extendit* bei Prop. 1,6,31 (*se tendit* für *se extendit* Lucr. 5,481).

§ 207
Umkehrung: Kompositum fürs Simplex
OR   Gemeint sind nicht die Allerweltswörter wie *ire,* die zur genaueren Kennzeichnung ein Präfix erhalten, sondern Voll-Verba (s. dazu § 202), die an sich schon nuanciert genug sind, doch willkürlich noch ein zuweilen über-kennzeichnendes

---

[110] Es ist hier der Ort, darauf hinzuweisen, daß die hier wiederholt gewagte Behauptung, es handele sich bei den Dichterstellen dann um willkürliche Reduktionen, wenn zeitgenössische Prosastellen fehlen, in Gegensatz gestellt ist zu M. Leumanns Ansicht, die er mit Nachdruck vor gut 50 Jahren in „Zum Mechanismus des Bedeutungswandels" (Idg. Forsch. 45, 1927, 105 ff., nachgedr. Kl. Schriften 286 ff.) geäußert hat; er meinte zu sehen, daß der „normale Bedeutungswandel... unbewußt vollzogen" werde als „Ergebnis eines im Hinblick auf das vom Sprecher Gemeinte ungenauen und nur annähernd richtigen Verstehens" (288). Auch auf dem Gebiet der Dichtung meinte er dem „Mißverständnis" weite Geltung einräumen zu müssen. Demgegenüber sei betont, daß überall dort, wo die *ratio* deutlich erkennbar ist, bewußte Willkür im Spiel war; also dort, wo Entschwerung, metrische Erleichterung, andeutende Prägnanz usw. konstatiert werden muß. Man hat Leumanns Arbeit als einen Beitrag für eine besondere, gar nicht so häufige Wurzel poetischer Ausdrücke zu lesen, der auch weitgehend nur Griechisches, nicht Lateinisches betrachtet. Dankbar notierte Verf. indes, daß Leumann S. 286 zu einem ähnlichen Schema kommt wie das hier in § 2 ff. vorgetragene ist; fordert er doch, daß bei „jedem Bedeutungswandel drei Stufen... beobachtbar sein müssen (sofern nicht das Beobachtungsmaterial lückenhaft ist): erstens die alte herkömmliche Verwendung des Wortes in einem gegebenen Satzzusammenhang oder einer gegebenen Situation; zweitens die neue, aber auf der alten beruhende Verwendung in einem neuen Satzzusammenhang; drittens ... weitere neue Verwendungen aufgrund der zunächst neugeschaffenen, d. h. Allgemeinwerden der Neuerung", was im Grunde dem entspricht, was in § 2 ff. mit „Koiné" und geneuerter „Koiné" ausgedrückt war.

Präfix bekommen. Auch ist nicht die spätlateinische Übernuancierung gemeint, die LHS 300 beschreiben, oder die aus der Umgangssprache geläufige Vergenauerung durch Präfigierung (Hofmann, LU § 85).

BG *Glomerare* ist an sich ein hinreichend nuanciertes Verb; wenn Val. Fl. 2, 171 (s. Langen) *adglomerare* sagt, dann ist das eine willkürliche und seltenste Präfigierung, die eigentlich bedeutet: die Frauen ballten sich zusammen, *ad se invicem,* „zum Knäuel" (Langen S. 147). Genommen hat Valerius dieses Wort aus Verg. Ae. 2, 341: Aeneas eilt zum Kampfschauplatz, und eng an ihn scharen sich, einen Kreis bildend, andere Mutige ('The verb is graphic, suggesting a massed bodyguard', Austin); das Wort ist rein dichterisch.

Ducere vitam ist geläufig, s. TLL 5, 1; 2152, 29 ff.; *educere vitam* wagt Properz 2, 9, 47 (vgl. Enks Komm.), ähnlich Statius (Theb. 11, 627 *insumo* für *sumo*).

LT Börner, Gymnas. 64, 1957, 6 f.; Heusch 69 (Catull); Stangl, Rhein. Mus. 70, 1915, 249; Barbelenet, REL 5, 1927, 296 ff.; Börner zu Ov. met. 2, 728.

§ 208
Allerweltswörter
OR Natürlich konnte jeder Dichter *dare, ire* u. dgl. verwenden, nur mußte er sich darüber klar sein, daß derlei geläufige Verba keinen Glanz besaßen. Um ihnen Glanz zu geben, konnte er sich eines Präfixes bedienen, oder er konnte sie in unerhörter Weise verwenden, z. B. dadurch, daß er ihnen ungewohnte Objekte verlieh. Dadurch kam es zu Umnuancierungen seltener Art (*gerere* als „besitzen": TLL 6, 2; 1932, 9 ff.: Cato, Varro, Lukrez, Vergil, Ae. 2, 278: „Wunden tragen" wie *insignia,* so Serv. auct.). Oder aber man prägnatisierte diese Verben: *ducere* für *sibi inducere* bei Luc. 1, 544 (so Housman). Da es hier offensichtlich viele Möglichkeiten gibt, die sich jedoch zu Typen zusammenführen lassen, soll dieser Erscheinung der raffinierten Allerweltsverben ein eigenes Kapitel gewidmet werden.[111]

LT Enk zu Prop. 1, 4, 10 (*ire* für *abire,* s. Prop. 2, 34, 45); Börner zu Ov. met. 5, 37 (*ire* für *salire* sogar).

---

[111] Interessant ist die Ersetzung eines zu simplen *abesse* bei Prop. 1, 7, 17 f.: *longe iacere* (wegen *longe abesse* bei Caes. b g. 1, 36, 5) hält Enk z. St. für „umgangssprachlich"; jedenfalls ersetzt Properzens *longe... iacere* ein *longe abesse,* wodurch die Phrase zu allem anderen wird als zu etwas Umgangssprachlichem. Vergil (Ae. 12, 52 *longe illi dea mater erit*) verfeinerte durch Simplex fürs Compositum.

So wird *adfore* für *adesse* bei Verg. Ae. 2, 522 (*nunc* macht klar, daß *adfore* präsentisch ist, s. Austin) gesetzt; *regnare* für *esse* bei Stat. Theb. 1, 417, so wie Vergil (Ge. 4, 83) *versor* für *esse* setzte: wenn Statius hier wirklich (so Heuvel) die Georgica-Stelle imitiert, verfeinerte er bewußt das *versor = sum* durch *regno = sum,* wenn man auch immer betonen muß, daß der Vers auf diese Weise nicht nur raffinierter

§ 209

BG   „Haus" ist wahrlich ein solches Allerweltswort; daher wird es entweder in seltenen, ungewohnten Verbindungen verwendet oder aber ersetzt (*limina, tecta* usw.). Als die Rachegöttinnen im Theater erscheinen, in dem Ibykus erwartet worden war, murmelt man vom Erinnyen-Chor: „die zeugete kein menschlich Haus", und meinte „Paar" o. dgl. (Schiller, Die Kraniche des Ibykus). Im Lateinischen wird *domus* ebenso gebraucht (OLD s. v. 6 a), dazu „übertragen" auf das „Haus des Geistes" (die Brust: Epiced. Drusi 262), für den Bienenstock, für den Wald als das „Haus der Tiere" usw. Um diese Verfeinerung der Allerweltswörter zu verdeutlichen, sei das geläufige Verb *ire* gewählt.

§ 210

Ire im direkten Sinn von „gehen" scheint in lateinischer Dichtung eine interessante Rarität: *quo nos cumque feret (fortuna) ibimus,* Hor. c. 1, 7, 26. Doch auch hier ist der Nebensinn („segeln") mitzuhören. *Ire* im Sinne von „gehen" findet sich auch bei Vergil (Ae. 4, 468), doch die Junktur *ire viam* (die Belege für *ire* mit „Akkusativ des inneren Objekts" bei OLD sind sämtlich dichterisch und nachvergilisch) hebt das Wort ins Poetische.

Nun die Sinnfüllungen: Charon sieht Aeneas *per tacitum nemus ire pedemque advertere ripae,* also nicht einfach „gehen", sondern „sich nähern" (Verg. Ae. 6, 386; s. Stat. Theb. 11, 38); *comminus ire* für *appropinquare,* Prop. 2, 19, 22, mit Akkusativobjekt, 'a unique use' (Camps); *comminus ire sues* läßt *comminus* als Präposition erscheinen, wenn man nicht *comminus ire* als Ersatz für *adire* betrachten will; für „*mit*gehen" bei Vergil (*it comes:* Ae. 6, 159); für „*weg*gehen" ebenfalls in der Aeneis (6, 476), wo sich auch *ire* = „hervorgehen" findet (Ae. 4, 130; s. Prop. 1, 7, 10, wo Enk mit „diffundi, in vulgus pervagari" glossiert, das Glossem „prodire" würde genügen); „*umher*gehen" im Sinne des Weidens heißt es bei Ovid (met. 3, 15), „*herab*kommen" bei Stat. Theb. 3, 38 (*dedit ire nives* für *cadere* o. dgl.)[112].

---

wird, sondern auch eine besondere Nuance erhält, hier etwa die popularphilosophische, daß der Geist den Körper beherrsche. Eigenartiger ist *venire* für *esse: irritata venit, quando contemnitur illa* sagt Prop. 1, 10, 25 von Cynthia (s. Enk zu 1, 11, 18). Ähnlich Stat. Theb. 2, 321 (vgl. aber Shackleton Bailey, Propertiana 231, wo jedoch nicht zwingend argumentiert wird).

[112] Kernumwandlung liegt vor, wenn *ire* = *esse* gesetzt wird: *ire veteres pro esse dicebant,* Serv. zu Verg. Georg. 1, 29 (vgl. auch Enk zu Prop. 1, 4, 10 und 2, 34, 45).

Dare wird im Sinne von „verursachen" verwendet, was seinerseits eine Verfeinerung des Trivialworts ist (Snijder zu Stat. Theb. 3, 16 und 23; TLL 5, 1; 1690, 4 ff.). Diese Verwendung könnte aus dem Bitt-Gebet stammen (s. Komm. zu Plaut. Poen. 1188 und TLL 5, 1; 1683, 21; 1684, 12 f.). Auch an *dare* kann man die Verfeinerung eines Allerweltsworts durch Sinnfüllung darlegen (für *profundere:* Verg. Ae. 4, 370; Ov. met. 12, 30; für *infigere,* z. B. *vulnera* bei Ov. met. 1, 458 usw.). Zu *dare* vgl.

§ 211

Man könnte unterscheiden zwischen *Nuancenanreicherung* und *Kernumwandlung*: man könnte sagen, daß „gehen voller Angst" (Verg. Ae. 6, 461) oder „gehen im Kampfe" (sich „durchkämpfen": Luc. 7, 277; Val. Fl. 1, 438 *tu medios gladio bonus ire per hostes*) Fälle darstellen, in denen zur Grundbedeutung „gehen" eine Nuance gesellt wurde. Diese Grundbedeutung wäre also „gehen", doch wie soll man beschreiben, was Vergil Ge. 1, 456 f. aus *ire* macht, nämlich „segeln"? Auch das ist eine Vorwärtsbewegung, hier [113] wird also das Wort *ire* auf die Kernbedeutung reduziert, die noch „unterhalb" der Grundbedeutung läge? Man mag sich mit dem Vorstellungsmodell behelfen, das eine Kern-Bedeutung annimmt (hier die Vorwärtsbewegung), um die sich ein Kranz von Merkmalen (hierzu vgl. § 95 f.) legt, nämlich von determinierenden („Vorwärtsbewegung mittels der Füße, der Segel" usw.) und modalen (ängstlich voranschreiten" usw.).

§ 212

Tibull 1, 4, 45 gibt dem Liebhaber den Rat, wenn sein *puer* einmal *caeruleas puppi volet ire per undas*, solle er selber ihn rudern; d. h., wenn der Junge mit einem Ruderboot über den See fahren will: LHS 121 wird von dichterischem *ire* mit abl. gesprochen und der abl. als „Analogie" zu *vehi* verstanden; ganz recht, denn der Ablativ soll dem Leser klarmachen, daß *ire* hier nicht bloß in der „Kernbedeutung" („vorwärtsgehen") gebraucht ist, sondern determiniert als „fahren übers Wasser". Ähnlich muß an dieser Stelle auch *puppis* mit Sinn aufgefüllt werden: 'a rowboat of course is meant', Smith. Und dies führt auf Wichtiges: die Dichter werden ein *vehor c. abl.* gemeint, intendiert haben; *vehor* war zu simpel, man mußte es ersetzen. Die Phrase *vehor puppi* wurde nun so verfeinert, daß ein anderes Allerweltswort eingesetzt wurde, eben *ire*. Das neue Wort *(ire)* erhielt aber die Rektion des *vehor*, bzw. es behielt sie bei, wohl um das Gemeinte spür-

K. F. Smith zu Tib. 1, 3, 13; Brinkgreve zu Stat. Ach. 1, 68. *Dare* für *subdere* bei Luc. 1, 120 (s. Bömer, Gymnas. 64, 1957, 3).

[113] Um diese schwierige Sache deutlicher zu machen, einige weitere Beispiele: *ire* für „rudern": Val. Fl. 1, 472 (Orpheus *tonsas ire docet*, und zwar *carmine*: er lehrt die Ruder, terminologisch präziser: die „Riemen", ihren Weg zu nehmen; auch Ov. tr. 5, 14, 44 kann angeführt werden); „segeln": Verg. Ae. 4, 310 und Spätere; „fliegen": Prop. 4, 6, 44; „fließen": Ov. met. 1, 111; vollends überspitzt Stat. Theb. 2, 32 ff. *est locus, ... qua (Maleae) in auras it caput*, 'rises into the air' (Mozley), also *in auras ire* für „in die Luft ragen", vielleicht gefeiert nach *it ... ad aethera clamor* (Verg. Ae. 12, 409, cf. Luc. 1, 388). Kaum minder seltsam sind die Gebräuche für „schreiben" und „singen" (Ov. fast. 1, 15; Stat. Ach. 1, 4), die sich von der Ur-Vorstellung des Singens als eines „Weges" (οἶμος) herleiten mögen (hym. hom. Merc. 451).

bar zu machen; und aus diesem Kontext heraus mußte der Leser dem Allerweltswort jetzt die Nuance „rudern" hinzufügen. Mit anderen Worten: wird ein Teil einer mehrgliedrigen Phrase ersetzt, behält der Dichter bis auf den ersetzten Teil der Phrase die übrigen unverändert bei. Eben hieraus ergeben sich dann die unerhörten Junkturen, s. § 123 f.

§ 213

Wollte ein Dichter nun das einfache „Gehen" ausdrücken, griff er eben nicht zum Allerweltswort *ire* oder *iter facere* – das war simpelste Prosa und darum viel zu geläufig und uninteressant –, sondern er ersetzte das Simple: *iter agere* für *facere* schon Ennius (sc. 217 Vahl., Iphig. fr. 190 Jocel.), *iter carpere* bei Hor. sat. 1, 5, 95 (Stat. Theb. 1, 310 f. *volatus carpere* [114]), *metiri iter* bei Cat. 34, 18 (Verg. Ae. 7, 160: *iter emensi,* was Stat. Theb. 3, 324 zu *remensus iter* verfeinert, Silv. 1, 2, 202 zu *permensus iter).*

Man konnte auch *oram legere* (Verg. buc. 8, 7 u. spätere) oder *vestigia legere* sagen (Verg. Ae. 9, 392 f.; die Komm. zu Ov. tr. 1, 10, 24; Ov. met. 3, 17 usw. schweigen über die Herkunft dieses Ausdrucks [115]), *pontum legere* und gar *flumina* (Verg. Ae. 2, 207 f.; 3, 127 bzw. Prop. 1, 20, 7) sind dann Verfeinerungen, Ovid verlegt den Ort solchen „Suchens" sogar in den Wald (met. 5, 578 f.), Statius auf die Felder (Theb. 3, 325; Ach. 1, 747), wohingegen Vergils *Aeneas tortos legit... orbes* vom Verfolgen des fliehenden Turnus, wo der Verfolger genau alle Windungen nachvollzieht, noch ganz im Bilde des sorgsamen Weg-Suchens bleibt (Ae. 12, 481).

Der § 213 sollte nur eine „Gegenprobe" sein: wenn ein „Gehen" intendiert ist, konnte es durch sinnbeladenes *ire* ausgedrückt werden (bzw. durch ein raffiniert-prägnantes Äquivalent anderer geläufiger Ausdrücke) oder aber durch eine Periphrase u. dgl. Das bedeutet: die Dichtung setzt das Verbum proprium entweder sinngefüllt [116] (und dies ist das Thema dieses Kapitels) oder raffiniert in bezug auf die Junktur. [117]

---

[114] Catull 35, 7 schrieb einmal *viam vorare;* Norden (zu Ae. 6, 634; S. 294) nannte diesen Gebrauch „vulgär" (ohne Nachweise), eher ist in diesem fast schon satirischen Gedicht die neoterische Manier der verdunkelnden Phrasenverfeinerung parodiert (s. den Aufsatz von G. Maurach und S. Onetti in Gymnas. 81, 1974, 482 mit Anm. 10).

[115] *Legere* heißt „auflesen"; wenn man bedenkt, wie schwierig der Seeweg die Küste entlang war, wie vorsichtig man fahren mußte, könnte man sich vorstellen, daß die Schiffer dies tastende Fahren ein „Lesen" nannten, so wie der Hund die Spur „liest".

[116] Auch *exire* wird, wohl weil es *proprie* zu geläufig war, sinnfüllend verfeinert (es bedeutet soviel wie *effugere* bei Verg. Ae. 11, 750; Stat. Theb. 11, 139). Interessant ist *malle* mit Akk.: wir sagen, jemand „wolle da mal hin" im Sinne von „hin-

Erinnert muß hier werden an die Möglichkeit, *esse* gegen ein gehaltvolleres Wort einzutauschen (*venire:* oben A. 111 und Fordyce zu Cat. 8, 10; *ire:* oben A. 112, Enk zu Prop. 1, 4, 10; Marouzeau, Traité 146). Daß *esse,* wenn es gesetzt ist, vielfach prägnant eingesetzt ist, dürfte bekannt sein (*virgo erit* = sie wird immer unverheiratet bleiben: Ov. met. 5, 377).

§ 214

b) Prägnanz der Kopula

OR   Man kann sich hier kurz fassen, die Sache ist bekannt: daß *et* für *et etiam, et item, et profecto, et tamen* gesetzt sein kann, zeigt J. B. Hofmann im TLL-Artikel (5, 2; 892; 55 ff.: „notiones secundariae").

LT   Maurach, Der Bau von Senecas Ep. Mor. 27, A. 18; LHS 482 h (doch die hier besprochenen „Konjunktparataxen" der späteren Volkssprache wurden in früherer Zeit von Dichtern gepflegt), bes. 484; Kühn.-Stegm. 2, 2; 8 f.

BG   Catull (29, 5) setzt in *haec videbis et feres* das *et* für ein *et tamen;* viel raffinierter setzt Stat. Theb. 3, 62 in *vix credo et nuntius* das *et* für „obschon ich doch selber der Bote bin". Ähnlich wird *-que* verwendet: in *fata obstant placidasque viri deus obstruit auris* (Ae. 4, 440) setzte Vergil das *-que* für ein „und so". Ein *-que* kann auch für „oder auch" stehen: Eteocles sagt bei Stat. Theb. 3, 16, Tydeus hätte gegen ihn keine Chance gehabt, wenn er auch *aere gerens solidoque datos adamante lacertos,* d. h.: „auch wenn er Glieder besäße aus Erz *oder* aus festem Diamant".

        Zu *-que* für *sed* vgl. Bömer zu Ov. met. 4, 389, für *-ve* vgl. Venini zu Stat. Theb. 11, 207; *nec* für „denn nicht" bei Properz (1, 10, 17 f.): *possum alterius curas sanare recentes* (und das ist besonders schwer, wenn sie noch frisch), / *nec levis in verbis est medicina meis,* was ersichtlich heißt: „*Denn die Heilkraft meiner Worte ist nicht schwach.*"[118]

---

gehen", anscheinend konnte auch Statius *malle* mit Akk. so verbinden (Snijder zu Theb. 3, 28, 'would fain win the land', Mozley).

[117] Will man für einen Augenblick ins Feine gehen, müßte man weiter (s. § 212) beobachten, wie zuweilen die Raffinierung eines Ausdruckes so vor sich geht, daß statt *eines* Allerweltswortes ein *anderes* gesetzt wird: Neoptolemos (Verg. Ae. 2, 482) bricht in den Palast des Priamus ein und reißt Tür und Wand auf, *ingentem lato dedit ore fenestram:* in die Wand schlägt er (eigtl.: „macht" er) ein riesiges Loch (s. Austin zu *fenestra),* d. h., er „gibt" ein Loch statt *fecit* (TLL 5, 1; 1685, 60 ff., Snijder zu Stat. Theb. 3, 23). Die Phrase enthielt ein Allerweltswort (*fenestram facere),* gefeinert wurde sie aber durch den Ersatz *eines* Allerweltsworts durch ein *anderes. Vires dare* war Ovid (met. 4, 528, vgl. Manil. 1, 10; Luc. 1, 348) zu simpel, er schrieb *vires facere.*

[118] Zur Prägnanz *nec* für *nec tamen* (214 Ende) s. auch Prop. 2, 5, 21; Ov. met.

Der Zweck der Sinnauffüllung einer Kopula, die weniger sagt, als sie bedeutet, ist wohl vor allem die Entschwerung des Verses, der um eine Partikel oder gar um eine Hypotaxe „erleichtert" wird. Auch ist es das Ziel, den Hörer aufmerken zu lassen bzw. dunkler zu sprechen als die platte Prosa: es ist das ewige Verhüllen und Versteckspiel, das seit je die Dichtung kennzeichnet (s. § 10 f.).
Selbstverständlich finden sich einfache Prägnanzen der Kopula auch in der Prosa. Um Geläufigstes zu nennen, sei an *neque* = *neque tamen* erinnert (z. B. Caes. b. g. 5, 6, 2 oder auch 1, 47, 1; 2, 19, 5; Kü.-St. 2, 2; 42), an kausales *-que* (Caes. b. g. 7, 68, 3: *perterritisque* erklärt Meusel richtig als Grund-angebend), an explikatives *et* (*malacia et tranquillitas* bei Caes. b. g. 3, 15, 3 von Meusel richtig als Erklärung des Fachausdrucks ausgelegt). *Piget prioris et novum crimen struis?* für *et tamen* bei Sen. Ag. 149 ist also nichts Unerhörtes; doch *et* im Sinne von *et iam* bei Sen. Ag. 498 ist wahrscheinlich viel gesuchter, adversatives *-que* nicht minder (durch diese Annahme einer Adversativprägnanz würde sich Sen. Ag. 496 [s. Tarrants Diskussion] begreifen lassen; OLD zitiert als weitere Belege s. v. 8: Ov. met. 13, 706; Stat. Theb. 12, 474 usw.).

§ 215

c) Prägnanz der Asyndese

OR Sätze werden ohne Kopula oder Konjunktion im Lateinischen *unverbunden* (asyndetisch) nebeneinander- oder gegeneinandergestellt, wobei der Hörer oder Leser die innere Verbindung zu erschließen hat.

LT LHS 830 Zusätze; Hofmann LU § 104; Scherer 106. Verständnisvoll W. Puttfarken, Das Asyndeton bei den römischen Dichtern der archaischen und klassischen Zeit, Diss. Kiel (1914), gekürzt gedr. 1920.

BG Man könnte sich auf die unbestrittene Ansicht zurückziehen, daß sinnträchtige Asyndesen überall in der lateinischen Literatur vorkommen, dazu in der Umgangssprache in Fülle, so daß eine besondere Behandlung dieses Gegenstandes sich erübrige. Doch ginge dieser Rückzug insofern einen falschen Weg, als die poetischen

4, 76. Interessant ist auch ein Blick auf die Negation durch *male* (LHS 455): die Erscheinung ist zwar wohl umgangssprachlicher Natur (zuerst bei Verben: Plaut. Cu. 169; dann bei Adjektiven: Cic. Att. 2, 1, 5; 9, 15, 5; Catull überspitzt das zu *male* als Substantivnegierung: *male marem* 16, 13; nachgeahmt von Ov. ars am. 1, 524 *male vir*), doch haben die Dichter sie gern verwendet, wohl weil diese Negationsweise statt definitivem *non* den Grad der Negation offenläßt („pertinet ad gradum", Krieg im TLL 8, 243, 18): der Aufnehmende mag sich mancherlei ausmalen, was ungesagt blieb.

Asyndesen gradmäßig erheblich anspruchsvoller, dunkler sind als die prosaischen. Horaz gestaltet in c. 1, 3, 21 ff. den alten Gedanken, daß der Mensch das ihm naturgemäß fremde Element der See meiden solle, dennoch wage die Menschheit sich hinaus: *audax omnia perpeti gens humana ruit per vetitum nefas, / audax Iapeti genus ignem fraude mala gentibus intulit:* der Mensch stürzt sich in den Frevel, Prometheus brachte den Menschen wagemutig das Feuer mit List – welches könnte hier die Gedankenverbindung der beiden gleich anfangenden Sätze sein? „Daß der Titan Prometheus, der Schöpfer des Menschen, hier als Beispiel für die Vermessenheit der *gens humana* angeführt wird, ist merkwürdig genug", Heinze; ähnlich Nisbet-Hubbard 44: 'symbol... for impious defiance of the gods'. Dann könnte man paraphrasieren: „Prometheus hatte ja ebenfalls...", wobei die Repetition *audax – audax* auf diese Parallelisierung hinweisen würde. Man könnte auch an ein „seitdem..." mit kausalem Beisinn denken – wie dem auch sei: der Mensch wird in seiner Vermessenheit in die Nachfolge des Prometheus gestellt, der Titan hatte den Weg gewiesen. Derlei subtile Verhältnisse verbergen sich überall in poetischen Asyndesen, so daß man in Umkehrung des oben formulierten Rückzuges sagen muß: die prägnante Asyndese ist einer der wichtigsten Sinnträger poetischer Sprache.[119]

Diese Ansicht ist naturgemäß nicht neu, vgl. I. Welsch, Dargestellte Wirklichkeit bei Horaz (Freiburg 1971): immer beruht die Interpretation[120] auf dem Aneinanderhalten von Textaussagen, die ihr Verhältnis nicht an der Stirn geschrieben tragen, sondern im Verstehenden, je nach seiner Disposition, finden müssen.

§ 216

Ide findet (bei Stat. Theb. 3, 167 ff.) ihre von Tydeus erschlagenen Söhne Hand in Hand daliegen, und Statius nennt sie – in Anlehnung an Vergils Nisus und Euryalus[121] – *felices* (148), obschon ihr Sterben eine *obscura mors* war (163). Diese ergreifende Szene schließt mit den Worten der Ide, in denen sie sagt, daß sie die Körper der Brüder nicht voneinander trennen mag und sie daher vor der Einäscherung gemeinsam verabschiedet, und zwar mit dem Zuruf: *ite, diu fratres indiscretique supremis / ignibus et caros urna confundite manes;* der Sinn ist: „Geht also, die ihr so lange Brüder wart, geht darum ungetrennt und vermischt in einer einzigen Urne eure Asche."

---

[119] Sie dient der Verrätselung ebenso wie der Ersparung von Wörtern im Vers. Einfache Formen kann man naturgemäß auch in der Umgangssprache finden, s. Scherer 106.

[120] Vgl. Prop. 1, 7, 9: „Hier (im *servitium amoris*) bringe ich die kurze Spanne meines Lebens unter Leiden (v. 8: *dura*) hin, dies ist (aber auch) mein Ruhm": die Asyndese enthält einen Gegensatz.

[121] Vgl. zu dieser Szene Gymnas. 75, 1968, 355 ff.; G. E. Duckworth, AJPh 88, 1967, 129 ff.

Hier enthält nun aber *diu fratres* und das daran Angefügte eine *Begründung:* „*weil* ihr so lange Brüder wart".[122]

§ 217

d) Litotes

OR Die Litotes setzt – seit der „Ilias" – statt eines positiven Ausdruckes („groß") einen negierten („nicht klein"). Diese Ausdrucksweise ist deswegen „prägnant" oder „sinngefüllt", weil diese Formulierung dem Hörer erlaubt, in den weitgespannten Rahmen von Möglichkeiten eines „nicht-klein" seine eigenen Vorstellungen hineinzulegen.

LT Lausberg § 586 f.; LHS 777 ff. (z. B. *non ... sine,* zunehmend gleichwertig mit *cum,* aus metrischen Gründen); Heinze zu Hor. c. 1, 23, 3 (bei Hor. nie gleich *cum*); Hofmann LU 147 ff.; Griechisches: Richardson zu hym. hom. Dem. 83 f.; E. Fraenkel zu Aesch. Ag. 1082; Breitenbach 213; Lapp 34; vgl. Dubois 226.

BG Horaz (c. 3, 13, 2) lobt seine Quelle *Bandusia: (splendidior vitro), dulci digne mero non sine floribus,* was (nach Heinze zu c. 1, 23, 3) gewiß heißt: „voller Blumen", „mit einer Fülle von Blumen". Oder Properz 1, 8, 17: Cynthia geht, und doch mag Properz ihr Böses nicht wünschen, vielmehr *sit Galatea tuae non aliena viae,* „möge die See dir nicht ungünstig sein", so als ob er den direkten Wunsch „möge günstiger Wind und günstige See deine Fahrt rasch und glatt gestalten" nicht sagen möchte, führte eine glatte und schnelle Fahrt sie doch rasch und ohne die eben noch erhoffte Rückdrift von ihm weit fort – so sinnbeladen kann eine „Litotes" sein.

§ 218

Ganz besonders beliebt ist die Litotes als Form der intensivierenden Hervorhebung: οὐκ ἀεικὴς γάμβρος (hym. hom. Dem. 83 f. vom Bräutigam; vgl. ebendort 363 f. und Soph. OC 691 f.), ferner des leise angedeuteten Tadels: *vitas inuleo me similis, Chloe, quaerenti pavidam montibus aviis matrem non sine vano aurarum et silvae metu:* „du fliehst mich wie ein Kitz, das die Mutter sucht, und das nicht ohne die (ganz unnötige) Furcht

---

[122] In Prop. 3, 1, einem Gedicht, das in v. 25/32 eine „Zusammenfassung der Ilias" enthält, finden sich gegen Ende, insbes. in den genannten Versen, mehrere Paradoxien, z. B. diese: dort vor Troia griffen „idäische Flüsse den thessalischen Mann" an: welch ein Wahnsinn, daß Ida und Thessalien miteinander Krieg führen müssen! Die Antithese ist sinnträchtig. Prop. 3, 2, 3: Amphions Lied vermochte Felsen des Kithairon nach Theben zu in Bewegung zu setzen, Felsen, die dann von sich aus sich zu Mauern fügten – die Antithese *Cithaeronis Thebas* ist erneut sinnträchtig (die Unterscheidung von „in Bewegung setzen" und „sich fügen" impliziert eine Widerlegung von Rothsteins Auffassung der Verse).

vor Wind und Wald" (Hor. c. 1, 23, 1 ff.: die Litotes drückt etwas aus, „das fehlen könnte oder sollte", Heinze z. St.).

ZS Diese Ausdrucksweise führt den Leser dazu, sich manches zu der negativ-offenen Ausdrucksweise hinzuzudenken. Spätere Schriftsteller verwendeten diese Möglichkeit jedoch vielfach nur als bequemes metrisches Hilfsmittel (Weyman, Jahrb. für klass. Philol. Suppl. 15, 1887, 488 ff.). Daher ist seit Horaz und Vergil immer die Frage zu stellen, ob diese Redeweise noch ihren ursprünglichen, verhüllenden und emphatischen Charakter bewahrt hat oder zum Äquivalent des *cum* abgesunken ist.

§ 219

e) Euphemismus

OR Der Litotes ähnlich (LHS 777 unten), gibt auch der Euphemismus weniger als erwartbar war für den, welcher die Sache kennt; man muß und kann sich also auch hier „manches zu der offenen Ausdrucksweise hinzudenken" (s. § 192, 218).

LT Lausberg S. 304 nach Mitte; LHS 778; Martin 338 oben; Hofmann LU S. 144.

BG „So steht regelmäßig altlateinisch *alicui inclementer dicere* (Plaut. Rud. 734, Truc. 273 usw.) im Sinne wüster Schmähreden", Hofmann LU S. 147 unten. Ovid erinnert (met. 1, 258) an die Weissagung, einmal werde die Welt *laborare* (soviel wenigstens ist aus der schwierigen Überlieferung deutlich zu gewinnen), *laborare* naturgemäß als Euphemismus für „zerfallen". – Man ist versucht, hier die „untertreibenden Wörter" einzureihen wie *ramus* („Zweig") für den tödlich treffenden Baumstamm, mit dem Hylaeus den Milanion schlägt (Prop. 1, 1, 13; cf. 4, 9, 15). Der Euphemismus ist naturgemäß vornehmlich im Bereich von Tod und Krankheit zu Hause (vgl. zum Euphemismus des Opferns W. Burkert, Homo Necans, RVV 32, 1972, 10, A. 4).

C. *Andersartig*

VORBEMERKUNG. Wie bereits angedeutet (§ 95 f., 185 und 211), wird in dieser Arbeit mit dem einfachen Schema „Kernbedeutung" und „Nuance" gearbeitet: man kann sich vereinfachend vorstellen, daß Wörter Kernbedeutungen haben (um im Einfachsten zu bleiben: Wörter enthalten Signale wie „hinauf", „angenehm", „eilig" usw.), die einfache sinnliche Grundwahrnehmungen anregen oder einfache Verspürungen wie „bedrohend" oder „reizend". Diese Grundqualitäten werden durch die „Nuancen" konkretisiert (*ire* zu *prod-ire* usw.). Zuweilen findet sich dann eine Nuance, die für den Kontext „zu stark" ist (§ 186 ff.), zuweilen wird eine Nuance ausgespart (über diese „Prägnanz" § 192 ff.), zuweilen werden solche Nuancen aber auch so vertauscht, daß der Wortgebrauch nicht in den Kontext „paßt": die Nuance muß dann vom Hörer bzw. Leser rück-getauscht werden: der Hörer oder Leser erhielt dann ein Signal, das zum Erwartbaren nicht „stimmte", er muß es nun selber stimmig machen durch Vertauschung der Nuance, wobei der Reiz darin liegt, daß

eine interessante Inkommensurabilität zwischen dem Bilde entsteht, das der Kontext
weckt, und demjenigen, das durch die „falsche" Nuance entstand. Diese Inkommensurabilität bewirkt dann nicht selten, daß beim Vergleichen der gegebenen Nuance
mit dem vorgefundenen Kontext Assoziationen entstehen, die über dasjenige hin-
ausgehen, das lediglich „gestimmt" hätte und im Erwartbaren geblieben wäre. Nehmen wir Schillers „ruhenden Pol in der Erscheinungen Flucht": daß die Erscheinungen „fliehen", ist ersichtlich eine Übernuancierung (vgl. seinen „Spaziergang": „la-
chend fliehn an mir die reichen Ufer vorüber", wo ebenfalls das „fliehn" überstark ist
im Vergleich zum beschaulichen Wandern, das dargestellt wird); der „Pol" aber, gesetzt für ein erwartbares Wort wie „Halt", „Punkt" o. dgl. weckt den Gedanken an
den „Himmelspol", und schon spürt der Leser, wie aus der ungeregelten Flucht
durch die Macht des Pols eine regelmäßige, sinnvolle Bewegung werden könnte.

§ 220

1. Positivierung

OR   Ἔγκειμαι besitzt (Lidd.-Sc.-Jon. s. v. I b bis IV) unangenehmen Beisinn,
nur bei Homer und Hesiod finden sich neutrale Gebräuche ('to lie in' und 'to be in'),
der Empfindungswert war vom 5. Jahrhundert an negativ; dann aber verwendet Arat
139 das Wort ἐγκείμενος in Verbindung mit „herrlichem Glanz": er tauscht die fest-
gewordene negative Nuance (nach altepischem Vorbild) gegen eine positive um. So
wagte es Horaz, dem üblen *prodigus* einen guten Klang zu geben (s. c. 1, 12, 38): 'the
word normally, pejorative, is here used in a good sense', Nisbet-Hubbard.

BG   Horaz redet in c. 3, 30, 14 f. die Muse (die Muse überhaupt: Fraenkel, Horaz
361) an: *sume superbiam quaesitam meritis*. Nachdem er stolz ausgesprochen hat,
daß er der erste war, der *Aeolium carmen ad Italos modos* hingeführt habe, beugt er
sich vor der Muse und überläßt ihr den Ruhm. *Sume superbiam* ist schillernd, es kann
heißen „Nimm du das, was ich erreicht habe", also die Ehre (so Kiessling ²1890),
oder aber *assume superbiam*, „sei stolz" (so Heinze, Kiesslings Komm. abändernd;
Syndikus 2, 280), jedenfalls übergibt er seinen Ruhm der Muse (Fraenkel a. O.:
„Diese *superbia* gibt er jetzt der Muse weiter"), und in einer solchen *superbia* kann
nichts Übermäßiges, Übles liegen (Hommel, Horaz 1950, 83 spricht von dem Gedicht als einem, das „doch so gar nichts von Anmaßung an sich hat, weil der bean-
spruchte Rang in jeder Zeile seine Bestätigung findet"). Hier ist *superbia* also ersichtlich ins Gute gewendet, sehr im Unterschied zum gewöhnlichen Gebrauch.

2. Nuancenvertauschung

§ 221

OR   Wenn Schiller im „Spaziergang" sagt, „in der Gebirge Schlucht taucht sich
der Bergmann hinab", dann ist nicht die Schlucht gemeint, an die man gemeinhin und
kontextunabhängig denkt („steiles Tal", „Einschnitt zwischen zwei Bergen" usw.),

sondern an den Bergmanns-*Schacht,* an ein „Loch" im Boden. Doch besaß das Wort „Schlucht" wohl soviel des Unheimlichen, daß Schiller es hier wählte, passend zum davorstehenden Wort „Gebirge", gleichsam von „Gebirge" provoziert, aber auf die Situation nicht passend. Hier wurde der Kernbedeutung „Vertiefung im Gebirge" nicht die kontextadäquate Nuance „artifiziell" (in der konkretisierenden Form „Bergwerksschacht") gegeben, sondern die andere, die eine Höhlung von Menschenhand mit einer Eintiefung natürlicher Herkunft vertauscht. – Nicht anders die (wohl properzische: 1,1,11) Neuerung *antrum* = „Tal" (Belege: Housman zu Manil. 5,311): aus „Aushöhlung" in der Bergwand wird durch „Drehung um 90°" „Aushöhlung *zwischen* Bergen", ermöglicht durch die „Kernbedeutung" des Konkaven, dessen Ausprägungen, Erscheinungsformen, Nuancen vertauscht werden bis hin zur Bedeutung „Hohlweg" der Bäume, deren oben sich schließende Kronen eine Art „Dom" oder „Schlucht" bilden, daher Prop. 4,9,33 *antrum* = „Wald".

§ 222

BG   Ὄγμος bedeutet urspr. die Furche, die der Pflug zieht, oder die Bahn abgemähten Korns inmitten des ringsumher noch aufrecht stehenden, wenn ein Schnitter mähend sich durch das Kornfeld arbeitet; wenn dann aber im homerischen Hymnus 32,11 und bei Arat 749 ὄγμος als „Weg" oder „Bahn" (des Mondes z. B.) verwendet wird, dann wird dem Kern „Vorwärtsbewegung" eine neue Nuance gegeben: für die Nuance des Sich-Durchpflügens oder -Schneidens, die man unvoreingenommen bei ὄγμος spürt oder sieht, erhält der Kern die Nuance des Gestirnfluges. Ähnlich ἄμπυξ: eigentlich bedeutet es das Diadem, nur Soph. Phil. 678 gibt dem Kern „Rund" die Nuance „Rad".[123]

§ 223

Im Lateinischen heißt *videre* das Sehen schlechthin, nicht das Erblicken, das Betrachten und Anschauen. Genau diese Nuancierung erhält das Wort aber bei Horaz (c. 4,3,2, „angeblickt": Syndikus 2,314): *quem tu, Melpomene, semel nascentem placido lumine videris.* Properz (1, 1, 12) sagte *ibat et hirsutas ille videre feras* und meinte nicht nur ein Sehen, sondern „den Anblick aushalten" ('to face', Butler-Barber nach Maßgabe von Manil. 5,181).

Oder Petron 119,35: unter der Überschrift *ingeniosa gula* schreibt er: *Lucrinis eruta litoribus vendunt conchylia cenas.* H. Stubbe, Die Verseinlagen im Petron, Philol. Suppl. 25,2; 1933, 111 übersetzte richtig mit „preisen Austern Mahlzeiten an". *Vendo* ist nun aber das Verkaufen; wenn aber zum Verkaufen das Schmackhaftmachen gehört (beides ineinander bei Hor. epi. 2,1,75, vgl. Heinze z. St.; Juv. 7,135f.), dann wurden hier die

---

[123] Ähnlich wird Soph. Phil. 509 aus dem im Grunde friedlichen ἆθλος ein schmerzhafter Kampf; Sophokles macht auch (Antig. 1081) aus καθαγίζω, das „als Opfer verbrennen" bedeutet, ein „Bestatten" mit ungemeiner Anreicherung an „tieferem Sinn". Hierzu bringt Kronasser weitere Belege auf S. 97f.

beiden Ausprägungen des *einen* Kerns „zum Verkauf bieten" ausgetauscht, was Prop. 1,2,4 (Enk) bestätigt (ist das richtig, kann auch das umstrittene *persuadent* in Prop. 1,2,13 von „überreden" zu „einladen" geworden sein, vgl. Tränkle 26 oben: „nicht unbedingt eine Korruptel"; die hier aufgezeigte Nuancenvertauschung erlaubt, an die Echtheit des Überlieferten zu glauben).

Ein letztes Beispiel: *iubar* bedeutet im alten Latein den Morgen*stern,* Lukrez weitet es aus auf die *Sonne* hin und die Morgendämmerung (4,404; vgl. Ov. met. 7,663); entsprechend die Ausweitung auf das Sonnenlicht (Börner zu Ov. met. 1,768). Doch wenn Seneca (Ag. 463) *iubar* dann für die *Abend*-Dämmerung nimmt, dann ist an dem Kern „Halblicht" (oder wie immer man ihn benennen möchte) die Nuance des Morgens gegen die des Abends in unerhörter Weise getauscht.[124]

§ 224

Derlei kann bis ins ganz Abstrakte reichen: so steht *quanta* für *quot* bei Prop. 1,5,10 und *tanta* für *quanta* bei Luc. 10,190. LHS 206b rechnen dies zwar der Volkssprache zu, zitieren jedoch lediglich Dichterstellen. Was geschehen ist, ist dieses: an dem Kern „viel" wurden die Konkretisierungen „Vielzahl (von Individuen)" gegen „Größe (eines Individuums)" ausgetauscht, entsprechend vielleicht der Ambivalenz eines *tantum,* das schillernd sich zwischen Quantität und Qualität bewegt (vgl. Enk zu Prop. 1,5,10).

[124] Bedenkt man solche Möglichkeiten, erscheint die Polemik von Barrett im Komm. zu Eur. Hipp. 253/5 gegen Lidd.-Sc.-Jones' Auffassung von ἄϰϱον μύελον als „innerstes Mark" ungerechtfertigt: Euripides läßt die scheinbar so kluge Amme sagen, man solle eine „Freundschaft" nie ins „innerste Mark" dringen lassen, und formuliert dies mit ἄϰϱον μύελον. Barrett sucht ἄϰϱος nun unter Herbeiziehung von Plato-Stellen als „äußerst" im Sinne der bloßen Steigerung zu erweisen, aber alle Plato-Stellen verbinden ἄϰϱος mit Abstrakta. Hier hat Euripides, der solchen Umkehrungen nicht abhold war (Hermes 103, 1975, 480, Anm. 3), genau wie Lidd.-Sc.-Jones gespürt hatten, die Nuancen verkehrt (wie bei *iubar* geschehen). Das Raffinierte an Vergils Gebrauch von *spero* Ae. 4,292 und 419 (*hunc ego si potui tantum sperare dolorem,* s. Pease zur ersten Stelle) im Sinne von „ahnen" („hätte ich doch nur voraussehen können") liegt darin, daß er (vielleicht nach Maßgabe von ἐλπίζω, s. LSJ s. v. 2) nur die Nuance des Voraussehens in *sperare* übrigläßt, die Kernbedeutung des Ersehnens dagegen eliminiert: der Leser muß, wenn es erlaubt ist, so zu sprechen, das Verbum substantial umdenken, um zum Gemeinten vorzudringen (ähnlich *credit* in Ae. 4,501).

3. Mischung der Sinneswahrnehmungen

§ 225

OR   Es handelt sich um die „Verschmelzung verschiedenartiger (Geruchs-, Gesichts-, Gehörs- und Tast-) Empfindungen", Küper 116. Man spricht auch von „Synästhesie".

LT   Lobeck, De confusione vocabulorum sensum significantium, Rhematikos 1846, 329 ff.; Leo, Observationes criticae 111; Norden zu Verg. Ae. 6, S. 205; zum Altlatein Haffter, Untersuchungen 45 ff. *(aures sonitum devorant)*; Ullmann 208, 245 ff.; Kronasser 146 ff.

BG   Wenn Brentano dichtet, „golden wehn die Töne nieder" („Abendständchen"), dann mischt sich hier Farbe und Ton, d. h., das Wort *golden* erhält eine Sinnvertiefung, die schon an die Chiffre gemahnt (G. Benn, Probleme der Lyrik, in: Ges. Werke 1, ²1962, 512 über *Blau* als das „Südwort schlechthin" usw.). Ferner kann man darauf hinweisen, daß „Wehn" und „Töne" spürende und hörende Empfindungen mischen – eine höchst raffinierte, weil gedoppelte Synästhesie.

Ennius, ann. 119 Vahl., schrieb *olli respondit suavis sonus Egeriai* und mischte so Geschmacks- und Gehörswahrnehmung. Dagegen scheint die Erklärung von Pease zu Verg. Ae. 4, 203 – 'mixed metaphor' – unrichtig, denn man wird nicht daran denken, daß Hören und Schmecken vermischt wurde; eher handelt es sich um das traditionelle (Eur. Hel. 481 z. B.) Epitheton von Reden, das sich aus der „Spitzigkeit" in πικρός ergab. *Amarus* heißt also wohl: „Bitternis bereitend".

§ 226

Man muß jedoch unterscheiden: wenn Statius (Theb. 3, 176) *inspexit gemitus* sagt, dann liegt keine Synästhesie vor, sondern lediglich die Ersetzung von *labores pugnae gemitum efficientes* durch *gemitus* allein.

Die Worte „Eine dunkeldrohende Wolke vom Hause her tönt die vielstöhnende Stimme" (Aesch. Eum. 379 f.) vereinen den Gesichtseindruck mit hörender Wahrnehmung, was erleichtert wird durch den voraufgehenden Vers, der von einem Dunkel spricht, das über dem Frevler liegt: die Wolke wird zur Schuld, und diese wird verkündet; dennoch bleibt die Synästhesie bestehen (W. B. Stanford, Aeschylus and His Style, 1942, 64).

Prop. 2, 15, 23: *oculos satiemus amore*. Hier mischen sich „Augen- und Baucheslust", G. Jachmann, Rh. Mus. 84, 1935, 193–240 (jetzt WdF 237, Properz, 84–133). Er hatte diese Verse Properz abgesprochen wegen einer „Entsprechung bei Tibull" (1, 1, 69; S. 88 im Nachdruck ist der Tibull-Vers zitiert und besprochen). E. Reitzenstein hatte 1936 (jetzt im selben Band Properz, WdF 237, 134 ff.) widersprochen: „Das wächst doch völlig aus dem Abschnitt über die Bedeutung der *oculi* als *dulces in amore* hervor";

das ist zweifellos richtig, zudem besteht keine Übereinstimmung mit Tibull, da an der genannten Tibull-Stelle von *oculi* keine Rede ist. Reitzensteins Verteidigung von 25/28 und 37/40 besteht jedoch zu Unrecht. Die Mischung der Bereiche (Sehen und Schmecken) kann also sehr wohl als properzisch gelten.

ÜBUNGSTEIL

„... und die Gedichte, die Nero zuweilen verfaßte, zeig-
ten, daß er einen guten Lehrmeister hatte."

(TACITUS)

VORBEMERKUNG: In dem nachfolgenden Übungsteil werden einige Stellen über-
wiegend aus Schul-Autoren besprochen; dabei werden zunächst die Texte gegeben,
Angaben zu Kommentaren und Auslegungen vorangestellt, danach Fragen zu den
Texten aufgeworfen, die anschließend beantwortet werden. Dieses Verfahren soll
dazu anleiten, anhand von Fragen, die mit dem Systematischen Teil eng verbunden
und aus ihm heraus beantwortbar sind, selbständig in die handwerkliche Baukunst
solcher Texte einzudringen; des weiteren wird auf diese Weise gewiß auch das Ver-
trauen in die Systematik dieses Buches gestärkt.

Sicherlich werden manche Leser dieses Verfahren schulmeisterlich nennen; doch die Genauigkeit solcher Schulmeisterei hat erfahrungsgemäß
noch nie geschadet; man bedenke zudem, daß dieses Buch ein *Hilfs*-Buch
sein soll, und dies für Hilfesuchende, wie Schüler, Lehrer und Studenten
dies ja nun einmal nicht selten sind. Außerdem sind die Fragen vielfach auch
so gestellt und die Antworten so gegeben, daß wenigstens ein Teil dessen
zur Sprache kommen wird, was über das „bloß" Handwerkliche hinausge-
hen könnte.

Im folgenden werden einige Begriffe verwendet, die im Systematischen
Teile nicht vorkommen (Hyperbaton, Chiasmus, Asyndeton, Paronomasie, Alliteration). Allgemein ist zu bemerken, daß sich im Lexikon der Alten
Welt (LAW), Artemis-Verlag Zürich 1965, 2611–2627 (= dtv-Lexikon der
Antike: Philosophie, Literatur, Wissenschaft, Bd. 4, S. 127 ff.) ein umfassen-
der Artikel über Rhetorik findet und daß rhetorische Begriffe wie die genannten in diesem Lexikon gesondert behandelt sind. Im einzelnen wird man
das Hyperbaton bei Martin 308 f., Lausberg § 716 (s. § 65, C 2, b),
den Chiasmus bei Martin nicht, bei Lausberg § 723, A. 1,
das Asyndeton bei Martin 299 b 1, Lausberg § 709,
die Paronomasie bei Martin 304, Lausberg § 637,
die Alliteration u. ä. bei Wilkinson 25 ff.
erläutert finden können.

ZUM VERFAHREN: in den nachfolgend abgedruckten Texten sind diejenigen Wörter und Wortgruppen, die in Frage gestellt werden, *aufrecht* gedruckt.

I. VERGIL, Ae. 1, 1–7

A. Kommentare: R. G. Austin, P. Vergili Maronis Aeneidos lib. I, Oxford 1971; G. Stégen, Le livre I de l'Énéide, Namur 1975. – **Auslegungen:** M. von Albrecht, Antidosis: Festschrift für W. Kraus, Wien. Stud. Beih. 5, 1972, 7/20; G. K. Galinsky, Gymnas. 81, 1974, 182/200; auch V. Buchheit, Vergil über die Sendung Roms, Heidelberg 1963, 13/58.

B. Text:
1 Arma *virumque cano,* Troiae qui primus *ab oris*
  Italiam *fato profugus Laviniaque venit*
  litora, multum ille et terris iactatus et alto
  vi superum, *saevae memorem Iunonis* ob iram,
5 multa quoque *et bello passus, dum conderet urbem*
  inferretque deos Latio, genus unde *Latinum*
  Albanique patres atque altae *moenia Romae.*

C. Fragen:

1. a) Was ist mit *arma* gemeint? Welcher Tropus liegt vor? b) Inwiefern entspräche die Wahl von *arma* der Auffassung Vergils vom Charakter der Landnahme des Aeneas?

2. Ist die Wortstellung im 2. Halbvers von v. 1 „normal"? Welche spezifische Wortanordnung läge vor? Welches ist die Auswirkung der gewählten Wortstellung? ZS: Ist *primus* im Sinne von „der erste vor vielen anderen" verwendet?

3. a) Die Objekt-Zuordnung bei *venit* ist ungewöhnlich: beschreibe anhand der Grammatiken das Seltene daran. b) Was gewinnt der Dichter durch die gewählte Syntaxe?

4. a) Beschreibe die Eigenart des *ille* und seine Bezüge im Satzganzen. – b) Welchen Vorteil bietet die Verwendung des *ille,* was die Versökonomie anlangt?

5. Wenn *terris* und *alto* Ortsablative sind, was ist an der Verwendung dieser Ablative auffällig? Vgl. dazu Cic. fin. 5, 9.

6. a) Beschreibe das Verhältnis der beiden Versteile (*vi superum* und *saevae – iram*) zueinander. – b) Wieso ist der Zorn hier „nachtragend" und nicht die Gottheit: nenne die Wortzuordnung beim Namen und erkenne die Vorteile, die sich aus ihr ergeben.

7. a) Wie nennt man die Wiederholung, die hier in *multa – multum* (v. 3) vorliegt? – b) Untersuche *quoque et.*

8. Was genau ist mit *deos* gemeint? Götter überhaupt? Wie bezeichnet man diese Wortverwendung? Untersuche *Latio:* welcher Kasus liegt vor? Wäre der vorliegende Gebrauch dieses Kasus „normal"?
9. *Genus unde* usw.: a) Fehlt etwas? Wie nennt man die Auslassung dieser Art? – b) Ist die gewählte Wortanordnung gewöhnlich? – c) Beschreibe die Anordnung der Attribute und Substantive zwischen *genus* und *Romae.*
10. a) Man spricht zuweilen von Austausch zwischen *altae* und *alta,* als sei hier *altae* statt *alta* gewählt – nimm Stellung. Wie würde man die vielfach angenommene Vertauschung genau nennen? – b) Beschreibe die Verteilung der Vokale zwischen *genus* und *Romae* und überlege den Grund für diese Vokalanordnung.
11. Untersuche die Organisation des Textes, d. h. das Verhältnis der einzelnen Satzteile zueinander nach ihren heraushebenden, verzögernden und beschleunigenden Wirkungen.

D. Antworten:

1. *Arma* meint nicht die Waffen als Gerät, eher die „Leistung der Männer von der Eroberung Troias bis zur Gründung der Stadt in Latium" (K. Büchner, P. Vergilius Maro, RE 8A, 1339, 39f.), das *Tun* der Waffen oder das Tun *mit Hilfe* der Waffen: Kampf und Krieg. *Arma* steht also als das Bewirkende für das Bewirkte (§ 109). Dieser Tropus wurde schon von Cicero als etwas Geläufiges angesehen (de or. 3, 167 Ende: würdevoll sei der Schmuck der Rede von der Art *toga pro pace, arma ac tela pro bello*); Vergil hätte hiernach auch *tela* sagen können (Angriffswaffen also), doch wäre dies nicht nur (ohne *arma*) sehr preziös gewesen, es hätte auch seiner Absicht widersprochen, die Landnahme des Aeneas nicht als Übergriff und Eroberung, sondern als ein rechtmäßig durchgeführtes Durchsetzen eines Götterauftrages anzusehen (Büchner a. O. 1454, 8 ff.) und als Rettung der heimischen Penaten und der Gefährten (Büchner 1453, 52 ff.).
2. *Troiae qui primus:* das Relativ ist eingerückt, um a) dem Worte *Troiae* Nachdruck zu verleihen (denn ein schwaches Wort, hinter ein anderes gestellt, hebt dieses hervor), b) um auch *primus* hervorstechen zu lassen. Inversion also, s. § 127.

ZS   *Primus* ist, an sich genommen, „unlogisch", denn nach Aeneas kam kein zweiter: das Wort meint den Begründer, den ersten Römer, es bedeutet, „daß er als erster am Beginn eines Zusammenhanges auftritt, in dem sich später in Italien so viel Bedeutendes ereignet hat" (Klingner 383). Es gehört zu jenen rational kaum schlüssig zu analysierenden, nur zu umschreibenden Emotionserregern wie *extrema* bei *mors:* auch da gibt es keinen früheren oder späteren Tod,

extrema will sagen: „und das ist dann das unwiderrufliche Ende, der Tod" (cf.
Prop. 3, 5, 7).

3. *Venit Italiam* usw.: a) Bei Verben der Bewegung, die eine Zielangabe in
Form von Ländernamen bei sich haben, „überwiegt schon im Altlatein
die Präposition" (LHS 50 Mitte). „Viele Fälle des reinen Akkusativs
bietet Vergil, deutlich unter homerischem Einfluß" (LHS ebd., vgl.
Schwyzer, Griech. Gramm. 2, 67 f., oben § 159). b) Der Sinn ist hier
nicht nur Homernachahmung, sondern der Zugewinn an Gedrängtheit
und Dichte.

4. *Ille:* es nimmt *virum* auf, „anaphorisches" (vgl. § 15) Demonstrativ
(LHS 185, cf. Acta Class. 12, 1969, 33). Durch die Einrückung von *ille*
wird dieses selbst schwachtonig, hebt daher *multa* deutlich hervor (vgl.
die polyptotische Anapher der Odyssee 1, 1, 3 und 4).

5. *terris – alto:* Ortsablative, allerdings war ein *in* zu erwarten, denn hier
war „in guter Zeit *in* obligatorisch", LHS 146, Zus. b. Doch „freier
verfahren die Dichter" (vgl. Cic. fin. 5, 9 *ut nulla pars caelo mari terra,*
ut poetice loquar praetermissa sit usw.: LHS a. O., oben § 165 nach
Mitte). Der Gewinn einer solchen Syntaxe ist das Ungewöhnliche, aber
auch eine größere Gedrungenheit der Verse. b. *Altum* ist seit Enn., sca-
en. 111 Jocelyn und Plaut. Mil. 117 „die See", aber das ist durchaus
nicht rein dichterische Ausdrucksweise, auch Caesar schrieb so: also
wohl ein Kurzausdruck der Fachsprache.

6. *Vi superum – Junonis ob iram:* a) Das Verhältnis der beiden Satzteile
zueinander ist das einer Ausfaltung (§ 23: epexegetisches Hendiadyoin). b) Nicht der Zorn ist „nachtragend", sondern die Göttin:
personifizierende Enallagé (§ 63); sie erlaubt dem Dichter, *zwei*
kennzeichnende Attribute anzubringen, denn nach dichterischer
Gepflogenheit (A. 79) hätte Juno nur eines bekommen können, so aber
läßt die Enallagé die *ira* doppelt charakterisiert sein: *saevae memoris*
Junonis wäre unerlaubt überladen gewesen.

7. *Multa:* polyptotonartig nimmt das Wort *multum* aus v. 3 auf (§ 19). –
Quoque et ist erst seit Vergil belegbar, es schließt an die Leiden während der Irrfahrten die in den Kämpfen an; dabei will *quoque* sagen,
daß er *auch* in *Kriegen* dulden mußte, *et* setzt die Reihe *et terris – et alto*
fort; letztlich liegt Pleonasmus vor (§ 32; LHS 524 γ ordnen auf dieselbe Weise ein).

8. *Deos:* die Penaten sind gemeint (F. Bömer, Troia und Rom, Baden-
Baden 1951, 55 ff.), also „prägnant", es ist viel hinzuzudenken (§ 193).
– *Latio:* Dativus Commodi mit lokaler, ortsangebender Nuance
(§ 157), ein in der früheren oder zeitgenössischen Prosa unbelegbarer

Gebrauch (Kü.-St. 2,1; 320 f.: aus der alten Gesetzesformel *leto dare* ausweitend in die Dichtersprache übernommen).

9. *Genus unde:* a) Ersparung eines Verbs wie *ortum est;* der Grund hierfür ist wohl nicht zuletzt in der schwierigen Kongruenz zu suchen, die zu bewältigen wäre mit drei verschiedenen Genera bzw. Numeri. b) Inversion des Relativums: § 127.

10. a) Man sprach hier zuweilen von Enallagé: „hoch" gehöre „eigentlich" zu *moenia;* doch ist das nicht sicher, denn Rom lag ja hoch auf seinen Hügeln. b) Acht Male ist ein *a* in v. 7 verwendet, dazu dreimal *e* oder *i;* wohingegen v. 6 mit dreimaligem *u* schloß – war an ein Aufstrahlen gedacht?

11. Die Organisation des Textes: *arma virumque cano* als Kopfsatz birgt in sich die Thematik der Ilias und der Odyssee (die „Heim"-Kehr des Mannes dorthin, wo ihm eine dauernde Bleibe von den Göttern bestimmt war, ein Heimkehren in den Schutz usw.); dann folgt ein langer, sich verselbständigender Relativsatz ungemein komplizierter Struktur: von Troia nach Lavinias Küste geht die Satzbewegung, verzögernd abgetrennt durch *fato profugus.* Vom Flüchtling zum *urbis conditor* führt ebenfalls ein langer Satzweg, neu anhebend (das anaphorische *ille* bewirkt den Eindruck eines Neueinsatzes) folgt jetzt die Erwähnung der Irrfahrten; sie ist durch eine lange Grundangabe (v. 4) so getrennt von der nachfolgenden Erwähnung der Kriegsnöte, daß beide Leidenswege – wirkungsvoll voneinander abgehoben – in voller Eindrücklichkeit, weil frei voneinander dastehend, hervorstechen. Der zweite Leidensweg, der durch die Nöte des Krieges, wird dabei wie mit einem mitleidheischenden „Und noch mehr..." eingeleitet. Hier wurde lange gezögert und verzögert, bis der zweite Leidensweg genannt wurde; und eine Verzögerung ist auch darin zu sehen, daß erst nach langen Satzteilen das Ziel in Sicht kommt (*dum...* usw.). Am Ende dann, in glattem Fluß und mit zunehmend hellen Vokalen das Ergebnis: *unde...* usw. Hier folgt auf eine chiastische Struktur (*genus Latinum:* Subst.-Attrib.; *Albani patres:* Attrib.-Subst.) eine in sich geschlossene, nicht mehr weiterleitende Hyperbaton-Struktur (*altae moenia Romae:* Attribut der Genetivergänzung – Kern – Substantiv der Genetivergänzung), eine Rahmen-Ordnung, die mit *Romae* das letztendliche Ziel nennt. So lange währte der Weg vom Ausgangspunkt Troia bis hin nach Rom, so lange dauerte auch der komplizierte Relativsatz – er ist ein getreues Abbild des verworrenen und verzögerten Heimweges.

So hatte auch H. Hommel (Horaz, Kerle-Verlag, Heidelberg 1950, 97 f.) Hor. c. 1,9,21 ff. ausgelegt, eine Anregung K. Rupprechts aufgreifend.

II. CATULL, c. 8

A. Kommentare: der beste ist: C. Valerius Catullus, hrsg. und erkl. von W. Kroll, ⁴1960, ferner: Catullus, A Commentary, von C. J. Fordyce, Oxford 1961. – **Auslegungen:** besonders zu nennen ist die von K. Büchner, Altspr. Unterricht 1951, 2; S. 3 ff.; ferner E. Fraenkel, JRS 51, 1961, 46/53; K. Quinn, Catullus – An Interpretation, 1972, 88, 94, 117/24; Versuch zeitlicher Einordnung: F. Stoessl, in: Beiträge zur klass. Philol. 85, 1977, 103/6.

B. Text:

> Miser Catulle, *desinas ineptire,*
> Et *quod uides perisse perditum ducas.*
> *Fulsere quondam* candidi *tibi soles,*
> *Cum uentitabas quo puella ducebat*
> 5 *Amata* nobis *quantum amabitur nulla.*
> *Ibi illa multa* tum *iocosa fiebant,*
> *Quae tu uolebas* nec puella nolebat.
> *Fulsere uere candidi tibi soles.*
> *Nunc iam illa non uolt; tu quoque, inpotens, noli,*
> 10 *Nec* quae *fugit sectare, nec miser* uiue,
> *Sed obstinata mente* perfer, obdura.
> *Vale, puella. Iam Catullus obdurat,*
> *Nec te requiret nec rogabit* inuitam;
> *At tu dolebis, cum rogaberis* nulla.
> 15 *Scelesta, uae* te! quae *tibi manet uita!*
> Quis *nunc te adibit?* cui *uideberis bella?*
> Quem *nunc amabis?* cuius *esse diceris?*
> Quem basiabis? cui *labella mordebis?*
> *At tu, Catulle, destinatus obdura.*

C. Fragen:

1. Bestimme die Äußerungsweise in *miser Catulle* („Äußerung ohne Satzform", Scherer 113 f.) in ihrer Eigenart und nach ihrer Aufgabe (Definition also und Funktionsbeschreibung).

2. Erkläre die Art der Satzverbindung, das Verhältnis der beiden Sätze zueinander und bestimme, davon ausgehend, die Eigenart des *et*.

3. Ist *candidi* „nötig"? Bestimme die Funktion des Attributs und nenne

den Namen eines so verwendeten Attributs (erneut ist also nach Definition und Beschreibung gefragt).

4. Bestimme die Eigenart des Sprunges vom Du zu *nobis* („Ich") a) rein technisch-beschreibend, b) psychisch (d. h.: warum steht der Inhalt von 1–4 im Du, warum ist der Gehalt von v. 5 einem Ich zugeordnet?).

5. Bestimme *(ibi...) tum* a) rein grammatikalisch, b) nach seiner Aussagekraft, c) textkritisch: warum könnte man sagen, daß ein *cum*, so verwendet, für Catull schwer annehmbar wäre (Wortstellung!)?

6. *nec – nolebat:* definiere diese gespaltene Ausdrucksweise und gib einen psychischen Grund für ihre Verwendung an.

7. a) Vervollständige den Halbsatz *(quae fugit)* und suche den Grund für die Verkürzung, b) untersuche das zweite *nec* nach Maßgabe von Frage 2.

8. *Vive* ersetzt ein „Sei nicht...!". Erkläre, warum ein *esto* oder *sis* unpassend gewesen wäre, und definiere die Ersetzungsweise.

9. *Perfer obdura:* Diese Wortfügung hat a) einen eigenen Namen, b) eine genau angebbare psychagogische Aufgabe.

10. In welchem Verhältnis logischer Art steht *invitam* zu seinem Satze?

11. Ein moderner Kommentator setzt *nulla* mit *non* gleich: beschreibe den Unterschied und achte auf die Satzstellung.

12. *Vae te:* Untersuche die Syntaxe und gib einen Grund für die gefundene Eigentümlichkeit an.

13. V. 16 ff.: Sieben Male steht ein Fragepronomen am Satzanfang: a) definiere diese Ordnungsweise, b) beschreibe das inhaltliche Verhältnis der Fragesätze zueinander.

D. Antworten:

1. Die Äußerungsweise ist die der Anrede (Apostrophé, § 54 ff.), hier in der Spielart der Selbst-Anrede (A. 33). – Die Aufgabe, die der Dichter dieser Ausdrucksweise gibt, ist wohl die einer Distanzierung von sich selbst: Catull sieht etwas *(vides,* v. 2), kann es jedoch nicht annehmen und hinnehmen *(ducas).* Quinn 114: 'Struggle... between intellectual rejection of an impossible situation and emotional reluctance to face the inevitable'; Bruch zwischen Überlegung und Empfindung, spürbar gemacht in distanzierender Selbstanrede.

2. *Et:* die Sätze stehen in explikativem Verhältnis zueinander: „Höre auf, dumm zu sein *(dadurch, daß)* du dich dareinfindest": Prägnanz der Kopula (§ 214).

   ZS   *Perisse – perditum* bildet eine Klangfigur, die Paronomasie mit gleichem Anfang (LHS 709 f.; s. „Vorbemerkung"): „Was du *ver*-gangen siehst, nimm's als *ver*-loren hin."

3. *Candidi soles: candidus* ist „hell" und „strahlend", auch im übertragenen Sinne des Wundervollen (*o me felicem! o nox mihi candida!* mit ex-
pressivem Hiat [Acta Class. 14, 1971, 50 ff.] bei Prop. 2, 15, 1 [zit. von
Fordyce]). Hier handelt es sich um stimmungsmalende Fülle, um
Pleonasmus (§ 33, 2) im Sinne dessen, daß im Glück die Sonne besonders schön und hell strahlt (Hor. c. 4, 5, 7).

4. Der Sprung vom „Du" zum „Ich" heißt Inkonzinnität (u. a. Prop.
2, 8, 17 und Scherer 213), s. § 181. 'Illogical change of subject' (Fordyce);
der Grund ist wohl, daß die Gegenwart bestimmt ist von dem Riß
zwischen dem, was war, und dem, was Lesbia nunmehr daraus gemacht hat. Der Catull, der sich empfindungsmäßig nicht zu trennen
vermag von dem eben noch genossenen Glücke (c. 76), ist ein anderer
als der, welcher sehr wohl *weiß,* daß es nur noch ein Sich-Dreinschik-
ken geben kann: da herrschte das sich von sich selbst distanzierende
„Du". In der Erinnerung aber gab es keinen solchen Riß, damals war
alles heil, und darum herrscht in der Erinnerung das „Ich", die
Selbst-Identität.

5. *(ibi...) tum:* ist *ibi* temporal, dann verteilt Catull zwei Punkt-ange-
bende Wörter in Trenn- oder Sperrstellung (Hyperbaton: § 65; Scherer
222 f., 226 f.): das erste gäbe den Zeit-Punkt mit lokaler Ausdrucksweise (TLL 7, 1; 145, 63 ff.) an, das zweite mit rein temporaler (vgl.
LHS 525 e, α). Die Ausdrucksweise wäre gefüllt, weil verdoppelt
(nicht nur „Pleonasmus", LHS 799 C, a): verstärkende Übercharakterisierung. – Wenn *ibi* jedoch lokal aufgefaßt wird, verwiese es auf das
quo aus v. 4 (so Haffter, TLL 7, 1; 141, 72) und stünde selber in Em-
phasenstellung am Satzkopf: stark wirkende Erinnerung an den Ort
des Glückes (vgl. die Scheune im „Besuch der alten Dame"). *Tum*
stünde tief eingerückt in auffallender Stellung, die *illa multa* hervor-
höbe. *Cum* dagegen könnte bei Catull vielleicht noch nicht so weit
eingerückt sein (schwere Inversion, vgl. § 127 und Fraenkel 51,
A. 20, s. aber oben A. 75). Die zweite Möglichkeit scheint die einfachere.

6. *nec puella nolebat:* Litotes (§ 217). Ihr Grund ist darin zu suchen, daß
sie das „Verhältnis der Geschlechter schön ausdrückt" (Kroll 17): der
Mann ist ein energisch drängender, die Frau ist reizvoll verspielt-
zurückhaltend – ob die Gleichartigkeit des Satzbaues die Gleich-
gestimmtheit mit ausdrücken sollte?

ZS   *Nunc iam illa non vult:* das *iam* „des neu eingetretenen Zustandes"
(P. Langen, Beiträge zur Kritik und Erklärung des Plautus [1880], Olms 1973,
287; Duckworth zu Plaut. Epid. 135; Petersmann zu Plaut. Stich. 188). Etwa
„Jetzt auf einmal".

7. Ergänze zu *ea, quae:* Unterdrückung des Demonstrativs (§ 85). Der
   Sinn ist die Entschwerung: die Ellipse ersparte Catull das Stockende eines vollständigen Relativgefüges. So wird *quae fugit* zum Substantiver-
   satz (Nebensatz als Satzglied: Scherer 239 f., LHS 555 unten). – Das
   zweite *nec* ist prägnant (§ 214): „... und werde *dadurch* unglücklich".

8. *nec miser vive:* „und sei nicht traurig", *vive* ersetzt eine Form von *esse,*
   so will es scheinen; also etwas Gewöhnliches durch ein kräftigeres
   Wort (§ 213 Ende). *Esto* wäre ungut gewesen, es gehört eher zur
   Gesetzessprache (Kü.-St. 2, 1; 196 a), *sis* zu platt.

9. Es handelt sich a) um ein asyndetisches Dikolon von pleonastisch-ver-
   stärkender Art (§ 215). *Perfer et obdura* war das Geläufigere (Belege
   bei Kroll und Fordyce): das Asyndeton war also beabsichtigt, es malt
   b) das krampfhafte Nachstoßen, die 'rugged determination' (E. T.
   Merrill, Catullus, 1893 z. St.).

   ZS   In v. 12 steht *obdurat* erneut (Epanalepse, § 13): das soll wohl (der Antwort *habitat* auf die Frage *habitatne hic Gaius?* entsprechend) andeuten, daß
   auch *wirklich* eintritt, was gefordert war (etwa: „Jawohl! Ich *bin* jetzt hart!").

10. Offenbar kausal-prägnantes Adjektiv (§ 196): „*weil* du ja *invita* bist".

11. *Nulla* statt des zu blassen *non* ist 'emphatic' (so Merrill [s. Antwort 9]
    z. St.), vgl. § 43. Es steht zudem betont, weil am Vers-Ende. Catull
    setzt hier voraus, Lesbia werde einsam sein – gibt er vor, nicht zu wis-
    sen, welches der Grund für ihr *non iam velle* ist? Es erhebt sich die
    Frage nach der „Phase" innerhalb seines Lesbia-Erlebnisses (inter-
    essant Stoessl 106).

12. a) Der Akkusativ nach *vae* (gute Verbesserung des überlieferten *ne*) ist
    nur in dem (kaum von Plautus stammenden) Vers Asin. 481 und Sen.
    apoc. 4, 3 belegt; es liegt eine Analogie zu *heu me miserum!* vor (TLL
    6, 3; 2672, 53 ff.), d. h. zum Ausrufsakkusativ (LHS 48), d. h., es han-
    delt sich um Ellipse (§ 85; ergänze etwa *miserum* o. ä., s. Petersmann
    zu Plaut. Stich. 709), jedoch um eine besonders auffällige. b) Catull
    spricht sehr laut. *Scelesta* ist übrigens ein Aufschrei des Bedauerns:
    Catull ist zerrissen zwischen Mitgefühl und Anklage (s. das *puella* in
    v. 12).

13. a) Sieben Fragen (§ 57) in Polyptoton-Form (§ 19). b) Sie (die erste er-
    heischt *misera* zur Antwort; die nachfolgenden ein *nemo* oder *nemo ut
    antehac Catullus*) scheinen aus der Überzeugung gestellt, Catull sei für
    Lesbia die Erfüllung, ja, der Mann sei es überhaupt für die Frau – oder
    soll man in den Fragen in zunehmendem Maße die Angst vor einem Ri-
    valen spüren, und zwar so, daß die Fragen ein „der Andere" nahelegen?
    Die Fragen sind von einer seelischen Logik geleitet: nach einem „Kopf-

satz" (Hermes 96, 1968, 15 ff.) führen sechs Fragen immer näher zu
ganz Konkretem, zu immer deutlich auch sinnenhaft spürbaren Dingen hin bis zum rauschhaften Biß auf die Lippe, bis hin also zum Augenblick, da die Lust ihr Höchstes erreichen will – da, genau da bricht
Catull ab, das *obdura* scheint durch die ungeheure Erregung des Voraufgegangenen desavouiert.

Zusammenfassung: Alle Figuren, die sich hier vielleicht herausheben
ließen, haben ihren Sinn nicht in sich selber, sie dienen vielmehr der Darstellung dieser zerreißenden Erregung. Die Kunst liegt (wenn man die
Klangwirkungen einmal um der Beschränkung willen beiseite setzt [zu ihnen u. a. J. P. Elder, Harv. Stud. 60, 1951, 116]) in keiner Verrätselung,
sondern allein in der malenden Ordnung der Wörter beschlossen. Die Figuren entstammen fast ganz dem ersten Bereich, dem der Verstärkung. Breite
und Gedrängtheit wechseln, psychisch genau beschreibend, einander ab.
Die Wortwahl ist direkt (darum sprach Kroll von Schlichtheit), die Wort-
Ordnung dagegen von feinster Bedachtheit, jedoch nie mit dem ausschließ-
lichen Ziel des Raffinierens.

III. CATULL 64, 94–102

A. Kommentare: wie zu Textbeisp. II; ausgezeichnet über die Sprache D. O. Ross Jr., Style and Tradition in Catullus, 1969. – **Auslegungen:** besonders lesenswert F. Klingner, Catulls Peleusepos, Sitz.-Ber. bayer. Akad. 1956.

B. Text:

Heu *misere exagitans* immiti corde *furores,*
95 Sancte puer, *curis hominum qui* gaudia *misces,*
Quaeque *regis Golgos* quaeque Idalium *frondosum,*
Qualibus incensam *iactastis mente puellam*
Fluctibus in flauo *saepe hospite suspirantem!*
Quantos illa tulit languenti corde timores!
100 Quanto *saepe magis fulgore expalluit auri,*
Cum saeuum *cupiens* contra *contendere monstrum*
Aut mortem appeteret *Theseus aut* praemia laudis!

C. Fragen:

1. Bestimme die Ausdrucksweise, die sich in *heu* zeigt, und definiere die Abweichung von der erwartbaren, engen Verknüpfung mit *puer,* v. 95.
2. *Immiti corde* nach *misere* und vor *sancte:* benenne a) die innere Verbindung der beiden Ausdrücke *misere* und *immiti corde* bzw. ihr Verhältnis zueinander. – b) Die Zusammenstellung von *immitis* und *sanctus,* zweier Attribute also, die in einem Gegensatz zueinander stehen, ist zu bestimmen.
3. *Gaudia* nach *curis:* beschreibe die Stellung der beiden Wörter zueinander, was den Bau des Relativsatzes angeht. Bestimme die Aussage dieses Relativsatzes in ihrem Verhältnis zu v. 94 und 99. Wie erreichte der Dichter die ebenso auffällige wie sinnträchtige Wortstellung?
4. *Quae:* bestimme die Weise, in der die Gottheit bezeichnet wird; welche Gründe könnte der Dichter hierfür gehabt haben?
5. *Quaeque* nach einem ersten *quaeque* am Versanfang – bestimme die Art der Wortabfolge und ihren Sinn.
6. Untersuche die Ortsangaben auf den Grund hin, der Catull zu der Wahl gerade dieser Örtlichkeiten veranlaßt haben könnte.
7. *Qualibus* etc.: welche Art der Nahebringung des Gemeinten liegt hier vor? Frage oder Ausruf? Warum?

8. *Incensam* neben *fluctibus:* welches ist die beabsichtigte Raffinesse? *Incensam* enthält welchen Tropus (d. h. welche raffinierte „Drehung des Wortes" ins Auffällige)?

9. Untersuche *suspiro in* c. abl. und versuche die analogisierende Herleitung a) grammatischer Art (Geschichte des Entstehens dieser Syntaxe), b) in soziolinguistischer Weise (in welchem Sprachbereich entstand diese Redeweise?).

10. Welches logische Verhältnis herrscht zwischen *flavo* und dem Kontext?

11. Wie ist die Veränderung der Empfindungen von *incensam* (97) bis *expalluit* (100) über *timores* zu beschreiben?

12. Welches ist der Unterschied zwischen *quanto* (so die Handschriften) und *quam tum* (Verbesserungsvorschlag von Gabrielo Faërno [gest. 1561])? Warum hat man *quanto* als „albern" abtun wollen?

13. *Saevum ... monstrum:* a) Bestimme die Wortstellungsart, b) die Weise der Bezeichnung des Minotaurus.

14. *Contra contendere:* welche Klangfigur liegt vor, und warum hat Catull eine so auffällige Wortstellung (bestimme die gewöhnliche) gewählt?

15. Bestimme den Unterschied zwischen *appeteret* (die zumeist besseren Handschriften) und *oppeteret* (in den vielfach schlechteren).

16. *Praemia laudis:* Bestimme die zwei möglichen Konstruktionen dieses Genetivs.

D. Antworten:

In diesem Klein-Epos c. 64 tritt Catull in Konkurrenz mit dem sog. hellenistischen „Epyllion" (RE 7A, 2377, 50 ff.); er schildert darin, wie die Argonauten das Meer durchfahren, die Nymphen emportauchen, um sie staunend zu betrachten, und wie da Thetis und Peleus sich zum ersten Male erblickten, wie es daraufhin zur Hochzeit kam und wie diese gefeiert wurde. Da wird dann die Ankunft der Gäste beschrieben, der Palast und das Hochzeitsbett, ja dessen Decke – und nun erzählt der Dichter die Sage, welche auf der bestickten Decke abgebildet war: Ariadnes Liebe und Leid (52 ff.) als eine Art „Gegenbildlichkeit" zum erhofften Glücke der Thetis (so E. Schäfer, Das Verhältnis von Erlebnis und Kunstgestalt bei Catull, Hermes Einzelschr. 18, 1966, 74). Ariadne entbrannte in Liebe und *cuncto concepit corpore flammam* (92).

1. *Heu ... puer:* Anruf, „pathetische Apostrophé" (Kroll, s. § 54); sie ist weit gesperrt, darum auf die Fortsetzung von *exagitans* spannend: Hyperbaton über fünf Wörter (§ 65 b, bb) und über die Versgrenze hinaus: das ist viel gesuchter, als die Sperrungen aus c. 8 es waren, s. dort Frage 5.

2. a) *immiti corde* nach *misere* faltet in „erläuterndem Hendiadyoin"

(§ 23) spezifizierend aus, was in *misere* angelegt gewesen war: nachdrückliche Fülle entsteht. b) *immiti corde* vor *sancte*: Zusammenstellung von einander „eigentlich" ausschließenden Dingen („unbarmherzig" widerspricht der Göttlichkeit „eigentlich"): Oxymoron (§ 138).

3. a) *gaudia* ist ans Ende, *curis* an den Anfang des Relativsatzes gestellt: Relief-Stellung der sich „eigentlich" ausschließenden Dinge, Rahmung um der Kontrastierung willen. Der Sinn ist, daß hier die beiden Seiten der Liebe – Lust und Leid – gegeneinandergestellt sind, ihre „Bittersüße" (s. Kroll zu 68,18; D. Korzeniewski, Gymn. 83, 1976, 289 ff.; Goethe, Elegie: „Der Kuß, der letzte, grausam-süß" usw.). – b) Diese sinnerfüllte Kontra-Position konnte nur durch die Einrückung (Inversion, § 127) des Relativs erreicht werden.

4. Ausgelassen ist *tu*, das den Kontext hätte klarer werden lassen: verkürzende, verrätselnde Ausdrucksweise; verrätselt auch durch die Periphrase *quae regis Golgos* usw. für *dea, quae regis*, d. h. Venus (Umschreibung vom Herrschaftsbereich her: § 74, mit A. 38). Der Sinn: irgendwann einmal verbot die Scheu vor dem Namen die direkte Benennung (LHS 786), später war das nur noch Raffinesse (§ 69).

5. *Quaeque* nach *quae(que)* am Anfang des Verses ist Anapher (§ 15 ff.), derlei „gehörte zum Relativstil der Prädikation" (Kroll nach E. Norden, Agnostos Theos 138 ff.; Jocelyn zu Enn. trag. S. 170); 'solemn effect', Ross 97.

6. Catull richtete sich bei der Wahl von Golgi und Idalium nach Thcr. 15, 100, er identifizierte sich stilmäßig mit dessen Auswahl von Orten, die gegenüber den großen Kultstätten wie Paphos, Salamis und Amathus gering waren (RE 1, 2757, 31 ff.: Nr. 1, 8 und 16): Vorliebe für das Entlegene, Unerwartete.

7. Eine Frage läßt, auch wenn sie zugleich ein Ausruf ist, alles offen (eine Art Satz-Prägnanz: § 192): das Was ist gegeben, sich das Wie hinzuzudenken, bleibt dem Leser anheimgestellt.

8. *Incensam,* „in Flammen stehend", ist verstärkende Metapher (§ 115, 118), die Feuer-Metaphorik findet sich auch bei Cicero, Verr. 2, 2, 89 und dürfte aus dem Griechischen herübergenommen sein (vgl. ἀνακαίω und ἀναφλέγομαι). Die Raffinesse ist hiermit noch nicht erschöpft: die Feuer-Metapher ist mit der des Meeres zusammengebracht, Feuer und Wasser zu verbinden ist also „Metaphernmischung" (s. § 121 und § 140).

9. *Suspirare in (aliquo)* ist seit Ter. Eun. 567 belegbar, *in* ist dabei Präposition des Betreffs (LHS 273 unten), abgeleitet von Wendungen wie *vincere in alea* („beim Würfeln"), worin die lokale Nuance noch spürbar ist („*in* occasionis", Bulhart s. v. *in* im TLL 779, 65 ff., bes. 781, 24 ff.).

Der Ort dieser Redeweise ist die Liebessprache, die viele raffinierte Seltsamkeiten erfand und erfindet (z. B. *depereo aliquem*).

10. *Flavo* enthält die Begründung für Ariadnes Entbrennen: also kausalprägnantes Adjektiv (§ 196).

11. Zu Beginn der Pathologie Ariadnes „entbrannte" sie (97) zu wildem Umhergewirbeltwerden *(iactastis)*: Ausdruck des Widerstreites von Liebe und Furcht *(curae – gaudia* in v. 95). Es spielte mit die Furcht vor dem Unerhörten, daß die Minostochter den Feind liebte: *timores*. *Langueo* ist bivalent: Ariadne „verging" – vor beidem, vor Furcht und vor Liebe. *Timores* ist eine offene Formulierung, die erst in 102 konkretisiert wird. Schön die Gedankenführung, die den Leser von der Lust der Liebe bis zur Angst leitet.

12. *Quanto* ist überliefert, Faërnus schlug *quam tum* vor – warum? Baehrens und andere nannten *quanto* „ineptum" (albern und absurd), wohl wegen der Hyperbolé (§ 39), Ariadne sei oft um vieles blasser gewesen und geworden als das fahle Gold: nach *quanto* (99) wollte Catull – folgt man den Handschriften – eine Anapher bilden, aber sie bieten eine derart starke Übertreibung („Um vieles blasser als Schnee"), daß man es ihnen nicht geglaubt hat. *Quam tum* (oder paläographisch besser *quam tunc* nach Baehrens) würde weniger übertreiben und eine gute Entsprechung zu *cum* herstellen (101). Doch gelingt die Milderung mit *tum* nur zum Teile: „Wie oft wurde sie blasser als ..." beläßt die Übertrumpfung der Gold-Blässe. Einem Dichter, der den Zugochsen während der Zeit der Hochzeitsbegehung die „Halsmuskeln erschlaffen" ließ (64, 38), der durch das Nicken des Zeus neben Erde und Wasser sogar die Sterne erbeben ließ (v. 205 f., „kosmische Ausweitung" § 42), der Verse wie 401 ff. schrieb – warum sollte der nicht die Hyperbolé des *quanto* gesucht haben sollen?

13. a) *Saevum* ist von seinem Bezugswort durch drei Wörter getrennt, es weckt eine Erwartung, die beiden Wörtern Nachdruck schenkt, dem *saevum* ebenso wie dem *monstrum*. Hyperbaton, s. Antwort 1. – b) Durch *saevum monstrum* wird der zu erwartende Name *Minotaurus* ersetzt; das gab dem Dichter Gelegenheit zu verrätselnder Charakterisierung: Periphrase zur Verstärkung des Schlimmen, § 38 OR.

14. Es liegt Paronomasie vor (s. zu Text II, Frage 2, ZS). Das Hyperbaton *saevum – monstrum* ermöglichte die Nahstellung von *contra – contendere* – herausfinden zu wollen, welcher Anreiz hiervon der frühere war, ist müßig.

15. Drei Handschriften bieten *app-*, eine hat *opp-*; Schuster, Bardon, Weinreich in der rororo-Übersetzung, Lafaye in der Budé-Ausgabe und viele andere drucken *app-*, allein Kroll und J. Vahlen (Ges. philol.

Schr. 2, 732 f.) bevorzugten *opp*-. Baehrens zog *app*- vor, „weil es zu
beiden Satzhälften paßt" (d. h. zu *mortem* wie zu *praemia*), *opp*-
scheine deswegen schlecht, weil *mortem oppeto* nichts als Sterben bedeute, mit *praemia* jedoch nicht verbunden werden könne (d. h., die
Verbindung *praemia oppeto* gebe es nicht). Kroll sagt dagegen ganz
richtig, im Falle von *opp*- läge eine Ersparung vor (Haplothese: § 82).
Welches ist nun aber Catulls Gedanke? Ariadne erblaßte da so oft,
als Theseus mit dem Untier kämpfen wollte; es schien, als wolle er se-
henden Auges und mit voller Absicht in den Tod rennen – oder aber er
würde ruhmbedeckt als Sieger aus der Höhle kommen. Sein Begehren
war ambivalent, es konnte zum Tode, aber auch zum Ruhme führen.
D. h.: der Gedanke des mutig-willentlichen Aufsichnehmens der To-
desgefahr muß ausgedrückt sein. *Appeto* ist dabei das Direkte, Einfache, Erwartbare, das sich als das Selbstverständliche auch gut zu
praemia fügt. Doch ist *oppeto* keineswegs nur und bloß „sterben",
wenn zu *mortem* gestellt. Cic. Verr. 2, 3, 129; Catil. 4, 7 zeigt das.
Wählt man also *oppeto,* dann ergibt sich eine raffinierte Syllepse (§ 83),
denn zu *praemia* muß dann aus *mortem oppeto* ein *appetere* erschlossen
werden, und diese feine Verrätselung paßt besser in den stilistisch
gesuchten Kontext.

16. Genetivus Possessivus „Lohn des Lobes" (Theseus würde berühmt,
    wenn man ihm das Lob des Minotaurus-Töters zollte) oder aber Gene-
    tivus explicativus „Lohn *in Form von* Lob" (so Kroll, Fordyce). *Laus*
    als die „lobenswerte Tat" ist aber durchaus möglich (Bewirktes für Be-
    wirkendes: § 110), man könnte also auch an „Lob der Großen Tat"
    denken. Nun findet sich die Wortverbindung *praemia laudis* auch bei
    Cicero (Mil. 81; Verr. 2, 5, 125). In der Miloniana vermutet Cicero, der
    Totschlag an Clodius könnte Milo *praemia laudis* bringen, 'rewards for
    his merits' (Clark im Komm., Synecdoché für *virtutis*), dagegen 'praise
    as a reward' (Watts in der Loeb-Ausgabe; Epexegesis, was auch Clark
    erwogen hatte). Watts plädiert also für einen Explicativus, Clark für
    Synecdoché. Da *laus* oft für *virtus* stehen kann, also für eine Leistung
    oder Tat (Cic. de or. 3, 170; Catil. 3, 26; Brut. 81 *ornatus iisdem fere
    laudibus*), liegt es nahe, bei Catull ebenfalls mit Synecdoché zu rech-
    nen: *praemia boni facti* o. ä. (viele Belege im TLL 7, 2; 1064, 34 ff.).

Zusammenfassung: Das achte Gedicht gab sich (K. Quinn, The Ca-
tullan Revolution 1959, 94) als direkt und als ganz „aus der Stimmung des
Augenblicks" (Kroll 16) geschrieben; um aber diesen Eindruck und auch
den des Ergreifenden zu bewirken, bedurfte es fraglos großer Anstrengung:
die Figuren des Feldes „Verstärkung" waren bedachtsam einzusetzen, der

Hörer mußte genau geführt und besonders durch Häufung, Verknappung usw. dorthin gebracht werden, wohin der Dichter ihn leiten wollte: zu Anteilnahme und Mitempfinden ohne die distanzierend „verfremdende" Zwischenschicht einer interessanten Künstelei. In c. 64 dagegen 'the manner is sometimes very grand indeed' (K. Quinn, Catullus – An Interpretation 257), es ist 'an example of technical virtuosity' (ebd. 261), doch immerhin 'wittily dignified' (Ross 97), also ein wenig ironisch gefärbt, d. h. distanzierend „verfremdet", und darum häufen sich die Raffinessen aus dem Felde der Künstelei. Diese schärfer zu definieren, war das Anliegen des zweiten Catullbeispiels; die Anwendung der verstärkenden und den Leser führenden Mittel an einem besonders schönen Falle zu zeigen, war die Absicht des ersten.

Beachtenswert ist auch dieses: in Antwort 11 wurde angedeutet, daß in diesem kleinen Stück eine Bewegung spürbar werde, eine Bewegung, die vom Flammen der Liebesglut dann in *misere* und *curis* zu Leidvollem führte, wenn auch vorerst noch in geringerem Maße (die *curae* sind ja „Zusätze" zum Hauptsächlichen, den Freuden); dieses Dunkle verstärkt sich in *iacta-stis*, in *suspirantem* (schön, wie das Seufzen in einem spondeischen Versschluß hörbar wird), bis es voll und scharf im exponiert angeordneten *timores* artikuliert wird.

Beachtenswert ist aber auch, wie Catull v. 100/2 ganz aus dem Empfinden des Mädchens zu gestalten weiß: für Theseus war sein Kampf kein *mortem oppetere,* es war Kampf um Sieg und Rettung. Für das Mädchen ist sein Begehren voller Gefahr, voll Todes-Gefahr, darum stellt es sich ihr paradox als Todes-Begehren dar: wo *er* von *victoria* gesprochen hätte, sprach *sie* von *mors.* V. 100 gibt das Empfinden der Frau, nicht das des Mannes.

IV. VERGIL, Ae. 6, 788–800

Aeneas in der Unterwelt: bis hierher war „die ganze Wanderung des Aeneas… ein Weg zu Anchises" gewesen (F. Klingner, Virgil 489); gefunden, ersteigt der Vater nunmehr einen weithin das Unterweltsgelände überschauenden Hügel und „gibt ihm den Blick auf die Seelen frei, die bestimmt sind, auf der oberen Welt als ihre Nachfahren Ruhm und Ehre zu gewinnen" (Klingner 492). „Der erste Teil der Rede des Anchises führt über die albanische Königsreihe und Romulus hin zu Caesar Augustus, der das Goldene Zeitalter wieder heraufführen wird" (K. Büchner, RE 8A, 1390, 58 ff.).

A. Kommentare: insbes. E. Norden, Publius Vergilius Maro, Aeneis Buch VI, 4. Aufl. 1957 (Wiss. Buchges.); P. Vergili Maronis Aeneidos L. VI, komm. von R. G. Austin, Oxford 1977. Zur Heldenschau H. Altevogt, Vergil, in: H. Krefeld, Interpretation lat. Schulautoren, Frankfurt 2. Aufl. 1970, 97/119; R. D. Williams, Cicero and Virgil, Amsterdam 1972, 207/17; M. von Albrecht, Wien. Stud. 80, 1967, 156/82; Th. Halter, Form und Gehalt in Vergils Aeneis, München 1963, 45/55.

B. Text:

> huc geminas *nunc flecte* acies, hanc aspice gentem
> Romanosque tuos. hic Caesar et omnis Iuli
> 790 progenies magnum caeli ventura sub axem.
> hic vir, hic est, tibi quem promitti saepius audis,
> Augustus Caesar, divi genus, aurea condet
> saecula qui rursus Latio regnata per arva
> Saturno quondam, super et Garamantas et Indos
> 795 proferet imperium; iacet extra sidera tellus,
> extra anni solisque vias, ubi caelifer Atlas
> axem umero torquet stellis ardentibus aptum.
> huius in adventum iam nunc et Caspia regna
> responsis horrent divum et Maeotia tellus,
> 800 et septemgemini turbant trepida ostia Nili.

C. Fragen:

1. Ist *geminas* eine notwendige Ergänzung zu *acies* („Augen")? Wie nennt man die Figur, die in Frage käme, wenn es nicht eine notwendige Ergänzung wäre? Welchen Sinn könnte die Figur hier haben?

2. Beschreibe die Raffinesse von *acies* für „Augen" anhand der Lexica (etwa Georges oder Lewis-Short, auch R. Klotz).

3. Beschreibe die Leser-Führung in *huc* (788) – *hanc* (ebd.) – *hic* (789) – *hic* (791) und benenne sie.

4. Was bedeutet hier *axis*? Wie kam es zu dieser Bedeutung? Wie nennt man diesen Kunstgriff?

5. Gib Form, Namen und Sinn dieser Struktur *hic vir hic est* an.

6. Untersuche *genus* anhand der Lexica und bestimme die hier verwendete Ausdrucksweise.

7. Analysiere den Bau des Relativsatzes in 793 und kommentiere die Stellung des *qui*.

8. Erkläre *per* in 793 a) als raffinierende Variation, b) in seiner Sinnträchtigkeit.

9. Kommentiere in 794 *super* = „über... hinaus" als Präpositionsverfeinerung und erkläre weiter, warum ausgerechnet diese Namen hier verwendet wurden.

10. V. 795 f.: *Extra sidera tellus* – kommentiere den Anschluß durch *iacet* und dabei a) die *Art* des Anschlusses, b) den Tempusgebrauch.

11. Beschreibe das Verhältnis der drei Aussagen *extra sidera* („außerhalb der Zodiakalzeichen"), *extra anni (vias)* und *(extra) solis vias* und bestimme die Raffinesse der Wörter (dabei bedeutet *sidera* die Stern-*Bahnen*) und Figuren *(extra – extra)*, ferner die Raffinesse der drei Aussagen als einer innerlich notwendigen Abfolge.

12. *Umero torquet*: beschreibe das Unmögliche, Unrealisierbare des (scheinbar) genau beschriebenen Vorganges und untersuche, ob eine Verkürzung vorliegt.

13. Erkläre *horreo in adventum* als Variation von „aufschieben bis zu...". Was soll bei dieser Ausdrucksweise empfunden werden?

14. V. 798 ff.: Kommentiere die Wahl der Örtlichkeiten und die Ausdrucksweise „das Asowsche Meer schauert".

15. Kommentiere das Verhältnis von *trepido* zu *turbant*.

D. Antworten:

1. *Geminas* ist abundant, „richte deine Augen" hätte zur Information ausgereicht ('pleonasm', Austin). Norden sprach von „affektiertem Gebrauch". Vgl. *geminas aures*, Cat. 63 (!), 75. Zum Pleonasmus s. oben § 32. Der Sinn ist die Erreichung von grandioser Fülle.

2. *Acies* ist alles, was scharf schneidet und trennt. Das Sehen muß früh als ein Heraustrennen eines Einzelnen aus der „Erscheinungen Flucht" (s. Arist. An. Post. 2,19; 100 a 12 ff.) angesehen worden sein (vgl. lat. *cernere*, gr. ϰρίνασϑαι). *Acies* war also das, was scharf schnitt und

trennte, insbes. die Pupille, dann das ganze Auge (untersuche den Artikel im TLL). Hier ist also eine Qualität für den Träger dieser Qualität gesetzt (§ 105, vgl. bes. Stat. Theb. 5, 95).

3. Polyptoton (§ 19). Es leitet den Schauenden vom allgemeinen „Sieh her!" zur *gens* und weiter zum angezielten Individuum *(hic)*, vgl. Norden und Austin z. St. Es handelt sich um eine insistierende und darum intensivierende Figur. Auch hier (Antwort 1) wird der Eindruck gewichtiger Fülle erreicht.

ZS   Der Bau der Verse ist kunstvoll: zu Beginn ein Befehl als Kopfsatz, dann folgt *gens Romanique* und *Caesar* (Vorausdeutung); hierauf folgt dann *omnis progenies – hic vir*. *Gens* steht hierbei zu *Romani* im Verhältnis eines Allgemeinen (A) zu einem Bestimmten (einem Namen: B). *Caesar* verhält sich zur *gens Julia* ebenso wie ein Besonderes (B) zu einem Allgemeinen (A), so daß sich der Bau A B – B A ergibt (Chiasmus). Um das emphatische *hic vir hic est* voll zur Wirkung kommen zu lassen, wird zwischen die erste Nennung Caesars (*hic Caesar* 789) ein Unbestimmtes gestellt, ein weniger Emotionsträchtiges.

4. *Caeli axis* war zunächst und naturgemäß die Himmels-Achse; etwas raffinierter dann *aetheris axis* (*aether* für *caelum,* der Gehalt für den „Behälter": Verg. Ae. 2, 512; 6, 536 usw.). Hier dagegen handelt es sich um das Himmels-Gewölbe, und das setzt voraus, daß *axis* als der Teil fürs Ganze der Himmelskugel (§ 98) gesetzt werden konnte (so Varro, Men. 271 Buechel., s. die genannten Vergilstellen). Danach wurde *axis,* schon ohne klärendes Stützwort wie *caeli* o. ä., allein eingesetzt für „Himmel", was zur poetischen Koiné zu gehören begann, so daß man bald den raffinierenden poetischen Plural gebrauchte, um das Bekannte zu verfeinern (s. § 100). Hier ist – gegen die skizzierte Verfeinerungsgeschichte gehalten – der Gebrauch *caeli axis* vergleichsweise einfach, fast ein wenig pleonastisch sogar.

5. Gespaltene Gemination (§ 12 OR; Norden: „Anapher", was ungenau bleibt). Die Figur ist von großer Intensität und starker Eindrücklichkeit: hier endlich die Erfüllung.

ZS   *Tibi quem:* diese leichte Inversion (§ 127) läßt das *tibi* deutlich hervortreten: der Ahn (Augustus, *tu*) erblickt seinen bedeutendsten Nachfahren.

6. *Genus* „hat bei Vergil stets feierlichen Klang", Norden; als Ausdruck für „Nachfahre" ist es ein Archaismus (§ 48), d. h., es besitzt eine hohe Tonlage.

7. Der erste Teil des Relativsatzes reicht von *condet* bis *Latio,* der zweite von *super* (794) bis *imperium.* Die beiden Teile sind klar durch die Apposition *regnata – Saturno* voneinander abgesetzt: 1. Friede und moralische Erneuerung, 2. räumliche Ausdehnung, und dazwischen die Er-

innerung an Saturn, den Herrscher während der ersten Goldenen Zeit. In diesem Gefüge nimmt das Relativwort eine besonders auffällige (§ 127, Norden z. St.) Spätstellung ein, offenbar um die Satzspitze dem gewichtigeren Wort *(aurea)* frei zu machen.

ZS   *Latio* ist vielleicht Ortsablativ, Ersparung also der Präposition um der Verfeinerung, aber auch um der Entschwerung willen (welche der beiden genannten Absichten etwa die frühere war, ist müßig zu fragen. Vgl. zur Spätstellung § 127 BG. Der Dativ ist deswegen wahrscheinlicher, weil *condere* (doch wohl parallel zu *constituo*) eine Ortsangabe erheischt (Nordens Gleichsetzung mit dem *condere* in *condere lustra* war offenbar voreilig).

8. Das zu Erwartende wäre *in* c. abl. gewesen; *per* dagegen hat seinen „eigentlichen" Platz bei Verben der Bewegung („durch", „über... hin"). Dann wurde *per* auch so verwendet, daß es die Erstreckung angab, die man mit dem Auge abmessen konnte (ob unter dem Einfluß von κατά C. acc.?): „dort, über jene weite Fläche hin erstreckt" o. ä. (Präpositionsraffinierung: § 150). Noch verrätselter war dann *per* = „in" ohne jede Nuance der Erstreckung. – Hier ist ein „all' über Latium hin" intendiert.

9. *Super* reiht den zweiten Relativsatz-Teil asyndetisch an, da an eine Inversion für *et super* nicht zu denken ist (invertiertes *et* nie bei Präpositionen im Vergil: Merguet, Lexikon zu Vergilius 220 f.). *Super* für „über... hinaus" wurde (so unsere Texte) zuerst von Sall. Jug. 19, 5 gewagt (Kü.-St. 2, 1; 573 a), was Vergil naturgemäß nicht im Sinn gehabt haben muß. – Die Garamanten saßen um die Oasen der Ostsahara: Menschen sind für einen Erd-Teil genommen (§ 97), ein Teil eines Landes steht für das Landesganze (E. Norden, Rh. Mus. 54, 1899, 470; Kl. Schriften 1966, 426; Austin zu v. 797).

ZS   *Augustus, divi genus* und der Relativsatz sind drei Attribute zu *Caesar;* der Relativsatz hat seinerseits drei Teile, deren letzter mit gewichtigem *et – et* endet (es wäre zu untersuchen, mit welchen Mitteln Vergil die von ihm intendierten Abschnittsschlüsse markiert).

10. *Iacet* sollte durch Doppelpunkt abgetrennt sein, da es engstens zu *proferet* etc. gehört: das Reich wird er mehren und erweitern noch über Sahara und Indien hinaus – *wie* weit? Antwort: *iacet* usw. *Iacet* statt *iacebit:* eine sich verselbständigende, weil aus der Konstruktion fallende Prophezeiung, man denkt an Weissagungen vom Typ „Ich sehe das Land liegen..." (E. Wistrand, Horace's Ninth Epode, Göteborg 1958, 49 ff.); vgl. § 167 Anf.

11. In *extra sidera* steht *sidera* für die Zodiakalzeichen (A. E. Housman, Classical Papers 2, 651); also steht ein allgemeiner Ausdruck für etwas Besonderes (§ 104). Diese Verrätselung wird dann in zwei Schritten

aufgelöst *(extra anni solisque vias),* wobei die Auflösung durch Anapher vom Verrätselten abgesetzt ist (§ 22 f.); das ist eine gelehrte Ausdrucksweise, der *poeta doctus* zahlt der Mode seinen Tribut. Auf die ganze Aussageweise gesehen, handelt es sich um eine Hyperbolé (§ 39 ff.; so auch Conington, Norden 323, Austin), und zwar um eine unglaubliche, nie mögliche und wider alle Natur verstoßende: die Dichtung ist stärker als die Realität (das wird dann bei Seneca in den Tragödien und späterhin groteske Blüten treiben). *Extra / extra:* anaphorische Unterstreichung der Gleichartigkeit: § 15 OR, 14 BG.

12. *Caelifer* ist Neubildung (§ 94) der bekannten Art (Norden). Atlas soll „die Achse auf einer Schulter drehen", und zwar eine „mit flammenden Sternen besetzte" Achse – ein albernes Bild, wenn man die Wörter wörtlich nimmt. *Qui caelum versat stellis fulgentibus aptum* hatte Ennius (ann. 29, 159) gesagt: ehrwürdiges Zitat also, Vergil setzt allerdings raffinierend *axis* für *caelum (caelifer* stützt immerhin). Also verschwindet *ein* Anstoß: Atlas trägt den Himmel, nicht die bloße Achse. Dann trägt er ihn kaum auf *einer* Schulter: poetischer Singular. Und er „dreht" ihn auch nicht *auf* der Schulter oder *mit* den Schultern (man stelle sich die drehenden Bewegungen eines Zirkusartisten vor!), sondern er *trägt* ihn, der sich *dreht,* auf dem Rücken: Raffung für *fert torquens* oder allenfalls *fert et torquet* (Kontraktion, § 91).

13. Anaphorisch wird *huius* v. 791 eingeführt. Das Kaspische Reich „schauert" also; die mäotischen Sumpf- und Seengebiete und die Kaspische See legen das Bild des vom Winde „schauernden" Meeres nahe (Acc. trag. 413; Pacuv. trag. 416) – eine schöne Mischung aus Bild und Vermenschlichung (§ 59 ff.). *Horret in adventum:* dies ändert das Gewohnte, *in adventum* weckt die Assoziation „verschieben auf...";; also hat Vergil wohl ein „schauernd warten auf..." gespürt. Erwartung und Furcht mischen sich, vgl. § 151 b.

   Turbare ist intransitiv verwendet (zuerst Varro, r. r. 3, 17, 7; L. Feltenius, Intransitivization in Latin, Uppsala 1977, 44 und 51); das war wohl Schiffer-Redeweise, hier auf Länder übertragen, jedoch – wie gesagt – mit maritimem Bilde. Man soll also ein Gemisch von Empfindungen mitspüren, bei dem jedoch – das legt die pleonastische Redeweise *turbant trepida* nahe – das Gefühl der Besorgnis vorherrscht.

14. *Maeotia:* das Asowsche Meer; noch weiter östlich das Kaspische, dann im Süden der Nil, und alles leicht personifiziert (§ 59) und konkretisiert: nicht *regna,* sondern es sind die *kaspischen* Reiche; nicht *Nilus* allein, sondern seine *ostia,* zumal dort die Hauptstadt lag. In dieser

Weise kündigen sich die damals wichtigen außenpolitischen Interessengebiete an.

15. *Trepida* nach *turbant* ist pleonastisch zu nennen (§ 32 ff.). Die Alliteration *t- / t-* ist beachtenswert, und bemerkenswert ist auch, daß *trepidus* der Grund ist, warum die *ostia Nili* so erregt *(turbant*, s. § 176) sind: Kausalprägnanz des Attributs (§ 196).

Zusammenfassung: Ein Stück hoher Dichtung, reich und volltönend *(geminas*, die Polyptota und Anaphern, voller Verheißungen und erhebender Rückblicke, ein Ennius-Zitat mehrt das Gewicht, Übertreibungen verleihen Wucht), aber auch verspielt in moderner Weise: da steht ein winziges Wüstenvölkchen für ganz Nordafrika, ein gelehrtes Versteckspiel erhöht den Reiz der Weitenangabe des erwarteten Reiches. Prachtvoll im eigensten Sinne des Ausdrucks ist dann zuletzt die Vermenschlichung ganzer Weltgegenden, wie ein römisches Auge sie von den Triumphzügen her gewohnt war. Es mischt sich die Grandiloquenz mit der spielerischen Ausziselierung.

Aufschlußreich hierfür ist auch der Aufbau zu Dreiergruppen: 1. *huc – hanc – hic;* 2. *Caesar – Juli progenies – Augustus;* 3. *Augustus – Divi genus – qui* etc.; 4. *condet –* Apposition *– super* etc.; 5. *extra sidera – vias* ist eine Dreiergruppierung; 6. Kaspisches Meer – Asowsches Meer – Nil.

Dazu die Großeinteilung in drei Gedanken: *condet – proferet – horret,* eine Einteilung, die in ihrer seherischen Verzückung (so könnte man sagen) die Konstruktion bricht, aus dem Relativsatz heraus verselbständigt sich die Rede.

V. VERGIL, Ae. 6, 841–853

A. Auslegungen: F. Bömer, Hermes 80, 1952, 117/23; H. Trümpener, Altspr. Unterr. 6,3; 1963, 5/49; E. Skard, Symb. Osl. 40, 1965, 53/65. Vgl. auch F. Klingner, Virgil 494: „Seine Verkündigung von *imperium* und *pax* der Römer und von der Wiederkehr des heilen Urstands der Welt ist vom religiösen Erleben der eigenen Zeit getragen, in den Glauben an eine Umkehr und Entsühnung der Welt eingebettet." Und zu den hier in Frage kommenden Versen im besonderen S. 493: „Du bist es, der die Norm auferlegen soll."

B. Text:

    quis te, magne Cato, tacitum *aut te, Cosse, relinquat?*
    quis *Gracchi genus aut geminos, duo* fulmina belli,
    Scipiadas, *cladem Libyae,* parvoque potentem
    Fabricium vel te sulco, *Serrane, serentem?*
845 *quo* fessum rapitis, Fabii? *tu Maximus ille es,*
    unus qui nobis cunctando restituis rem.
    excudent *alii* spirantia *mollius aera*
    (credo equidem), *vivos ducent de marmore vultus,*
    orabunt causas melius, caelique meatus
850 describent radio *et* surgentia *sidera dicent:*
    tu regere imperio populos, Romane, memento
    (hae tibi erunt artes) *pacisque imponere* morem,
    parcere subiectis et debellare *superbos.*

C. Fragen:

1. Auf wen bezieht sich *tacitum* (841)? Ist das geklärt, finde man den Namen für den angenommenen Bezug. Was ist der Sinn dieser Wortfügung?

2. Beschreibe und benenne die Abfolge der Frage-Einleitungen bis *quo* in 845.

3. Bestimme Eigenart und Namen der Charakterisierung durch *fulmina belli.*

4. Beschreibe die Anordnung und die Bezeichnungsweise aller Genannten in Hinsicht auf die *Scipiaden:* worin unterscheidet sich die Kennzeichnung der Scipionen von der Charakterisierung der übrigen? Ergibt sich eine Gleichartigkeit bezüglich der Scipionen und des Fabius Maximus (845 f.)?

5. *Parvo potentem* (843): Kommentiere Sinn, Klang und Bau dieser Wortverbindung.
6. In *sulco* verbirgt sich ein „Numerus-Spiel". Benenne die Klangfigur.
7. *Quo... rapitis?* (845): a) Wodurch hebt sich diese Frage vom Voraufgegangenen ab? b) Bestimme die Verwendung von *fessum* von der zeitlichen Abfolge her.
8. Untersuche, in welchem Material diejenigen arbeiten, die *excudunt*, und in welchem die, welche *ducunt* – benenne das, was hier geschehen ist mit den verschiedenen Zuweisungen, mit einem Fachausdruck.
9. *Spirantia* verkürzt welche normale Ausdrucksweise?
10. *Credo equidem* (848): Bestimme die Tonhöhe einer solchen Redeweise und gib den Grund für ihre Anwendung an dieser Stelle an.
11. Was läßt *meatus* ungesagt, obwohl es zur Sinnerhellung nötig wäre? Wie nennt man diese Verkürzung?
12. *Describo* ist ein Alltagswort – wodurch wird es verfeinert?
13. Warum sind nur die „aufgehenden" Sterne in 850 genannt? Nenne den Namen dieser Raffinesse.
14. *haec tibi erunt artes:* Wie nennt man die Satzbauweise, welche einen Gedanken auf diese Weise „einschiebt"? Warum ist diese Bauweise hier gewählt worden?
15. Was ist *paci mos?* Wofür könnte *paci* synekdochisch wohl eingetreten sein?
16. a) *Debellare* ist eine Neubildung: beschreibe die Bildungsweise, nenne eine mögliche Analogie (welche die Neubildung angeregt haben könnte) und nenne den Grund für den Einsatz einer solchen Unerhörtheit. – b) Beschreibe die Anordnung der Gedanken in 851/3.

D. Antworten:

1. a) *Tacitum relinquere* ist geläufig gewesen (Cic. fam. 3,8,2; Liv. 6,12,3 usw.); verfeinert wird die Phrase durch den Bezug des *Singulars* auf beide genannten Personen: § 177. – b) Auf diese Weise verweilt die Aufmerksamkeit auf dem so gesonderten Namen nachhaltiger.
2. *Quis – quis – quo* ist eine Anaphorá (§ 15 bzw. 17 nach Mitte) in der Form des Polyptoton, die durch den Gleichanfang der Sätze die Vielzahl der Details zusammenhält. Eindrücklich wirken wollte die Alliteration *Ca- / Co-* (es waren wohl auch andere Helden als ausgerechnet Cossus benennbar: hat die Möglichkeit, eine Alliteration zu bauen, den Dichter mitbestimmt?).
3. *Fulmen belli* und *clades Libyae* sind Prädikationen vom Typ *senati columen* (§ 104); reizvoll in Kontrast gesetzt ist *duo fulmina* (jeder Scipio war ein vernichtender Blitz) zu *cladem* im Singular, d. h. jetzt: sie zu-

sammen bedeuteten die Vernichtung Karthagos. Vergil scheint hier
Cic. Balb. 34 und Lucr. 3, 1034 kombiniert zu haben: *cum duo fulmina
nostri imperii... Scipiones exstincti* mit *Scipiades, belli fulmen* (Blitz,
nicht etwa „Stütze": Rubenbauer-Dittmann, Phil. 76, 1920, 351 ff.,
akzeptiert von Walde-Hofmann 511 und dem OLD): das Lukrezzitat
erhöht das Gewicht; ob Ciceros Formulierung älteres Gut war, ist ungewiß (ungewiß also auch, ob Vergil die Cicero-Stelle oder deren
„Vorlage" im Sinn hatte). – Die Scipionen erhalten also das Attribut
geminos und zwei Appositionen, deren eine vor, die andere nach dem
Kern steht (wobei die erste noch umgriffen wird von Attribut und
Substantiv: § 131 f.). – *Libyae* setzt Land für Stadt (§ 101).

4. Die Anordnung der Großen römischer Geschichte ist so getroffen:
   zwei Einzelnamen (841) – *genus* – zwei ausladend Geschilderte; dann
   wieder zwei Einzelnamen – *genus* (der Fabii) – ein ausladend Gekenn-
   zeichneter: zweimal also die gleiche, sich steigernde Ordnung. Durch
   diese Gewichtung sind die Scipiaden und Maximus einander zugeordnet, Angriffstugend und die Besonnenheit „elastischer" Verteidigung.

5. „Wenig besitzend, war er doch..." – man erwartet „reich", so Austin;
   man denkt ja unwillkürlich an *parvo dives* (Sen. Med. 333, vgl. Costas
   Notiz; ep. 94, 72; Butler-Owen zu Apul. Apol. 18 Anf.). Es folgt jedoch *potentem*, das erheblich weiteren Umfang (bis hin zur „Autori-
   tät") besitzt als das erwartbare *dives*. Immerhin, ein Oxymoron bleibt
   es (§ 138), wobei *potens* im Sinne eines „reich" altehrwürdige Ausdrucksweise wäre (Plaut. Epid. 153; Ter., Cato). Zur *virtus bellica* tritt
   also eine Friedenstugend. Die Klangfigur ist die der Alliteration, die
   beide Wörter eng zusammenschließt.

6. Paronomasie in *Ser- / ser-* (s. „Vorbemerkung" zum Übungsteil). – Re-
   gulus säte nicht nur in *eine* Furche: Singular für Plural (§ 177), eine
   Raffinesse und nichts weiter; sie sollte die alltägliche Vorstellung des
   Säens verfeinern. Eine Bauerntugend tritt nun zur militärischen und
   moralischen.

   ZS   Der bloße Ablativ ist eine Raffinierung des *sero in aliqua re* (Cato, agr.
   45, 1; Cic. Brut. 16 usw.: vgl. § 165).

7. a) *Quo rapitis?* ist ekstatisch formuliert (Hor. c. 3, 25, 1: *Quo me, Bac-
   che, rapis?*; cf. Ov. met. 8, 491 f.); es liegt eine Unterdrückung des *me*
   vor (Ellipse: § 85). Der Enthusiasmós bedeutet eine emotionale Steigerung; *fessum* ist Prolepse (§ 199) nach Conington und Austin. Es handelt sich bei der Aussageform (Frage) um eine Erwartung-erzeugende
   Frage (§ 57).

8. *Excudere* bezieht sich in der Fachsprache nie auf Erz, sondern bedeutet

das Meißeln am Stein; *ducere* dagegen meint in der Fachsprache den Metallguß (F. Bömer, Hermes 80, 1952, 118/10): es ergibt sich eine Über-Kreuz-Stellung der Objekte, eine doppelte Enallagé (§ 136). Die alltäglichen Fachausdrücke werden auf diese Art verfeinert (F. Burckhardt, Gymnas. 78, 1971, 414 mit ausgezeichneten Bemerkungen). – *Duco* in dieser Verwendung steht gewöhnlich mit *ex* oder bloßem Ablativ Separ.: Raffinierung durch Austausch der Präposition (§ 150).

9. *Spirantia* steht für *quae spirare videntur,* so wird der Eindruck der Lebenswirklichkeit durch Fortnahme eines Ausdrucks für den bloßen Schein verstärkt: sie atmen wirklich; ebenso *vivos* in 848. – *Aera* ist allgemein, *vultus* individuell: Inkonzinnität (§ 184) um der angenehmen Abwechslung willen.

10. Es handelt sich um eine Parenthese, doch *credo* kommt sonst nur (außerhalb der nachdrücklichen Alltagsrede) noch bei Pacuv. fr. 217 Ribb.²; Enn. scaen. 159 Jocel. (vgl. Lucr. 5, 175) vor – beide Male in Botenberichten, also in niederem Stil der Dichtung (TLL s. v. 1137, 19 ff.). Die Parenthese scheint also eine Art „bathos" zu enthalten, doch das *equidem,* das in dieser Wortverbindung schwer zu belegen ist, gibt dem alltäglichen *credo* einen Schimmer des Ungewohnten. Die im Stile also ein wenig verhaltenere Parenthese schiebt sich kontrastierend zwischen die beiden Nennungen von Handwerken, Nennungen in raffiniertestem Stil.

11. *Caeli* ersetzt offenbar *siderum,* bzw. ein *siderum* ist fortgelassen (*meatus siderum* – dann aber kann *caeli* kaum eine Ortsangabe vertreten; also) „Ort für seinen Inhalt" (§ 96). *Meatus* wurde von Lukrez 1, 128 zuerst so gebraucht.

12. Das Alltagswort *describo* (Bömer a. O.) wird durch *radio* („Zeigestock") konkretisiert (Selbst-Zitat aus buc. 3, 41): *scribo,* verbunden mit einem Zeigen am *Himmel,* enthält eine Inkommensurabilität, das Selbst-Zitat weckt ein kleines Lächeln.

13. Teilvorgang für Gesamtvorgang (§ 102), nicht zuletzt wohl wegen des Klanges (*sur- / sid-:* Alliteration).

ZS   *Dicent* setzt ein Allerweltswort prägnant ein, § 208 ff., also „Verfeinerung durch Prägnatisierung".

14. Parenthese des Nachdrucks halber (vgl. Antwort 10; eine Gliederung wird zusätzlich erreicht, das *regere,* ein Allgemeines also, wird abgesetzt von der Konkretisierung). *Erunt* ist erneut eine Prägnatisierung eines Allerweltsworts, denn *erunt* heißt hier „werden sein *für alle Zeiten"* (§ 213 Ende). – Nach der Priamel (H. P. Syndikus, Die Lyrik des Horaz 1, 1972, 24; Literatur im LAW 2429) kommt das Intendierte nach langer Aufsparung über fünf vorgeschaltete Glieder zutage: es

kommt in einer Allgemeingültigkeit, die über das Individuum Aeneas hinausreicht (zur Apostrophé § 54).

ZS   Die Parenthese trägt den Charakter des „Dies und nichts anderes" (M. von Albrecht, Die Parenthese in Ovids Metamorphosen, Spudasm. 7, 1964, 98), wirkt also hervorhebend, pathos-steigernd (v. Albrecht 98).

15. Allein *paci* ist Überlieferung (E. Fraenkel, Mus. Helv. 19, 1962, 133 f. = Kl. Beitr. 2, 143 f.). *Pax* dürfte hier für *pacati* stehen: „Abstraktes für Konkretes", § 104. „Drücke den befriedeten Völkern den Stempel des *mos maiorum* auf" (H. Roloff, Maiores bei Cicero, in: Röm. Wertbegriffe, WdF 34, 1967, 302 ff.). *Imperio* läßt an ein Lenken auf rein gesetzlicher Grundlage denken, *regere imperio* ist daher nicht Pleonasmus: das Lenken wird spezifiziert.

    Romane: höchst emphatischer Singular für einen erwartbaren Plural, § 177 (vgl. Hor. c. 3, 6, 1 f.).

16. a) *De-bello* ist Neubildung (§ 94), vgl. TLL 5, 1; 84, 55; eine Neubildung zudem, die „eigentlich" intransitiv sein müßte, wenn man an die Analogie zu *de-certo* denkt. Gedacht hat Vergil daher eher an die Analogie zu *de-vinco.* Die *superbi* werden also „bis zum letzten niedergekämpft" – Rom ist verantwortlich für das Maß. Hier ist „die Vorstellung von der *superbia* eingegangen in die klassische dichterische Verklärung der römischen Außenpolitik" (H. Haffter, Römische Politik und römische Politiker, 1967, 54).

    b) *Parcere* kann man erst, wenn das *debellare* vorüber ist: „Prothysteron" (v. Albrecht, W. St. NF 1, 80, 1967, 169), vgl. oben § 141. Mehr noch: zuerst erfolgt das *debellare,* dann – im Falle des Angebrachtseins – *parcere;* darauf erst folgt *pax* und *imponere paci morem,* und – als Endergebnis aller Kriege – das *regere imperio:* so spielt der Dichter raffinierend mit den Zeitverhältnissen.

Zusammenfassung: Auffällig ist, daß die Verba (scheinbar) ganz einfach sind, auch der Bau scheint im Großen einfach, doch die Wortstellung verrät bereits die Raffinierung, und herzu tritt die Wortwahl, welche die Feile deutlich zur Schau stellt. Dann aber, am Ende, wird auch die Ordnung der Dinge gesucht und verfeinert (das Hysteron-Proteron). Man kann sagen, daß die Feinheiten verhüllt bleiben, sie schreien nicht und drängen sich nicht auf. Der hohe Reiz dieser Dichtung liegt in dem Widerspiel scheinbar einfacher Begriffe in scheinbar einfacher Ordnung mit leicht verhülltem Schliff der Details: der Eindruck des Monumentalen ist durch die einfache Syntaxe und die Wahl in sich klarer Wörter das zunächst und *prima vista* Hervortretende, erst das genaue Hinhören offenbart die Modernität im Bearbeiten des Kleinen und Einzelnen.

VI. HORAZ, c. 1, 17

A. Auslegungen: F. Klingner, Römische Geisteswelt, ⁵1979, 412 ff.;
I. Troxler-Keller, Die Dichterlandschaft des Horaz, 1964, 108 ff.; E.
Fraenkel, Horaz, 1976, 241 ff. (abgeschlossen 1957); H. P. Syndikus, Die
Lyrik des Horaz, Bd. 1, 1972, 188 ff.; P. Pucci, Horace's banquet in Odes
1, 17, in: TAPhA 105, 1975, 259/81. – **Kommentare:** Q. Horatius Flaccus,
Oden und Epoden, erkl. von A. Kiessling – R. Heinze, ⁸1955 (= ⁷1930);
Horace, Odes Book 1, erkl. von Nisbet und Hubbard, 1970.

B. Text:

Velox amoenum saepe Lucretilem
mutat Lycaeo Faunus et igneam
defendit aestatem capellis
usque meis pluviosque ventos.

5   *inpune tutum per nemus arbutos*
quaerunt latentis et thyma deviae
olentis uxores mariti
nec viridis metuunt colubras

nec Martialis haediliae *lupos,*
10   utcumque *dulci, Tyndari, fistula*
valles et Usticae cubantis
levia personuere *saxa.*

di *me tuentur,* dis *pietas mea*
et musa *cordi est.* – hic *tibi copia*
15   *manabit ad plenum* benigno
ruris honorum opulenta *cornu.*

hic *in reducta valle caniculae*
vitabis aestus *et fide Teia*
dices laborantis *in uno*
20   *Penelopen* vitreamque *Circen.*

hic *innocentis pocula Lesbii*
duces sub umbra, *nec Semeleius*
cum Marte confundet Thyoneus
proelia, nec metues protervum

25   suspecta *Cyrum, ne* male dispari
      incontinentis iniciat manus
      et scindat haerentem coronam
      crinibus inmeritamque vestem.

C. Fragen:

1. Liegt in *amoenum* mehr als nur eine lobende Kennzeichnung?

2. Woher weiß Horaz, daß Faunus gekommen ist? Beschreibe die Struktur der Theophanie nach Seh- und Höreindrücken; bestimme a) die Kennzeichnung der Witterung (2/4); b) den Sinn der Wortstellung in der Beschreibung der Nahrungssuche (5/6); c) die Adjektivgebräuche in 8/9 unter der Voraussetzung, daß es in Italien nie „grüne" Schlangen gegeben hat und daß *haediliae* Jungtiere sind.

3. *Utcumque* und *cubans* (für *supinus*) sind in abgewandelter Bedeutung verwendet, *personare* in neuartiger Rektion – untersuche dieses und ordne das Gefundene in das oben entworfene System (vgl. § 11) ein.

4. a) Benenne und erkläre die Wortfigur *di – dis* und untersuche das Verhältnis der beiden, so eingeleiteten Satzteile. – b) *Musa* steht für „Lied": benenne den Kunstgriff; c) untersuche den logischen Zusammenhang von Str. 1–3 mit Str. 4.

5. a) Welche Funktion erfüllen die drei *hic* in 14, 17 und 21? b) Untersuche die Verteilung der Personalpronomen in diesem Gedicht. c) Beschreibe die Ausdrucksfülle der vv. 14/16 und nenne ihren Grund. d) *opulenta* steht hier mit dem Gen.: nach welchem Vorbild hat Horaz diese hier zum ersten Male auftretende Wendung konstruiert? Ließe sich ein metrisches Argument für die Zuweisung des Genetivs an *opulenta* und nicht an *benigno* finden, wenn man den Bau der alkäischen Strophe in Betracht zieht? – e) Untersuche *honores* als „Ersatz" für „Früchte" und bestimme die Art der Ersetzung.

6. Versuche, in *aestus* mehr zu sehen als nur den technischen Kunstgriff eines poetischen Plurals.

7. a) *dicere* = „singen" stellt einen bestimmten Gebrauch des Verbums dar – welchen? – b) *laboro* ist als „Not" (leiden) und 'torments' bestimmt worden – läßt das Wort hier eine solche genaue Bestimmung zu, oder soll seine Bedeutung offengehalten werden – gibt es noch mehr solcher recht offener Wortgebräuche in diesem Gedicht? c) Untersuche *vitrea* anhand der Lexika und versuche, das Wort auf eine genaue Bedeutung festzulegen.

8. Ist *sub umbra* soviel wie „*im* Schatten"? Liegt vielleicht eine Metonymie vor?

9. Untersuche in v. 21 ff. die Umschreibung der Namen bzw. die Periphrasen der offenbar intendierten Abstrakta „Zorn" und „Trunken-

heit". Passen die äußerst gesuchten Umschreibungen zu der schlichten Wortgebung des Kontextes?

10. Untersuche *suspecta* – sagt das Wort etwas über das Verhältnis aus, das zwischen Horaz und Tyndaris besteht?

11. a) Welches ist der Unterschied von *non pari* und *male dispari?* – b) Welchen Nebensinn besitzt *manus inicere?* Ist nur die Gewalttätigkeit angedeutet?

D. Antworten:

Dieses Gedicht wird ausführlich behandelt, weil die neuesten Auslegungen den Sinn einzelner Wendungen und des ganzen Gedichtes weitgehend unsicher gemacht haben.

Ein „sehr männliches Gedicht" nannte das Lied mein lieber Freund, der Archäologe und Psychoanalytiker H. F. Sentker zu Pretoria, offenbar nicht ohne Achtung und Hochschätzung; „Heuchelei eines geilen Voyeurs", so kennzeichnete P. Pucci dasselbe Gedicht, augenscheinlich, um es zu „demaskieren" – was ist Wahrheit?

1. *Amoenum* und die Begründung für das Kommen Fauns. Der schöne Lukretilis könnte Anreiz genug dazu sein, Arkadien und das Geburtsgebirge des Lykaion (RE 13, 2236, 42 ff., das Pindarfragment scheidet allerdings aus) zu verlassen und übers Meer herzueilen (zum *locus amoenus* aus jüngerer Zeit: Vogt, Mus. Helv. 28, 1971, 98 ff.); zudem liebt Faunus es ja, geschwind über die Bergeskämme zu eilen (Bömer zu Ov. fast. 2, 285 f.), scheu zuweilen (zur „panischen Angst" s. Eur. Med. 1172; Polyb. 5, 96, 3), zuweilen frech den Nymphen nachstellend (c. 3, 18, 1). So kommt er denn „oft" zum Lukretilis, dem *mons in Sabinis* (Paul. Fest. 119 M.), der arkadische Gott (Verg. buc. 10, 26) zu 'Horace's Sabine Farm' (G. Lugli, Rom 1930, 24 f.). Warum aber? Zunächst, „weil der Lukretilis so schön ist", *amoenum* scheint ein kausal-prägnantes Adjektiv (§ 196).

2. Horaz „hat den Gott natürlich nicht von Angesicht zu Angesicht gesehen, aber die Segnungen... können nur das Ergebnis der Gegenwart des göttlichen Schutzpatrons sein" (Fraenkel 243). Welche Segnungen? Die „Theophanie", die hier angedeutet ist, teilt sich in die Gewißheit des Sehens (die Ziegen weiden, die Zicklein tollen gefahrlos) und des Hörens (in südlicher Mittagshitze scheint in der Tat Pans Flöte zu schrillen): die *fistula* beweist die Gegenwart der Gottheit. – a) Faunus hält die *Hitze* von den Ziegen (Dativ nach Verg. buc. 7, 47; georg. 3, 155: TLL 5, 1; 294, 76 ff.) fern und den *Regen*. Doch Horaz schrieb nicht „Hitze und Regen", sondern „feuergleichen Sommer" und „Regen-Winde": er setzte „Sommer" für Hitze, das Bewirkende für das Bewirkte, § 109; dabei lenkt *igneam* den Leser auf das am Sommer, was

gemeint ist, auf die feuer-heiße Temperatur. Und *pluvios* heißt hier „regen-*bringend*" (Prägnanz wie bei Verg. Ae. 3,516). Und Faun tut solches „immerwährend" an – wessen Tieren? *Meis* in v. 4 sagt zum ersten Male, um wessen Ziegen es geht, es ist betont, wenn auch in einem engen, also nicht allzu auffälligen Hyperbaton. Erst in v. 13 wieder wird Horaz von sich sprechen. – b) In v. 5/6 sind die Wörter recht durcheinandergewürfelt: Adverb – Hyperbatongruppe – Objekt – Verb – Attribut zum Objekt – Nachklapp: zweites Objekt – nachgeliefertes Prädikatsnomen. Der Grund ist wohl derselbe, der in c. 1, 9, 21 f. Horaz veranlaßte, ein ähnliches „Durcheinander" zu veranstalten (s. Text I, Antw. 11 Ende): dort malte das Überzwerchstellen das Versteckspiel des scherzenden Mädchens, hier malt es das Überallhin des Streifens beim Suchen nach dem „Erdbeerbaum" (Eupol. fr. 1; 2,426 Mein.; Verg. Ae. 3,301). Und daß die Tiere sicher sind, sagt Horaz gleich vier-, wenn nicht fünfmal: *inpune tutum* ist pleonastische Verstärkung (§ 32 ff.: 'the pleonasm has point', Nisb.-Hubb., richtig: er betont die Sicherheit); auch das *per*, das „überall hin" (Text IV, Antw. 8), malt die uneingeschränkte Freiheit, dazu *latentis:* sogar verborgen stehende Bäume dürfen die Tiere aufsuchen; und *deviae* erinnert am Ende noch einmal an den tragenden Gedanken: die Tiere dürfen den gewohnten Pfad, den „Wechsel" (auf dem sie, in Masse gehend, etwas geschützter sind, als wenn sie einzeln weiden), gefahrlos verlassen, wenn sie Thymian suchen (eine Frucht kargen Bodens: Men. Dysk. 605, s. Stoessls und Handleys Komm.). – c) Die Adjektive in v. 8/9: nach der positiven Beschreibung *(inpune quaerunt)* nun zwei negierend formulierte *(nec – nec);* „keine grüne Schlange brauchen sie zu fürchten" (zum phraseologischen „brauchen" vgl. § 203), doch „grüne" Schlangen hat es in Italien nie gegeben (Auskunft des Zoologischen Instituts Hamburg), daher Heinze nicht ohne Berechtigung: „kein sehr bezeichnendes Beiwort", oder: 'a conventional epithet of snakes' (Nisb.-Hubb., allerdings ohne Belege vor Stat., Claud., die griechischen Parallelen für γλαυκός besagen wenig); „die grünen Nattern existieren nur in der Phantasie des Dichters", hatte schon Kiessling geschrieben. Horaz wagt es, in griechischer Art (Gow zu Thcr. 7,59, s. A. 108) den Schlangen das Farbadjektiv ihres Aufenthaltsorts zu geben, des grünen Grases. – *Martialis haediliae:* unter der Voraussetzung, daß *haediliae* „Jungtiere" sind (CGL 3,432; OLD 'female kid'; so anscheinend auch Walde-Hofmann 1, 632; anders LHS 1, 284 unten: „Muttertiere"), bildet *Martialis haediliae* ein Oxymoron (§ 138); sein Sinn ist, die Überkraft der reißenden kriegs- und beutelustigen Wölfe mit der Schwäche wehrloser Zicklein zu kontrastieren.

ZS   Zwischen das ungefährdete Weiden und die beiden *nec*-Kola, in welchen böse Gefahr geschildert ist, schiebt sich der Scherz mit den „Gattinnen des stinkenden Bockes": eine vielfach beobachtbare Art, Gleichförmiges durch ein verweilen-machendes Stück abzusetzen (vgl. oben zu Verg. Ae. 1, 4).

3. *Utcumque* heißt gemeinhin „wie auch immer", zu „wann auch immer" wurde es erst hier (LHS S. 365; § 344 b): *quandocumque* war wohl zu prosaisch (Horaz verwendet es nur in den Sermones), so setzte er *ut* nach Analogie zu *ut primum* in eine temporale Bedeutung, eine Art von „synonymischer Vertauschung" (§ 122). *Cubans* müßte „breit und bequem hingelagert" heißen (*supinus* hatte Vergil gewagt: georg. 2, 276); es handelt sich um eine Vermenschlichung (§ 59 ff.), die Berge liegen da wie Leute, die es sich bequem machen. Wer weiß, ob Horaz die Hügelkette, die seinem wassergekühlten Sitzzimmer gegenüberlag und in der Tat aussieht, als sei dort eine riesige Menschengestalt auf der Seite liegend bequem ausgestreckt, im Auge gehabt hat. Wann immer die *fistula*, die Pansflöte (Lucr. 4, 586; Börner zu Ov. met. 2, 691; S. 206 unten), erschallt (und in südländischer, sirrender Mittagshitze vermeint man zuweilen, sie zu hören), weiß der Dichter: der Gott ist da. *Personuere* ist hier für „durchschallen" genommen, das „scheint erst von Vergil gewagt", (Norden zu Ae. 6, 418), Transitivierung (§ 174). Diese Neuerungen sind unauffällig, leichte Verschiebungen, leichte syntaktische Neuerungen, nichts Lautes.

ZS   In den Versteil, der vom Schrillen der Flöte sprach, ist auch „Tyndaris" hereingenommen (eine Psaltria, meinte Fraenkel 245, A. 1; immerhin eine Frau, die nach des Dichters Gewißheit genau das lieben konnte, was ihm lieb war), so als werde sie dort genannt, wo es um Musik geht, als würde sie in diese Musik hereingenommen.

4. *Di me tuentur, dis pietas mea / et musa cordi est.* a) *Di – dis* ist ein Polyptoton, eine Anapher in verschiedenen Kasus (§ 19 bzw. 15). „Ein Fortissimo! Horaz ist nicht der Mann, der ohne Grund Anaphern verwendet" (Fraenkel 244, s. § 15). Die polyptotische Anapher betont das Göttliche: Horaz stellt sich gleichsam den Göttern anheim; er dankt für den Schutz *(tuentur),* nennt aber zugleich den Grund für dieses Schützen: die Gottheiten schätzen seine *pietas* und seine Muse. Das Verhältnis der beiden Polyptoton-Glieder ist ein kausales: Kausal-Prägnanz der Asyndese (§ 215). *Pietas* ist für Horaz zunächst *pietas erga deos,* ein sehr genau bestimmter Begriff war *pietas* für den Römer immer (J. Liegle, Röm. Wertbegriffe, WdF 34, S. 263): *dis te minorem quod geris, imperas; hinc omne principium, huc refer exitum* (c. 3, 6, 5 f.). Es ist dies das Sich-Bescheiden (H. Hommel, Horaz, 1951,

37 f.; W. Wili, Horaz 213 ff.), aus dem dann *felicitas* folgt (Liegle 244, 256, 266), der hier nachfolgenden Verheißung vergleichbar. –
b) *Musa* dagegen ist die Liedkunst (Kunst überhaupt schön bei Cic. Tusc. 5, 66): Cic. fin. 5, 49; Lucr. 4, 589 – das Bewirkende steht fürs Bewirkte (§ 109). Diese Metonymie läßt jedoch (anders als *fides* etc.) den göttlichen Ursprung (c. 4, 3, 14 ff.; 4, 6, 41 ff.) durchspüren. Ganz an der Oberfläche bleibt S. Commagers Bemerkung (The Odes of Horace, 1962, 330): '*Pietas* is virtually synonymous with *Musa*', an der Oberfläche bleibt auch die Bemerkung auf S. 329: 'Time and again he explored various ways of defining himself' – *pietas* und *musa* sind polare Wörter für Horaz: Zurücktreten, Bescheidung einerseits und hoher Stolz andererseits, eine Polarität, welche ganze Buchschlüsse bestimmt (Acta Class. 11, 1968, 120). Wie Horaz 'defines himself', darauf kommt es an: als ein Mann, der den Göttern gibt, was der Götter ist, und dankbar weiß, daß sie ihn erhöhten.
c) Der Zusammenhang zwischen Str. 1–3 und Str. 4 wurde als 'very abrupt' getadelt (A. W. J. Holleman, Ant. Class. 41, 1972, 567); Syndikus sah die Verklammerung zwischen Str. 4 und dem Vorhergehenden als „nur durch die Anrede an Tyndaris fühlbar" (193), und doch liegt auf der Hand, daß ein Wörtchen genügt: „denn": „Faunus schützt meine Herde, mein Land, *denn* die Götter sichern mich, *weil* sie meine Art schätzen." Die Strophen stehen zueinander im Verhältnis einer begründend-prägnanten „Asyndese", so wie die *pietas* und die daraus resultierende *felicitas* „im Verhältnis von Folge und Ursache stehen" (Liegle 266), wobei die *felicitas* hier sich im reich spendenden Horn ausdrückt, wie die Copia auf dem Panzer des Prima Porta – Augustus (E. Simon, Der Augustus von Prima Porta, in: Opus Nobile 13, 1959, 10). Ja, auch die *securitas* resultiert aus der Frömmigkeit (Liegle 266, vgl. auch Fraenkel 245, A. 3; Smith zu Tib. 1, 2, 27 ff.; 2, 5, 113 ff.). Hier ist alles sehr gedrungen und eng verklammert gedacht und gesagt.

5. Wie die Götter *pietas* belohnen (s. meinen Komm. zu Plaut. Poen. 1190; Syndikus 193, A. 34 f.; Liegle 244), so belohnen sie hier Frömmigkeit und eine gottgenehme Muse mit reichen Gaben; und zwar an einem besonderen Orte: die Anapher (§ 13) *hic – hic – hic* hält nicht nur
a) die 5. und 6. Strophe beieinander, verklammert sie nicht allein, sie betont auch die Einzigartigkeit des Ortes: er ist geschützt, er bietet eine Fülle (ländlicher) Gaben, und er gewährt auch Tyndaris Freude an Schatten, Wein und Gesang, dazu Schutz vor Nachstellungen; gut daher Syndikus 195: „außerordentlich betontes ‚hic'" (*hic* verteidigt gegen Troxler-Kellers, von H. Haffter angeregte, Bevorzugung von *hinc* der Komm. von Nisbet-Hubbard, ausführlich und erfolgreich).

b) Die Personalpronomina in diesem Gedicht sind spärlich an Zahl, gewichtig an Sinn: in v. 4 nannte Horaz den Besitzer der Pan-geschützten Herde: *meis;* in v. 13 steht, offenbar voller Betonung *me* und *mea* – und hiernach tritt Horaz selber überhaupt nicht mehr hervor. In v. 10 war die Frau genannt, Tyndaris; dann in v. 14 wurde ihr Schönes verheißen *(tibi),* und von da an steht nur sie allein da: Horaz ist ganz zurückgetreten. –

c) „Ein bunter Strauß von Wendungen, ... die in immer neuen Schattierungen die Vorstellung der Fülle ausdrücken", Fraenkel 245, A. 2; um genau zu sein: es sind vier Wendungen: *copia, ad plenum, benigno, opulenta.* Der Grund dieses Pleonasmus (§ 32 ff.) ist eben das Strömen der Gaben, auch wenn sie „ländlich", also bescheiden sind.

d) *Opulentus* scheint hier mit dem Genetiv konstruiert, und wenn, dann hier zum ersten Male (LHS 77 nach Mitte; s. oben A. 85), wohl in Analogie zu *plenus* mit Gen. Nisbet-Hubbard schwanken zwischen einer Zuweisung des Genetivs *honorum* an *benigno* und an *opulenta.* Bedenkt man (vgl. S. 318 der Klingnerschen Teubner-Ausgabe), daß zwischen Versteil 3 und 4 der alkäischen Strophe der Einschnitt gesucht ist (Hiate nicht allzu selten, Synaloephe dagegen äußerst selten und immer als Ausnahmen voller Sinn), dann wird man auch aufgrund dieser metrischen Überlegung den Genetiv zu *opulenta* ziehen wollen.

e) *Honores* ist das, was eine Sache oder einen Menschen auszeichnet, ihn schmückt und wertvoll macht; hier ist also ein Abstraktum für Konkretes gesetzt *(fructus* o. ä.: § 104), wobei das Wort schön den *Wert* des Gemeinten, der Früchte, hervorhebt (Material im TLL 6, 3; 2923, 50 ff.).

6. *Hic in reducta valle caniculae vitabis aestus:* Daß *reducta (vallis)* auch das Zurückgezogen-Geschützte des Ortes aus der Grundbedeutung des Wortes heraus anklingen lassen wollte, könnte man vermuten; zunächst aber heißt es fast terminologisch „abgelegen" und „eingeschnitten", fast schon ein „technischer Ausdruck" (Norden zu Ae. 6, 703 ff. mit Verweis auf Hor. epo. 2, 11). *Canicula* ist der „Hundsstern", Sirius im Großen Hund; er 'was first visible on the eastern horizon just before sunrise, the hottest part of summer began. In Aratus' time the date was about 20th July' (D. B. Gain, The Aratus ascribed to Germanicus Caesar, London UP 1976, 99 zu v. 336–40; daher russ. „kaníkuli" = „Ferien", also eig. „Hitze-Ferien", auch eine Metonymie des Bewirkenden fürs Bewirkte). *Aestus* scheint ein „poetischer Plural" (§ 46), doch hat er Sinn: man spürt das Gewaltige, Übermäßige. Insofern wird aus *reducta valle* geradezu eine Grundangabe: „hier, *weil* du in einer *reducta vallis* sein wirst, wirst du *dann auch* die Hitze meiden können"

(die Auswirkungen der Hitze sind oft beschrieben: Smith zu Tib. 1,7,21).

7. *Fide Teia dices laborantis in uno Penelopen vitreamque Circen:* Es wird Tyndaris also an nichts fehlen, und nun nach dem für den Städter willkommenen Versprechen einer angenehmen Temperatur inmitten der Sommerhitze des südländischen Juli die Verheißung schönen Tuns.

a) *fides Teia* heißt wörtlich „Saite teischer Art", also ist *fides* für „Sang" gesetzt, das Bewirkende fürs Bewirkte, wenn auch nur das Begleitende (§ 109); dazu wird *Teius* für „anakreontisch" genommen, also „Ort für Mensch" (§ 96). Ein anspruchsvoller, wenn auch nicht gerade lauter Ausdruck, denn *fides* im Plural für „Instrument" gibt es schon bei Plaut. Ep. 473, im Singular dagegen erst seit Varius (trag. fr. 4): ein „Pars pro Toto" noch dazu (§ 98). – Über Anakreons Stil urteilt Crusius in RE 1, 2041, 68 ff.: „In den meisten Stücken redet der Dichter mit liebenswürdigem Lächeln, süß und anmutig."

a) *Dices:* im Griechischen meinte λέγειν (anders als λαλεῖν) ein bedeutsames, genau bedachtes Reden, und auch „dichten" (cf. Anacreont. 23, 1); im Lateinischen tritt dieselbe Unterscheidung zwischen *dico* und *loquor, fabulor, tinnio* auf. Und so kann Cat. 62, 4 *dico* im Sinne des Singens verwenden (vgl. Verg. buc. 6, 5 und dann öfters). *Dico* ist also eigentlich ein prägnanter (§ 202) Gebrauch an solchen Stellen (Nisb.-Hubb. zu c. 1, 21, 1). – b) *laborantis:* „sich mühen" bedeutet hier „Kummer empfinden", „menschliche Verhältnisse, menschliche Not klingen hier zuerst auf", Klingner 416; 'torments of love', Nisb.-Hubb. (Enk zu Prop. 1, 6, 23). 'Human song confronts pain and suffering, while Faunus' music simply stops the negative forces of nature', sagte P. Pucci schön (277). H. P. Syndikus 196, A. 44 bezweifelte allerdings, ob wirklich „menschliche Not" gemeint sei – nun, das Wort legt derlei nahe, läßt jedoch den Grad und die Art ganz offen: es ist ein offenes, prägnantes Wort (§ 203), und es wäre nicht gut, wollte man derlei offenhaltende Wörter mit genauem Gehalt füllen, und so hat Syndikus recht, wenn er so starke Ausdrücke wie „Not" ('torments' käme dem gleich) anzweifelt: auf das Offenhalten kam es Horaz an. – c) *Penelope und Kirke:* Penelope erhält kein Attribut, ihre Art ist eindeutig (sie ist die treue Hausfrau: RE 19, 483, 37 ff., 50 ff.); Kirke dagegen ist *vitrea:* Nisbet-Hubbard dachten an das 'millefiori'-Glas, das 'complex, distorting and enigmatic' war; so hatte auch R. Heinze erklärt. Syndikus dagegen dachte an eine „glänzendschöne" Kirke (nach Ov. met. 13, 791; S. 196, A. 45). doch wenn Penelope die wunderbar treue Gattin ist, dann muß Kirke (eigentlich wohl eher Kalypso, s. Nisb.-Hubb. 225 oben) die „unzuverlässige" sein (Kiessling), bes-

ser: die „schillernde, gleißende, verführerische": das Wort ist so rätsel-
haft wie diese Frau, man wird sich nicht festlegen wollen. Immerhin
scheint *vitrea fama* in sat. 2, 3, 222 so etwas wie „*gleißend-lockend*" zu
bedeuten. Auch hier also benutzt Horaz ein Wort in offenem Sinne,
deutet einen Bedeutungsumkreis nur eben an und überläßt es dem Hörer, aus dem Gegensatz Penelope – Kirke sich das Zutreffende zu denken.

ZS   Wie dieses Paar zu dem Trio „Horaz – Tyndaris – Cyrus" paßt, ist kon-
trovers. „Der Gegensatz zwischen ihr (Kirke) und der treuen Penelope spiegelt
den Gegensatz zwischen den beiden Liebhabern der Tyndaris wider: vgl. I 13,
14 – 20" (Heinze; in 1, 13, 14 ff. preist Horaz sich als zarten, rücksichtsvollen
Liebhaber an); ähnlich erblickt Syndikus 196 in dem Singen von Liebe eine
„Andeutung der erhofften Liebe des Mädchens zum Dichter... Das wäre allerdings eine andere Liebe als die... des Cyrus"; gröber A. W. J. Holleman, Latom. 19, 1970, 754 und Ant. Class. 41, 1972, 570 ('mating-call of Horace's fistula'). Pucci 263 übersetzt fast Heinze, wenn er davon spricht, die Zweiheit Penelope – Kirke 'mirrors the personal situation of Horace and Cyrus'. Man könnte
auch anderes vermuten: wie in der Odyssee 19, 54 Penelope auftritt „Artemis
gleich und auch der goldenen Aphrodite", also dies beides in sich trug: das Keusche und das Lockend-Schöne, so könnte Horaz auch hier auf ein Lied hoffen,
das jenes *beides* zum Inhalt hat, wonach der Mann sich sehnt, Armgard und
Melusine, Therese und auch Philine.

8. *Hic innocentis pocula Lesbii duces sub umbra:* Im Schatten wird Tyndaris unschädlichen (leichten, griech.: ἄλυπον, Eur. Bacch. 423; Soph.
fr. 172 P.; Enk zu Prop. 1, 13, 2) Wein langsam trinken (*duco* eig. „hin-
ziehen", ἕλκω: Arist. Equit. 107) – „im Schatten"? *Sub umbra* legt den
Gedanken nahe, es handele sich um ein Sitzen „unter" etwas; also ist
umbra hier für das gesetzt, welches den Schatten *spendet*: den Baum
oder die Laube; Metonymie des Bewirkten für das Bewirkende: § 109
(so Cat. 64, 41; Verg. buc. 9, 20; Prop. 3, 13, 37 usw.).

9. *Semeleius Thyoneus confundet proelia:* a) die Umschreibung ist gesucht, denn ein eigentliches Substantiv fehlt, für es tritt *Thyoneus* ein:
„der von der ‚Stürmischen' Geborene", Muttersbeiname für den eigentlichen Namen (zur Sache: Apollod. 3, 5, 3: Dionysos nannte seine
dem Hades entrissene Mutter *Thyone*, bevor er mit ihr zum Himmel
emporstieg: Bömer zu Ov. met. 4, 13). *Semeleius* ist nicht minder gesucht, denn weder *Semeleius* noch *Thyoneus* sind geläufig (*Thyonianus*
nur noch bei Cat. 27, 7 belegt, *Semeleius* erst hier). Erlesenes also wird
geboten; läßt der *poeta doctus* sein Wissen spielen? Dazu *confundet*:
das Gewöhnliche wäre *miscet* oder noch fachterminologischer: *com-
mittet* (bei veränderten Subjektsverhältnissen). Horaz setzt also ein
Synonym fürs andere: „Synonymische Vertauschung" (§ 122), und

nicht umsonst war Horaz auf seine raffinierten Wortkombinationen stolz (a. p. 47 f.: *callida iunctura*), sie geben einem geläufigen Wort *(proelia)* durch eine ungewöhnliche Zusammenstellung (mit *confundere* statt mit *miscere*) neuen Glanz. – Die Absicht, derlei Erlesenes, Über-Erlesenes in den bisher doch recht schlichten Kontext, in den Kontext des Ländlichen, friedlich Bescheidenen zu stellen, war gewiß das Scherzen: wer sich gänzlich sicher und überlegen fühlt, der mag wohl das nennen, was geschehen könnte – hier jedoch niemals geschehen wird. Troxler-Keller bescheinigte Horaz „Realismus" – gemeint war wohl, daß er das Gefährdende hier wie vordem (8/9) sehr wohl nennt, aber mit einem Scherz (man erinnert sich an die „Gattinnen des übelriechenden Bockes"): das Lächeln des Sicheren.

ZS   Der Witz des *hic merus est Thyonianus* bei Cat. 27, 7 ist nicht mehr recht verständlich; daß er allein in der Parodie von Lagenbezeichnungen liegen soll, wie Kroll 51 will (wie *Formianum*), scheint zu lahm; eher wird man an eine Anspielung auf Dionysos' „Himmelfahrt" mit Thyone (= Postumia) denken: eine Schlußpointe, die dem sonst konventionellen Gedichtchen das Raffinierte verleiht, so wie das Sira Onetti (Acta Class. 19, 1976, 59/74) erschlossen hat.

10. *Nec metues protervum suspecta Cyrum:* Cyrus ist also heftig-zupackend, rücksichtslos usw. Und da sie *suspecta* ist, muß sie ihn ganz besonders fürchten. *Suspecta* kann hier von den drei (von Dom. Bo im Lexicon Horatianum 2, 318 aufgeführten) Bedeutungen nur die des „observata suspicionis causa" haben. Was deutet sich darin an? Doch wohl, daß Cyrus Grund zum Verdacht hatte: aufs feinste und zurückhaltendste wird angedeutet, daß seit einiger Zeit Tyndaris sich zu Horaz gezogen fühlt – ein rascher Anklang, ein windschnelle Andeutung, und vorbei. Ein guter Beleg für das Andeutende dieses Gedichtes.

ZS   Die Syntax, die *Cyrum* aus dem *ne*-Satz hervorzieht und abgesondert hinstellt, besprechen LHS 471 unten. Diese Syntaxe läßt den Mann stärker vortreten, als wenn er im Nebensatz hintangestellt wäre.

11. *Ne male dispari incontinentis iniciat manus.* a) *Male dispari* ist nicht = *non pari; non* verneint definitiv, „Nein" und aus. *Male* verneint offen, es läßt den Grad der Negation offen (Nis.-Hubb. zu 1, 9, 24; Austin zu Verg. Ae. 2, 23). Wir haben es also erneut mit einer offenlassenden Formulierung zu tun, die dem Leser gestattet, sich das, was ihm passend erscheint, hinzuzudenken. – b) *Inicere manus:* gewiß kann man ans „Hand Anlegen" im Sinne der Gewalt denken, und so geschieht es auch meistens. *Manum inicere* erinnert jedoch an einen Rechtsbrauch: mit dem Gestus des Handauflegens zwingt man einen Rechtsgegner,

vor Gericht zu kommen (Enk zu Plaut. Truc. 762, S. 174 f.; Ogilvie zu Liv. 3, 44, 6, S. 481).

Horaz deutet also eine 'possessive love' (sehr gut Pucci 274) an, Cyrus will Besitz ergreifen, und noch mehr:

12. *Scindat haerentem coronam crinibus inmeritamque vestem:* a) *haerentem crinibus* ist eine neue syntaktische Verbindung, denn *haereo* mit Dativ ist erst „von den Augusteern eingeführt", Norden zu Ae. 6, 350; oder Simplex fürs Kompositum (§ 206), das den Dativ hatte (TLL 7, 1; 1589, 54)? b) *inmeritam:* die arme *vestis* kann doch gar nichts dafür, eine kleine Vermenschlichung, ein Scherzchen, das hier wie auch vordem das Gefährliche entschärft. Klingner 418 sprach von einem „wunderbar schwebenden Schluß", Nisb.-Hubb. 215 von einer 'contrasting vignette'. Wenn man von einer Technik sprechen will, dann ist es die catullische, die Sira Onetti nachwies (s. ZS zu Antwort 9). Der vollkommen Sichere vermag über die vorgestellte Gefahr zu lächeln.

E. Sprechtypologische Auslegung:

Die Beobachtung der „Dichtersprache" in diesem Gedicht, die Untersuchung der Weise, in der Horaz spricht, führte darauf, daß der Typus der des Andeutens einerseits, andererseits der des verhaltenen und leisen Sprechens ist. Nur an einer Stelle wurde die Sprache überaus anspruchsvoll, nämlich in v. 22 f. – und da diente das Volltönende dem Scherzen. Von dieser Typik aus müßte es möglich sein, Stellung zu den kontroversen Ausdeutungen des Gedichtes zu nehmen: die Beobachtung der Sprache könnte ein Hinweis sein, für welche der konträren Auslegungen man sich entscheiden müßte.

Das Gedicht sei Einladung und Werbung nach Heinze 84, aber „nicht Wunsch, noch Bitte, kein Wort von Liebe. So wirbt nur einer, in dem das hinreißende und ansteckende Feuer jugendlicher Liebesglut erloschen ist." Die schöne Landschaft zu genießen, „das Glück des geformten Daseins und das natürliche Spiel des erotisch Erfahrenen sind die Hauptmotive" nach Wili 44. „Das Anliegen des Gedichtes ist doch auch wieder im Grunde ein Werben", Klingner 418. Dagegen wollte G. Pasquali (Orazio Lirico ²1966, 337) 'il sospiro del cittadino verso la campagna' heraushören, nichts weiter. Gänzlich fernab ging S. Commager 352, wenn er von der 'timeless world of art, of creativity and of order – and of the peace possible within it' sprach: bei Horaz ist nichts von 'art and creativity' geschrieben. Zu viel will auch H. P. Syndikus 197 heraushören: „Es ist, wie wenn Tyndaris vor die Wahl gestellt werde, nicht nur, für welchen von beiden Liebhabern, sondern auch für welche von beiden Welten sie sich entscheiden solle" (d. h. die des Horaz oder die des Cyrus) – von einer Entscheidung ist nichts im Text gesagt.

Von einer ganz anderen Seite kommen Neuere her; nachdem schon K. Reckford (Horace, New York 1969, 59) geglaubt hatte, es wäre hier in c. 1, 17 nicht alles so friedlich, wie es scheint, suchte A. W. J. Holleman (s. ZS zu Antwort 7) Latom. 19, 752, Horaz mit Faunus gleichzusetzen, dem frechen Verfolger der Nymphen (c. 3, 18), Horazens Gedicht sei der 'mating-call of a charming fowler', das Ganze sei 'erotic euphory' (754); er verstieg sich zu der Interpolation: 'Try rather natural piping like me – and then your pietas as lovers and love-poets will turn out to be irresistible' (ebd.). Es war Herrn R. W. Minadeos geschmackvoller Phantasie vorbehalten (Latomus 34, 1975, 419), cornu als 'sexual symbol', als 'phallic implication' aufzufassen. Mit präzisem philologischem Instrumentarium versuchte dann P. Pucci (TAPhA 105, 1975, 259 ff.), diese Tendenzen zu einem geschlossenen, neuen Bild von c. 1, 17 zu führen (seinen Versuch, das Gegensatzpaar genus tenue – genus grande nach H. J. Mette, Mus. Helv. 18, 1961, 136/9 in dieses Gedicht hineinzulesen, kann man auf sich beruhen lassen).

Pucci nimmt die vielfach beobachtete Entsprechung der beiden Gedichtteile ernst: wie aestatem und aestus (3/18), metuunt und metues (8/24), viridis und vitrea (8/20: ungesichert) einander entsprechen, so entsprächen dann doch wohl auch das Paar Circe–Penelope und Horaz–Cyrus einander (263), da ja auch Martialis und Marte (9/23) einander entsprächen und Kampf und Rivalität in das Gedicht hereinbrächten. Wie nun weiter Cyrus den gefährdenden Schlangen und Wölfen entspräche (265), so müsse dann weiter – Horaz dem Faun entsprechen (beides seien ja Flötenbläser bzw. Dichter: 265). So wie Faunus schützt und gefährdet, so schütze Horaz und wolle doch auch die Tyndaris besitzen, und darum werde er eifersüchtig auf Cyrus (271).

In dieser Weise demaskiert Pucci ('veiling', 'hides'; 'unmasks': 274 und 277) die scheinbare Friedfertigkeit und das nur vorgebliche Detachement des Dichters (man erinnert sich an Hollemans 'mating-call'). Und nun dies: 'the poet performs, at the figurative level, the violence that Cyrus is prevented from enacting' (275); denn wenn Horaz der Rivale des Cyrus ist, wenn auch er das Mädchen begehrt und dann sich vorstellt, was Cyrus alles mit ihr machen werde, dann identifiziere er sich im Grunde mit dem Cyrus, denn auch er sei ja in der Lage des Cyrus (Rivale zu sein). Und von dieser Identifizierung her kommt Pucci dann zu der schönen Formulierung: Horaz 'hides as a jealous voyeur' (274). Geil betrachte er, wie da das Kleid aufgeht (275).

Pucci möchte diese Auffassung nun absichern durch einen anscheinend sehr tief greifenden Gedanken: Horaz schenkt der Tyndaris etwas: Früchte, Wein, Landaufenthalt; doch wer schenkt, will Besitzrechte erwerben (280); so kommt Pucci zu der Meinung, daß c. 17, richtig gelesen, 'unmasks

the role of the poet as a donor' (277), d. h. als einen, der Besitzrechte
erwerben will.

Es ist dies eine Philologie mit irregeleitetem, präzisem Instrumentarium;
irregeleitet insofern, als diese Art Philologie sich nicht mit dem abfinden
möchte, was geschrieben steht – sie will „hinterfragen". Da ist Faunus: gewiß *kann* der gefährlich sein (c. 3, 18 u. a.), er schützt *und* bespringt wie der
Herdenbock, der *olens maritus* seine Gattinnen; aber eben hiervon ist in
diesem Gedicht keine Rede, und man muß es einem Dichter erlauben, einmal von dieser, einmal von jener Seite einer Erscheinung sprechen zu dürfen, ohne ihn zu nötigen, auch die andere Seite mitzumeinen. Hier ist Faun
der Schützende, der Text selber meint nicht die andere Seite. Nun glaubt die
Philologie des Hinterfragens, „unbewußt" sei das Andere „natürlich" auch
da, „latent". Pucci sagt z. B., der Lesbierwein sei hier zwar als ungefährlich
hingestellt, er *könne* doch aber auch trunken machen (270); gewiß *kann* er
das, aber davon steht nichts im Text. Pucci 272: gewiß stehe da kein Wort
von den *proelia Veneris,* doch das sei nur verklemmte Kaschierung des
Erhofften – es gibt erneut nur *eine* Antwort: der Philologe, der das Wort
ernst nimmt, halte sich an das Gesagte und lasse Ungesagtes ungesagt.

ZS   Puccis Begriff von „Gabe" oder „Geschenk" ist überdies bei weitem zu eng.
Wahrscheinlich gibt es eine ganze Reihe von Untersuchungen hierzu, es sei hier jedoch nur auf P. Weidkuhn, Prestigewirtschaft und Religion (in: Der Religionswan-
del unserer Zeit, hrsg. von G. Stephenson, Darmstadt 1976, 12) hingewiesen: „Indem ich gebe, gebe ich etwas von mir im doppelten Sinn: ich gebe etwas *von* mir,
und: ich gebe etwas von *mir.* Damit verbinde ich mich mit dem Empfänger und
allem, was an Heiligem und Profanem hinter ihm steht und selbst wieder mit ihm
verbunden ist." Hier wird ein Begriff von „Gabe" spürbar, der weiter und daher
wirklichkeitsnäher ist als der Puccis.

Wie wir in der Textkritik nicht den Textschreiber verbessern wollen, so
sollen wir beim Auslegen nicht den Autor vervollständigen. Auch auf die
Gefahr hin, als konventionell zu gelten, sei dem Verf. erlaubt, eine
Gegen-Auslegung zu geben und dann seinerseits die „demaskierende" Auslegung zu „hinterfragen".

1. Ist es denn überhaupt ausgemacht, daß eine Einladung und Werbung
vorliegt, wie bisher immer angenommen wurde? Davon steht nichts im
Text; im Text steht, was nach des Dichters Phantasie sein wird – ob auf Einladung oder ob im Augenblick der Begrüßung, das steht nicht im Text, das
brauchen wir auch nicht naseweis zu wissen. Was *ist* gesagt? Daß Tyndaris
geschützt sein wird, daß sie Schönes und Angenehmes tun wird; und die
Asyndesen, wenn man sie – wie oben empfohlen – als prägnant empfindet
und mit Sinn füllt aus dem Wissen heraus, daß verbindende Wörter wie
„denn" und „weil" in der Dichtersprache unterdrückt werden (§ 215), dann

ergibt sich der einfache Gedanke: so wie Faun meine Herde schützt, so
schützen die Gottheiten überhaupt mich und mein Land; und daher wirst
auch du hier geschützt in Fülle ländlicher Gaben genießen, auch du, eine
Sängerin. Und daß wir Asyndeta so verstehen dürfen und müssen, ist nicht
vages Interpretationsergebnis, sondern aus der Antike bezeugt: die Belege
reichlich bei Lausberg Bd. 1, 354; Martin 300.

Wir wissen ferner, daß *pietas* und *musa* die zwei Seiten von Horazens gei-
stigem Leben sind, die er immer wieder gegeneinandergestellt hat (etwa im
4. Odenbuch; ja, mehrfach hat er Buchschlüsse dieses Paar widerspiegeln
lassen: Antwort 4, b mit Liter.). „Bescheidung und Leistung", so kann man
diese Pole beschreiben, oder „Zurücktreten und Stolz". Diese Art der Le-
bensgestaltung (exemplifiziert in den Episteln) gab ihm die innere Sicherheit, die hier in c. 1, 17 dazu führte, daß er scherzend von den gebannten
Gefahren sprechen konnte. Wenn wir das wissen, dann erlaubt uns das zu
sagen, daß Horaz von der Freude erfüllt war, göttlichen Schutz zu spüren
(wer wollte das leugnen?), und daß er hier sich vorstellt (beachte die Futu-
ra), Tyndaris werde – die Rede von der „Werbung" will zu viel wissen – die
gleiche Freude erleben und genießen – genügt diese Auffassung nicht? Ist
diese Gestimmtheit überquellender und doch ganz unlauter Freude, also:
einer ganz inneren Freude nicht ausreichend, um das Gedicht zu verstehen?
Nun, qui vidit novit.

Dagegen nun die Hinterfrager – kann man sich überhaupt gegen sie
schützen, insbesondere gegen die Abdominalphantasie? Hier die Argu-
mente:

2. a) Wer sagt, daß Horaz seine eigene Lüsternheit nur verberge, muß
glaubhaft machen, daß er dort, wo er von *pietas* spricht, unaufrichtig
spricht, oder daß Eduard Fraenkel unrichtig behauptet: „Nach dem, was
ich von Horaz weiß, weigere ich mich, die Möglichkeit auch nur in Erwä-
gung zu ziehen, daß er... lügt oder nicht ernsthaft ist." Anders und technisch gesprochen: wer hier Unaufrichtigkeit wittert, muß beweisen, daß es
bei Horaz die Konträrironie gibt, die ironisch genau das Gegenteil dessen
meint, was sie *sagt*. Meines Wissens ist ein solcher Fall noch nicht nachgewiesen.

b) Weiter: wer sagt, „eigentlich" habe Horaz etwas *gemeint*, das anders
ist als das, was er *sagt*, der verkennt grundsätzlich die Aufgabe des Philologen. Der Philologe sichert den Text, was die handschriftliche Überlieferung
angeht und was die sprachliche Ausdrucksweise anlangt, beides durch Vergleichungen; wenn er dann aufgefordert ist zu sagen, was das Gesicherte
„bedeute", dann hat seine Antwort streng sich an den Text zu halten: er beschreibt die dargestellte Situation, er beschreibt die Haltung des Text-Ichs
(das nicht notwendig [GGA 233, 1981, 89 ff.] identisch ist mit dem Auto-

ren-Ich), und er versucht, die Intention des Textes („Aussage" oder 'message') darzustellen. Das sind Aussagen, welche unvermittelt dem Text entnommen werden, gleichsam das Gesagte nur um ein Stück verlängern, bis er die Phantasie des Aufnehmenden so deutlich erreicht, daß sie sich „etwas unter dem Text vorstellen" kann. Doch schon dieses „Vorstellen" durch Beschreibung dessen, was der Philologe sich vielleicht bei einem Text denken mag, ist ein Grenzübertritt über die Scheide zwischen Philologie und Essay. Wer vollends meint, erschließen zu können, was der Autor „eigentlich gern gesagt hätte", der steht schon weit jenseits der Grenze, denn er verlängert den Text nicht nur ein wenig, er unterlegt ihm sein eigenes Meinen, und das ist Essay, nicht Philologie.

3. Wenn J. Liegles Meinung, es bestehe gemäß den Zeugnissen eine kausale Verbindung zwischen *pietas* und *felicitas* und *securitas*, irgend Römisches spiegelt, dann darf die hier angenommene logische Verknüpfung in der 4. Strophe als römisch gelten („ich bin *pius*, daher kommt die Gottheit und schützt mich und deswegen bist auch *du* hier geschützt"), d. h. als für Horaz akzeptabel. Wer nun sagt, Horaz habe seine Selbstkennzeichnung (*pietas*) „eigentlich" anders gemeint, also geheuchelt, muß auch epist. 1, 16 z. B. als geheuchelt ansehen und Horaz zutrauen, daß er mit solchen Fundamentalbegriffen leichtfertig umgeht, ja, er muß ihm jede Art von wirklicher Religiosität absprechen, d. h. eine Religiosität, die sich scheut, Worte wie *pietas* unaufrichtig auszusprechen. Der Philologe ist gehalten, ein solches Wort als aufrichtig gemeint anzunehmen, wenn nichts im Text gegen eine solche Annahme spricht; und ein Text, der die Annahme erlaubte, Horaz heuchele oder lüge zuweilen, ist noch nicht gefunden.

4. Wenn jemals ein heiteres Scherzen Ausdruck heiterer Stimmung ist und wenn man meinen darf, daß Horazens Scherzen mit den „Gattinnen" des stinkenden Ziegenbocks und mit dem so grandiosen „Thyoneus" heiter ist und gelöst, dann müßte eine solche Gestimmtheit auf eine heitere und gelöste Seelenlage im Augenblick der Gedichtabfassung schließen lassen, welche der Autor hier imaginierte (oder wirklich an sich selber spürte). Zur heiteren Gelöstheit stimmt dann aber nicht die Annahme, er schreibe als verklemmter Voyeur. Der Philologe wird hier höchstens wagen, den Text so weit zu „verlängern", daß er sagt, Horaz imaginiere ein Sprechen aus der Ruhe des Gesicherten. Wer Horaz des Heuchelns zeiht und ihm eine verklemmte Haltung zuschreibt, der könnte zwar epist. 1, 8 und 1, 15 zu Hilfe nehmen (Acta Class. 11, 1968, 98 ff., 111 ff.), aber dort *gesteht* der Horaz der Episteln ja gerade, daß er schwanke; hier jedoch ist nicht ein einziges Wort im Text, das auf eine Unsicherheit deuten könnte. Dieses festzustellen, ist das Geschäft des Philologen; über den Text hinausgehende Annah-

men zu machen, z. B. die, der Text bedeute genau das Gegenteil von dem, was er sagt, ist die Möglichkeit des Essayisten.

5. Die Sprache von c. 1,17 ist die der Verhaltenheit in der Sachaussage, der raffinierten Brillanz in der Wortwahl (*aestatem, pluvios, viridis, utcumque, cubantis, personuere, fide, vitream, sub umbra, confundet, iniciat manus, haerentem* mit Dativ usw.). Auffällig waren die vielen offenen Formulierungen, die dem Hörer bzw. Leser vieles zu imaginieren überlassen; ja, sogar die Situation bleibt weitgehend offen (Einladung? Begrüßung?); dazu kommt die Meidung jeder emotionsmalenden Beifügung: alles ist ganz „sachlich" und alles bleibt verhalten. Dieser Sprachduktus deutet auf eine große innere Sicherheit, nicht auf die innere Unsicherheit und Zerrissenheit, die Pucci und alle die annehmen müssen, welche dem Gedicht eine innere Lage zutrauen, die dem Gesagten konträr ist.

Zunächst bleibt c. 1,17 die Vorstellung eines schönen Tages im Schutze der Gottheiten, gesprochen aus dem tiefgehenden Selbstbewußtsein, in der Gunst der Götter stehend Großes und Schönes tun (oder leisten) zu können, und darum dieses auch anderen, die nahestehen, weiterreichen zu dürfen. Nur in dem wenig beachteten *suspecta* spricht sich, verborgen fast und kaum zu hören, auch ein wenig vom Stolze dessen aus, der weiß, die Partnerin sei ihm zugeneigt – es muß wohl dabei bleiben: c. 1,17 ist ein *„sehr männliches Gedicht"*.

A. Kommentar: P. Ovidius Naso, Metamorphosen, B. IV-V, Komm. von F. Bömer, Heidelberg 1976, 316 ff.

B. Text:

> *inde tremit tellus,* et *rex pavet ipse silentum,*
> *ne pateat lato*que solum *retegatur hiatu*
> *inmissusque* dies *trepidantes terreat umbras.*
> *hanc metuens cladem tenebrosa sede tyrannus*
> 360 exierat *curruque atrorum vectus equorum*
> ambibat Siculae cautus fundamina terrae;
> *postquam exploratum satis est loca nulla labare*
> *depositoque metu₍videt hunc* Erycina *vagantem,*   z
> monte suo *residens natumque amplexa volucrem*
> 365 *'arma manusque meae, mea,* nate, *potentia' dixit,*
> *'illa, quibus superas omnes, cape tela, Cupido,*
> *inque dei pectus celeres molire sagittas,*
> *cui triplicis cessit fortuna novissima regni.*
> tu superos ipsumque *Iovem, tu numina ponti*
> 370 victa domas *ipsumque, regit qui numina ponti.*
> *Tartara quid cessant? cur non matrisque tuumque*
> *imperium profers? agitur pars tertia mundi!*
> *et* tamen *in caelo, quae iam patientia nostra est,*
> *spernimur, ac mecum vires minuuntur Amoris.*
> 375 *Pallada nonne vides iaculatricemque Dianam*
> *abscessisse mihi? Cereris quoque filia virgo,*
> *si patiemur, erit: nam spes adfectat easdem.*
> *at tu pro socio,* siqua est ea gratia, *regno*
> *iunge deam patruo!' dixit* Venus.

Pluto, von Amors Pfeil getroffen, verliebt sich in die Tochter der Demeter, raubt sie und verlangt von Kyane, durch ihren See hinab in die Unterwelt tauchen zu dürfen. Sie widersteht dem doch so viel mächtigeren Gotte tapfer, breitet die Arme aus, um den Weg zu versperren:

> 420 *haud ultra tenuit Saturnius iram*
> *terribilesque hortatus equos in gurgitis ima*
> *contortum valido sceptrum regale lacerto*
> *condidit. icta viam tellus in Tartara fecit*
> *et pronos currus medio cratere recepit.*

425 *At Cyane raptamque deam contemptaque fontis*
iura sui mearens, inconsolabile vulnus
mente gerit tacita lacrimisque absumitur omnis
et, quarum fuerat magnum modo numen, in illas
extenuatur aquas.

C. Fragen:

1. In v. 356 findet sich ein altehrwürdig-hohes Substantiv und eine ebenfalls altehrwürdige, seltenere Flexionsform – wo? Ist *et* bloße Kopula im Sinn eines „und"?

2. Die Befürchtung Plutos – der übrigens verrätselnd hier nirgends beim Namen genannt wird – wird in drei Aussagen formuliert, deren Verhältnis zueinander zu bestimmen ist. – *Solum* gehört zu *pateat* und zu *retegatur:* wie nennt man eine solche doppelte Abhängigkeit?

3. Ist *-que* in 357 rein kopulativ und nur für ein „und" gesetzt? Warum fügt Ovid *lato* zu *hiatu*? Ist *hiatus* nicht deutlich genug?

4. *Dies* und *umbrae* sind nicht identisch mit „Licht" und „Dunkel". Warum hat Ovid *trepidantes terreat* so auffällig übergenau formuliert? Welcher Attribut-Gebrauch liegt, auf die zeitlichen Verhältnisse gesehen, hier vor?

5. *Exire* (360) wird gemeinhin mit *ex* zusammen verwendet: untersuche den Gebrauch und erkläre die Ellipse.

6. Wie wird im Lateinischen der Genet. qualit. verwendet? Wie weicht der in *equorum* (360) vorliegende Gebrauch vom Gewöhnlichen ab?

7. V. 361 enthält zwei beschwerende, dem Stil Höhe verleihende Mittel.

8. *Monte suo* (364) ist ein Ablat. Loci von ungewöhnlicher Art: warum wählte Ovid diese verkürzte Ausdrucksweise? *Erycina* steht für *Venus:* welches dichterische Mittel liegt vor?

9. Untersuche die Stellung der direkten Anrede mittels *nate* (365) im Satz.

10. *„Schnelle Pfeile in Bewegung setzen"* (367) – untersuche die gewisse Inkommensurabilität der Glieder dieses Ausdrucks.

11. In 369 wird heftig und eindrücklich appelliert (anaphorisches *tu*), v. 368 dagegen ist breit ausladend formuliert – untersuche die Mittel, dem Vers den Eindruck des Breiten zu geben, und frage nach dem Sinn dieser Variation von Breite und stoßweiser Gedrängtheit.

12. Obzwar in v. 369 f. die Leidenschaft zum Durchbruch gelangt, ist die Anordnung der Satzglieder diszipliniert: untersuche den Bau der vv. 369 f. und versuche, *numina ponti* in 370 1. mit dem richtigen Fachausdruck zu belegen und 2. in seinem kompositorischen Sinn zu bestimmen.

13. Untersuche *victa domas* (370) als Mittel der Satzraffung.

14. Der v. 371 ist „nüchtern" genannt worden: untersuche, wie der Dich-

ter den Ausbruch der Leidenschaft in Sprechweise und Satzbau dargestellt hat. Untersuche auch, ob *agitur pars tertia mundi* geläufig war.

15. An welchen Vers schließt sich *tamen* in 372 an? Welche psychagogische
Funktion hat diese Einschränkung von Gesagtem?

16. In v. 376 f. gibt es drei Verben, die besondere Bedeutungen erhalten
haben – welche Verben, welche Bedeutungen und wie ließe sich das
Geschehene beschreiben? Vergleiche *moliri* in 367.

D. Antworten:

„Zwischen ... Geschichten frevlerischer Anmaßung spannt sich die Erzählung
über die Pieriden, die sich vermaßen, mit den Musen in einen Sangeswettstreit zu treten, und die besiegt von den erzürnten Göttinnen mit der Verwandlung in Elstern
bestraft wurden (V, 294–678). Der Gesang der Pieriden wird in indirekter Form
knapp referiert (318–331), der umfangreiche Gesang der Calliope dann direkt wiedergegeben (341–661) ... Darauf beginnt das Lied der Muse mit einem Prooemium,
in dem ein Hymnus auf Ceres angekündigt wird, knüpft dann aber zunächst an das
Thema der Pieriden an, indem es von der Bändigung des Typhoeus unter der Insel Sizilien berichtet – abermals wurde Hybris von den Göttern bestraft. Der Übergang zu
Pluto wird dadurch gewonnen, daß der Gott der Unterwelt nach Sizilien kommt aus
Sorge, das von Typhoeus erschütterte Land möchte bis in den Hades hinab aufrei-
ßen" (W. Ludwig, Struktur und Einheit der Metamorphosen Ovids, Berlin 1965,
34 f.). Typhoeus also rührt sich, will sich freikämpfen von der Last, die auf ihm liegt:
inde tremit tellus (356).

1. *Tellus* ist ein hohes, altehrwürdiges Wort (§ 43,48). Es kommt zum ersten Male bei Cic. resp. 6,17 in hochstilisiertem Kontext als Zeichen
für einen Stilaufschwung vor (im parallelen Text, der jedoch sachlich
gehalten ist, verwendet Cicero *terra*: Tusc. 1,40; nat. deor. 2,98). Das
et ist prägnant gebraucht: „und daher" (§ 214). Der Genet. Plur. des
Präsenspartizips auf *-ntum* ist ebenfalls altehrwürdiges Gut (LHS *υ)*
1,438, Zus. b); dagegen fehlen Pathoserreger wie *ingens, horridus* usw.
Ovid schreibt gedrungene Verse, auf die Ausgestaltung des Bebens
kam es ihm nicht an.

2. *Pateat – retegatur:* die beiden Satzglieder mit ihren Verben sagen sachlich dasselbe: „Mehrfachbeschreibung" (§ 27 ff.). Hierbei steht das
Feinere an zweiter Stelle: *retego* in diesem abgewandelten Sinn ist rein
dichterisch (nur Cicero sagte einmal an der etwas schnoddrigen Stelle
Att. 4,7,2, der Freund brauche seinen Geldkasten nicht aufzuklappen,
die sprachliche Formulierung deutet auf Wortwitz). *Pateat* hat kein
Subjekt bei sich, es handelt sich also um Haplothese des *solum* (§ 82) *z*
für *ne solum pateat retegaturque.*

3. *Lato:* daß der Spalt groß und breit sein könnte, das ist die Befürchtung
des Gottes, der eindringendes Licht scheut: das *-que* ist also explikativ:

υ) L · 'besonders mehr prolix im Hex. sc? Einveis'

„so daß", s. § 214). *Lato* ist dabei ganz aus der Sicht des Gottes gesagt. „Angst hat große Augen", er befürchtet gleich *ganz* Schlimmes.

4. *Dies* (358) steht für „Licht" (Bewirktes für Bewirkendes: § 110), doch ist eine Nuance zu beachten: die Unterwelt wird ja oft als Dunkel, *tenebrae* (359), als *nox* usw. bezeichnet, *dies* ist da die andere Welt, die hereinbrechen könnte: der „Tropus" ist nicht nur raffinierend, sondern sinnerfüllt gebraucht. Auch die Toten sollen ihre Ruhe haben. Darum die Formulierung *trepidantes terreat:* ein proleptisches (§ 199) Attribut: „erschrecken, so daß sie dann zittern" (so auch Bömer). Damit ist ein schwerfälliger *ut*-Satz vermieden und zugleich pleonastisch das überdeutlich gemacht, was der sorgliche Gott befürchtet. – *Umbras* ist hier noch feiner als Vergils *trepidentque inmisso lumine manes* (Ae. 8, 246) wegen des versrahmenden, an der Oberfläche leicht inkonzinn variierten (§ 184) Kontrastes *dies – umbras.* – Hier stehen also die drei Mitteilungen *(pateat, retegatur, terreat)* im Verhältnis der Entfaltung zueinander, einer Ausfaltung dessen, was jenes *patere* bedeutete, was die „Sorge des Hausvaters" befürchtete.

5. *Sede – exierat* (359/60): verfeinernde Entschwerung durch Fortlassen der Präposition (§ 165), s. Kü.-St. 2, 1; 370 oben: „selten". Ein *e* wäre metrisch gleichwertig gewesen, wenn man nicht die Zäsurform *tenebrose* als Grund der Präpositionsellipse betrachten möchte. *Tenebrosa sedes* ist erlesen (s. Bömer: „sonst nicht in der augusteischen Dichtung").

6. *Curru atrorum vectus equorum* (360): der Genet. qualitatis bei Sachen wäre zu untersuchen, denn zunächst steht er bei Personen (LHS 68): möglicherweise Raffinierung eines Genetivs (§ 154). Der Gleichklang *-orum / -orum* scheint dem Vers etwas Majestätisches zu verleihen. Dazu würde die gesuchte Genetiv-Fügung gut passen.

7. *Siculae... fundamina terrae* (361): *fundamen* ist ein von Vergil eingeführtes, hohes Wort (s. Bömer); *Siculae terrae* kann man als beschwerende Dehnung ansprechen, als Periphrase für das einfache *Sicilia,* vgl. § 38. *Ambire* in diesem Wortsinn, dem direkten, räumlichen, ist kaum sehr geläufig gewesen.

Von v. 356 bis hierher dienten bei schlichtem Satzbau Tropen und Figuren einer Stilerhöhung im Sinne einer Beschwerung des für den Dichter Wichtigen: das Klaffen war dabei sachlich wichtig, ebenso das Erschrecken der Schatten; der Kontrast des Tages mit der Nacht dagegen war ein poetischer Reiz, dem der Dichter auch in v. 360 nachgab, indem er die schwarzen Pferde erwähnte. Im ganzen überwiegt das Majestätische im zweiten, das Insistieren auf dem Befürchteten im ersten Teil; von Erregung o. dgl. ist noch keine Spur zu finden. Jetzt ist die Spannung gelöst *(deposito metu* 363), der Ton wird breit, geradezu ein wenig behaglich, Pluto „benutzt offenbar die Gelegenheit, sich ein wenig in der Gegend umzusehen" (Bömer zu 361). Dazu paßt das prosaische *deponere metum* (so Bömer); doch die Syntax läßt nirgends vergessen, daß es sich um feine Dichtung handelt: *exploratum est* mit A.c.I. tritt hier zum ersten Male auf (Bömer).

8. Auf dem Berge Eryx sitzt Venus geruhsam, das Kind im Arme: ein Bild des Friedens und der zärtlichen Mutterliebe. Doch der Anblick des Junggesellen Pluto reizt sie zu hellem Zorn. *Monte suo:* Ablat. Loci ohne Präposition (§ 165) zur „Entschwerung" des Verses und zur Erreichung einer leicht wiegenden, aber doch auch interessanten Abweichung vom Gewöhnlichen. Raffinierter ist *Erycina:* das Wort gibt zum einen den Hinweis auf die Person durch Metonymie „vom Attribut her" (§ 74, bes. A. 38), zugleich aber auch eine Andeutung der Örtlichkeit (*residet* dürfte hier noch etwas von der alten Bedeutung des ruhigen Zurücklehnens bewahrt haben, vgl. Plaut. Cap. 468).

9. Zu Beginn der Venus-Rede 365 ff. steht ein verspieltes Vergil-Zitat (Ae. 1, 665 *nate, meae vires, mea magna potentia, solus, nate*), doch mit charakterisierender Zerreißung des zweiten Teiles: statt *mea potentia, nate* steht *mea – nate! – potentia.* Die Erregung, ihr Zorn wird auf diese Weise spürbar gemacht. Zunächst steht noch eine geradezu feierliche, weil appellierende, eindringlich Angenehmes (seine Macht) erwähnende Anrede; dann aber zerreißt der Affekt das Wohlgesetzte, das Familienidyll ist nachhaltig gestört. Am Ende dann fast schon scharf-befehlend *cape tela, Cupido* mit Alliteration.

10. *Inque* (367): bei Cicero bestand noch die Beschränkung, daß *inque* in gewöhnlicher Rede nur vor Demonstrativa stehen durfte (Kü.-St. 2, 1; 583 f.), Ovid setzt sich über diese Einschränkung hinweg um des Ungewöhnlichen willen. Die „schnellen Pfeile" nähern sich einer vergilischen (s. Bömer) Personifizierung (§ 59 ff.) mit poetischem Plural wohl, denn Cupido wird kaum mehrmals schießen (§ 46). *Moliri* in diesem Sinne ist ebenfalls vergilisch (Bömer nennt Georg. 1, 329 u. a.): es ist ein „offenes" Wort, man muß sich die Art des „Bewegens" hinzudenken („Schluß"): § 185, Abs. 2; 202. Das Weite und Ungenaue steht für das Engumgrenzte, Präzise (§ 2). Natürlich handelt es sich hier nicht mehr um Vergil-*Zitate* (wie in 365), sondern nur um Zeichen für die nunmehr bestimmende Farbe vergilischer Dichtweise.

11. *Cui* (367): statt einfach *illius* zu sagen oder *Plutonis* verwendet Ovid eine Umschreibung (§ 38): die Gedrängtheit gegen Ende der Aufforderung (*cape tela, Cupido* war ja kurz und scharf ohne Umschweife gesagt) lockert sich. Ungemein gewunden ist denn auch das Innere der Periphrase: *cessit fortuna regni* verbindet einen ungewöhnlichen Ge-

brauch von *cedere* (für *contingere* ist es, mit Ausnahme vielleicht von Cic. Verr. 2,2,170, „rein poetisch", Bömer zu met. 1,74) mit einem auffälligen Genetivus explicativus: „das letzte Los, das des dritten Reichsteiles, fiel ihm zu" (zu *fortuna* in diesem Sinn vgl. Ter. Pho. 884; Caes. b. c. 3,81,2; Verg. Ae. 12,920. Stat. silv. 3,2,14 imitierte dann die Ovidstelle).

12. *Tu... tu* (369f.): Anapher (§ 15 ff.) im Hymnenstil (s. Nisbet-Hubbard zu Hor. c. 1,10,9) zur Verstärkung des Appells: die Mutter spricht zum Sohne wie ein Mensch zu einem Gotte, der Captatio benevolentiae wegen. Der Appell ist zweifach gegliedert, und jedes Glied besteht aus zwei gleichgebauten Teilen: Ortsangabe *(superos, ponti)* und Heraushebung der Herrschergottheit, am Ende Periphrase für *Neptunum,* endend mit abrundender Koloniteration: „die Gottheiten des Meeres, ja sogar *(ipsum)* den *Herrn* der Gottheiten des Meeres". Das Ganze ist Prädikation, Nennung der Macht, um gewinnend zu schmeicheln. Und zwischen dem ersten Appell 365 ff. und dem zweiten 369f. ist der breite, retardierende Vers 368 als Haltepunkt gestellt, als Gliederung, die verweilen läßt zwischen dem Drängen der Umgebung.

13. *Victa domas:* raffinierte Verkürzung eines *vincis et domas* (so auch Bömer, s. § 91). Das Ganze will sagen: „Zwei Teile des Alls beherrschst du – warum nicht den dritten?", das appellierende Loben herrscht vor, doch im ersten Teil war es Befehl, im zweiten dessen Begründung; überall aber tritt das Insistieren, das nachdrückliche Einprägen hervor, noch ist die Rede breit, sie tastet sich heran an das Eigentliche, sie bricht nicht wütend hervor, sondern die Mutter bereitet den Ausbruch sorgfältig, wenn auch zornerfüllt (vgl. das Zerbrechen der natürlichen Wortstellung in 365), von langer Hand vor. – Am Ende bildet die <u>Epanalepse</u> (§ 13) *numina ponti / numina ponti* ein Ritardando vor dem Ausbruch.

14. *Cessant* (371): der Ausbruch der Leidenschaft äußert sich in der Redeform (Frage, § 57) und auch darin, daß plötzlich das Subjekt wechselt (von „Du" zum Tartarus), gleich darauf springt es wieder zurück zu *tu (profers* 372). Und am Ende eine überraschende Formulierung: *agitur pars tertia mundi,* formuliert nach *tua res agitur* (singulär nach TLL 1,1392,46f.). Das ist keineswegs eine „nüchterne Sprache", wie Bömer meinte, sondern aus der Breite des insistierenden Appells wird hier ein Ausbruch in zwei inkonzinnen Fragen mit abschließendem Ausruf, der unerhört formuliert ist.

15. *Et tamen in caelo* (372): „Ja, aber auch droben...", das ist scheinbar eine Abschweifung, in Wirklichkeit fügt dieser Gedanke sich glatt und

sogar notwendig an das Grundgefühl der Mutter, durch die Ehelosigkeit einiger Gottheiten gekränkt zu sein. Das *tamen* ist schwierig: Venus hatte auf Cupidos Macht im Himmel hingewiesen (v. 369), danach war sie auf den Gott zu sprechen gekommen, der ihren Zorn *zunächst* ausgelöst hatte, nun nennt sie andere Fälle von kränkender Ehelosigkeit, so daß Pluto nur zu *einem* Fall unter mehreren wird. „Zwar hast du im Himmel Macht, aber doch gibt es auch dort noch Insubordination." *Tamen* weist also auf 369 zurück und ist als solches verständlich. Das *quae iam patientia nostra est* scheint ungleich schwieriger. Die Kommentatoren verstehen den Relativsatz so, daß *patientia* nicht die Geduld, sondern das Objekt der Geduld meint: der Himmel ist der *Gegenstand* ihrer Langmut (so zuletzt Bömer). Doch das scheint ein wenig gezwungen und vermag kaum das *iam* zureichend zu erklären. Man sollte an eine Parenthese in Ausrufform denken: „Was für eine Langmut muß ich bereits aufbringen!" Man denkt an *quae cenae!* bei Cic. Att. 12, 2, 2; einen Beleg für Parenthese vor dem Verb bietet met. 15, 138 *unde – fames homini vetitorum tanta ciborum est?! – audetis vesci* usw. Beispiele der Stellung einer Parenthese an dieser Versposition bietet M. v. Albrecht, Die Parenthese in Ovids Metamorphosen (Spudasm. 7, 1964, 33) unter 3 c (19 Stellen); und das *iam* läßt sich leicht in das Material des TLL 7, 1; 101, 29 ff. einordnen. – Diese Parenthese soll Amor aufreizen, ihm die Grenze seiner Macht vor Augen führen, die Prädikation *tu superos... domas* relativieren. Und das macht Venus ihm denn auch gleich in direkter Weise deutlich: „mit meiner Macht sinkt auch deine" (374).

Blickt man zurück, so erkennt man, wieviel Überlegung Ovid in diese Rede gelegt hat, wieviel psychagogisches Feingefühl: zunächst betonte Venus, daß sie ohne Cupido nichts sei, ein „schwaches Weib", der Sohn sei ihre Wehr (*arma* steht vielleicht nicht für *tela,* sondern soll die Schwäche und Schutzbedürftigkeit nahelegen) und ihr Arm (*manus* betont, daß die Mutter als Frau nicht genügend Kraft hat: der Sohn ist unentbehrlich – Captatio benevolentiae); der Befehl, Pluto zu treffen, wird nun begründet: die große Macht des Sohnes ist noch nicht vollständig und völlig: ein ganzes Welt-*Drittel* steht noch aus. Und nun wird Amor gereizt durch den Hinweis, daß noch mehr den Gehorsam verweigert als nur ein Drittel der Welt: sogar im Himmel gibt es noch Zögernde und Ungehorsame – schon zu lange ist gewartet worden: die Ausrufparenthese soll die Berechtigung verdeutlichen, hier jetzt zuzupacken. Man mißbraucht die Langmut! So ungefähr hatte auch G. Lafaye die Stelle verstanden: «Même dans le ciel (voilà bien le fruit de notre patience!)...» (Budé-Ausgabe, ²1975, 137).

16. *Abscessisse* (376): da wagt es doch diese alberne Diana (das Verächtliche liegt in der Wortbildung auf *-trix* deutlich zutage, sie hat nichts anderes im Kopf), sich Venus zu entziehen: *abscedere* in diesem Sinn ist nach TLL 1, 146, 69 ff. zuerst bei Livius belegt. Ein Allerweltswort, dem hier eine besondere Nuance beigelegt wird (§ 208 ff.), eine Raffinierung des Einfachen wie im Falle von *moliri*. *Erit* ist ebenfalls Allerweltswort, doch erhält auch dieses platte Wort eine besondere Bedeutung: „sie wird Jungfrau sein und *bleiben*" (§ 213 Ende). Und gleich darauf *spes adfectat easdem: affectare* heißt „erstreben", man „erstrebt" Dinge wie *regnum, honores*, aber nie Hoffnungen (s. Weissenborn zu Liv. 1, 46, 2); also ist zu verstehen *sperans affectat idem:* das scheinbar einfache *affectare* wird durch die Ersetzung einer Umstandsbestimmung durch ein Akkusativobjekt, durch die Verwandlung einer *Bestimmung* zum *Gegenstand* zur unerhörten Raffinesse.

Zusammenfassung: Der Interpret wird seine Freude daran haben, wie hier feinfühlig gearbeitet wurde, wie der Sohn auf die Mutter eingeschworen, wie er (der eben noch als der Mutter Schutz und Macht angesprochen worden war) nun als ganz und gar von der Anerkennung der Mutter abhängig hingestellt wird usw. Wer die Technik der Dichtersprache beobachtet, wird die Spannungsvariation untersuchen (retardierende Stücke stehen vor den Ausbrüchen: *ex intervallo surgere* ist das, s. im Index unter „Aufschwung"); er kann aber auch die Sprechtypik aufhellen: die Sprache ist insofern „einfach", als sie laute Wörter vermeidet, Affektwörter so gut wie nirgends verwendet, Gewagtem aus dem Wege geht, wohl aber insistierende Mittel (Doppelungen, Pleonasmen) präzise zur Leserführung auf das Wichtige hin einsetzt; die Emotion durch leichte Stellungsvarianzen andeutet und das Gemeinte vielfach in Allerweltswörtern, denen der Leser allererst ihre genaue Bedeutung verleihen muß, verbirgt. Insbesondere aber wird der Auslegende die syntaktischen Feinheiten aufspüren. Die Leserführung kann man mit dem Vergleich variierender Farbintensität (von feinem, hellstem Rot bis zum Blutrot) bildlich verständlich werden lassen; die feine syntaktische Raffinesse dagegen mit der Art, wie bestimmte Gegenstände nicht nur bunt lackiert, sondern silbrig übersprüht werden, um der Farbe etwas Schimmerndes zu verleihen.

Dennoch ist hier nichts Lautes zu hören, nichts wirkt aufdringlich; Ovids Sprache bleibt hier im Feinen, Zweckdienlichen.

E. Kurzauslegung, met. 5, 420–427

Was folgt, ist hinreichend bekannt: Pluto, in Liebe entbrannt, raubt Demeters Tochter, jagt mit seinem rabenschwarzen Gespann, die Geraubte jammernd mit ihm, zur Kyane-Quelle; die kleine Quellnymphe jedoch wehrt ihm den Durchgang, voller Mitleid mit dem entsetzten Mädchen. Das aber kann Pluto nicht ertragen: *haud... tenuit Saturnius iram: iram tenere* wohl nach *manus tenere* (Hor. sat., Ovid) oder *lacrimas tenere* (Caes. B. G.), also kaum Simplex pro composito. *Saturnius* ist ein schönes Beispiel für die „Tiefe" eines Epithetons: „er, der doch von jenem wild-wütenden Saturn = Kronos (RE 2A, 219, 62 ff.) abstammt", daher ebenso wild sein kann wie sein Vorfahr. *terribiles:* dieses Adjektiv findet sich „nicht bei Hor. Tib. Prop." (Bömer im Komm.), es ist also keineswegs so selbstverständlich, wie man annehmen möchte, man darf es also wohl auffällig finden („intensives Wort": § 43). – *Gurgitis ima:* hier ist *gurges* gewiß nur „Wasser" (Abschwächung durch Aufgeben von Nuancen: § 191). *Ima* ist substantiviertes Neutrumadjektiv (§ 93), doch warum diese Junktur „ins Tiefste des Wassers" statt „ins tiefe Wasser"? Weil das „tiefe Wasser" gar nicht gemeint war, sondern die tiefste Stelle: man soll spüren, wie der Stoß nicht den Rand trifft, vielleicht vorsichtig und rücksichtsvoll, sondern herrisch mitten hinein geht: eine affekterregende Umgewichtung.

contortum... sceptrum (condidit): soviel wie „contorsit et" (Bömer): „er schwang die Lanze *und* begrub sie..." Zusammendrängung (§ 91) also durch eine Art grammatischer Prägnanz, Verdeckung der Abfolge von Handlungen: es ist alles hastig, wütend; daher wohl auch das „Compositum pro simplici" (Bömer) in *con-torsit* statt *torsit:* „zu-stoßen". *Sceptrum regale:* wem dient die pleonastische Zufügung des Adjektives zu einem Wort, das an sich wohl ausgereicht hätte, das Herrscherliche auszudrükken? Die ganze *superbia* dessen, der den König und Herrscher hervorkehrt, zeigt sich in diesem Pleonasmus (§ 32 ff.), wobei *regalis* ans Tyrannische gemahnt.

condidit: beschwerte Anfangsstellung mit seltener Dihärese, und dann folgt keinerlei anschließend-bindendes Wort, das Hineinstoßen und das Aufklaffen erfolgt „Schlag auf Schlag" *(icta).*

Viam... fecit: eine überaus seltene Verbindung (ob Simplex für *patefecit?),* d. h.: raffinierende Verwendung eines Allerweltswortes (§ 208 ff.). Hier ist alles sachlich kurz; fast schon mechanisch erfolgt die Öffnung, alle eben noch geäußerte Emotion verschwindet schlagartig.

pronos: man muß sich den *Vorgang,* angeregt durch das Bild der bloßen *Stellung* der Pferde, hinzudenken: Pluto treibt die Gäule an, sie senken sich hinab und verschwinden in der Flut. *Currus* ist poetischer Plural (§ 46). Das ist bereits ein abgegriffener „Trick", *cratere* dagegen ist im Sinne des See-*Grundes* (der mischbecherförmig vorgestellt ist) ein seltenes Wort („findet

sich vor Ovid nur noch bei Lucr. 6,701 f.", Bömer): eine auffällige
Raffinesse macht das Abschnittsende reizvoll.

Und nun die Reaktion der Quellgottheit auf diese Vergewaltigung durch
den ja so viel Stärkeren:

raptam deam... maerens: „maerere mit A. c. Partic. ist poetisch", Bömer; erlesen also wie die Synecdoché *fontis* für *aquae* (Jannacone zu Stat.
Ach. 1,180), doch schwingt in dieser Synecdoché etwas von der Heiligkeit
einer reinen Quelle (G. Wissowa, Religion und Kultus der Römer² 222)
mit.

sui: ungemein sinnträchtig, denn es ist ja *ihr* Wasser, allein ihres, das hier
entweiht wird; die Nymphe identifiziert sich mit ihrer Quelle, darum die
Trauer: sie ist in ihrem „eigentlichen Ich" getroffen (Spiel mit der Identität
der Nymphe und der Quelle, die sie ja – wenn man so will – *ist*: § 36 f.). –
Das lange (met. 10,189) Wort *inconsolabilis* verstärkt durch sein Gewicht
die Aussage (s. § 94 Ende). Ebenso überhöht Ovid das Erwartbare, *aerum-
nae* etwa, dadurch, daß er von *vulnus* spricht: so schwer war die Verletzung
des Rechtes, daß sie zu einer schmerzenden Wunde wurde (daß die Lanze
ima gurgitis traf, ist demgegenüber vielleicht nicht so wichtig).

mente: entschwerende Fortlassung eines *in*, welches Catull an vergleich-
barer Stelle gesetzt hatte (64,54). *Tacita:* es war nicht *fas*, sich über die größere Gottheit zu beklagen, sie mußte den Schmerz hinnehmen; *tacita*, zu
mente gestellt, ist Enallagé (§ 133), raffinierend und bequem zugleich.

magnum... extenuatur: doppelsinnig, denn bisher war Cyane *magna,
potens,* aber die tödliche Kränkung durch Pluto hat sie nun „gering" gemacht, ihre Ehre ist geschmälert, sie ist nur noch so gering wie Wasser, in
das sie jetzt zerschmilzt: *extenuo* ist also körperlich wie auch übertragen
(„degradiert") zu verstehen, s. TLL s. v. 1984, 54 und 1986, 3 ff.

Allein in so wenigen Versen erkennt man Ovids „Differenzierung des
Stils" (H. Herter, Ovids Kunstprinzip in den Metamorphosen [1948], in:
Ovid, WdF 92, 1968, 344 und 347), seine Variationskunst auch im Stilisti-
schen (Herter 347 spricht mehrfach von *variatio*). Gewiß gibt es die großen
Affektgemälde, welche H. Diller herausgearbeitet hatte (Die dichterische
Eigenart von Ovids Metamorphosen [1937], WdF a. O. 334 u. ö.), das
„verstandesmäßige Perorieren über das Faktum und die dadurch ausgelö-
sten Affekte", wodurch er zum Vorbilde Senecas wurde, „Ovid läßt
Affekte nicht nur indirekt durch die Handlung erregen, sondern stellt sie
direkt mit ausgesprochenen Worten dar" (Diller 334), gewiß: doch diese
Affektdarstellungen sind nicht immer nur „Spiel des Verstandes" (Diller
338). Wenn Diller sagt, „bei Vergil kann der Affekt auch durch Schweigen,
durch die Darstellung ausschließlich" ausgedrückt werden, dann ist die
Cyane-Szene mit ihrem Schweigen am Ende *(tacita),* mit ihrem wortlosen

Leiden und Zerschmelzen nach der Gewalttat ganz „vergilisch", d. h.: auch
Ovid, dessen perorierender Stil von Diller zuweilen überscharf heraus-
gearbeitet ist, konnte Pathos ganz verhalten zur Wirkung bringen.
Die Cyane-Szene zeigt also 'the genteel delicacy which was his'
(H. Fränkel, Ovid: A Poet between Two Worlds, 1945, 76; 109; S. 83
scheint eine implizite Korrektur Dillers zu sein [deutsche Ausgabe 1970,
S. 83; 118; S. 91]). Doch das genügt noch nicht: man muß empfinden ler-
nen, wie der Stil von der herrscherlich-sorgenden Umschau des Gottes zur
Entspannung wechselt; wie das liebliche Götteridyll auf dem Eryx zu einem Ausbruch wird; wie das Idyll des blumenpflückenden Mädchens zerstört, wie der Stil auch hier jagend, zerrissen wird (L. P. Wilkinson, Ovid
Recalled 1955, 228) und wie das Entsetzen zu stillem Mitleiden sich wandelt
– es lohnt sich, den nur andeutenden, ungewöhnlich sinngefüllten Stil bei
der Cyane-Darstellung mit der raffinierten Rhetorik der Venus-Rede zu
vergleichen. Wie der Entbrannte die Zartheit des Mädchens zerstört
(v. 395 f., Wilkinson 196), so vernichtet er die „kleine Größe" der Nymphe, die den Schmerz der Verstörten mitempfindet (Ch. P. Segal, Landscape in Ovid's Metamorphoses, Hermes Einzelschr. 23, 1969, 54). Da
scheint es wesentlich, die Rhetorik der werbenden Venus mit der gleichsam
altruistischen Vorhaltung der Quellnymphe zu vergleichen: sie ist erschüttert, sie spricht nicht in langen, fließenden Sätzen, ihre Rede ist zerstückelt
zu nennen; ganz anders der drängende Fluß in der Rede der Venus. Und
man muß erkennen, wie die vielfältige Prägnanz, das Halb-Aussprechen
am Ende der Cyane-Episode mit ihrer stillen Verhaltenheit kontrastiert mit
der geradezu schadenfrohen Genauigkeit, mit der Ovid den Schuß Cupidos
beschreibt. In dieser Hinsicht könnte modernes Auslegen noch manches
finden, was in F. Bömers umsichtigem Kommentar ungesagt blieb, auch
wenn Bömer für alles noch hierüber zu Sagende den Grund gelegt hat.

VIII. STATIUS, Theb. 160–169

A. Kommentar: R. D. Williams P. Papini Stati Thebaidos Lib. X, Mnemosyne Suppl. 22, 1972, 54/6.

B. Text:

160 *ecce repens superis animum* lymphantibus *horror*
Thiodamanta subit formidando*que tumultu*
pandere fata iubet, sive hanc Saturnia mentem,
sive novum comitem bonus instigabat Apollo.
prosilit in medios, visu audituque tremendus
165 inpatiensque dei, *fragili quem mente* receptum
non capit: exundant stimuli, *nudusque per ora*
stat furor, et trepidas *incerto sanguine* tendit
exhauritque genas, *acies huc errat et illuc*
serta*que mixta comis sparsa cervice* flagellat.

In v. 167 bevorzuge ich (mit Williams) die Lesart *tendit. Reddit* ist, rein quantitativ, reicher überliefert; es kann kaum auf *trepidas* bezogen werden, da man sich nicht vorstellen kann, daß *sanguis* beim Zittern mitspielt; man kann auch nicht *genas reddere* im Sinne von „zurückgeben" auffassen, denn dann müßte man (allenfalls) *sanguini* erwarten. *Tendit* („spannt", „bläht") setzt den Effekt des zu erwartenden *implet* für die Ursache, ist somit in den Grenzen der Dichtersprache eine *leichte* Verrätselung.

C. Erklärungen:

Da es sich hier lediglich um einen Kontrasttext handelt, sei auf das Frage-Antwort-Spiel verzichtet. –

Die Thebaner sind an dieser Stelle der Erzählung einem Schlafe verfallen, drüben aber, bei ihren Feinden, ergreift eine Inspiration den Thiodamas: man solle den schlafenden Feind überfallen. Diese Inspirationsszene wird nun breit ausgemalt:

ecce repens: ecce unterbricht mit seiner Hinwendung zum Leser den Fluß der berichteten Handlung, das Plötzliche wird wirkungsvoll durch den Appell ausgedrückt, und unterstrichen ist es durch das orientierende Wort *repens:* aus dem Nichts, „aus heiterem Himmel" kommt das, was nun geschieht.

superis animum lymphantibus: es sind also die Götter, welche den Geist verwirren. *Lymphaticus* war ein Fremdwort für Plautus gewesen, dann wurde das metrisch etwas bequemere *lymphatus* vorgezogen (Hor., Verg.), und hieraus wird das Verbum geformt worden sein (Val. Fl. 3,46; Plin. n. h. 24,164): eine raffinierte Neubildung, ob von Plinius erfunden oder bei ihm nur zum ersten Male bezeugt, muß dahingestellt bleiben. – Der Besessene springt vor, seine Sinne wirbeln, die Gottheit läßt ihn wahrsagen.

formidando: man kann beobachten, daß an den oben besprochenen Ovidstellen derlei pathoserregende Wörter weitestgehend fehlen, bei ihm (wir sahen es) wirkt das Erzählte aus sich ohne solche emotionheischende Wörter.

sive hanc Saturnia mentem sive novum comitem bonus instigabat Apollo: Haplothese des *instigabat,* das sich auf beide Gottheiten erstreckt, s. § 82. *Hanc mentem:* diesen „Entschluß" (TLL 8, 725, 46 ff.: seit Cic., Verg. Ae. 8,400). Das bedeutet wohl, daß hier der Ursprungsort eines Entschlusses *(mens)* für das Bewirkte gesetzt wird, doch wird man angesichts der Prosastellen nicht gern mit einer gewollten Raffinesse rechnen, sondern lieber eine Ambivalenz annehmen wie in *funus* (§ 97) und *crimen,* eine urtümliche Ungeschiedenheit von Vermögen und seinem Produkt. – *Novum comitem:* Ersatz also für Amphiaraus, d. h.: „ihn *als, zum* neuen Begleiter"; hierbei ist Ellipse des Personalpronomens festzustellen (§ 85). – *Bonus Apollo: bonus* scheint seltsam leer ('kindly Apollo', Mozley in der Loeb-Übersetzung), vielleicht eine Neubelebung der alten Vorstellung von *bonus* als *obsequens* im Sinne von „wohlgesonnen" (Plaut. Rud. 231,261 usw.): den Griechen wohlgesonnen, gibt Apoll dem Ergriffenen einen Rat ein, der die Argiver fördert.

Nach dieser einigermaßen breit angelegten Vorerzählung setzt nun ein Furioso ein aus drei Kola, gefolgt von zwei gedrungen formulierten Partizipialergänzungen, worauf ein paradoxer Relativsatz und wieder gedrungene, gehetzt aneinandergereihte Kurzsätze stehen, bis der Absatz mit einem erneuten Paradoxon endigt: parataktische, pathoserregende Kurzsatzreihung (§ 50).

impatiens dei: nach Verg. Ae. 6,77 sucht die *mens* des Befallenen den Gott, der doch schon in ihr ist *(receptum),* loszuwerden, daher die entsetzlichen Gebärden (164). Der Genetiv ist hierbei eine vergilische Ausweitung des Gebrauchs in *patiens frigoris* (z. B. Ae. 11,639 *vulneris; dei* z. B. bei Sen. Ag. 719, s. Norden zu Ae. 6,77 *Phoebi nondum patiens*): § 154 . Der Sinn wäre demnach: der Mann ist so entsetzlich anzuschauen, *weil* er den Gott, der ihn ergriffen hat, abzuschütteln sucht: das *-que* scheint kausalprägnant (§ 196).

Interessant ist, daß vor dieses Bild eines Schreienden, mit erschreckenden Gebärden sich gegen den Gott Wehrenden die ruhigen *sive-sive*-Sätze gestellt sind: Kontrastmittel, s. Text VII D, Zusammenfassung.

receptum non capit: zwar hat er den Gott (wider Willen) empfangen, aber

er will ihn nicht „fassen", nicht behalten. Es handelt sich um eine Art Oxymoron mit Klangspiel *(capt-/recept-)*. *Fragili* erscheint kausal-prägnant,
denn es enthält die Angabe des Grundes für den Widerstand (§ 196): *„weil
sein Geist doch allzuschwach"* ('Thiodamas' mind is too small', Williams).
exundant stimuli: „überschäumen" oder *„überkochen"* kann nicht der
Anstoß zum Wahn, sondern nur der Wahn selber oder die Wahn-Vorstel-
lung sein: *stimuli* (eig. „Anstoß") scheint für das zu stehen, was sie bewirken (§ 109). *Nudus (furor):* 'clear to see', eine Weiterbildung des Wortes
nudus gemäß der *nuda veritas* (Hor. c. 1, 24, 7; Val. Fl. 5, 498), vielleicht:
„nackte Angst im Gesicht", d. h. nichts als Angst, schiere Angst. Das -*que*
scheint erneut ein „und daher" zu bedeuten. – *Per ora stat: per* wie κατά,
vgl. § 150, von einem *„im* Gesicht" kaum mehr unterscheidbar. Durch
diese seltsame Wortverbindung (statisches *stat* mit einer Präposition, die
eigentlich eine Seh-*Bewegung*, die eines „all' über... hin", enthält) wird
das Allerweltswort *stare* raffiniert (s. § 208). Williams Verweis auf Verg.
Ae. 6, 300, durch den er *stat* erklären wollte, ist unangebracht, dort nämlich
bedeutet es „starren". – Es ergibt sich auch ein reizvoller Kontrast zwischen
dem wild-bewegten *exundare* und dem statischen *stat*.

(furor) trepidas (= trepidantes)... tendit exhauritque genas: tendit steht
hier für *extendit, distendit,* 'distends', Mozley: Simplex pro Composito
(§ 206). *Exhaurit* könnte auf ein Konträrkomplement wie *replet* warten lassen, so daß *tendit* in die Nähe von „Aufblähen" gerät: der *furor* „bläht" die
Wangen (für „Gesicht") und saugt sie auch wieder aus, so daß Blut kommt
und geht, und zwar unregelmäßig *(incerto): sanguine* ist, mit *tendit* verbunden, abl. instrumenti, mit *exhaurit* verknüpft, dagegen limitationis
bzw. separativus (wenn man *nudare muros defensoribus* zugrunde legt).
Also nicht unbedingt 'the interruption of the *certus ordo* of the blood's
circulation' (Williams), sondern wild-unregelmäßiges Wechseln von Lei-
chenblässe und der Hochröte des wütend sich Wehrenden.

Bis *genas* in v. 168 war wohl *furor* das Subjekt; jetzt wechselt es von *furor*
zu *acies,* dann zu demjenigen, was da *flagellat,* „peitscht"; das ist schwer-
lich erneut *furor,* sondern gewiß Thiodamas selber (so auch Williams): also
zweimaliger Subjektwechsel, was die zunehmende Raserei darstellen hilft.

(furor) serta... flagellat: gemeint war vielleicht: „der Besessene peitscht
die Kränze", d. h.: *„den* Kranz", denn man trägt wohl nur einen zur Zeit:
Plural für Singular (s. § 177f.). Der Kranz ist nun „vermischt (d. h.
verflochten) mit den Haaren auf dem Nacken, der (von Haaren: Haplothese, *comis* nur einmal gesetzt, obzwar zweimal zu verstehen) überstreut ist"
(hierzu Hor. c. 3, 20, 14). Oder: 'as his hair flies loose, he (der Besessene)
makes the garlands entwined in it beat on his neck' (Williams). Doch diese
Übersetzung bringt nicht das Gemeinte zur Gänze ins Bewußtsein: da sind

zunächst die Kränze, die mit Haaren vermischt sind; eigentlich würde man eher die Haare als das Primäre erwarten: er schleudert seinen Kopf, die Haare fliegen, und mit ihnen der Kranz. Daher sagt Statius, er „peitsche den Kranz", d. h., er peitscht *mit* dem Kranz. Und dieser Kranz ist mit Haaren vermischt. Dieses „Gemisch" peitscht Thiodamas *cervice* – „*vermittels* des Genickes" oder „*um* sein Genick"? *Sparsa* gibt die Auskunft: das Genick ist „bestreut", doch wohl mit jenem Gemeng aus Haar und Kranz. Also läßt der Wahnsinnige Haar und Kranz *auf* das Genick klatschen – und jetzt wird das intendierte Bild deutlicher: der Gepeinigte wirft das Haupt entweder in den *Nacken,* so daß sein Haar mit dem Kranze auf die *cervix* klatscht, auf den oberen Teil der Schulterblattpartie ('shoulders', Mozley); oder aber er wirft sein Haupt nach links und rechts hin (so faßte die Stelle der Scholiast Lactantius auf); dann sausen die Haare, die lang vorgestellt sind, links und rechts – doch wohl um den *Kopf,* und nicht so sehr auf das Genick oder die 'shoulders'. Vielleicht könnte man aus *acies huc errat et illuc* eine Stütze für diese zweite Auffassung gewinnen: die Augen gehen nach links und nach rechts, und nun folgt der Kopf dieser horizontalen Bewegung. Andererseits könnte man an die wohlbekannten Darstellungen von Mänaden denken, die ihren Kopf nach hinten, „ins Genick" werfen, wodurch die Haare dann die Schulterpartie vertikal treffen, eben „peitschen".

Man wird Statius zugestehen, daß dieses Crescendo von Wortverdrehungen mit dem Crescendo der Raserei gut übereinstimmt. Dazu paßt auch das Crescendo der Bewegungen: nachdem er in die Menge gesprungen ist, findet sich kein Verb der körperlichen Bewegung mehr, das *flagellare* ist wohlberechnet für die Klimax aufgespart. Nicht ganz zu Unrecht nannte Wilamowitz ihn „einen wirklichen Künstler". Wohlberechnet auch die Haltepausen (162 f.: *sive – sive;* 168: Parenthese), wohlberechnet auch der Aufbau aus gehetzten Kurzsätzen. Und trotz allem Rasen liest man einen Text voll ausgeklügelter Raffinessen bis hin zu schwierigsten Wendungen und Drehungen. Zu diesem extrem zu nennenden Verrätselungen gesellen sich die Pathos-hervorlockenden Reizwörter wie *tremendus, formidandus, trepidus, furor* als unüberbietbare Kennzeichnung: es ist ein ausgesprochen „lauter" Text im Unterschied zum verhaltenen Ovid-Passus.

INDIZES

I. SACHINDEX

(Als Ergänzung des Inhaltsverzeichnisses. – Die Ziffern geben die Paragraphen an.
„A" bedeutet „Anmerkung".)

Abblassen von ehemals Bildhaftem 191
Ablativ 164 ff.
~ auctoris 165
~ bloßer A., ausgeweitet 165
~ comparativus 165, A 92
~ loci 165
~ materiae 165
~ temporis 158
Abstrakta vermenschlicht 65 a
Abundanz 32 OR
acies A 64
Adjektiv
~ ersetzt durch Appellativ A 80 d
~ kausal 196
~ kausativ 200
~ possessiv 153
Adverb als Attribut 147
~ ersetzt durch Adjektiv 145
~ ersetzt durch Adjektiv im Neutrum 146
~ verfeinert 147
~ adverbialer Ausdruck als Substantiv 184
adversum 148 OR
Agens – Vertauschung (s. „Subjektverschiebung") 64
Akkusativ 158 ff.
~ ersetzt 158
~ Graecus 160 ff.
~ des Inhalts 163
~ der Richtung mit *in* 158
~ der Richtung ohne *in* 159
~ Zunehmen des A. 158
ambo = duo 60 ZS
Anadiplose 13 LT

Anakoluth 181 LT
Anapher
~ betont Gleichartigkeit 14 BG. 17
~ bei Horaz A 13
~ mit Kopula 16/18
~ von Präpositionen selten 16
~ Schein-Anapher A 15
~ zwölfmalig 18
Anastrophé 127 OR
~ der Präposition 128
animi (Gen. des Sachbetreffs) 154
Anrede, verfeinert 180
Antonomasie 72 ZS
antrum = „Tal" 221
ἀπὸ κοινοῦ 83
Aposiopese 52 ff.
~ verschweigt etwas 52 OR
~ bedroht 52 BG
Apostrophé (vgl. „Anrede") 54 ff.
~ Begriff 54 OR
~ Häufung 55
~ Selbstanrede A 33
~ Spiele mit A. 56 ZS. A 33
Apposition 131 ff.
~ verschachtelt 132. A 76
Archaismus 39 OR. 48
~ poetischer Reiz des A. 48 Ende
~ unecht – echt 49
ardeo alqm. 175
Asyndese, prägnant 215
Attribute für ihren Träger 60 ZS. 65
~ nicht gehäuft A 79
Aufschwung 34
Aussparung, „verteilte" A 42

αὔξησις 38 b
axis 100

Bedeutungswandel A 110
Bild 10. 186
~ nicht nachvollziehbar A 72. 100.

caecus 201
callida iunctura A 41
cavus A 103
Chiffre 225
columen senati A 61
Constructio ad Sensum 177 OR
consuevi mit Dativ A 86
convexa c. Genet. 93
coquo 122

dare
~ mit Infinitiv 170
~ ~ periphrastisch 38 b
~ ~ prägnant A 112
Dativ
~ auctoris 157. 165
~ commodi 157
~ comparativus 164
~ bei *consuevi* A 86
~ ersetzt Genet. Poss. 157
~ wird ersetzt 157
~ ~ durch Nominativ A 86
~ des Ortes A 88
~ wird raffiniert 88
~ des Ziels 157
depereo alqm. 175
Dichtersprache
~ Abkehr von Cicero 3. 167 ZS
~ Auffassung von D. bei Cicero 2
~ Entschwerung (s. auch „Ent-
schwerg.") 167
~ Erschwerung des Verständnisses 2.
10
~ frühere Untersuchungen der D. A 1
und 2
~ lateinische D. existiere nicht A 3
~ Unterschied zur Prosa 23.
85 BG

~ ~ ~ Umgangssprache 124 ZS
~ drei Ziele 7. 9

ego und *nos* nebeneinander A 99
Ellipse 85. 90 ZS
~ doppelte 86 b
~ bei *nasci* und *oriri* 87
~ sinnträchtig A 44
~ bei *tamen* 87
Enallagé
~ von Adjektiven 133
~ ~ kumuliert Attribute 134 d
~ ~ metrisch bedingt 134 c
~ ~ raffinierte Formen 133 f.
~ ~ spielende Formen 134 a
~ ~ vermenschlichende 63
~ von Verben 135
~ ~ doppelte 136
~ verfeinert Phrasen A 78
Entschwerung 170 LT. 173
Epanalepse 12. 13
Epexegese 23. A 17
Epitheta
~ assoziationsreich 45
~ versetzt („Enallagé") 63. 134
~ werden zu Substantiven 65
Erwartung des Nächsten im Satz 9
~ Problem der Normalerwartung 11
esse, ausgetauscht gegen Genaueres 213
Ende
~ prägnant gebraucht 213 Ende
et = „und dadurch", usw. 24. 214
Euphemismus 70. 219

Farbattribut, vom Aufenthaltsort her
A 108
ferire 188
Figura Etymologica 32 LT
Frage 57
~ indirekte F. im Indikativ 167
fuge mit Infinitiv A 3. 169
funus 97
furere 190
Futur
~ einräumend 167

~ F.-Partizip sinnträchtig 167
~ weissagendes F. 167

Gehen, Ausdrücke für 213
Gemination 12
gemini 191
Genetiv
~ definitivus 155
~ obiectivus, ersetzt durch Adj. 153
~ possessivus, ersetzt durch Adj. 153
~ qualitatis 164
~ ~ verfeinert 154
~ des Sachbetreffs 154
glomerare 207
Götteranrufung A 30
Gräzismus 165. 167
~ altlateinische Parallelen 170 f. 183
~ sind aufzusuchen 183 Ende. A 3

Haplothese 81 ff. 85. 90 ZS
Hendiadyoin 20 ff.
~ asyndetisch 21
~ erklärt („Epexegese") 23. 109 Mitte
~ positiv-negative Form 25 Ende
~ wird seltener 21
~ tautologisches mit raffinierterem Bestandteil an 2. Stelle 22
~ unklassischer Name 20 OR
Hyperbaton, Spätformen A 76 (s. auch „Übungsteil", Vorbem.)
Hyperbel 39. 42. 44. 188
Hypotaxe, gemieden in der Dichtersprache 25
hypothekarischer Stil 15
Hysteron Proteron 29. 141
~ assoziativ bedingt 141 ZS
~ emotionsbedingt 141 f.

ille statt *is* 137 ZS
immatura mors A 78
Imperfekt, ersetzt Plsqp. 167
~ für Perfekt A 93
in = „betreffs" 151 c
~ finales *in* 90. 151

Indikativ in indir. Fragen 167
~ ohne *paene* in Irrealis 167
~ Ind. Praes. statt Konj. Imperf. 167
~ Wechsel mit Konjunktiven 181 LT. 183
induo 106
Infinitiv 168 ff.
~ Adjektive mit Inf. 172. 173 Ende
~ *credere est* mit Inf. 171
~ final 170 OR
~ historicus 53. 168
~ ~ nicht bei Ovid 168
~ indignantis 168
~ prohibitiv 169
ingemino 91 BG
ingens 43 OR. 191
Inkonzinnität, Arten 184 ZS
~ der Gedanken 144
~ ~ Korresponsion 182 b
~ ~ Syntaxe 180. 181. 183
~ ~ Wortart 184
Interjektionen A 30
Inversionen 127 OR
ire, Gebräuche von 210 ff.
is, ea, id 137

Kern – Bedeutungen 95. 211. A 112
Koiné, poetische 11. 79 Ende. 93 BG. 124 BG. 142 ZS
Komposita für Simplicia 207
Komposition
~ Abschlußmarkierung („Fermaten") 34 Ende. A 20
~ Einschnitt überbrückt A 31. 148 OR
~ Rahmung A 15
~ Rundung 51 Ende. 72
Kopula, in der Anapher 16. 17
~ prägnant 24. 214
„Kosmische Ausweitung" (s. „Hyperbel") 22. 42
Krieg, Paradoxie sprachlich ausgedrückt A 122
Kunstwerke, lebensecht 111 Ende

λάσκω 185
laus A 62
lectus 96
legere A 115
Litotes, prägnant 217

Mehrfache Beschreibung 27 ff.
~ drei- und vierfach 31
~ ~ Dreifachbeschrbg. nicht altlat.
31 ZS
~ ~ das Raffiniertere an 2. Stelle 30
~ ~ verneint – bejaht 30 Ende
„Merkmal" 95. 211
Metapher 95. 115. 117
~ Aufgaben 116 ff.
~ gemischte 121
Metonymie 6. 95. 114
~ Aufgaben 98 ff.
~ Begriff 72 ZS. 95. 114
~ Erneuerung geläufiger 100. 103
~ Sinn von M. 98. 107. 110. 113
~ spricht Intellekt und 113
~ ~ Sinnlichkeit an
~ Überspitzung 103
~ Wahl des signifikanten Merkmals
98. A 54
minor, minus 162. 165
Mischung von Sinneswahrnehmungen
60. 225
modo – modo, variiert 182
molaris A 103
Mythenhäufung A 21 Ende

nec prägnant A 118
Negation
~ durch male A 118
~ Pleonasmus 35
~ verschoben A 77. § 130 b
~ zerteilt 36 OR. 37 ZS
Neologismus 94
Neutrumadjektiv
~ als Adverb 146
~ substantiviert 93
~ mit Substantiv im Genetiv
65

non sine 217 LT
Normalsprache 11

Oxymóron 28 Ende. 138
~ sinnträchtig 139. 140 ZS

Paronomasie 61 (s. „Übungsteil", Vorbem.)
Partizip
~ P. Fut. prägnant 167. A 107
~ P.P. Dep. gleichzeitig 33 Ende.
167. A 94
~ proleptisch A 80 b
Peiorativa, positiviert 220
per 150
pereo alqm. (s. depereo, ardeo) 175
Perfekt, gnomisch 167
~ markiert Höhepunkte A 95
Periphrase 72 ZS
~ Arten 70 ff.
~ dehnend 38 OR
~ ersetzt Nomina 38 a
~ ~ Verba 38 b
~ mehrstufig 80
~ raffinierend 69. 71
~ überspitzt 77 Ende
Personifizierung 64 BG
~ von Abstrakta 59 LT. 60 b
~ ~ bei Plautus 60 Ende
~ „Armutspersonifizierung" 61
~ gewagte 61 Abs. 3. 64
~ der Natur 59 BG, ba
~ Prosopopoeie 58 ff.
~ ~ Entstehung 60 ZS
Phrasen
~ Valenzstellen in P. 123 OR
~ Mischung 125
~ Synonyme Vertauschung in P.
123
Pleonasmus 32 ff.
~ Begriff unscharf 32 OR
~ der Negation 35
~ positiv – negativ 33, 2. A 26
Plural, soziativer 60 ZS
~ poetischer 46

Plusquamperfekt, ersetzt durch Imp.
  167
~ gemieden 167
~ verschobenes 167
Polyptoton 19
~ Begriff unscharf 19, 2
Positiv – Negativ
~ im Hendiadyoin 25 Ende
~ im Pleonasmus 33, 2; A 26
~ in vielfacher Beschreibung 30 Ende
~ *quo curram, quo non curram?* A 26
Possessiva statt *erga* mit Akk. A 80, c
post + Subst. = *postquam* o. ä. (*post
  pocula,* usw.) 89
Prägnanz
~ Begriff 192
~ im Sinn des Genet. Objekt. 195
~ kausative 198. 200. 205
~ der Kopula (s. auch *et, nec*) 214
~ proleptisch 199
~ temporal 199
Präpositionen
~ ersetzt 149
~ neu verliehen 164
~ verfeinert 151
~ vertauscht 150. 164
Präsens, hymnisches 167
~ registrierendes 167
Prolepse 199. A 80 b
Pronomina in der Dichtersprache 137

quanta = *quot* 224
-que
~ Prägnanz (s. auch „Kopula") 214 c.
  A 17
~ Spätstellung 128
~ verschoben 129. A 75

reddo 38
Reflexivität, indirekte 137
Renuancierung A 104

Schema Pindaricum 177 LT
sedere animo („entschlossen sein") 88
si verpflichtend 38 b

Simplex für Kompositum 206
Singular für Plural (s. auch „*ego*") 38 b.
  68. 177 f.
singultare 174. A 97
Sinneswahrnehmungen, gemischt 60 b.
  225
spes, nicht verfügbar 125 BG
Stil
~ Aufhöhung durch best. Wörter
  43
~ Aufschwung 34
Subjektsverschiebung 64 LT
sui, unflektiertes Possessiv 137 ZS
super 150
superbia, positiviert 220
suus, prägnant A 106
Syllepse 82 ZS. 85
Synästhesie 60 b. 225
Synekdoché 70. 95. 98 ff.
Synesis (s. „Constructio ad S.")
Synonyma
~ Begriff 26 LT. 122 OR
~ Reihung 26
~ ~ Unterschied zur Wort-Reihung
    50 OR
~ Vertauschung von 123 ZS

tamen mit Ellipse 87
tanta = *quanta* 224
Tautologie 21 f.
Tmesis 130
~ alberne A 74
Transitivierung 174
~ durch Präfigierung 175
Triplikation 13 ZS
triste lupus stabulis 179
turbare intransitiv 176

Übernuancierung 187–189. 219
~ sinnträchtig 189
Übertreibung (s. auch „Hyperbel") 39.
  41. 188
~ „Kosmische Ausweitung" 22. 42
Unnatürlichkeit 143
Untertreibung („understatement") 219

veho(r) 212
vendo („anpreisen") 223
Verkehrung des Natürlichen 143
Verkürzungen 91
~ Auslassen des Selbstverständl. 91
Verschiebung 65 a, 2
~ des Adjektivs (s. „Enallagé")
65 a, 2
~ der Negation A 77. 130 b
~ der Zeiten 141. 167
Verszwang 46 BG. 54 Ende. 55. 94
145 ZS. 148 OR. 167 ZS. A 5. 32.
36. 84
videre prägnant 223
vir prägnant 193 a
volo mit Part. Perf. Pass. 85 Ende
„Vulgäres" 35

Wiederholung
~ von Begriffen 20 ff.
~ ~ Kunstgriffen 29. 155 ZS
~ ~ Wörtern, identischen 12
~ ~ ~ gleichen 13
Wirkungsästhetik A 1
Wortparataxe *(„pes pedem premit")* 19,
2

Zahlwörter A 37
Zerspaltung von Identischem 67. A 37
und A 17
~ dehnende 36
~ vermeidet Hypotaxe 36 Ende
~ verursacht Blickführung 37
Zeugma 82 ZS. 84. 85. 90 ZS
Zitat 124 ZS

II. STELLENINDEX

Von W. Metz

ACCIUS
fr. 288 Ribb.²: 174
AESCH.
Ag. 92: 40
Ag. 111: 36. A 25
Ag. 288: 71
Ag. 306: 116
Ag. 1073: 14
Ag. 1077: 14
Cho. 35: 60. 185
Cho. 520: 110
Eum. 379 f.: 226
Pers. 261: 109
Prom. 88: 59
Prom. 721: 40
Prom. 1048 f.: 93
Sept. 558: 107
ANTIPATER A. P. 7, 409: 103
AP. RHOD. III 1242: 76
ARAT.
7: 102. 193
8: 184
20: 27
25 f.: 144
28 f.: 27
45/7: 27
139: 220
260: 153
268 f.: 102
374: 21
749: 222
766: 153
ARCHIL. fr. 10: 78
Ps.-ARCHIL., Pap. Col. 7511, 35: 104
ARIST. Ran.
97: 185

100, 311: 60
AVIEN. Arat. 336: 93
FUR. BIBACULUS fr. 10: 19
CAES. b. g.
1, 16, 1: 53
1, 36, 5: A 111
1, 39, 1: 20
1, 47, 1: 214
2, 19, 5: 214
2, 23, 1: 23
3, 15, 3: 214
4, 33, 3: A 59
5, 3, 4: 96
5, 6, 2: 214
5, 43, 4: 122
7, 68, 3: 214
7, 82, 2: 176
7, 84, 4: 195
7, 85, 3: 203
CALLIM.
Aet. 1, fr. 1, 1: 193
Aet. 1, fr. 1, 32 Pfeiff.: 105
Aet. 1, fr. 1, 33 f. Pfeiff.: 182
epigr. 52, 4: 52
fr. 228, 63: 80
hym. 1, 40: 97
hym. 3, 23 Dian.: 170
hym. 3, 25: 98
hym. 3, 33 f.: 14
hym. 3, 51: A 74
hym. 3, 84: 107
hym. 3, 113: 201
hym. 3, 124: 44
hym. 3, 148: 112
hym. 3, 178: 75

hym. 3,182: 109
hym. 4,31 Del.: A 104
hym. 5,41 Lav. Pall.: 54
iamb. 4,45: 73
iamb. 4,71 f.: 73
CARM. ARVAL. 3: 159
CATO
  agr. 14,4: 165
  agr. 22,4: 151
  agr. 91,100: 122
  fr. 34,5 Jord.: 116
CATULL
  2,4: 92
  4,11: 101
  4,13: 54
  8,1: A 33
  8,6: A 75
  8,13: 196
  14 a,3: 170
  15,16: A 54
  16,13: A 118
  25,12 f.: 139
  29,5: 214
  34,18: 213
  35,7: A 114
  36,7: 80
  39,2/6: 15
  51,5: 146
  51,11: 63
  55,2: 105
  61,20: A 66
  61,78: 116
  63,5: 70
  63,10: 71
  63,16: 65
  63,64: 99
  63,77: 71
  64,25: 103
  64,46: 60
  64,60: 99
  64,79: 76
  64,96: A 38
  64,102: A 62
  64,115: 64
  64,162: 110

  64,217: 33
  64,224: 105
  64,284: 60
  64,360: 109
  64,370: 99
  66,5: A 39
  66,28: 199
  66,79: 109
  68,6: 61
  68,46: A 80
  68,97 f.: 153
  68,111: 206
  68,115: 102
  68,131: 172
  71,1: 124
  76,3: 35
  78: 15
  95,1: 103
  109,5 f.: 158
CICERO
  Arat. 57 (Bu.): 38
    948: 13
  Att. 1,16,1: 142
    2,1,5: A 118
    4,17,3: A 104
    8,1,4: 124
    9,11,4: 124
    9,15,5: A 118
  Brut. 58: 118
  Catil. 1,27 ff.: 58
  De or. 1,70: 2
    1,72: 83
    2,61: 2
    3,58: A 86
    3,145: A 51
    3,170: A 62
    3,202: 27. 37
  fin. 4,76: 155
    5,9: 165
  harusp. 37: 170
  leg. agr. 2,101: 170
  n.d. 2,142: A 64
  or. 81: 61
  part. 21: 91
  pro Rab. Post 28 f.: 109

sen. 15: 23
Sull. 33: A 40
Tu. 2,21: 134
   2,25: 165
   4,44: 124
Verr. 2,4,119: 174
   5,181: 125
CURT. 10,8,7: A 71

DIOSK. A.P. 5,55,7: 104

ENN.
   Achill v. 4. J.: 61
   6 J.: 163
   9 J.: 21
   Alex. fr. 43 f. J.: 165, A 89
   fr. 62 f. J.: A 82
   Androm. 88 J.: 99
   ann. 17 V.: 78. A 53
   21 V.: 120. 155
   42 V.: 206
   49 V.: 145
   61: A 51
   89: 65
   93: A 37
   115: A 51
   119: 65. 225
   142: 44
   143: A 89
   159: 100
   173: 33
   183: 61
   184: 111
   186: 65
   224: 177
   241: 44
   276: 38. 153
   284: 116
   286: 104
   292: 116
   302: 61
ENN.
   ann. 308: 118
   311: A 89
   323: A 37

336: 122
341: 177
348: 118
381: A 74
384: 116
385: 177
386: 99
393: 116
401: 157
403: 198
532: 101
572: 19
609: A 74
Cresph. 138 f. J.: 141. 177
Euh., fr. var. III 81 V.: A 61
Hect. Ly. 163 J.: 127
Iphig. fr. 190 J.: 213
   fr. 193 J.: 33
   fr. 207 J.: 22
Med. 208 J.: 153
   209 J.: 71
Med. fr. 243 J.: 67
Telam. 276 J.: 157
   278 J.: 29
EPICED. DRUSI 262: 209
EURIP.
   Alk. 346: 185
   Androm. 1014: 143
   Bacch. 160: 111
   423: A 74
   889: 60
   1134: 110
   El. 158,160: 142
   Hel. 171: 111
   370: 96
   598: 39
   681: A 97
   1128: 74
   Her. 345: 103
   909: 101
   1076: 153
   Hipp. 32: 201
   34: 76
   52: 65
   78: 60

136: 143
1231: 98
I.A. 39: 71
Ion. 169: 110
819: 103
Med. 4: 71
402: A33
Or. 242: A54
303: 143
1302f.: 50
Phoen. 17: 157
350: 103
808: A74
Suppl. 917ff.: 142
Tro. 159f.: 98

GELL. 13,20,12: 206
GERM.
128: 164
208: 127
251: 144. 184
351: A75
462: 188
626: 165

HERODOT. 7,45,1: 39
HES.
Theog. 210: 21
332: 38
HOM.
Il. 2,426: 78
2,658: 38
4,123: 111
5,529: 193
5,781: 38
6,147: A22
6,320: 60
6,395f.: 13
12,161: A103
13,130: 19
13,616: 185
15,383: 38
15,618: 117
17,591: A71
18,34: 111

Od. 3,487: A19
4,369: 21
4,418: 105
5,53: A59
5,239: 40
10,219: A74
10,321/294: A104
20,354: 41
HOR.
ap. p. 388: 44
c. 1,1,8: 85
1,1,29f.: 15
1,1,36: 42. 188
1,2,17f.: 65
1,2,25: 134
c. 1,3,9f.: 139
1,3,21f.: 215
1,3,36: 153
1,4,13: 143. 200
1,5,2: 71
1,5,5f.: 83
1,6,12: 194
1,7,26: 210
1,7,27: 12
1,8,4: 199
1,8,8: 99
1,9,13: 169. A3
1,10,15f.: 97
1,12,29: 102
1,12,37: A71
1,12,38: 220
1,13,1f.: 15
1,13,16: 71
1,15,27: 44
1,17,13: A13
1,18,5: A49
1,23,1f.: 218
1,33,6: 122
1,35: A38
1,35,14: 118
1,37,24: 194
1,38,3: 169
2,1,1: A71
2,4,22: 169
2,11,3: 169

2,12,11: 38
2,14,24: 197
2,16,7f.: 151
2,18,22: 95
3,5,24: A53
3,13,1: 155
3,13,2: 217
3,15,4: A78
3,23,13: 167
3,25,2: 83
3,27,24: 95
3,28,10: A108
3,29,35f.: 19
3,30,14f.: 220
4,2,50: 178
4,3,2: 223
4,4,62: 170
4,6,16/8: 167
4,6,21f.: A97
4,6,8: 100
4,6,17: 12
4,7,13: 198
4,8,5: 109
4,8,31: 132
4,9,13: 175
4,11,6: 60
4,15,21/4: 72
carm. Saec. 22: A74
epi. 1,2,48: 167
1,4,12: 128
1,6,17: 109
1,6,37: A34
1,10,27: 122
1,19,19: A80
1,19,48: 50
1,20,24: 154. 164
2,1,75: 223
2,1,176: 120
epo. 1,33: 44
5,81: A80
11,22: 70
16,26: A104
sat. 1,2,68f.: 58
1,6,24: A46
1,6,74: 160

1,9,11: 154
1,9,32: 200
1,9,72f.: 168
1,10,44: A97
1,10,49: A88
2,2,25: 65
2,7,38: 161
2,7,43: 169
2,8,15: A57
2,8,24: 172
2,8,83: 65
HYM. HOM.
32,11: 222
Dem. 8: 104
23: 98
50: 143
83f.: 218
363f.: 218
Merc. 25: 111
451: A113

JUV.
1,117: 105
2,2: 90
2,65: 86
3,55: 23
5,153ff.: 73
7,135ff.: 223
8,59: 143
8,67: 172
10,318f.: 167

LIV.
1,1,4: 63
1,4,6: 122
7,1,9: A78
23,43,4: 155
30,15,1: 143
LUC.
1,1: 75
1,18: 45
1,50ff.: 30
1,76: 30
1,92f.: 30
1,95: 41

1,120: A112
1,126: 183
1,131: A63
1,142: 101
1,143: 23
1,145: 130
1,162: 153
1,164 f.: 173
1,253: A36
1,276: A63
1,288 f.: 124
1,292: 83
1,306: 151
1,348: A117
1,388: A113
1,452: 22
1,466 ff.: 195
1,470: 195
1,482: 24
1,494 f.: 34
1,537: A100
1,541 f.: 28
1,544: 208
2,547: 157
3,347: 172
3,468: 89
3,523: 176
3,550: 67
3,620: 100
4,132: A57
5,521: 99
5,632: 93
7,254 ff. 15
7,270: 125
7,277: 211
7,286: 187
7,287/289: A59
7,295: 151
7,298 f.: 195
7,306: 155
7,477: 149. 159
9,255: 205
9,563: 183
9,809/14: 51
10,58: 80

10,190: 224
LUCIL. 55 Marx (56 Kr.): 141
LUCR.
1,6/8: 19
1,8: 59
1,10: 133
1,62: A75
1,98: 139
1,284: 101
1,315: 65
1,475: 63
1,663: A66
1,835 f.: 14
1,920: 22
2,16: A29
2,29 f.: 49
2,126: 176
2,394 129
2,534: 26
2,656: 78
2,934: 21
3,8: 38
3,10: A76
3,362: A64
3,380: A22
3,404: 165
3,492 f.: 176
3,785: 100
3,894: 12
3,1088: 128
4,404: 223
4,583: 33
4,952: 99
5,33: 146
5,123: 172
5,271: 33
5,481: 206
5,755: 201
5,840: A85
5,862: 38
5,949 f.: 13
5,1037: A25
5,1223: 160
5,1371: 147
5,1392 f.: 49

6,34: A71
6,74: A71
6,387f.: 157
6,399: 157
6,742: 149
6,1227: 170

MACR.
sat. 6,3,5: 19
6,4,6: 116
MANIL.
1,10: A117
1,11: 129. 147
1,25: 11. 147
1,28ff.: 37
1,31: 37
1,58f.: A76
1,87: 201
1,827: 38
2,461: 109
2,632: 151
3,324: A56
4,643f.: 67
5,660: 44
MART.
9,97: 18
9,103,5: 77
MEN. fr. 34 K.-Th.: 103

OPPIAN. Cyn. 2,553: A104
OVID.
ars am. 1,8,25: 164
1,8,47: 151
1,8,106: 91
1,9,1f.: 18
1,524: A118
1,539: 205
2,10,33f.: A57
2,16,41f.: 17
2,94: A56
3,8,36: 44
3,398: 187
fast. 1,15: A113
1,130: 109
1,228: 74

1,442: 38
1,543f.: 74
2,812: 165
3,41: 191
3,185: 124
4,300: A104
4,678: 97
4,715: 94
5,548: 110
6,173: 157
her. 1,85f.: 191
1,87: 79
11,20: A106
12,104: 191
13,107: 61
15,181: 111
16,21f.: 124
16,198: 77
18,158: 124
Ibis 5f.: 130
met. 1,19f.: 144. 184
1,41f.: 30
1,48: 143
1,61f.: A21
1,82: 72
1,89f.: 31
1,94f.: 139
1,101: 31
1,111: A113
1,123f.: 142
1,181: A59
1,212: 85
1,227: 70
1,228f.: 71
1,258: 219
1,272f.: 34
1,287ff.: 137
1,288ff.: A21
1,304: 13
1,337: 71
1,349: 38
1,352: 23
1,408: 155
1,450f.: 148
1,451: A91

1,458: A 112
1,667: 91
2,12: A 108
2,337: 191
2,349: 197
2,709: 75
3,15: 210
3,17: 213
3,32: A 27
3,56: 154
3,59: A 103
3,70: 91
3,98: 13
3,128: 153
3,137: A 22
3,144: 29
3,151 f.: 29
3,152: A 66
3,369: 91
3,600: 97
4,76: A 118
4,99: 196
4,111: 110
4,341: 180
4,401: 201
4,528: A 117
5,37: 208
5,134 f.: 174
5,281: A 66
5,313: 75
5,363: 180
5,377: 213
5,423: 124
5,578 f.: 213
6,118: 162
7,22: A 109
7,61: 188
7,639: 168
7,663: 223
8,270: 56
8,527: 44
8,550: 56
8,731: 56
9,359 f.: 56
9,661: 146

10,89: 95
10,563: A 62
11,554 f.: 24
11,618 f.: 118
12,25: 104
12,30: A 112
12,554: 165
12,610: A 53
13,706: 214
13,789 ff.: 165
14,226: 79
14,832: 16
15,529: A 28
pont. 2,1,5: A 71
tr. 5,14,44: A 113

PERS. 5,104: 120
PETR.
  92,9: 70
  119,35: 223
  121,103: 191
  124,271: 44
PHDR. 4,9,12: A 104
PIND.
  Nem. 6,52 f. Sn.: A 35
  7,73: 98
  Pyth. 8,95: A 26
PLAT. Crit. 50: 58
PLAUT.
  Am. 190: A 78
  566: 33
  646: 21
  726: 19
  1053: 116
  1062: 20. 26
  1075: A 17
  As. 327: 12
  Aul. 75: 176
  300: 174
  713: 26. A 26
  Capt. 69: A 61
  Cas. 305: 43
  536: A 61
  621: 39. 43
  Cu. 169: A 118

Ep. 188: A 61
  372: 15
  563: 20
Men. 511 f.: 160
  1015: 15
Merc. 664: 206
Mil. 4: A 64
  709: 124
  1377: 104
Mo. 651: 176
  890: 92
  1048: 93
  1075: 19
Pers. 248: 111
  300: 176
Poen. 34: 33
  134: 20
  207: 104
  365 f.: A 61
  1187: 38
Rud. 434: 19
  734: 219
Tri. 225: 122
  1076: 38
Truc. 273: 219
PLIN. n. h. 5, 145: 80
Ps.-PLUT. de Hom. 32: 13
PROP.
  1, 1, 11 ff.: 182. 221
  1, 1, 12: 223
  1, 1, 13: 111. 219, A 66
  1, 1, 17: 36 LT
  1, 1, 19 f.: A 80
  1, 1, 26: 37
  1, 1, 33 f.: A 20
  1, 2, 4: 223
  1, 2, 13: 223
  1, 2, 27 f.: 135
  1, 2, 30: 84
  1, 3, 6: 151, A 57
  1, 3, 16: 82
  1, 3, 32: A 107
  1, 3, 37: A 106
  1, 3, 38: A 66
  1, 3, 41 ff.: 182

1, 4, 2: 149. 191
1, 4, 9 f.: A 80
1, 4, 10: 208
1, 4, 23: 190
1, 4, 27 f.: A 20
1, 5, 10: 224
1, 5, 22: 43
1, 6, 12: 145
1, 6, 31: 206
1, 7, 9: A 120
1, 7, 10: 210
1, 7, 17 f.: A 111
1, 7, 19 f.: A 20
1, 8, 7 f.: 46
1, 8, 12: 91
1, 8, 17: 217
1, 8, 43: 42
1, 10, 15 ff.: 15
1, 10, 17 f.: 214
1, 10, 19 f.: 15
1, 10, 25: A 111
1, 11, 11 f.: 67
1, 11, 18: 163
1, 13, 11 f.: A 20
1, 13, 15: 134
1, 13, 22: A 38
1, 13, 31: A 75
1, 14, 9: 124
1, 16, 19: A 65
1, 16, 27: A 103
1, 19: A 60
1, 19, 8: 197
1, 20, 7: 213
1, 20, 14: A 77
1, 20, 32: 13
1, 20, 33 f.: A 79
2, 1, 28: 155
2, 1, 31/4: 38
2, 3, 14: A 76
2, 5, 15: A 107
2, 5, 21: A 118
2, 5, 28: 162
2, 6, 3: A 75
2, 7, 13: 49
2, 8, 7: A 33

2,8,22: 160
2,8,31: A109
2,9,47: 207
2,13,19f.: 167
2,15,23: 226
2,15,46: 44
2,16,21: 151
2,16,29f.: 183
2,16,45f.: A15
2,16,52: 64
2,19,22: 210
2,20,8: A99
2,20,15: A75
2,21,13: 79
2,24,36: A12
2,26,45: 157
2,32,6: A43
2,34,1: A105
2,34,7: 19
2,34,15: A66
2,34,19: A107
2,34,25: 163
2,34,35/6: 167
2,34,45: 208
3,1,1: A42
3,1,25: A93
3,1,25/32: A122
3,1,31: A27
3,2,3: A122
3,2,7f.: A99
3,3,13: A55
3,4,2: 119
3,4,17: 36 LT
3,5,25f.: 183
3,6,12: A75
3,7,1: 60
3,7,2: A78
3,7,5: A59
3,7,20: 68
3,7,40: 96
3,7,43: A93
3,7,52: 107
3,9,5: A70
3,9,23f.: 90
3,9,39: 90

3,9,47/8: 90
3,9,58: A72
3,10,11: A66
3,10,27: A75
3,11,34: A54
3,12,23f.: 54
3,12,26: 101
3,17,37: 64
3,24,11f.: A44
4,1,70f.: 92
4,1,72: A70
4,1,79: A88
4,1,124: A51
4,1,135: A76
4,3,51: 87
4,6,44: A113
4,7,23: 157
4,8,49: 145
4,9,15: 111. 219
4,9,33: 221
PRUD. Psych. 88: A50

QUINT.
  decl. 308: 124
  inst 1,1,1: 125
    1,5,39f.: 127
    8,6,6: A68
    8,6,17: A68
    8,6,20: 111
    8,6,23: A52
    8,6,27: 200
    8,6,51: 11
    8,6,67f.: 39
    9,1,2: 9
    9,1,27: 27
    9,2,6f.: 57
    9,2,8: 57
    9,2,29: 57
    9,2,54: 52
    9,3,8: 131
    9,3,62: 81

RUT.
  Nam. 1,23: 190
    1,322: 104

SALL.
  hist. fr. 2,37: 164
  Jug. 41,2: 153
SAPPH. fr. 31 v. 3f.: 146
SEN.
  Ag. 8: 157
    17: A65
    22: 179
    65: 44
    66 f.: 66
    91: A106
    92f.: 61
    149: 214
    166: 109
    171: 61
    184: 194
    185: 61
    254: A83
    331: 111
    360: 95
    379: A98
    395: A76
    422: 177. 178
    430: 119
    449f.: 73
    457: 201
    459: A76
    463: 223
    469: A107
    491: 157
    496: 214
    498: 214
    539/43: A19
    541: 177
    558f.: 54
    562f.: 40
    567: 197
    568/70: 67
    579: A74
  ep. 7,11: A1
    58,3: 206
  ad Helv. 19,1: 38
  HF 1284: 47
  HO 1108: A56
  ad. Marc. 16,6: A28

Med. 43: 106
  45f.: 42
  452f.: 57
Phaedr. 107: 62
Thy. 885: 42
  912: A74
  993: 93
  1046f.: 106
Tro. 46: 76
SISEN. hist. 45: 124
SOPH.
  Ant. 1: 38, A54
    156f.: 33
    227: 58
    339: 139
    360: 139
    370: 139
    672f.: 38
    917f.: 50
    973: 91
    1081: A123
  El. 1190: 187
  frg. 64,4: 21
  OC 691f.: 218
    1070: 104
    1234: 50
    1247: 109
  OT 204: 95
    718: 65
    998: 143
    1032: 65
  Phil. 3f.: 23
    16: 192
    31: 21
    69: 76
    110: 185
    169f.: 181
    203: 187
    311: 91
    391: 193
    447: 124
    509: A123
    650: 60
    656: 38
    667f.: 182

678: 222
692: 201
727: 72
1126: 110
STAT.
  Ach. 1,4: A113
    1,8: 38
    1,32: A27
    1,88: A59
    1,100: 188
    1,142f.: 86
    1,144: 106
    1,170: 92
    1,323: 146
    1,368: 37
    1,372f.: A39
    1,425: 175
    1,433: 62
    1,747: 213
    1,872: 124
  Silv. 1,2,60: 96
    1,2,75: 100
    1,2,128: 112
    1,2,202: 213
    2,2,111: 77
    2,3,3: A104
    3,1,41: A39
    3,1,117f.: 122
    4,2,48: 77
    4,5,60: 91
    4,8,43: A28
    4,8,53: 77
    5,1,58: 79
    13,581: 60
  Theb. 1,7f.: 78
    1,8: 104
    1,16: 63
    1,28: 147
    1,98: 167
    1,165: 38
    1,173: 106
    1,208: 93
    1,209: 93
    1,257: 92
    1,301: 92

1,310f.: 213
1,315: A109
1,410f.: 23. 90
1,417: A111
1,447: 86
1,533: 124
1,538: 143
1,554f.: A39
1,562: 65
1,573f.: 84
1,577: 197
1,711f.: 151
2,3: 190
2,8f.: 41. 104
2,9: 198
2,30: A58
2,32f.: A113
2,41f.: 124
2,98: 105
2,107: 143
2,128f.: A58
2,134: 80
2,144f.: 96
2,145f.: 124
2,244: 125
2,248: 101
2,252: 75
2,276f.: 204
2,280f.: 179
2,295: 104
2,321f.: A71, A111
2,341: 103
2,377f.: 94
2,382: 180
2,389f.: 85
2,392: 87
2,403: 38
2,411: 191
3,9: 86
3,16: 214
3,25: 72
3,26: 86
3,29: 91
3,36f.: 132
3,38: 210

3,42: 27
3,47f.: 184
3,62f.: 13. 214
3,74f.: 15. 134
3,87: 52
3,99: 154. 180
3,109: 100
3,115: 16
3,125f.: 60
3,127: 28. 105
3,129: 116. A91
3,144: 97
3,148: 216
3,156: 103
3,167f.: 216
3,176: 226
3,179f.: 150
3,193: 39
3,198: 150
3,280: 52
3,324: 213
3,325: 213
3,367: 125
3,548: 65
4,10: 146
4,416: 176
4,455: 101. 113
4,512: 101
5,95: A64
5,270: 174
5,381/3: 53
5,462: A109
5,598 A28
5,606f.: 143
5,651: 97
6,97f.: 175
6,522: 100
6,722: 101
7,793: 77
8,69f.: 12
8,219: A66
8,398f.: A16
9,4: 93
9,525: 102
10,25f.: 51

10,165: 196
10,501: 93
10,689: 125
10,916: 93
10,927: 195
11,7f.: 155. 174
11,18: A109
11,38: 210
11,53: A80
11,113: 159
11,122: 203
11,139: A116
11,165f.: 51
11,201: 124
11,257: A61
11,341f.: 41
11,435: 191
11,627: 207
12,76: 93
12,380: A61
12,474: 214
SYMM. Rel. 3,9f.: 58

TAC. ann. 3,4,2: 22
TER.
   Ad. 100: 87
      173: 91
      828: 171
      867f.: 81
   Andr. 115: 151
   Eun. 56: 57
      79: A61
      91: 12
      154: 193
      406: 44
      549: 33
      732: 95
   Haut. 93f.: 57
      192: 171
   Hec. 214: 117
   Pho. 82: 175
      287: 118
      351f.: 14
THCR.
   7,55: 122

11,14: 99
THUC. 4,69,2: 101
TIB.
  1,1,69: 226
  1,2,96: A75
  1,4,45: 212
  1,6,49: 160
  1,7,14: A104
  1,10,27f.: 17
  2,5,33f.: 68
TIM. Pers. 238: 110

VAL. FLAC.
  1,2: 95
  1,14: 190
  1,18: 206
  1,51: 86
  1,97: 88
  1,111: 37
  1,185: A100
  1,186f.: 179
  1,205: 116
  1,283: 195
  1,382: A59
  1,402: 110. 160
  1,438: 211
  1,451: A109
  1,472: A113
  1,561f.: 38
  1,566: 84
  1,582: 162
  2,16: 110. A75
  2,41f.: 22
  2,60: A104
  2,67: A66
  2,71: 137
  2,91: 92
  2,100: A104
  2,104: 197
  2,130: A59
  2,168: 91
  2,171: 207
  2,196: 140
  2,212: A97
  5,524: 191

  6,526: 109
  7,11: 89
  7,533: 12
  7,648: A109
VAL. MAX. 8,1,13: 124
VARRO
  L.L. 9,5: 2
  Men. 202: 127
    271: A56
  r.r. 1,4,5: 97
    3,17,7: 176
VERG.
  Ae. 1,1: 65. 127
    1,3: A24
    1,7: 65
    1,37: 168. A29. A96
    1,48: 57
    1,99: 76
    1,135: 52
    1,177: 95
    1,237: 143
    1,246: 67
    1,258: A17
    1,335: 86
    1,455: 109
    1,461: A62
    1,491: 190
    1,509f.: 51
    1,580: A97
    1,589: 162
    1,728f.: 165
    1,747: 91
    2,12f.: 170
    2,69: 57
    2,84: 190
    2,97f.: 53
    2,129: 205
    2,207f.: 213
    2,229: A48
    2,250: 157
    2,283: A33
    2,302: 165
    2,341: 207
    2,347: 90. 151
    2,353: 142

2,381: A75
2,447: A22
2,471: A94
2,482: A117
2,512: 100. A56
2,522: A111
2,591: 92
2,660: 88
2,693: 86
2,770: 91
2,780: 119
2,782: 33
3,2: A27
3,119: 54
3,127: 213
3,320: 125
3,431: A109
3,508: A19
3,567: 40
3,588: 122
3,642: 19
4,1f.: 121
4,15: 20. 25
4,67: A104
4,130: 210
4,131f.: 51
4,143f.: 182
4,147: 182
4,174: 58
4,203: 225
4,231: 39
4,233: 150
4,244: 116
4,274: A69
4,292: A124
4,310: A113
4,317: 21
4,322: 97
4,324: A74
4,328: 165
4,370: A112
4,371: 12
4,385: 143
4,399: A108
4,408/12: 55

4,419: A124
4,430/34: 203
4,440: 214
4,451: 93
4,468: 210
4,482: 100
4,501: A124
4,518: 160
4,569: 124
4,582: 39
4,585: 80
4,588: 25
4,628f.: 19
5,158: 119
5,216f.: A94
5,234: 125
5,250f.: 60
5,351: A57
5,399: A17
5,418: 88
5,433/36: A66
5,433: 91
5,512: 83
5,781/4: 106
6,4: 64
6,24: 36
6,25: 36
6,43: 21
6,46: 14
6,56: 36
6,57: 48. 134
6,92: A26
6,106: 97
6,152: 22
6,159: 210
6,212f.: 28
6,219: 105
6,230: A27
6,268: 136
6,274f.: 60
6,275: 200
6,283f.: 83
6,291: A54
6,310: 33
6,325: 23

6,358: 93
6,370: 92
6,386: 210
6,387: 23
6,398: 80
6,408f.: 65
6,461f.: 48. 211
6,467: 146
6,476: 210
6,493: 62
6,542f.: 60
6,596: 171. A71
6,683: 109
6,686: 101
6,715: 24
6,756f.: 183
6,772: A71
6,784: 193
6,788: A64
6,790: A56
6,793: 127
6,795f.: 31
6,800: 176
6,804: A59
6,847: 111
6,852: 104
6,862: 125
7,27: 176
7,73f.: 161
7,157: 122
7,160: 213
7,248: 109
7,504: 122
7,796: 160
8,250: A103
8,574/6: 15
9,147: 61
9,266: 167
9,333: 174
9,392f.: 213
9,431: 104
9,446f.: 54
9,455: 135. 165
9,478: 44
10,5: A51

10,251: 93
10,361: 19. A16
10,503f.: 167
10,733: 100. 201
10,781: 198
10,784: A57
11,151: 143
11,417: 154
11,441: 164
11,551: 88
11,595f.: 92
11,601f.: 116
11,750: A116
11,755: 145
11,785f.: 38
11,804: 62
12,5: 160
12,51: 198
12,52: A111
12,71: 90
12,104: A58
12,284: 116
12,329: A109
12,335f.: 60
12,365: A54
12,409: A113
12,436f.: 38
12,481: 213
12,672f.: 140
12,952: A66
buc. 1,27: 87
1,64: 159
2,1: 175
2,29: 174
2,40: A77
3,41f.: 127
3,75: 206
3,80: 179
3,99: 19
3,106: 160
6,20: 12
6,76: 79
7,26: 70
8,7: 213
8,87: 49

9,1: A 43
Georg. 1,1: A 66
1,10 f.: A 10
1,59: 45
1,70: 199
1,163: 145
1,180: 165
1,411: 91
1,423: 152
1,456 f.: 211
2,71: 33
2,126: 200
2,192: A 27

2,193: A 67
2,241: 165
3,45: 91
3,232: A 58
3,318 f.: 153
3,381: A 74
4,83: A 111
4,390: A 54
VITR. 6,1,4: 100

XEN.
anab. 6,3,11 f.: 191
mem. 2,1,21 f.: 58

Aus dem weiteren Programm

Christ, Karl:
Römische Geschichte und Wissenschaftsgeschichte.
8337-7 Band 1: **Römische Republik und augusteischer Principat.**
1982. VIII, 275 S., Gzl.
8338-5 Band 2: **Geschichte und Geschichtsschreibung der römischen Kaiserzeit.**
1983. VII, 287 S., Gzl.

Diese Sammlung ausgewählter Studien des Marburger Althistorikers konzentriert sich in ungewöhnlicher Geschlossenheit auf wenige zentrale Problemkreise der Römischen Geschichte und der Wissenschaftsgeschichte, die auch noch in der Gegenwart für Forschung und Unterricht bedeutsam sind. Der erste Band weist als Schwerpunkte die Probleme um Hannibal, die antiken Sklavenführer, den Untergang der Römischen Republik, die augusteische Germanenpolitik sowie die Dialektik des augusteischen Principats auf. Der zweite Band befaßt sich mit Domitian, Römisch-germanische Auseinandersetzung, Tacitus, Probleme der römischen Sozialstruktur, Römische Geschichtsschreibung, Untergang des Römischen Reiches.

7058-5 Kienast, Dietmar:
Augustus.
1982. X, 515 S. mit 1 Kt. im Text, 2 Faltkt., Gzl.

Das Buch versucht einen Überblick zu geben über die reichen Ergebnisse der internationalen Forschung, besonders der letzten Jahrzehnte. Anhand einer an den Quellen orientierten Darstellung des Aufstiegs und der Politik des Oktavian/Augustus werden alle Bereiche seines politischen Wirkens diskutiert und noch bestehende Probleme aufgezeigt.

8588-4 **Lateinische Rechtsregeln und Rechtssprichwörter.**
Lateinisch und deutsch. Hrsg. und übertr. von Detlef Liebs.
1982. 277 S., kart.

Jeder Jurist hat noch heute fast täglich mit lateinischen Sentenzen zu tun, deren genaue Bedeutung ihm immer häufiger nicht sofort gegenwärtig ist. Ausgehend von der Frage, welche dieser Sätze noch heute von Bedeutung sein könnten, wurden aus der großen Masse des Überlieferten etwa 2000 Regeln ausgewählt, ihre Bedeutung angegeben und womöglich ihre Herkunft bestimmt.

8583-3 Nickel, Rainer:
Einführung in die Didaktik des altsprachlichen Unterrichts.
1982. VI, 277 S., kart.

Das vorliegende Buch versteht sich als Theorie der Didaktik des altsprachlichen Unterrichts. Es bietet eine Einführung in die Ziele, Inhalte und Methoden der Didaktik des altsprachlichen Unterrichts als einer Forschungsdisziplin. Der Band beinhaltet die Darlegung einer Methodik der didaktischen Forschung, eine vergleichende Darstellung der Didaktik und ihrer Bezugswissenschaften, eine Präzisierung der gesellschaftlichen Funktion didaktischer Forschung.

WISSENSCHAFTLICHE BUCHGESELLSCHAFT
Hindenburgstr. 40   D-61100 Darmstadt 11

Aus dem weiteren Programm

6373-2 Rosen, Klaus:
Ammianus Marcellinus. (EdF, Bd. 183.)
1982. VII, 237 S., kart.

In Auseinandersetzung mit der wachsenden Ammian-Literatur behandelt dieser Band die literarische und historische Leistung des bedeutendsten Geschichtsschreibers der Spätantike. Zugleich entsteht ein umfassendes Bild der 18 erhaltenen Bücher seiner „res gestae", die fast 300 Jahre römischer Geschichte (96–378 n. Chr.) umspannen und von denen die Bücher 14–31 überliefert sind.

5685-X Stiewe/Holzberg (Hrsg.):
Polybios. (WdF, Bd. 347.)
1982. XX, 448 S. mit 1 Abb., Gzl.

Der Sammelband enthält Arbeiten über den griechischen Geschichtsschreiber Polybios aus den Jahren 1938–1970, also aus der Zeit, in der der Fortschritt der Polybios-Forschung sich vor allem in Einzelaufsätzen vollzog. Die chronologisch abgedruckten Untersuchungen der führenden Polybios-Forscher unserer Zeit befassen sich vor allem mit den drei Themen „Entstehungsgeschichte des Wertes", „Historische Methode" und „Glaubwürdigkeit", zu denen zum Teil kontroverse Meinungen vorgetragen werden.

8595-7 Ulf, Christoph:
Das römische Lupercalienfest. Ein Modellfall für Methodenprobleme in der Altertumswissenschaft. (IdF, Bd. 38.)
1982. IX, 176 S., kart.

Der nur in Teilen bekannte römische Ritus der „Lupercalia" zählt zu den am meisten diskutierten in der Altertumswissenschaft. In diesem Buch werden nicht nur die unterschiedlichen antiken Angaben über Verlauf und Zweck des Ritus eingehend analysiert und den Deutungen in der wissenschaftlichen Literatur gegenübergestellt, sondern auch die methodische Basis der einzelnen Interpretationsversuche kritisch beleuchtet, was zu einer Konfrontation mit den Methoden der römischen Religionswissenschaft insgesamt führt.

8346-6 Xenophon:
Vorschläge zur Beschaffung von Geldmitteln oder Über die Staatseinkünfte. (TzF, Bd. 38.)
Griechisch und deutsch. Eingel., hrsg. und übers. von E. Schütrumpf.
1982. XII, 132 S., 8 S. Kunstdr. mit 9 Abb., kart.

In der Mitte des 4. Jh. v. Chr., in einer Zeit größter Not, unterbreitet Xenophon aus Athen einen Vorschlag, wie man den Bürgern täglich einen kleinen Geldbetrag auszahlen kann: der Staat soll Sklaven kaufen, an Privatleute vermieten und die Einnahmen daraus schließlich verteilen. Diese früheste „Denkschrift" zur Beschaffung von Staatseinnahmen wird hier mit einer Übersetzung neu herausgegeben.

83/I

WISSENSCHAFTLICHE BUCHGESELLSCHAFT
Hindenburgstr. 40   D-6100 Darmstadt 11